Umgangsrechtsstreitigkeiten im deutsch-französischen Rechtsverkehr

Studien zum vergleichenden und internationalen Recht -
Comparative and International Law Studies

Herausgeber: Bernd von Hoffmann, Erik Jayme
und Heinz-Peter Mansel

Band 87

PETER LANG
Frankfurt am Main · Berlin · Bern · Bruxelles · New York · Oxford · Wien

Barbara Ploeckl

Umgangsrechtsstreitigkeiten im deutsch-französischen Rechtsverkehr

Bestehende internationale und nationale Regelungen und der geplante *europäische Besuchstitel*

PETER LANG
Europäischer Verlag der Wissenschaften

Bibliografische Information Der Deutschen Bibliothek
Die Deutsche Bibliothek verzeichnet diese Publikation in der Deutschen Nationalbibliografie; detaillierte bibliografische Daten sind im Internet über <http://dnb.ddb.de> abrufbar.

Zugl.: Köln, Univ., Diss., 2002

D 38
ISSN 0930-4746
ISBN 3-631-51875-7

www.peterlang.de

Meinen Eltern
und Alexander

Vorwort

Die vorliegende Arbeit wurde im Wintersemester 2002/2003 an der Rechtswissenschaftlichen Fakultät der Universität zu Köln als Dissertation angenommen.

Ganz herzlich danken möchte ich meinem Doktorvater, Herrn Prof. Dr. Mansel, der das Thema der vorliegenden Arbeit angeregt hat und ihr Entstehen durch wertvollen Rat und stetes Interesse gefördert hat.

Herrn Prof. Dr. Prütting danke ich für die zügige Erstellung des Zweitgutachtens.

Änderungen und Aktualisierungen konnten bis Mai 2003 berücksichtigt werden.

Köln, im April 2003

Barbara Ploeckl

Inhaltsverzeichnis

Abkürzungsverzeichnis

a.A.	andere Ansicht
AO	Abgabenordnung
ABl. EG	Amtsblatt der Europäischen Gemeinschaft
Abs.	Absatz
a.E.	am Ende
a.F.	alte Fassung
AG	Amtsgericht
Alt.	Alternative
Anh.	Anhang
Anm.	Anmerkung
AnwBl	Anwaltsblatt
art.	article
Art.	Artikel
Ass. nat.	Assemblé nationale
AVAG	Gesetz zur Ausführung zwischenstaatlicher Verträge und zur Durchführung von Verordnungen der Europäischen Gemeinschaft auf dem Gebiet der Anerkennung und Vollstreckung in Zivil- und Handelssachen (Anerkennungs- und Vollstreckungsausführungsgesetz vom 19. Februar 2001)
BayObLG	Bayrisches Oberstes Landesgericht
BayObLGZ	Rechtsprechung des Bayrischen Obersten Landgerichts in Zivilsachen
Begr.	Begründung
BGBl.	Bundesgesetzblatt
BGH	Bundesgerichtshof
BGHZ	Rechtsprechung des Bundesgerichtshofs in Zivilsachen
BR-Drucksache	Bundesrats-Drucksache
BT-Drucksache	Bundestags-Drucksache
Bull. civ.	Bulletin des arrêts de la Cour de Cassation rendus en matière civile
BVerfG	Bundesverfassungsgericht
BVerfGE	Entscheidungssammlung des BVerfG
CA	Cour d'appel
C. Cass., civ.	Cour de Cassation, chambre civile
ch.	chambre
chron.	chronique
CMLR	Common Market Law Review
crim.	chambre criminelle
D.	Recueil Dalloz
DAVorm	Der Amtsvormund
Defrénois	Répertoire du Notariat Defrénois
ders.	derselbe
DEuFamR	Deutsches und Europäisches Familienrecht
DIP	Droit international privé

DJZ	Deutsche Juristenzeitung
doctr.	doctrine
DR	Decisions and reports (amtliche Sammlung des Europäischen Gerichtshofes für Menschenrechte)
DRiZ	Deutsche Richterzeitung
DVBl.	Deutsche Verwaltungsblätter
éd.	édition
EG	Europäische Gemeinschaften
EGBGB	Einführungsgesetz zum Bürgerlichen Gesetzbuch
EGMR	Europäischer Gerichtshof für Menschenrechte
EGV	Vertrag zur Gründung der Europäischen Gemeinschaft
EheVO	Verordnung (EG) Nr. 1347/2000 des Rates über die Zuständigkeit und die Anerkennung und Vollstreckung von Entscheidungen in Ehesachen betreffend die elterliche Verantwortung für die gemeinsamen Kinder vom 29. Mai 2000
Einl	Einleitung
EKMR	Europäische Kommission für Menschenrechte
EMRK	Europäische Menschenrechtskonvention
ELF	European Legal Forum
ESÜ	Europäisches Sorgerechtsübereinkommen (1980)
EU	Europäische Union
EuGH	Europäischer Gerichtshof
EuGHMR	Europäischer Gerichtshof für Menschenrechte
EuGVÜ	Brüsseler EWG-Übereinkommen über die gerichtliche Zuständigkeit und die Vollstreckung gerichtlicher Entscheidungen in Zivil- und Handelssachen
EuGRZ	Europäische Grundrechte-Zeitschrift
EUV	Vertrag über die Europäische Union
EuR	Europarecht
EWG	Europäische Wirtschaftsgemeinschaft
EWS	Europäisches Wirtschaft- und Steuerrecht
f., ff.	folgende
FamGB	Familiengesetzbuch
FamRÄndG	Familienrechtsänderungsgesetz
FamRZ	Zeitschrift für das gesamte Familienrecht
fasc.	fascicule
FAZ	Frankfurter Allgemeine Zeitung
févr.	février
FG	Freiwillige Gerichtsbarkeit
FGB	Familiengesetzbuch
FGG	Gesetz über die Angelegenheiten der Freiwilligen Gerichtsbarkeit
Fn.	Fußnote
FuR	Familien und Recht
Gaz. Pal.	Gazette du Palais
GVGA	Gerichtsvollziehergeschäftsanweisung
HKÜ	Haager Kindesentführungsübereinkommen (1980)

h.M.	herrschende Meinung
Hrsg.	Herausgeber
ICLQ	Internationale Comparative Law Quarterly
insb.	insbesondere
IPR	Internationales Privatrecht
IPRax	Praxis des Internationalen Privat- und Verfahrensrechts
IPRspr	Die deutsche Rechtsprechung auf dem Gebiete des internationalen Privatrechts
i.d.F.	in der Fassung
inf. rap.	information rapide
i.V.m.	in Verbindung mit
IZVR	Internationales Zivilverfahrensrecht
IZPR	Internationales und Europäisches Zivilverfahrensrecht
JAmt (DAVorm)	Das Jugendamt (vormals Der Amtsvormund)
janv.	janvier
JBl	Juristische Blätter
J. Cl.	Juris-Classeur
JDI	Journal de droit international
J.O.	Journal Officiel
J.P.C.	Juris-Classeur Périodique (La semaine juridique)
JR	Juristische Rundschau
juill.	juillet
JuS	Juristische Schulung
JZ	Juristenzeitung
KG	Kammergericht
KindRG	Kindschaftsrechtsreformgesetz
KJHG	Kinder- und Jugendhilfegesetz
KSA	Kinderschutzabkommen (1996)
KOM	Kommission
MDR	Monatsschrift des deutschen Rechts
m.w.N.	mit weiteren Nachweisen
MSA	Minderjährigenschutzabkommen
MüKo	Münchner Kommentar
n°	numéro; Randummer
n.F.	neue Fassung
NJW	Neue Juristische Wochenschrift
NJW-RR	NJW Rechtsprechungs-Report
Nr.	Nummer
NVwZ	Neue Zeitschrift für Verwaltungsrecht
obs.	observation
oct.	octobre
JBl	(Österreichische) Juristische Blätter
ÖJZ	Österreichische Juristen-Zeitung
ÖstOGH	Österreichischer Oberster Gerichtshof
OLG	Oberlandesgericht
p.	page
PAS	Parental Alienation Sydrom
RabelsZ	Rabels Zeitschrift

req.	chambre de requête
Rev. crit. DIP	Revue critique de droit international privé
Rev. crit. dr. comp.	Revue critique de droit comparé
Rev. int. dr. comp.	Revue internationale de droit comparé
Rev. sc. crim.	Revue de sciences criminelles
RG	Reichsgericht
RGBl.	Reichsgesetzblatt
RGZ	Entscheidungen des Reichsgerichts in Zivilsachen
Rn.	Randnummer
RPfl	Der Rechtspfleger
Rs.	Rechtssache
RTD civ.	Revue trimestrielle de droit civil
S.	Seite
S.	Sirey
s.	suivant
sect.	section
SGB	Sozialgesetzbuch
Slg.	Sammlung
somm.	sommaire
SorgeRÜbkAG	Ausführungsgesetz zum Sorgerechtsübereinkommen
StA	Staatsanwaltschaft
StAZ	Das Standesamt
StGB	Strafgesetzbuch
TGI	Tribunal de Grande Instance
u.a.	und andere
UN	United Nations
vgl.	vergleiche
VO-E	Verordnungsentwurf
Vorbem	Vorbemerkung
YB	Yearbook of the European Convention on Human Rights
ZEuP	Zeitschrift für Europäisches Privatrecht
ZfJ	Zeitschrift für Jugendrecht
ZGB	Zivilgesetzbuch
ZPO	Zivilprozessordnung
ZRP	Zeitschrift für Rechtspolitik
z.T.	zum Teil
ZvglRWiss	Zeitschrift für vergleichende Rechtswissenschaft

Literaturverzeichnis

Aktionsplan
des Rates und der Kommission zur bestmöglichen Umsetzung der Bestimmungen des Amsterdamer Vertrags über den Aufbau eines Raumes der Freiheit, der Sicherheit und des Rechts, vom Rat (Justiz und Inneres) am 3. Dezember 1998 angenommener Text, ABl. EG C 19, S. 1 ff.

Alexandre, Danièle
Les conflits de lois en matière d'effets de la filiation, in: Travaux de l'institut de droit comparé, Les conflits de lois en matière de filiation en droit international privé français, allemand et suisse, Actes du Colloque des 13-14 octobre 1972, Paris 1973

Allinger, Rainer
Das Haager Minderjährigenschutzabkommen. Probleme, Tendenzen und Perspektiven, Frankfurt a.M. 1988 (*Allinger*, Haager Minderjährigenschutzabkommen)

Ancel, Bertrand
Anmerkung zu Cour de Cassation, civ. 1re, 16 avril 1991, Rev. crit. DIP 1992, 329

Ancel, Bertrand/Lequette, Yves
Grands arrêts de la jurisprudence française de droit international privé, 3. Auflage, Paris 1998 (*Ancel/Lequette*, Grands arrêts DIP)

Andrae, Marianne
Internationales Familienrecht, 1. Auflage, Baden-Baden 1998 (*Andrae*, Internationales Familienrecht)

Arbeitsunterlage der Kommission
Gegenseitige Anerkennung von Entscheidungen über die elterliche Verantwortung vom 27.3.2001, KOM(2001) 166 endgültig, zu finden unter: http://europa.eu.int/eur-lex/de/com/wdc/2001/com2001_0166de01.pdf (*Arbeitsunterlage der Kommission*)

Astarg, Julie
Deutsch-französisches Hintergrundgespräch, DEuFamR 2000, 263

Audinet, Eugène
Anmerkung zu Cour de Cassation, 2 juin 1908, S. 1911, 385

Audit, Bernard
- Droit international privé, 2. Auflage, Paris 1997 (*Audit*, DIP)
- Anmerkung zu Cour de Cassation, civ. 1re, 6 mars 1984, D. 1985, inf. rap. 182

Bach, Albert/Gildenast, Birgit
Internationale Kindesentführung, Das Haager Kindesentführungsübereinkommen und das Europäische Sorgerechtsübereinkommen, Bielefeld 1999 (*Bach/Gildenast*, Internationale Kindesentführung)
Baer, Ingrid/Marx, Ansgar
Das Europäische Übereinkommen über die Ausübung von Kinderrechten, FamRZ 1997, 1185
Baetge, Dietmar
- Zum gewöhnlichen Aufenthalt bei Kindesentführungen (zu OLG Rostock, 25.5.2000, IPRax 2001, 588), IPRax 2001, 573
- Der gewöhnliche Aufenthalt im Internationalen Privatrecht, Tübingen, 1994 (*Baetge*, Gewöhnlicher Aufenthalt)
Baetge, Dietmar/Baetge, Anastasia
Erste griechische Entscheidung zum Haager Kindesentführungsübereinkommen, IPRax 1995, 191
Basedow, Jürgen
- Die Vergemeinschaftung des Kollisionsrechts nach dem Vertrag von Amsterdam, in: Baur, Jürgen F./Mansel, Heinz-Peter (Hrsg.), Systemwechsel im europäischen Kollisionsrecht, Fachtagung der Bayer-Stiftung für deutsches und internationales Arbeits- und Wirtschaftsrecht am 17. und 18. Mai 2001, München 2002 (*Basedow*, in: Baur/Mansel (Hrsg.), Systemwechsel im europäischen Kollisionsrecht)
- The Communitarization of the conflict of laws under the treaty of Amsterdam, CMLR 2000, 687
- Parallele Scheidungsverfahren im In- und Ausland (zu BGH 6.10.1982, IPRax 1983, 292), IPRax 1982, 278
Bassenge, Peter/Herbst, Gerhard
Gesetz über die Angelegenheiten der freiwilligen Gerichtsbarkeit, Rechtspflegergesetz Kommentar, 8. Auflage, Heidelberg 1999 (*Bassenge /Herbst*, FGG)
Batiffol, Henri/Lagarde, Paul
- L'improvisation de nouvelles règles des conflits de lois en matière de filiation, Rev. crit. DIP 1972, 2
- Traité de droit international privé, Tome 1, 8. Auflage, Paris 1993 (*Batiffol/Lagarde*, DIP)
- Anmerkung zu Cour de Cassation, civ. 1re, 17 avril 1953 (Rivière), Rev. crit. DIP 1953, 412
- Anmerkung zu Cour de Cassation, civ. 1re, 7 janv. 1964 (Munzer), Rev. crit. DIP 1964, 344
- Anmerkung zu Cour de Cassation, civ. 1re, 27 mai 1970 (Weiss), Rev. crit. DIP 1971, 113

Battes, Robert/Meixner, Frank
Namensrecht - nichteheliche Kinder - Familiengericht, FuR 1993, 219
Bauer, Frank
Wechsel des gewöhnlichen Aufenthalts und perpetuatio fori in Sorgerechtsverfahren, IPRax 2003, 135
Baumann, Peter
Leistungs- und Abänderungsklage bei früherem Auslandsurteil (zu OLG Stuttgart, 18.8.1998, IPRax 1990, 49), IPRax 1990, 28
Beaumont, Paul
European Court of Justice and Jurisdiction and Enforcement of Judgements in Civil and Commercial Matters, ICLQ 1999, 223
Belchaus, Günter
Elterliches Sorgerecht, Kommentar zum Gesetz zur Neuregelung des Rechts der elterlichen Sorge, Köln 1980 (*Belchaus*, Elterliche Sorge)
Bénabent, Alain
- Droit civil, La Famille, 9. Auflage, Paris 1988 (*Bénabent*, La Famille)
- Anmerkung zu Cour d'appel Rennes, 6e ch., 18 mars 1982, D. 1983, inf. rap. 449
- Anmerkung zu Cour de Cassation, civ. 2e, 2 mai 1984, D. 1985, inf, rap. 171
Bencheikh Hocine Dennouni, Hadjira
La garde: un attribut de la maternité en droit algérien, Rev. int. dr. comp. 1986, 897
Bergmann, Alexander/Ferid, Murad
Internationales Ehe- und Familienrecht, Loseblattsammlung (*Bergmann/ Ferid*)
- Algerien, Stand: 109. Lieferung, 31.8.199
- Frankreich, Stand: 135. Lieferung, 31.5.1999
- Griechenland, Stand: 85. Lieferung, 31.1.1986
- Österreich, Stand: 124. Lieferung, 31.5.1996
- Türkei, Stand: 123. Lieferung, 30.11.1995
Besse, Dirk
Die justitielle Zusammenarbeit in Zivilsachen nach dem Vertrag von Amsterdam und das EuGVÜ, ZEuP 1999, 107
Bischoff, Jean-Marc
Anmerkung zu Cour d'appel Paris, 28 nov. 1968, Rev. crit. DIP 1969, 273
Bleckmann, Alfred
Verfassungsrang der Europäischen Menschenrechtskonvention?, EuGRZ 1994, 149
Böhm, Reglindis
Gedanken zu einer Neuregelung des Kindschaftsrechts, ZRP 1992, 334

Böhmer, Christoph
Die 14. Haager Konferenz über internationales Privatrecht 1980, RabelsZ 46 (1982), 643
Boele-Woelki, Katharina
Unification and Harmonization of Private International Law in Europe, in: Basedow, Jürgen/Meier, Isaak/Schnyder, Anton K./Einhorn, Talia/Girsberg, Daniel (Hrsg.), Festschrift für Kurt Siehr, Private Law in the international Arena/Privatrecht in der internationalen Arena, From National Conflict Rules Towards Harmonization and Unification, La Hague 2000 [*Boele-Woelki*, in: Festschrift für Siehr (2000)]
Bonnard, Jérôme
La garde du mineur et son sentiment personnel, RTD civ. 1991, 49
Borrás, Alegría
Erläuternder Bericht zu dem Übereinkommen über die Zuständigkeit und die Anerkennung und Vollstreckung von Entscheidungen in Ehesachen, ABl. EG C 221, S. 27 ff. (*Borrás*, Erläuternder Bericht)
Borrmans, Maurice
Le nouveau code algérien de la famille dans l'ensemble des codes musulmans de statut personnel, principalement dans les pays arabes, Rev. int. dr. comp. 1986, 133
Bosse-Platière, Hubert
La présence des grands-parents dans le contentieux familial, J.C.P. 1997, doctr. 4030
De Bottini, R.
La convention franco-polonaise relative à la loi applicable, la compétence et l'exéquature dans le droit des personnes et de la famille, Rev. crit. DIP 1970, 1
Brötel, Achim
- Grundrechtsschutz durch Verfahrensgestaltung: Verfassungs- und völkerrechtliche Vorgaben für die Dauer kindschaftsrechtlicher Verfahren, DEuFamR 1999, 143
- Der Anspruch auf Achtung des Familienlebens - Rechtsgrund und Grenzen staatlicher Einwirkungsmöglichkeiten in familiäre Rechtspositionen nach der Europäischen Konvention zum Schutze der Menschenrechte und Grundfreiheiten, dargestellt an ausgewählten Beispielen des deutschen Familienrechts, 1. Auflage, Baden-Baden 1991 (*Brötel*, Anspruch auf Achtung des Familienlebens)
Bruns, Alexander
Der anerkennungsrechtliche ordre public in Europa und den USA, JZ 1999, 278

Büte, Dieter
Das Umgangsrecht bei Kindern geschiedener oder getrennt lebender Eltern, Ausgestaltung - Verfahren - Vollstreckung, Berlin 2001 (*Büte*, Umgangsrecht)
Büttner, Helmut
Änderungen im Familienverfahrensrecht durch das Kindschaftsrechtsreformgesetz, FamRZ 1998, 585
Bugla, Dieter
Das Sorge- und Umgangsrecht bei nicht bzw. nicht mehr miteinander verheirateten Eltern und dessen Neuregelung durch die Kindschaftsrechtsreform, Würzburg 1998 (*Bugla*, Sorge- und Umgangsrecht)
Bumiller, Ursula/Winkler, Karl
Freiwillige Gerichtsbarkeit, Kurzkommentar, 7. Auflage, München 1999 (*Bumiller/Winkler*, FGG)
Busch, Michael
Schutzmaßnahmen für Kinder und der Begriff der „elterliche Verantwortung“ im internationalen und europäischen Recht - Anmerkung zur Ausweitung der Brüssel II-Verordnung, IPRax 2003, 218
Cadiet, Loïc
Droit judiciare privé, Paris 1992
Carbonnier, Jean
Droit civil, Tome 2 – La Famille, 16. Auflage, Paris 1993 (*Carbonnier*, Droit Civil)
Calliess, Christian/Ruffert, Matthias
Kommentar des Vertrages über die Europäische Union und des Vertrages zur Gründung der Europäischen Gemeinschaft – EUV/EGV, Neuwied, Kriftel 1999 (*Bearbeiter* in Calliess/Ruffert, EUV/EGV)
Charrier, Jean Loup
Code de la Convention Européenne des Droits de l'Homme, Paris 2000
Charif Feller, Dina
La garde (Hadana) en droit musulman et dans les droits égyptien, syrien et tunésien, Genève 1996
Chatin, Louis
Comment prévenir les déplacements ou les retentions illicites d'enfants à l'étranger : l'arrêt de la Cour de Cassation du 3 février 1982, Gaz. Pal. 1982, I, doctr. 342
Choain, Christine
- Anmerkung zu Cour de Cassation, civ. 1re, 16 avril 1991, D. 1992, 67
- Anmerkung zu Cour de Cassation, civ. 1re, 26 janv. 1994, D. 1995, 226
Coester, Michael
Sorgerecht und Ehewohnung bei getrennt lebender iranischer Familie (Anmerkung zu OLG Celle IPRax 1991, 258), IPRax 1991, 236

Coester-Waltjen, Dagmar
Anmerkung zu BVerfG, Beschluss vom 29.10.1998, JZ 1999, 462
Cornu, Gérard
La Famille, 3. Auflage, Paris 1993 (*Cornu*, La Famille)
Courbe, Patrick
Droit international privé, Paris 2000
Degand, Angela
Geschlechterrollen und familiale Strukturen im Islam, Hamburg 1988 (*Degand*, Geschlechterrollen)
Dekeuwer, Alain
- Anmerkung zu Cour de Cassation, civ. 2e, 2 mai 1984, J.C.P. 1985, II, 20412
- Anmerkung zu Cour de Cassation, civ. 2e, 21 mars 1983, J.C.P. 1984, II, 20163
Dekeuwer-Défossez, Françoise/Vauvillé, Frédéric
Droits de l'Homme et droits de l'enfant (Commentaire de la loi „Malhuret" du 22 juillet 1987), D. 1988, chron. 137
Demichel, André
Anmerkung zu Cour de Cassation, crim., 23 janvier 1968, D. 1968, 364
Dennerlein, Bettina
Islamisches Recht und sozialer Wandel in Algerien - zur Entwicklung des Personalstatuts seit 1962, Berlin 1998 (*Dennerlein*, Islamrecht)
Deschenaux, Bernard
L'enlèvement international d'enfant par un parent, Bern 1995 (*Deschenaux*, Enlèvement international)
Dethloff, Nina
Reform des Kindschaftsrechts, NJW 1992, 2200
Deutsch-britisch-schwedisches Diskussionspapier zum „Europäischen Vollstreckungstitel"
vom 12.1.2001, 5259/01 JUSTCIV 5, abgedruckt in IPRax 2001, 489
Diederichsen, Uwe
Die Neuregelung des Rechts der elterlichen Sorge, NJW 1980, 1
Dölle, Hans
- Internationales Privatrecht, 2. Auflage, Karlsruhe 1972 (*Dölle*, IPR)
- Familienrecht – Darstellung des deutschen Familienrechts mit rechtsvergleichenden Hinweisen, Band II, Karlsruhe 1965 (*Dölle*, Familienrecht)
Dörner, Heinrich
- Verteilung des Sorgerechts nach dem Scheidungsstatut?, IPRax 1991, 173 ff.
- Kindesherausgabe contra Sorgerechtsänderung nach dem Inkrafttreten der Entführungsabkommen, IPRax 1993, 83

Dörr, Claus
Elterliche Sorge, Umgangsbefugnis und Kindesherausgabe in der Entwicklung seit dem 1. EheRG, NJW 1989, 690
Dopffler, Peter (Hrsg.)
Kindschaftsrecht im Wandel, Zwölf Länderberichte mit einer vergleichenden Studie Tübingen 1994 (*Dopffler*, Länderberichte)
Dorsch, Gabriele
Die Konvention der Vereinten Nationen über die Rechte des Kindes, Berlin 1994 (*Dorsch*, UN-Kinderkonvention)
Drappatz, Thomas
Die Überführung des internationalen Zivilverfahrensrechts in eine Gemeinschaftskompetenz nach Art. 65 EGV, Tübingen 2002 (*Drappatz*, Gemeinschaftskompetenz nach Art. 65 EGV)
Ehring, Antonia
Die Abänderung der Sorgerechtsentscheidung und die Wünsche des Kindes – Eine auslesefreie Untersuchung von Familiengerichtsverfahren in der veröffentlichen Rechtsprechung der letzten 15 Jahre, Neuwied, Kriftel, Berlin 1996 (*Ehring*, Abänderung der Sorgerechtsentscheidung)
Ehringfeld, Klaus
Eltern-Kind-Verhältnis in Ausländerfamilien, Berlin 1997 (*Ehringfeld*, Ausländerfamilien)
Erman
Handkommentar zum Bürgerlichen Gesetzbuch, Band II, 10. Auflage, Münster Köln 2000 (Erman-*Bearbeiter*)
Fadlallah, Ibrahim
- La Famille légitime en droit international privé, Paris 1977
- Anmerkung zu Cour de Cassation, civ. 1re, 3 nov. 1983, Rev. crit. DIP 1984, 325
Fahrenhorst, Irene
- Familienrecht und Europäische Menschenrechtskonvention, Paderborn 1994 (*Fahrenhorst*, EMRK)
- Sorge- und Umgangsrecht nach der Ehescheidung und die Europäische Konvention zum Schutze der Menschenrechte und Grundfreiheiten, FamRZ 1988, 238
Ferid, Murad
Die 9. Haager Konferenz, RabelsZ 27 (1962), 411
Feydeau, M. T./Robinaeu, M. L./Claux, P.J.
Autorité parentale conjointe, Gaz. Pal. 1981, 2
Forstner, Martin
Das neue algerische Ehe- und Kindschaftsrecht, Gesetz und soziale Wirklichkeit, StAZ 1987, 197 und 237

Foyer, Jacques
- Filiation illégitime et changement de la loi applicable, vol. 1, Paris 1964
- Anmerkung zu Cour d'appel Paris, 18 déc. 1973, Rev. crit. DIP 1979, 243
- Anmerkung zu Cour d'appel Paris, 1er juillet 1974, Rev. crit. DIP 1975, 266

Francescakis, Ph.
- Anmerkung zu Cour de Cassation, civ. 1re, 17 avril 1953 (Rivière), RabelsZ 20 (1955), 520
- Une extension discutable de la jurisprudence Rivière. L'application de la loi du domicile commun à la filiation légitime, JDI 1956, 254

Frowein, Jochen Abr.
Übernationale Menschenrechtsgewährleistungen und nationale Staatsgewalt, in: Isensee, Josef/Kirchhof, Paul (Hrsg.), Handbuch des Staatsrechts, Band VII - Normativität und Schutz der Verfassung - Internationale Beziehungen, Heidelberg 1992 (*Frowein*, in: Handbuch des Staatsrechts der Bundesrepublik Deutschland)

Frowein, Jochen Abr./Peukert, Wolfgang
Europäische Menschenrechtskonvention, EMRK-Kommentar, 2. Auflage, Kehl, Straßburg, Arlington 1996 (*Frowein/Peukert*)

Fulchiron, Hughes
- Autorité parentale et parents désunis, Paris 1985 (*Fulchiron*, Autorité parentale)
- Une nouvelle réforme de l'autorité parentale, Commentaire de la loi n° 93-22 du 8 janvier 1993 à la lumière de l'application de la loi „Brüssel II" „Malhuret", D. 1993, chron. 117
- Anmerkung zu Cour d'appel Lyon, 5 oct. 1993, J.C.P. 1994, II, 22231

Furkel, Françoise
Die wichtigsten Änderungen im französischen Familienrecht durch das Gesetz vom 8. Januar 1993, FamRZ 1994, 1084

Garé, Thierry
- Droit de visite et d'hébergement: le juge décide, J.C.P. 1998, II, 10014
- Les grands-parents dans le droit de la famille, Paris 1989 (*Garé*, Grands-parents)

Garola-Giuglaris, Louis
Le fondement du droit de visiter et d'héberger l'enfant, D. 1965, chron. 1

Gaudemet-Tallon, Hélène
Anmerkung zu CA Paris, 28 nov. 1968, JCP 1969, II, 16010

Gebler, Marie-Josèphe
Anmerkung zu Cour de Cassation, civ. 1re, 16 avril 1991, J.C.P. 1992, II, 21928, 345

Geimer, Reinhold
- Internationales Zivilprozeßrecht, 4. Auflage, Köln 2001 (*Geimer*, IZPR)
- Anerkennung und Vollstreckung von ex parte-Unterhaltsentscheidungen aus EuGVÜ-Staaten, IPRax 1992, 5
- Anmerkung zu BGH, Urteil vom 5.2.1975, abgedruckt in NJW 1975, 1072, NJW 1975, 2141

Geimer, Reinhold/Schütze, Rolf A.
Internationale Urteilsanerkennung, Band I, 2. Halbband, Allgemeine Grundsätze und autonomes deutsches Recht, Systematischer Kommentar, München 1984 (*Geimer/Schütze*, Internationale Urteilsanerkennung)

Geppert, Klaus
Zur strafbaren Kindesentziehung (§ 235 StGB) beim „Kampf um das Kind", in: Gedächtnisschrift für Hilde Kaufmann, Berlin New York 1986 (*Geppert*, in: Gedächtnisschrift für Kaufmann)

Goldman, Berthold
- Anmerkung zu Cour de Cassation, civ. 1re, 7 janv. 1964 (Munzer), JDI 1964, 302
- Anmerkung zu Cour de Cassation, civ. 1re, 4 oct. 1967 (Bachir), JDI 1969, 102

Goubau, Dominique
Le droit des grands-parents aux relations personnelles avec leurs petits-enfants: une étude comparative des systèmes québécois, français et belge, Les Cahiers de droit (1991) 32, 557 (*Goubau*, Droit des grands-parents)

Grabenwarter, Christoph
Die Charta der Grundrechte für die Europäische Union, DVBl. 2001, 1

Grimaldi, Michel
La garde des enfants après divorce: oui à la garde conjointe, non à la garde alternée, Anmerkung zu Cour de Cassation, civ. 2e, 2 mai 1984, Gaz. Pal. 1985, 5

Gruber, Urs Peter
Die neue „europäische Rechtshängigkeit" bei Scheidungsverfahren – Zur EG-Verordnung über die Zuständigkeit und die Anerkennung und Vollstreckung von Entscheidungen in Ehesachen und in Verfahren betreffend die elterliche Sorge für die gemeinsamen Kinder, FamRZ 2000, 1129

Gülicher, Astrid
Internationale Kindesentführungen, Göttingen 1992 (*Gülicher*, Kindesentführungen)

Guiho, Pierre
Essai d'une théorie générale du droit de visite, J.C.P. 1952, doctr. 963

Gundel, Jörg
Der einheitliche Grundrechtsraum Europa und seine Grenzen: Zur EMRK-konformen Auslegung des Ordre public-Vorbehalts des EuGVÜ

durch den EuGH, zugleich Besprechung des EuGH-Urteils vom 28.3.2000 - Rs. C-7/98, Dieter Krombach/André Bamberski, EWS 2000, 442

Gutdeutsch, Werner/Rieck, Jürgen
Kindesentführung: ins Ausland verboten - im Inland erlaubt?, FamRZ 1998, 1488

Gutmann, Daniel
Droit international privé, 2. Auflage, Paris 2000 (*Gutmann*, DIP)

Hailbronner, Kay/Thiery, Claus
Amsterdam – Vergemeinschaftung der Sachbereiche Freier Personenverkehr, Asylrecht und Einwanderung sowie Überführung des Schengen-Besitzstandes auf EU-Ebene, EuR 1998, 583

Hammje, Petra
Droits fondamentaux et ordre public, Rev. crit. DIP 1997, 1

Harris, D.J./O'Boyle, M./Warbrick, C.
Law of the European Convention on Human Rights, London, Dublin, Edinburgh 1995

Hau, Wolfgang
Internationales Eheverfahrensrecht in der Europäischen Union, FamRZ 1999, 484

Hauser, Jean
- Personnes et droits de la famille, RTD civ. 1998, 879
- Personnes et droits de la famille, RDT civ. 1996, 129
- Personnes et droits de la famille, RTD civ. 1993, 803

Hauser, Jean/Huet-Weiller, Danièle
Traité de droit civil, la famille - fondation et vie de la famille, 2. Auflage, Paris 1993 (*Hauser/Huet-Weiller*, Traité de droit civil, la famille)

Hausmann, Rainer
- Neues internationales Eheverfahrensrecht in der Europäischen Union - Zum Inkrafttreten der „Brüssel II"-Verordnung über die gerichtliche Zuständigkeit und die Anerkennung von Entscheidungen in Ehe- und Sorgerechtssachen - , ELF 2001, 271
- Neues internationales Eheverfahrensrecht in der Europäischen Union - Zum Inkrafttreten der „Brüssel II"-Verordnung über die gerichtliche Zuständigkeit und die Anerkennung von Entscheidungen in Ehe- und Sorgerechtssachen (Teil II) - , ELF 2001, 345
- Zur Anerkennung von Annex-Unterhaltsentscheidungen nach dem EG-Gerichtsstands- und Vollstreckungsübereinkommen, IPRax 1981, 5

Heilmann, Stefan
Die Dauer kindschaftsrechtlicher Verfahren, ZfJ 1998, 317

Hein, Ekkehardt
Das Recht der Scheidungsfolgen in Frankreich unter Berücksichtigung des Gesetzes vom 11. Juli 1975 aus der Sicht des Rechtes der Bundesre-

publik Deutschland, Regensburg 1985 (*Hein*, Recht der Scheidungsfolgen in Frankreich)

Henrich, Dieter

- Internationales Familienrecht, 2. Auflage, Frankfurt am Main 2000 (*Henrich*, Int. Familienrecht)
- Kindschaftsreformgesetz und IPR, FamRZ 1998, 1401
- Elterliche Sorge in den islamischen Rechten und ordre public, IPRax 1993, 81
- Das „gesetzliche Gewaltverhältnis" im Spannungsfeld zwischen dem Haager Minderjährigenschutzabkommen und dem nationalen Kollisionsrecht, in: Festschrift für Fritz Schwind zum 65. Geburtstag, Rechtsgeschichte – Rechtsvergleichung – Rechtspolitik, Wien 1978 [*Henrich*, in: Festschrift für Schwind (1978)]

Henrich, Dieter (Hrsg.)/Johannsen, Kurt H. (Mitbegr.)

Eherecht: Scheidung, Trennung, Folgen, 3. Auflage, München 1998 (Johannsen/Henrich/*Bearbeiter*, Eherecht)

Heß, Burkhard

- Die Integrationsfunktion des Europäischen Zivilverfahrensrechts, IPRax 2001, 389
- Aktuelle Perspektiven der europäischen Prozessrechtsangleichung, JZ 2001, 573
- Die Zustellung von Schriftstücken im europäischen Justizraum, NJW 2001, 15
- Die „Europäisierung" des internationalen Zivilprozessrechts durch den Amsterdamer Vertrag – Chancen und Gefahren, NJW 2000, 23
- Der Verordnungsvorschlag der französischen Ratspräsidentschaft vom 26.6.2000 über einen „Europäischen Besuchstitel", IPRax 2000, 361

Von Hoffmann, Bernd

Internationales Privatrecht, 6. Auflage, München 2000 (*von Hoffmann*, IPR)

Hohnerlein, Eva

Konturen eines einheitlichen europäischen Familien- und Kindschaftsrechts - die Rolle der Europäischen Menschenrechtskonvention -, ELF 2001, 252

Holl, Volker

Funktion und Bestimmung des gewöhnlichen Aufenthalts bei internationalen Kindesentführungen, Heidelberg, 2000 (*Holl*, Gewöhnlicher Aufenthalt)

Hub, Torsten

Die Neuregelung der Anerkennung und Vollstreckung in Zivil- und Handelssachen und das familienrechtliche Anerkennungs- und Vollstreckungsverfahren, NJW 2001, 3145

Issad, Mohand
Droit international privé, tome II - les règles matérielles, Paris 1986 (*Issad*, DIP)
Jayme, Erik
Wandlungen des ordre public im internationalen Kindschaftsrecht, StAZ 1980, 301
Jayme, Erik/Hausmann, Rainer
- Internationales Privat- und Verfahrensrecht, Textausgabe, 10. Auflage, München Stand: 15. Juni 2000 (*Jayme/Hausmann*)
- Zu Qualifikation und Inhalt der „Schutzmaßnahme" nach dem Haager Minderjährigenschutzabkommen, JR 1973, 175
Jayme, Erik/Kohler, Christian
- Europäisches Kollisionsrecht 2000: Interlokales Privatrecht oder universelles Gemeinschaftsrecht?, IPRax 2000, 454
- Europäisches Kollisionsrecht: Kulturelle Unterschiede und Parallelaktionen, IPRax 1998, 417
Jeand'Heur, Bernd
Verfassungsrechtliche Schutzgebote zum Wohl des Kindes und staatliche Interventionspflichten aus der Garantienorm des Art. 6 Abs. 2 Satz 2 GG, Berlin 1993 (*Jeand'Heur*, Verfassungsrechtliche Schutzgebote)
J. M.
Anmerkung zu Cour de Cassation, civ. 2e, 2 mai 1984, Gaz. Pal. 1985, 2, jur. 59
Jodlowski, Jerzy/Ponsard, André
La convention franco-polonaise du 5 avril 1967 relative à la loi applicable, à la compétence et à l'exéquature dans le droit des personnes et de la famille, JDI 1970, 545
Jones, Ph. D. Chris
Die Anwendung des islamischen Rechts in der Bundesrepublik Deutschland, DRiZ 1996, 322
Jorzig, Manuela
Das neue zivilrechtliche Kindesentführungsrecht, Bielefeld, 1995 (*Jorzig*, Kindesentführungsrecht)
Juris-Classeur de droit civil
- Art. 371 à 543, Stand: 2001, Paris
- Art. 286 à 295, Stand: 2000, Paris
Juris-Classeur de Droit international
Art. 311-14 à 311-18, Stand: 2000, Paris
Kahn, Philippe
Anmerkung zu Cour de Cassation, civ. 1re, 3 nov. 1983, JDI 1984, 329
Kamdem, Jean-Faustin
L'enfant et le droit de visite, Gaz. Pal. 1996, doctr. 886

Kaufmann, Ferdinand
Eltern, Kinder und Fachkräfte der Jugendämter im familiengerichtlichen Verfahren zur Regelung der elterlichen Sorge bei Trennung und Scheidung, FamRZ 20001, 7 ff.
Kegel, Gerhard/Schurig, Klaus
Internationales Privatrecht, 8. Auflage, München 2000 (*Kegel/Schurig*, IPR)
Keidel, Theodor/Kuntze, Joachim/Winkler, Karl
Freiwillige Gerichtsbarkeit - Kommentar zum Gesetz über die Angelegenheiten der freiwilligen Gerichtsbarkeit, 14. Auflage, München 1999 (Keidel/*Bearbeiter*)
Keller, Tanja
Das gemeinsame Sorgerecht nach der Kindschaftsrechtsreform - Ein Leitfaden für die Praxis, Köln 1999 (*Keller*, Gemeinsames Sorgerecht)
Klein, Eckart
Kindesentführung, Kindeswohl und Grundgesetz, IPRax 1997, 106
Klenner, Wolfgang
Rituale der Umgangsvereitelung bei getrenntlebenden oder geschiedenen Eltern, FamRZ 1995, 1529
Klinkhardt, Horst
Amtspflegschaft auch über Kinder im Ausland?, IPRax 1994, 285
Kohler, Christian
- Systemwechsel im europäischen Anerkennungsrecht: Von der EuGVVO zur Abschaffung der Exequatur, in: Mansel/Baur (Hrsg.), Systemwechsel im europäischen Kollisionsrecht, Fachtagung der Bayer-Stifung für deutsches und internationales Arbeits- und Wirtschaftsrecht am 17. und 18. Mai 2001, München 2002, S. 147 (*Kohler*, in: Mansel/Baur (Hrsg.), Systemwechsel im europäischen Kollisionsrecht).
- Status als Ware: Bemerkungen zur europäischen Verordnung über das internationale Verfahrensrecht für Ehesachen, in: Mansel (Hrsg.), Vergemeinschaftung des Europäischen Kollisionsrechts, Vorträge aus Anlass des fünfzigjährigen Bestehens des Instituts für internationales und ausländisches Privatrecht der Universität zu Köln, München 2001, S. 41 [*Kohler*, in: Mansel(Hrsg.), Vergemeinschaftung des Europäischen Kollisionsrechts]
- Internationales Verfahrensrecht für Ehesachen in der Europäischen Union: Die Verordnung „Brüssel II“, NJW 2001, 10 ff.
- Interrogations sur les sources du droit international privé européen après le traité d'Amsterdam, Rev. crit. DIP 1999, 1
- Das Vaterschaftsanerkenntnis im Islamrecht und seine Bedeutung für das deutsche internationale Privatrecht, Paderborn 1976 (*Kohler*, Vaterschaftsanerkenntnis im Islamrecht)

Kohler, Christian/Pintens, W.
Zur Verordnung (EG) Nr. 1347/2000 des Rates vom 29. Mai 2000 [ABl L 160 v. 30.6.2000, S. 19 ff.], FamRZ 2000, 1140

Kohler, Mathias
Kindschaftsrechtsreform im Blickwinkel der Kinder - Die Bedeutung des neuen Kindschaftsrechts für die Kinder - Konsequenzen für die Arbeit der Jugendhilfe, ZfR 1999, 128

Krefft, Max
Vollstreckung und Abänderung ausländischer Entscheidungen der freiwilligen Gerichtsbarkeit, Berlin 1993 (*Krefft*, Vollstreckung und Abänderung)

Kropholler, Jan
- Internationales Privatrecht, 3. Auflage, Tübingen 1997 (*Kropholler*, IPR)
- 2. Stellungnahme des Max-Planck-Instituts für ausländisches und internationales Privatrecht, RabelsZ 60 (1996), 485
- Das IPR der Kindschaftswirkungen im Lichte der europäischen Rechtsentwicklung, RabelsZ (59) 1995, 407 ff.
- Gedanken zur Reform des Haager Minderjährigen-Schutzabkommens, RabelsZ 58 (1994), 1
- Der Renvoi im vereinheitlichten Kollisionsrecht, in: Festschrift für Dieter Henrich zum 70. Geburtstag, Peter Gottwald, Erik Jayme, Dieter Schwab (Hrsg.), Bielefeld 2000 [*Kropholler*, in: Festschrift für Henrich (2000)]
- Erste Erfahrungen mit dem Haager Minderjährigenschutzabkommen, NJW 1972, 371
- Das Haager Minderjährigenschutzabkommen – ein neuer Ansatz im deutschen IPR, NJW 1971, 1721

Krüger, Martin
Das Haager Übereinkommen über die zivilrechtlichen Aspekte internationaler Kindesentführung, MDR 1998, 694

Kühne, Gunther
IPR-Gesetz-Entwurf, Entwurf eines Gesetzes zur Reform des internationalen Privat- und Verfahrensrechts, Karlsruhe 1980 (*Kühne*, IPR-Gesetz-Entwurf)

Kuske, Silvia
Reislamisierung und Familienrecht in Algerien - Der Einfluß des malikitischen Rechts auf den „Code de la Famille“, Berlin 1996 (*Kuske*, Reislamisierung)

Laborde, Jean-Pierre
Anmerkung zu Cour d'appel Paris, 18 juin 1985, JDI 1986, 726

Lagarde, Paul
- Rapport explicatif de la Convention concernant la compétence, la loi applicable, la reconnaissance, l'exécution et la coopération en matière de responsabilité parentale et de mesures de protection des enfants, 1997 (*Lagarde,* Rapport explicatif)
- La nouvelle convention de La Haye sur la protection des mineurs, Rev. crit. DIP 1997, 217
- Anmerkung zu Cour de Cassation, civ. 1re, 3 fév. 1982, Rev. crit. DIP 1982, 560
- Anmerkung zu Cour de Cassation, civ. 1re, 4 oct. 1967 (Bachir), Rev. crit. DIP 1968, 98
- Anmerkung zu Cour de Cassation, civ. 1re, 16 févr. 1994 und 23 mars 1994, Rev. crit. DIP 1995, 51
- Vers une approche fonctionnelle du conflit positif de nationalités (à propos notamment de l'arrêt Dujaque de la Première chambre civile du 22 juillet 1987, Rev. crit. DIP 1988, 29

Legier, G.
Anmerkung zu Tribunal de Grande Instance Grenoble, 18 mars 1985, JDI 1986, 1014

Leible, Stefan
Kollisionsrechtlicher Verbraucherschutz im EVÜ und in EG-Richtlinien, in: Schulte-Nölke, Hans/Schulze, Reiner (Hrsg.), Europäische Rechtsangleichung und nationale Privatrechte, 1. Auflage, Baden-Baden 1999 (*Leible*, Kollisionsrechtlicher Verbraucherschutz)

Leible, Stefan/Staudinger, Ansgar
Art. 65 EGV im System der EG-Kompetenzen, ELF 2001, 225

Lequette, Yves
- Anmerkung zu Cour d'appel Paris, 3 mars 1981, Rev. crit. DIP 1981, 496
- Anmerkung zu Cour de Cassation, civ. 1re, 30 janv. 1979, Rev. crit. DIP 1979, 631
- Anmerkung zu Cour d'appel Paris, 18 déc. 1973, JDI 1975, 525
- Protection familiale et protection étatique des incapables, Paris 1976
- Anmerkung zu Cour de Cassation, civ. 1re, 6 janv. 1987, Rev. crit. DIP 1988, 337

Liermann, Stephan
Anmerkung zu OLG Hamm, Beschluss vom 23.6.2000, FamRZ 2001, 704

Limbrock, Gabriele
Das Umgangsrecht im Rahmen des Haager Kindesentführungsübereinkommens und des Europäischen Sorgerechtsübereinkommens, FamRZ 1999, 1631

Loewe, Roland
Die Empfehlung des Europarats zur Vereinheitlichung der Rechtsbegriffe „Wohnsitz“ und „Aufenthalt“, ÖJZ 1974, 144 (Empfehlung des Europarates mit Einleitung *Loewe*, ÖJZ 1974)

Löhnig, Martin
§ 1684 BGB: Schadensersatz bei Verletzung des Umgangsrechts, Anmerkung zu BGH, Urteil vom 19.6.2002 - XII ZR 173/00 (Frankfurt/M), FamRZ 2002, 1099 in JA 2003, 102

Looschelders, Dirk
Alternative und sukzessive Anwendung mehrerer Rechtsordnungen nach dem neuen internationalen Kindschaftsrecht, IPRax 1999, 420

Loussouarn, Yvon/Bourel, Pierre
Droit international privé, 6. Auflage, Paris 1999 (*Loussouarn/Bourel*, DIP)

Lüderitz, Alexander
- Die Ehescheidung nach dem Gesetz zur Neuregelung des Internationalen Privatrechts, in IPRax 1987, 74
- Internationales Privatrecht, 2. Auflage, Berlin Kriftel 1992 (*Lüderitz*, IPR)

Luther, Gerhard
Das Haager Abkommen über den Schutz Minderjähriger, Inhalt – Probleme – Rechtsprechung, FamRZ 1973, 406

Von Luxburg, Harro Graf
Das neue Kindschaftsrecht, 1. Auflage, München 1998 (*von Luxburg*, Kindschaftsrecht)

Mackscheidt, Elisabeth
Loyalitätsproblematik bei Trennung und Scheidung – Überlegungen zum Kindeswohl aus familientherapeutischer Sicht, FamRZ 1993, 254

Malaurie, Philipp/Aynès, Laurent
Cours de droit civil, Tome III – La Famille, 6. Auflage, Paris 1998 (*Malaurie/Aynès*, Droit Civil)

Mansel, Heinz-Peter
- Vergemeinschaftung des Europäischen Kollisionsrechts, Vorträge aus Anlass des fünfzigjährigen Bestehens des Instituts für internationales und ausländisches Privatrecht der Universität zu Köln, München 2001 (Hrsg.)
- Abänderung ausländischer Sorgerechtsentscheidungen und perpetuatio fori im FGG Verfahren, IPRax 1987, 298
- Neues internationales Sorgerecht, NJW 1990, 2176

Mansel, Heinz-Peter/Baur, Jürgen F. (Hrsg.)
Systemwechsel im europäischen Kollissionrecht, Fachtagung der Bayer-Stiftung für deutsches und internationales Arbeits- und Wirtschaftsrecht am 17. und 18. Mai 2001, München 2002

Marmier, Marie-Pierre
De la condition préalable au délit de non-représentation d'enfant, Rev. sc. crim. 1970, 569

Martiny, Dieter
- Europäisches Familienrecht - Utopie oder Notwendigkeit?, RabelsZ 59 (1995), 419
- Handbuch des Internationalen Zivilverfahrensrechts Band III/1, Tübingen 1984 (*Martiny*, Handbuch IZVR)

Marty, Gabriel/Raynaud, Pierre
Droit civil, Les Personnes, 3. Auflage, Paris 1976 (*Marty/Raynaud*, Droit civil, Les Personnes)

Massip, Jacques
- Anmerkung zu Cour de Cassation, civ. 2e, 22 octobre 1997, Defrénois 1998, 1014 (1020)
- La loi du 30 décembre 1996 tendant à éviter la séparation des frères et sœurs, Defrénois 1997, 897
- Anmerkung zu Cour de Cassation, civ. 2e, 2 avril 1996, D. 1997, jur. 146
- Anmerkung zu Cour de Cassation, civ. 1re, 16 avril 1991, Defrénois 1991, 941 (951)
- Anmerkung zu Cour de Cassation, civ. 1re, 5 mai 1986, D. 1986, 496
- Anmerkung zu Cour de Cassation, civ. 2e, 2 mai 1984, Defrénois 1985, 320 (328)
- La Réforme de la Filiation, 2. Auflage, Paris 1973 (*Massip*, Filiation)

Maßnahmenprogramm des Rates der EU
zur Umsetzung des Grundsatzes der gegenseitigen Anerkennung gerichtlicher Entscheidungen in Zivil- und Handelssachen vom 24.11.2000, Nr. 13648/00 JUSTICV 130, ABl. EG 2001 C, S. 12 ff., abgedruckt in IPRax 2001, 163 (*Maßnahmenprogramm des Rates der EU*)

Maunz, Theodor/Dürig, Günter
Grundgesetz Kommentar, Band III, Art. 22-69, Stand: August 2000, München (*Maunz/Dürig*, Grundgesetz)

Mayer, Pierre
- Droit international privé, 5. Auflage, Paris 1994 (*Mayer*, DIP)
- Anmerkung zu Cour de Cassation, civ. 1re, 30 janv. 1979, JDI 1979, 393

Mayer, Pierre/Heuzé, Vincent
Droit international privé, 7. Auflage, Paris 2001 (*Mayer/Heuzé*, DIP[7])

Mebroukine, Ali
La Convention algéro-française du 21 juin 1988 relative aux enfants de couples mixtes séparés - Le point de vue d'un Algérien, Rev. crit. DIP 1991, 1

Meixner, Frank
Entwicklungstendenzen im in- und ausländischen Familienrecht - zu drei Jahresberichten (Teil 2), DEuFamR 1999, 162

Menhofer, Bruno
Das grenzüberschreitende Besuchsrecht in europäisch-islamischen Kindschaftsfällen – Der algerisch-französische Staatsvertrag als Modell, IPRax 1991, 353

Meyer-Sparrenberg, Wolfgang
Staatsvertragliche Kollisionsnormen, Berlin 1990 (*Meyer-Sparrenberg*, Staatsvertragliche Kollisionsnormen)

Mezger, E.
Anmerkung zu Cour de Cassation, civ. 1re, 4 oct. 1967 (Bachir), D. 1968, 95

Mezghani, Ali
Anmerkung zu Tribunal de Grande Instance Dunkerque, 26 et 28 oct. 1987, JDI 1988, 774

Mistelis, Loukas A.
Charakterisierung und Qualifikation im internationalen Privatrecht, Tübingen 1999 (*Mistelis*, Charakterisierung und Qualifikation)

Moine Dupuis, Isabelle
Le droit de visite du parent incarcéré, D. 1999, 251

Monéger, Françoise
- La Convention relative aux enfants issus de couples mixtes séparés Franco-Algériens du 21 juin 1988, JDI 1989, 41
- Les enlèvements internationaux d'enfants (ou comment permettre à un enfant de conserver des relations avec ses deux parents), J.C.P. 1992, doctr. 3605
- Anmerkung zu Tribunal de Grande Instance Dunkerque, 20 juin 1989, J.C.P. 1989, éd. G, II, 21379
- Anmerkung zu Cour de Cassation, civ. 1re, 16 avril 1991, J.C.P. 1992, 25

Monin-Hersant, Patrice/Sturlèse, Bruno
L'entrée en vigueur de la Convention franco-algérienne du 21 juin 1988: Un nouvel espoir pour des enfants déchirés, Gaz. Pal. 1988, IV, doctr. 523

Morançais-Demeester, Marie-Luce
Vers l'égalité parentale - Loi n° 87-570 du 22 juill. 1987 sur l'exercice de l'autorité parentale (1), D. 1988, chron. 7

Motzer, Stefan
- Das Umgangsrecht in der gerichtlichen Praxis seit der Reform des Kindschaftsrechts, FamRZ 2000, 925
- Die neueste Entwicklung von Gesetzgebung und Rechtsprechung auf dem Gebiet von Sorgerecht und Umgangsrecht, FamRZ 2001, 1034

Müller-Graff, Peter-Christian/Kainer, Friedemann
Die justizielle Zusammenarbeit in Zivilsachen in der Europäischen Union, DRiZ 2000, 350
Münchner Kommentar
- Bürgerliches Gesetzbuch, Band 10, Art.1-38 EGBGB, IPR, 3. Auflage, München 1998
- Zivilprozessordnung mit Gerichtsverfassungsgesetz und Nebengesetzen, Band 3, §§ 803-1066, EGZPO, GVG, EGGVG, Internationales Zivilprozessrecht, 2. Auflage, München 2001 (MüKo-*Bearbeiter*)
Muir Watt, Horatia
Anmerkung zu EuGH, 28.3.2000 (Krombach), Rev. crit. DIP 2000, 489
Neirinck, Claire
La protection de la personne de l'enfant contre ses parents, Paris 1984 (*Neirinck*, Protection de l'enfant)
Nerson, Roger/Rubellin-Devichi, Jacqueline
Autorité parentale, Anmerkung zu Cour de Cassation, civ. 2e, 21 mars 1983, RTD civ. 1984, 91
Neuhaus, Paul Heinrich
Die Grundbegriffe des internationalen Privatrechts, 2. Auflage, Tübingen 1976 (*Neuhaus*, Grundbegriffe)
Nicolas-Maguin, Marie-France
- Pouvoirs du juge et volonté des parents dans l'exercice en commun de l'autorité parentale prévu par la loi du 22 juillet 1987, D. 1988, chron. 307
- A propos de la garde conjointe des enfants de parents divorcés, D. 1983, chron. 111
Niepmann, Birgit
Die Reform des Kindschaftsrechts - Die wichtigsten Neuerungen für die Praxis, MDR 1998, 565
Normann, Sabine
Das neue Recht der elterlichen Sorge in Frankreich im Vergleich mit dem deutschen Recht, FamRZ 1988, 568
Oberloskamp, Helga
Haager Minderjährigenschutzabkommen, Erläuterungen für die Praxis, Köln, Berlin, Bonn, München 1983 (*Oberloskamp*, Haager Minderjährigenschutzabkommen)
Oelkers, Harald
- Das neue Sorge- und Umgangsrecht - Grundzüge und erste Erfahrungen, ZfJ 1999, 263
- Sorge- und Umgangsrecht in der Praxis, Bonn 2000 (*Oelkers*, Sorge- und Umgangsrecht)
Oppermann, Thomas
Europarecht, 2. Auflage, München 1999 (*Oppermann*, Europarecht)

Palandt
Bürgerliches Gesetzbuch, 62. Auflage, München 2003 (Palandt-*Bearbeiter*)
Partsch, Karl Josef
Die Rechte und Freiheiten der europäischen Menschenrechtskonvention, in: Bettermann, Karl August/Neumann, Franz L./Nipperdey, Hans Carl (Hrsg.), Die Grundrechte, Handbuch der Theorie und Praxis der Grundrechte, Erster Band, 1. Halbband, Berlin 1966 (*Partsch*, in: Bettermann-/Neumann/Nipperdey, Grund-rechte I 1)
Pérez-Vera, Elisa
Erläuternder Bericht zum Haager Übereinkommen über die zivilrechtlichen Aspekte internationaler Kindesentführung, 1981, Anlage I zur Denkschrift der Bundesregierung vom 11. August 1989 zu den Übereinkommen, BT-Drucksache 11/5314, S. 38 ff. (*Pérez-Vera*, Erläuternder Bericht)
Peschel-Gutzeit, Lore Maria
Das Recht zum Umgang mit dem eigenen Kinde, Sonderausgabe des § 1634 BGB aus J. von Staudingers Kommentar zum Bürgerlichen Gesetzbuch mit Einführungsgesetz und Nebengesetzen, 12. neubearbeitete Auflage, ergänzt um ein Abkürzungsverzeichnis, Berlin 1989 (*Peschel-Gutzeit*, Das Recht zum Umgang mit dem eigenen Kinde)
Piltz, Burghard
Internationales Scheidungsrecht, München 1994 (*Piltz*, Internationales Scheidungsrecht)
Pirrung, Jörg
Europäische Zusammenarbeit in Zivilsachen - insbesondere das neue Scheidungsübereinkommen, ZEuP 1999, 834
Plaisant, R.
Anmerkung zu Cour de Cassation, civ. 1re, 17 avril 1953 (Rivière), JDI 1953, 860
Plattner, Ilse E.
Entsprechen deutsche Sorge- und Umgangsrechtsregelungen dem Zeitempfinden des Kindes? FamRZ 1993, 384
Polakiewicz, Jörg
Die Verpflichtungen der Staaten aus den Urteilen des Europäischen Gerichtshofs für Menschenrechte, Heidelberg, New York 1993 (*Polakiewicz*, Verpflichtungen der Staaten aus den Urteilen der Europäischen Gerichtshofs für Menschenrechte)
Pousson-Petit, Jacqueline
Le juge et les droits aux relations personnelles des parents séparés de leurs enfants en France et en Europe, Rev. dr. int. comp. 1992, 795

Prinz von Sachsen Gessaphe, Karl August
Kindschaftsrecht in Europa, FamRZ 1999, 1107
Prinz zu Wied
Das Vermittlungsverfahren nach § 52 a FGG, FuR 1998, 193
Raape, Leo
Internationales Privatrecht, 5. Auflage, Berlin, Frankfurt a.M. 1961 (*Raape*, IPR)
Raape, Leo/Sturm, Fritz
Internationales Privatrecht, 6. Auflage, München 1977 (*Raape/Sturm*, IPR)
Rabel, Ernst
- Das Problem der Qualifikation, RabelsZ 5 (1931), 241
- Conflict of Laws, I, 2. Auflage, 1945 (*Rabel*, Conflict of Laws)
Rahm/Künkel, Bernd (Hrsg.)
Handbuch des Familiengerichtsverfahrens mit Auslands- und Formularteil, 4. Auflage, Köln 1994 (Rahm/Künkel-*Bearbeiter*)
Rauscher, Thomas
- Familienrecht, Heidelberg 2001 (*Rauscher*, Familienrecht)
- Internationales Privatrecht, Heidelberg 1999 (*Rauscher*, IPR)
- Internationales und Europäisches Zivilverfahrensrecht, Heidelberg 1999 (*Rauscher*, IZPR)
- Das Umgangsrecht im Kindschaftsrechtsreformgesetz, FamRZ 1998, 330 ff. Iranische Sorgerechtsbestimmung – Deutscher ordre public, Besprechungsaufsatz zum Urteil des BGH vom 14.10.1992 – XII ZB 18, 92, JR 1994, 184 ff.
- Doppelstaatler und MSA (Anm. zu BayObLG IPRax 1985, 228), IPRax 1985, 214
- Sharī'a - Islamisches Familienrecht der sunna und shī'a, Frankfurt a.M. 1987 (*Rauscher*, Islamisches Familienrecht)
Raymond, Guy
De la réalité de l'absence du couple conjugal à la fiction de l'unité du couple parental, Commentaire de la loi n° 87-570 du 22 juillet 1987, J.C.P. 1987, I, doctr. 3299
Ress, Georg
Die Europäische Menschenrechtskonvention und die Vertragsstaaten: Die Wirkungen der Urteile des Europäischen Gerichtshofes für Menschenrechte im innerstaatlichen Recht und vor den innerstaatlichen Gerichten, in: Maier, Irene (Hrsg.), Europäischer Menschenrechtsschutz, Heidelberg 1982 (*Ress*, in: Maier, Europäischer Menschenrechtsschutz)

Revet, Th.
Autorité parentale. Loi n° 96-1238 du 30 décembre 1996 relative au maintien des liens entre frères et sœurs (J.O. 1er janvier 1997, p. 21), RTD civ. 1997, 229
Richter, Hermann/Kreuznacht, Hartmut
Der „beschützte" Umgang, ZfJ 1999, 45
Rieck, Jürgen
Sorgerecht und Umgangsrecht in den EU-Staaten, StAZ 1995, 358
Roth, Herbert
Zwangsvollstreckung aus ausländischen Entscheidungen der Freiwilligen Gerichtsbarkeit, IPRax 1988, 75
Roth, Marianne/Döring, Verena
- Das Haager Übereinkommen über den Schutz von Kindern, JBl 1998, 758
- Zur geplanten Revision des Haager Minderjährigenschutzabkommens von 1961, FuR 1999, 195
Rubbelin-Devichi, Jacqueline
- Droit de la Famille, Paris 1999 (*Rubellin-Devichi*, Droit de la Famille)
- Droit de la Famille, Paris 1996 (*Dalloz*)
- Le principe de l'intérêt de l'enfant dans la loi et la jurisprudence française, J.P.C. 1994, doctr. 3739
- Jurisprudence française en matière de droit civil, Personnes et droits de la famille, RTD civ. 1988, 319
- Jurisprudence en matière de droit civil, Personnes et droits de famille, RTD civ. 1987, 725
- Jurisprudence française en matière de droit civil, Personnes et droits de famille, RTD civ. 1986, 729
- Autorité parentale, Anmerkung zu Cass., 2 mai 1984, RTD civ. 1984, 691
Salgo, Ludwig
Zur gemeinsamen elterlichen Sorge nach Scheidung als Regelfall - ein Zwischenruf, FamRZ 1996, 449
Salzgeber, Joseph
Gedanken eines psychologischen Sachverständigen zum begleiteten Umgang des Kindes mit einem Elternteil, FamRZ 1999, 975
Sayag, Alain
Les grands-parents dans le droit de la famille, RTD civ. 1969, 40
Schack, Haimo
- Internationales Zivilverfahrensrecht, 2. Auflage, München 1996 (*Schack*, IZVR)
- Einführung in das US-amerikanische Zivilprozessrecht, 2. Auflage 1995 (*Schack*, US-amerikanisches Zivilprozessrecht)

- Die EG-Kommission auf dem Holzweg von Amsterdam, ZEuP 1999, 805
- Widersprechende Urteile: Vorbeugen ist besser als zu heilen, Anmerkung zu EuGH, 8.12.1987 - Rs. 144/86 und EuGH, 4.2.1988 - Rs. 145/86, IPRax 1989, 139

Schmidt, Gerd
Handbuch der Freiwilligen Gerichtsbarkeit, 2. Auflage, München 1996 (*Schmidt*, Handbuch FG)

Scholz, Peter
Scharia in Tradition und Moderne - Eine Einführung in das islamische Recht, JZ 2001, 525

Schulz, Andrea
Die Stärkung des Haager Kindesentführungsübereinkommens durch den Europäischen Gerichtshof für Menschenrechte - zu EuGHMR v. 25. Januar 2000, Beschwerde Nr. 31679/96 - Ignaccolo-Zenide gegen Rumänien, FamRZ 2001, 1420

Schulze, Natascha
- Das Umgangsrecht - Die deutsche Reform im Kontext europäischer Rechtsentwicklung, Berlin 2001
- Le printemps des grands-parents, Das Umgangsrecht Dritter im Entwurf des Bundesjustizministeriums, FuR 1996, 275

Schwab, Dieter
- Handbuch des Scheidungsrechts, 4. Auflage, München 2000 (*Bearbeiter* in Schwab, Scheidungsrecht)
- Familienrecht, 9. Auflage, München 1999 (*Schwab*, Familienrecht)
- Gemeinsames Sorgerecht nach der Scheidung im französischen Recht, FamRZ 1987, 1004

Schwab, Dieter/Wagenitz, Thomas
Einführung in das neue Kindschaftsrecht, FamRZ 1997, 1377

Schwarze, Jürgen (Hrsg.)
EU-Kommentar, 1. Auflage, Baden-Baden 2000 (*Bearbeiter* in Schwarze, EU-Kommentar)

Schwimann, Michael
Das Haager Minderjährigenschutzabkommen und seine Anwendung in Österreich, JBl. 1976, 233

Schwung, Siegfried
Das Ersatzrecht bei einem Verstoß des ausländischen Rechts gegen den ordre public, RabelsZ 49 (1985)

Sialelli, J.-B.
Anmerkung zu Cour d'appel Paris, 13 juillet 1951, JCP 1952, II, 6975

Siehr, Kurt

- Internationales Privatrecht, Deutsches und europäisches Kollisionsrecht für Studium und Praxis, Heidelberg, 2001
- Das neue Haager Kindesschutzübereinkommen von 1996, DEuFamR 2000, 125
- Das neue Haager Übereinkommen von 1996 über den Schutz von Kindern, RabelsZ 62 (1998), 464
- Die Rechtslage der Minderjährigen im internationalen Recht und die Entwicklung in diesem Bereich, Zur Revision des Haager Minderjährigen-Schutzabkommens, FamRZ 1996, 1947
- Verhältnis zwischen Aufenthalts- und Heimatzuständigkeit nach dem MSA, IPRax 1989, 253
- Das Haager Minderjährigenschutzabkommen und seine Anwendung in der neueren Praxis, IPRax 1982, 85
- Kindesentführungen ins Ausland, DAVorm 1977, 219
- Kindesentführungen ohne Ende – aber: Il y a des juges à Accra!, FamRZ 1976, 255
- Das Haager Minderjährigenschutzabkommen von 1961 in der bisherigen Praxis, DAVorm 1973, 254

Simitis, Spiros

Zur Kodifikation der Vorbehaltsklausel, in: Günther Beitzke (Hrsg.), Vorschläge und Gutachten zur Reform des deutschen internationalen Personen-, Familien- und Erbrechts, S. 267, Tübingen 1981 (*Simitis*, Vorbehaltsklausel)

Simon Depitre, Marthe/Foyer, Jacques

Le nouveau droit international privé de la filiation, (loi du 3 janvier 1972), Paris 1973

Söpper, Silvia

Handy und Umgangsrecht, FamRZ 2002, 73

Soergel

Kommentar zum Bürgerlichen Gesetzbuch. Band 8, Familienrecht II (§§ 1589 – 1921), 12. Auflage, Stuttgart Köln Mainz 1987 (Soergel-*Bearbeiter*)

Spangenberg, Brigitte/Spangenberg, Ernst

Geschwisterbindung und Kindeswohl, FamRZ 2002, 1007

Spickhoff, Andreas

- Eheschließung, Ehescheidung und ordre public – Art. 6 Abs. 1 GG und die Anwendung ausländischen Rechts, JZ 1991, 323
- Der ordre public im internationalen Privatrecht, Neuwied/Frankfurt, 1989 (*Spickhoff*, Ordre public)

Staudinger, Ansgar
Die neuen Karlsruher Leitlinien zum Haager Kindesentführungsübereinkommen, IPRax 2000, 194
Staudinger, J. von
J. v. Staudingers Kommentar zum Bürgerlichen Gesetzbuch mit Einführungsgesetz und Nebengesetzen,
- EGBGB/IPR, Kindschaftsrechtliche Übereinkommen; Art. 19 EGBGB, 13. Bearbeitung, Berlin 1994 (Staudinger-*Bearbeiter*[13])
- Familienrecht, §§ 1684 – 1717, Anhang zu § 1717: Art. 223 EGBGB, 13. Bearbeitung, Berlin 2000 (Staudinger-*Bearbeiter*[13])
- Haager Kindschaftsrecht, Art. 18 und 19 EGBGB, 12. Auflage, Berlin 1979 (*Staudinger*-Bearbeiter[12])
- Art. 13-17 EGBGB; §§ 606, 606a, 621, 628 ZPO; Art. 7 § 1 FamRÄndG, 12. Auflage, Berlin 1992 (Staudinger-*Bearbeiter*[12])
Stefani, Gastin/Levasseur, Georges/Bouloc, Bernard
Procédure pénale, 16. Auflage, Paris 1996
Stein, Friedrich (Hrsg.)/Jonas, Martin (Mitbegr.)
Kommentar zur Zivilprozeßordnung, Band 5, Teilband 2, §§ 592 – 703 d, 21. Auflage, Tübingen 1993 (Stein/Jonas/*Bearbeiter*)
Steindorff, Caroline
Familienrechtsreform in Frankreich - Das Gesetz vom 8. Januar 1993, FuR 1993, 319
Stern, Klaus
Das Staatsrecht der Bundesrepublik Deutschland, Band III, Allgemeine Lehren der Grundrechte, 1. Halbband, München 1988 (*Stern*, Staatsrecht III/1)
Stoll, Hans
Aufsatz zu Mann, A., Der „gewöhnliche Aufenthalt" im Internationalen Privatrecht, JZ 11 (1956), 466-470, RabelsZ 22 (1957), 187
Sturlèse, Bruno
- Premiers commentaires sur un événement juridique: La Signature de la Convention de Bruxelles 2 ou quand l'Europe se préoccupe des conflits familiaux, J.C.P. 1998, doctr. 145
- L'extension du système de la Convention de Bruxelles au droit de la famille, in: Travaux du comité français de droit international privé, Années 1995-1998, Paris 2000 (*Sturlèse*, in: Travaux du comité français de droit international privé, Années 1995-1998)
Sturm, Fritz
- Stellungnahme zum Vorentwurf eines Übereinkommens über den Schutz von Kindern, IPRax 1997, 10
- Neue Abkommen zum Schutz entführter Kinder, Möglichkeiten und Grenzen der Europäischen und der Haager Konvention, in: Beiträge zum

internationalen Verfahrenrecht und zur Schiedsgerichtsbarkeit, Festschrift für Heinrich Nagel zum 75. Geburtstag, S. 457, Habscheid, Walther J./Schwab, Karl Heinz (Hrsg.), Münster 1987 [*Sturm*, in: Festschrift Nagel (1987)]

- Minderjährigenschutz bei Auslandsbezug, NJW 1975, 2121

Sturm, Fritz/Sturm, Gudrun

Die gesetzliche Vertretung Minderjähriger nach dem neuen Kindschaftsrecht – national und international, StAZ 1998, 305

Sutton, Geneviève

- Du droit des grands-parents aux relations avec leurs petits-enfants, J.C.P. 1972, doctr. 2504

- Les articles 311-14 et suivants du CODE CIVIL à l'épreuve de la jurisprudence du Tribunal de Grande Instance de Paris, Travaux du comité français de droit international privé, Années 1982-1984, Paris 1986 (*Sutton*, Travaux du comité français de droit international privé, Années 1982-1984)

Tarko, Ihor

Ein Europäischer Justizraum: Errungenschaften auf dem Gebiet der justitiellen Zusammenarbeit in Zivilsachen, ÖJZ 1999, 401

Topor, Lucienne

Les conflits de lois en matière de puissance parentale, Paris 1971

Van Iterson, Dorothea

The New Hague Convention on the Protection of Children: A View from the Netherlands, ULRev. 1997, NS II, 474

Villiger, Mark

Handbuch der Europäischen Menschenrechtskonvention (EMRK) unter besonderer Berücksichtigung der schweizerischen Rechtslage, 2. Auflage, Zürich 1999

Viney, Geneviève

Du „Droit de Visite", RTD civ. 1965, 225

Vogel, Hans-Josef

Internationales Familienrecht – Änderungen und Auswirkungen durch die neue EU-Verordnung, MDR 2000, 1045

Vorschlag für eine Verordnung des Rates

über die Zuständigkeit und die Anerkennung und Vollstreckung von Entscheidungen über die elterliche Verantwortung (von der Kommission vorgelegt), KOM(2001) 505 endgültig, vom 6. September 2001 [KOM(2001) 505 endgültig]

Wagner, Rolf

Die Anerkennung und Vollstreckung von Entscheidungen nach der Brüssel II-Verordnung, IPRax 2001, 74

Wallerstein, Judy S./Lewis, Julia
Langzeitwirkungen der elterlichen Ehescheidung auf Kinder - Eine Längsschnittsuntersuchung über 25 Jahre - , FamRZ 2001, 65
Walter, Ute
Das Kindschaftsrechtsreformgesetz, Bericht über den Regierungs-Entwurf eines Gesetzes zur Reform des Kindschaftsrechts vom 24.7.1995, FamRZ 1995, 1538 ff.
Weber, Helmut
Die Theorie der Qualifikation – Franz Kahn, Etienne Bartin und die Entwicklung ihrer Lehren bis zur universellen Anerkennung der Qualifikation als allgemeines Problem des Internationalen Privatrechts (1890 – 1945), Tübingen 1986 (*Weber*, Theorie der Qualifikation)
Weisbrodt, Franz
- Aus neueren Entscheidungen zum Umgangsrecht, DAVorm 2000, 195 ff.
- Beteiligung von Kindern bei Trennung und Scheidung, JAmt (DA-Vorm) 2001, 508
Wichmann, Klaus
Die Reform des Kindschaftsrechts in der Diskussion, FuR 1996, 161
Wieczorek, Bernard/Schütze, Rolf, A.
Zivilprozeßordnung und Nebengesetze
- Erster Band §§ 1 - 127 a, 1. Teilband, §§ 1 - 49, 3. Auflage, Berlin New York 1994
- Dritter Band §§ 511 – 703 d, 3. Teilband, §§ 592 – 703 d, 3. Auflage, Berlin New York 1998 (Wieczorek/Schütze/*Bearbeiter*)
Wiederkehr, G.
Anmerkung zu Cour de Cassation, civ. 1re, 17 nov. 1981, JDI 1982, 926
Willutzki, Siegfried
- Kindeswohl zwischen Elternrecht und staatlichem Wächteramt, DA-Vorm 2000, 377
- Die Novellierung des deutschen Kindschaftsrechts - Entwicklung und Perspektiven -, RPfl 1997, 336
Winkel, Georg
Grenzüberschreitendes Sorge- und Umgangsrecht und dessen Vollstreckung, Bielefeld 2001 (*Winkel*, Sorge- und Umgangsrecht)
Winkler von Mohrenfels, Peter
Von der Konfrontation zur Kooperation - Das europäische Kindesentführungsrecht auf neuem Wege (zugleich Replik auf Siehr, IPRax 2002, 199), IPRax 2002, 372

Wirz, Annatina
Gemeinsame elterliche Gewalt geschiedener und nicht verheirateter Eltern unter Berücksichtigung des deutschen, französischen, englischen und schweizerischen Rechts, Basel Frankfurt a.M. 1995

Wolf, Ulrike
„Gesetzliche Gewaltverhältnisse", ordre public und Kindeswohl im internationalen Privatrecht, FamRZ 1993, 874

Wuppermann, Michael
- Die deutsche Rechtsprechung zum Vorbehalt des ordre public im Internationalen Privatrecht seit 1945 vornehmlich auf dem Gebiet des Familienrechts, Frankfurt am Main, 1977 (*Wuppermann*, Ordre public)
- Zum Haager Minderjährigenschutzabkommen, Einige Grundprobleme aus der Sicht der Rechtsentwicklung, FamRZ 1974, 414

Ziegler, Eberhard/Mäuerle, Karl-Heinz
Familienrecht, 2. Auflage, Baden-Baden, 2000 (*Ziegler/Mäuerle*, Familienrecht)

Zuleeg, Manfred
Rechtsangleichung innerhalb und außerhalb der Europäischen Gemeinschaft, ZEuP 1998, 506

Zweigert, Konrad/Kötz, Hein
Einführung in die Rechtsvergleichung auf dem Gebiet des Privatrechts, 3. Auflage, Tübingen 1996

Zwischenbericht der deutschen Mitglieder
der Deutsch-Französischen Mediatorengruppe vom 8. März 2001

A. Einleitung und Problemdarstellung

Im zusammenwachsenden Europa stellt die zunehmende Mobilität der EU-Bürger und die damit verbundene steigende Anzahl von binationalen Eheschließungen und insbesondere Ehescheidungen die Gerichte vor neue Aufgaben, denen mit den bestehenden Normen nicht ausreichend Rechnung getragen werden kann.

Die vorliegende Arbeit befasst sich mit der Problematik von Umgangsrechtsstreitigkeiten im deutsch-französischen Rechtsverkehr. Zunächst erfolgt eine Darstellung der bestehenden internationalen Regelungen. Sie allein stellen momentan jedoch kein befriedigendes Instrumentarium dar, um die Lücken zu schließen, die durch voneinander abweichende nationale Prozessordnungen entstehen und die bei der Durchsetzung von Umgangsrechtsentscheidungen in einem anderen Mitgliedstaat zu doppelt anhängigen Verfahren und nicht selten zu widersprüchlichen Entscheidungen der Gerichte führen. Die lange Verfahrensdauer durch doppelte Prozessführung fällt hier umso mehr ins Gewicht als von der Regelungen des Umgangsrechts Kinder oder Kleinkinder betroffen sind, die ein anderes Zeitempfinden haben als Erwachsene. Eine Prozessverschleppung kann hier irreparable Schäden anrichten. Ist erst mal zu viel Zeit verstrichen, haben sich der umgangsberechtigte Elternteil und das Kind voneinander entfremdet, kann mit einer nach Jahren getroffenen endgültigen gerichtlichen Entscheidung der eigentliche Sinn und Zweck des Umgangsrechts nur noch schwer erreicht werden.

Aus diesem Grund zielen neue Regelungen auf europäischer Ebene in erster Linie darauf ab, die Verfahrensdauer zu beschleunigen. Einen ersten Schritt in diese Richtung unternimmt die am 1. März 2001 in Kraft getretene EheVO, die in ihrer ursprünglichen Fassung jedoch nur Umgangsrechtsregelungen erfasste, die im Zusammenhang mit einer Ehesache entschieden werden. Ein Verordnungsvorschlag der Kommission vom 6. September 2001, der seinerseits durch einen weiteren Vorschlag der Kommission vom 17. Mai 2002 ersetzt wurde, hat die Regelungen der EheVO ergänzt und insbesondere die Beschränkung beseitigt, dass die Umgangsrechtsregelung, um in den Anwendungsbereich der EheVO zu fallen, zwingend in Verbindung mit einem Verfahren über Ehesachen ergehen muss.

Von besonderem Interesse ist in diesem Zusammenhang der Verordnungsentwurf der französischen Ratspräsidentschaft vom 6. Juni 2000, der die Schaffung eines „europäischen Besuchstitels" vorsieht. Er baut auf den genannten Vorschriften der EheVO auf und soll Umgangsrechtsentscheidungen in den Mitgliedstaaten frei zirkulierbar machen. Weder Anerkennung noch Vollstreckbarerklärung sollen noch erforderlich sein. Der Vorschlag steht im größeren Kontext der Schaffung eines allgemeinen „europäischen Vollstreckungstitels", zu

dessen Verwirklichung der „europäische Besuchstitel“ der erste Schritt sein soll. Mit Wegfall des Anerkennungs- und Exequaturverfahrens soll nach dem Maßnahmenprogramm der Europäischen Union zur Schaffung eines europäischen Vollstreckungstitels auch die ordre public-Kontrolle wegfallen, die bisher Kern der gerichtlichen Überprüfung ausländischer Urteile vor einer Anerkennung und Vollstreckung war.
Bei den hier in Frage stehenden Umgangstiteln verdeutlicht sich die Kontroverse um einen Wegfall oder die Beibehaltung der ordre public-Klausel an der Streitfrage, ob im Rahmen der Verordnung zum „europäischen Besuchstitel“ die Vorschrift des Art. 13 Abs. 1 lit. b) HKÜ zum Tragen kommen soll oder nicht. Die Ausnahmeklausel ist wegen ihrer in der Vergangenheit durch die Rechtsprechung zum Teil extensiven Auslegung Anlass zu häufiger Kritik gewesen. Diese weitgehende Rechtsprechung droht den Zweck des Haager Kindesentführungsübereinkommens zum Scheitern zu bringen, das grundsätzlich eine schnelle Rückführung des Kindes in das Herkunftsland erreichen will, damit allein die dortigen Gerichte über das Sorgerecht entscheiden. Die Ausnahmeklausel soll die Verweigerung der Rückgabe des Kindes nur bei Gefahr für das Kindeswohl ermöglichen.
Ein Wegfall dieser Überprüfung des Kindeswohls gemäß Art. 13 HKÜ stößt in Deutschland indes auch auf verfassungsrechtliche Bedenken. In einem weiteren Verordnungsvorschlage der Kommission vom 17. Mai 2002 wird nun ausdrücklich eine dem Art. 13 HKÜ nachgebildete Klausel aufgenommen. Allerdings darf die Weigerung der Rückgabe des Kindes danach nur eine vorläufige Maßnahme sein. Diese Änderung erfolgte auf Drängen der deutschen Seite.
Auf europäischer Ebene wird mit diesen Regelungen jedoch nur eine Vereinheitlichung im Stadium der Anerkennung und Vollstreckung der Umgangsrechtsentscheidung angestrebt. Eine Vereinheitlichung des materiellen Rechts ist nicht geplant. Somit entscheiden die Gerichte der Mitgliedstaaten weiterhin nach ihrem innerstaatlichen Recht über das Bestehen und die Ausgestaltung von Umgangsrechten. In Fällen grenzüberschreitender Sachverhalte kommt die Frage hinzu, welches Recht anzuwenden ist. Die Untersuchung des deutschen und des französischen materiellen Rechts sowie des Kollisionsrechts und des internationalen Verfahrensrecht ergibt, dass hier durchaus Abweichungen bestehen. Tendenziell läst sich jedoch feststellen, dass neuere familienrechtliche Reformen zu einer Annäherung der Rechtspositionen in Deutschland und in Frankreich geführt haben. Trotzdem bestehen weiterhin Divergenzen, insbesondere bei der rechtlichen Behandlung von Umgangsrechten mit nichtehelichen Kindern. In diesem Bereich wird auch der anerkennungsrechtliche ordre public weiterhin seine Berechtigung behalten, denn er erfüllt die Aufgabe, den Anerkennungsstaat nicht zur Übernahme und Vollstreckung einer ausländischen gerichtlichen Entscheidung zu zwingen, die der eigenen Rechtsordnung fremd ist.

Im Bereich des französischen internationalen Verfahrensrechts ist beachtenswert, dass bereits in den 80er Jahren Staatsverträge mit ehemaligen französischen Kolonien geschlossen wurden, deren nationales Familienrecht weitgehend auf islamischen Wertungen beruht. Hervorzuheben ist dabei der französisch-algerische Staatsvertrag von 1988, der hinsichtlich der grenzüber-schreitenden Ausübung von Besuchsrechten Regelungen trifft, die zum einem die Ausübung des Umgangsrechts sicherstellen, aber andererseits auch den sorgeberechtigten Elternteil davor schützen, dass das Kind am Ende der Besuchszeit nicht zurückgebracht wird. Die hier erfolgreich eingesetzten Mechanismen der Verfahrensgarantien dürften auch die französische Initiative zum „europäischen Besuchstitel" beeinflusst haben. Aus diesem Grund geht die vorliegende Arbeit näher auf die Bestimmungen dieses französisch-algerischen Staatsvertrages ein.
Anschließend an die Darstellung der einzelnen Regelungen der geplanten Verordnung ist anhand von Fallmaterial aus der Praxis der Frage nachzugehen, welche konkreten Verbesserungen der Verordnungsvorschlag zum „europäischen Besuchstitel" in diesen Fällen bringen kann. Dazu wird zunächst herausgearbeitet, welche Probleme in der Praxis relevant sind und den deutsch-französischen Rechtsverkehr im Bereich von Umgangsrechtsentscheidungen erschwert. Dabei stellt sich heraus, dass viele Ursachen nicht allein rechtlicher, sondern vielmehr zwischenmenschlicher Natur sind. Wenn beide Elternteile nicht mehr miteinander kommunizieren, kann auch kein Austausch über die Belange des Kindes mehr stattfinden. Zu doppelten Verfahren und widersprüchlichen gerichtlichen Entscheidungen kommt es dann häufig, weil beide Seiten die ihnen zur Verfügung stehenden, aber nicht aufeinander abgestimmten Rechtsinstrumente in Anspruch nehmen. Fährt sich die Situation erst einmal fest, ist eine gütliche Einigung in einem späteren Stadium kaum mehr möglich. Alternative Lösungen werden vorgestellt und kritisch beleuchtet. In Betracht kommt Mediation als Form der Streitprävention oder eine stärker am Bedarf der Betroffenen ausgerichtete Betreuung durch den erkennenden Richter, der seinerseits weitergehend psychologisch geschult sein sollte. Außerdem wird vorgeschlagen, zum Beispiel durch Laienrichter eine vertiefte Kenntnis des ausländischen Rechts in das Verfahren einzubringen und auch damit ein Festfahren der Situation zu verhindern.

B. Umgangsrecht in der EheVO und in Staatsverträgen

I. Europäische Verordnung über die Zuständigkeit und die Anerkennung und Vollstreckung von Entscheidungen in Ehe- und Kindschaftssachen vom 29. Mai 2000

Seit dem 1. März 2001 ist in den Mitgliedstaaten der Europäischen Union (mit Ausnahme Dänemarks) die Europäische Verordnung über die Zuständigkeit und die Anerkennung und Vollstreckung von Entscheidungen in Ehe- und Kindschaftssachen (EheVO)[1] in Kraft.

1. Entstehung und Rechtsgrundlage

a. Vom „Brüssel II-Abkommen" zur „Brüssel II-Verordnung"

Die Regelungen der EheVO waren ursprünglich im Rahmen der „justitiellen Zusammenarbeit in Zivilsachen" als „Brüssel II-Abkommen" nach Art. K 3 EUV ausgearbeitet und am 28. Mai 1998 von allen Mitgliedstaaten unterzeichnet worden. Mangels Ratifikation durch die Mitgliedstaaten ist das Brüssel II-Abkommen jedoch nie in Kraft getreten.

(1) Anlehnung an das System des EuGVÜ

Das Brüssel II-Abkommen entsprach der Struktur des EuGVÜ[2]. Nach dem EuGVÜ bleibt zwar die Entscheidung eine solche des Urteilsstaats, sie soll aber in den anderen Staaten so behandelt werden, als sei sie auch mit Wirkung für diese Staaten ergangen.[3] Diejenigen Urteilswirkungen, die nicht mittels Zwangsmaßnahmen durchgesetzt werden müssen, werden gemäß Art. 26 EuGVÜ bei Vorliegen gewisser Voraussetzungen ohne besonderes Verfahren, gleichsam automatisch, anerkannt. Die Vollstreckungswirkung der fremden Entscheidung wird hingegen erst durch eine eigene, hoheitliche Maßnahme des Vollstreckungsstaates, der Exequatur, verliehen. Für diese müssen weitere Voraussetzungen gegeben sein. Das EuGVÜ macht sowohl die Anerkennung als auch die Vollstreckbarkeit davon abhängig, dass die ausländische Entscheidung gewisse Mindeststandards erfüllt. Die Anerkennung kann nicht deshalb versagt werden, weil das Gericht des Urteilsstaates in der Hauptsache ein anderes Recht ange-

---

[1] Verordnung (EG) Nr. 1347/2000 des Rates vom 29. Mai 2000, ABl. EG 2000 L 160, S. 19.

[2] Brüsseler Übereinkommen über die gerichtliche Zuständigkeit und die Vollstreckung gerichtlicher Entscheidungen in Zivil- und Handelssachen vom 27.9.1968 (EuGVÜ), in Deutschland in Kraft seit dem 1.2.1972, BGBl. 1972 II, S. 773 i.d.F. BGBl. 1988 II, S. 453 und BGBl. II 1994, S. 519, abgedruckt bei *Jayme/Hausmann,* Nr. 72.

[3] Vgl. EuGH, Urt. v. 04.02.1988, Rs. 145/86, Slg. 1988, 645, abgedruckt in IPRax 1989, 159, formuliert, „dass eine gemäß Art. 26 des Übereinkommens anerkannte ausländische Entscheidung grundsätzlich im ersuchten Staat dieselbe Wirkung entfalten muss wie im Urteilsstaat"; kritisch dazu *Schack* in IPRax 1989, 139 ff.

wendet hat als nach den Kollisionsnormen des Anerkennungsstaates anzuwenden gewesen wäre. In familienrechtlichen Teilfragen führt die kollisionsrechtlich abweichende Beurteilung zur Versagung der Anerkennung.[4] Die Überprüfung des Vorliegens von Anerkennungsversagungsgründen erfolgt von Amts wegen.

(2) Ersetzung des Brüssel II-Abkommen durch die EheVO

Die EheVO entspricht inhaltlich dem „Brüssel II-Abkommen".[5] Das Brüssel II-Übereinkommen ist nicht in Kraft getreten, sondern durch die ohne Ratifikation unmittelbar und in den Mitgliedstaaten der Verordnung zu demselben Zeitpunkt wirksam werdende Brüssel II-Verordnung ersetzt bzw. überholt worden. Für die EheVO wurde bewusst dieser Weg der Verordnung gewählt, um damit eine - im Gegensatz zu einem Übereinkommen - für die Mitgliedstaaten verbindliche Regelung zu treffen. Durch die Verordnung wird unmittelbar geltendes Recht in den Mitgliedstaaten geschaffen.[6] Verordnungen sind nach Art. 249 EGV mit ihrem Inkrafttreten in allen Mitgliedstaaten unmittelbar anwendbar, die Auslegungszuständigkeit des EuGH muss nicht mehr durch ein gesondert ratifiziertes Zusatzprotokoll begründet werden. Dies entspricht der aktuellen Tendenz, das Gemeinschaftsrecht vom Völkerrecht abzukoppeln, sowohl hinsichtlich des Rechtssetzungsverfahrens als auch des Inhalts der Regelungswerke.[7] Die Erfahrungen der letzten 30 Jahre zeigen, dass die Mitgliedstaaten die Ratifizierungsverfahren nicht zügig durchführen. Nicht zuletzt aus diesem Grund wurden nach dem Inkrafttreten des Art. 65 EGV von der Gemeinschaft in rascher Abfolge mehrere Verordnungen erlassen, die bereits erarbeitetes Konventionsrecht in das effizientere Sekundärrecht überführen.[8]

b. Art. 65 EGV als Rechtsgrundlage der EheVO

(1) Vergemeinschaftung der justitiellen Zusammenarbeit in Zivilsachen

Die Rechtsgrundlage für die EheVO wurde im Vertrag von Amsterdam[9] geschaffen, der am 1. Mai 1999 in Kraft getreten ist und einen neuen Titel IV über den „schrittweisen Aufbau eines Raumes der Freiheit, der Sicherheit und des

---

[4] *Kohler*, in: Mansel/Baur (Hrsg.), Systemwechsel im europäischen Kollisionsrecht, S. 147 (149).

[5] *Gruber* in FamRZ 2000, 1129.

[6] La coopération européenne en matière de droit de famille, zu finden unter: www.justice.gouv.fr/europe/famille1.htm vom 25. Januar 2001.

[7] *Heß* in IPRax 2001, 389 (395).

[8] Dazu *Heß* in NJW 2000, 23 (27).

[9] Vertrag von Amsterdam zur Änderung des Vertrags über die Europäische Union, die Verträge zur Gründung der Europäischen Gemeinschaften sowie einiger damit zusammenhängender Rechtsakte, konsolidierte Fassung des Vertrages zur Gründung der Europäischen Gemeinschaft, ABl. EG vom 10. November 1997, Nr. C 340/173 ff.

Rechts“ in den Vertrag zur Gründung der Europäischen Gemeinschaft (EGV) eingefügt hat.[10] Die Voraussetzungen für ein Handeln der Gemeinschaftsorgane regelt Art. 65 EGV, der aus Art. K. 1 Nr. 6 EUV i.d.F. des Vertrags von Maastricht hervorgegangen ist.[11] Die justitielle Zusammenarbeit in Zivilsachen ist durch Überführung von der dritten[12] in die erste Säule[13] vergemeinschaftet worden. Damit wurde die bislang rein intergouvernementale Abstimmung in Zivilsachen in eine Gemeinschaftspolitik überführt.[14] Bei Bejahung einer grundsätzlichen Kompetenz der Gemeinschaft im Bereich der justitiellen Zusammenarbeit[15] hieße dies, dass auf diesen Gebieten in Zukunft Staatsverträge als Instrument der Rechtsvereinheitlichung mehr und mehr durch Richtlinien und insbesondere durch Verordnungen der Gemeinschaft ersetzt werden könnten.[16] Die Kompetenzausübungsvoraussetzungen des Art. 65 EGV und seine Rechtweite sind jedoch umstritten.

(2) Kompetenzausübungsvoraussetzungen nach Art. 65 EGV

Art. 61 lit. c) i.V.m. Art. 65 EGV sieht vor, dass der Rat zum schrittweisen Aufbau eines Raumes der Freiheit, der Sicherheit und des Rechts Maßnahmen im Bereich der justitiellen Zusammenarbeit in Zivilsachen erlassen kann, soweit diese einen grenzüberschreitenden Bezug aufweisen und für das Funktionieren des Binnenmarktes erforderlich sind. Die zivilrechtlichen Zuständigkeiten der Gemeinschaft nach Art. 65 EGV sind nicht abschließend aufgezählt.[17] Genannt werden u.a. Maßnahmen zur Beseitigung der Hindernisse für eine reibungslose Abwicklung von Zivilverfahren, erforderlichenfalls durch Förderung der Vereinbarkeit der in den Mitgliedstaaten geltenden zivilrechtlichen Verfahrensvorschriften [Art. 65 lit. c) EGV]. Die Gemeinschaftskompetenz unterliegt demnach ihrer systematischen Einordnung und dem Wortlaut des Art. 65 EGV zufolge zweierlei Einschränkungen. Zum einen setzen zivilrechtliche Maßnahmen der Gemeinschaft „grenzüberschreitende Bezüge“ voraus, zum anderen müssen sie für das „reibungslose Funktionieren des Binnenmarktes erforderlich“ sein.[18]

---

[10] Zur Vorgeschichte *Wiedmann* in Schwarze, EU-Kommentar, Art. 65 EGV, Rn. 1 ff.
[11] *Leible/Staudinger* in ELF 2001, 225.
[12] Zusammenarbeit in den Bereichen Inneres und Justiz.
[13] EG-, EGKS- und Euratom-Vertrag.
[14] *Leible/Staudinger* in ELF 2001, 225.
[15] Streitig: *Heß* in JZ 2001, 573 ff.; *ders.* in NJW 2000, 23 (27 ff.); *Basedow* in CMLR 2000, 687 (696 ff.); *Müller-Graff/Kainer* in DRiZ 2000, 350 ff.; *Tarko* in ÖJZ 1999, 401 (407); kritisch *Jayme/Kohler* in IPRax 2000, 454 (455); *Kohler* in Rev. crit. DIP 1999, 1 (16 ff.).
[16] *Kohler/Pintens* in FamRZ 2000, 1140 (1141); *Heß* in NJW 2000, 23 (30 f.).
[17] *Wiedmann* in Schwarze, EU-Kommentar, Art. 65 EGV, Rn. 8; vgl. auch die französische Textfassung „entre autres“.
[18] *Wiedmann* in Schwarze, EU-Kommentar, Art. 65 EGV, Rn. 9 f.

(a) Grenzüberschreitender Sachverhalt

Die Voraussetzung der Regelung eines grenzüberschreitenden Sachverhalts liegt für den Anwendungsbereich der EheVO vor, der rein innerstaatliche Umgangsrechtsstreitigkeiten nicht erfasst, sondern ausschließlich Streitfälle zwischen Eltern und Kindern lösen will, die sich in verschiedenen Mitgliedstaaten aufhalten. Zudem ist das Kriterium des grenzüberschreitenden Bezugs jeder rechtssetzenden Tätigkeit im Bereich des internationalen Privat- und Verfahrensrechts per se immanent, so dass sich aus diesem Erfordernis für die Rechtssetzungskompetenz keine Schranken ergeben dürften.

(b) Erforderlichkeit für das reibungslose Funktionieren des Binnenmarktes

Problematischer ist als zweite Voraussetzung des Art. 65 EGV der funktionale Zusammenhang zum Binnenmarktziel. Erforderlich ist danach für die Legislativkompetenz der Gemeinschaft, dass die Maßnahmen „für das reibungslose Funktionieren des Binnenmarktes erforderlich sind“, sich also an den Zielen des Binnenmarktes gemäß Art. 14 EGV ausrichten.[19] In Betracht kommt hier als zu verwirklichendes Binnenmarktziel die Personenfreizügigkeit. Auf die Personenfreizügigkeit wird auch die EheVO in den Erwägungen gestützt.[20] Diese sei Bestandteil des Raumes des Rechts im Sinn des Art. 1 vierter Spiegelstrich EUV. Das Bestehen dieser von Art. 65 EGV geforderten Binnenmarktfinalität wird in der wissenschaftlichen Diskussion für den Bereich des Familienrechts jedoch angezweifelt.[21]

Grundsätzlich ist die Binnenmarktrelevanz zu bejahen, sobald die privaten Angelegenheiten einer Person über eine nationale Grenze hinweg reichen, denn dann unterliegen sie potentiell verschiedenen Rechtsordnungen, wodurch binnenmarktschädliche Reibungen auftreten können.[22] Die verbesserte Freizügigkeit von Urteilen innerhalb der Europäischen Union kann somit die Ausübung der Personenfreizügigkeit erleichtern.

Zu beachten ist in diesem Zusammenhang auch, dass Art. 65 EGV in seinen Voraussetzungen weniger weit geht als Art. 95 EGV, der für den Erlass von Maßnahmen zur Angleichung der Rechts- und Verwaltungsvorschriften der Mitgliedstaaten nicht ein „reibungsloses Funktionieren“, sondern nur ein „Funktionieren“ verlangt.[23] Daraus könnte geschlossen werden, Art. 65 EGV verlange

---

[19] *Drappatz*, Gemeinschaftskompetenz nach Art. 65 EGV, S. 93.

[20] 1. Erwägung zur EheVO: „Die Mitgliedstaaten haben sich zum Ziel gesetzt, die Union als einen Raum der Freiheit, der Sicherheit und des Rechts, in dem der freie Personenverkehr gewährleistet ist, zu erhalten und fortzuentwickeln....“

[21] *Schack* in ZEuP 1999, 805 (807); *Zuleeg* in ZEuP 1998, 506 (508); *Müller-Graff/Kainer* in DRiZ 2000, 350 (353); zu Art. 100 a EGV a.F.: *Martiny* in RabelsZ 59 (1995), 419 (429 ff.).

[22] *Wiedmann* in Schwarze, EU-Kommentar, Art. 65 EGV, Rn. 10.

[23] *Leible*, Kollisionsrechtlicher Verbraucherschutz, S. 353 (388); *Leible/Staudinger* in ELF 2001, 225 (228).

- im Gegensatz zu Art. 95 EGV - Rechtsakte der Gemeinschaft schon dort, wo weder eine unmittelbare Gefährdung der Grundfreiheiten noch eine Wettbewerbsverzerrung - zumal eine spürbare - drohten. Dies wäre für familienrechtliche Vorgänge wie etwa die Anerkennung von Urteilen über Statusfragen zu bejahen.[24] Demnach erlaubten Art. 61 lit. c), 65 EGV auch die Angleichung oder Vereinheitlichung solcher mitgliedstaatlichen Normen des Kollisions- und Verfahrensrechts, die für den Binnenmarkt zwar nicht konstitutiv sind, denen aber immerhin eine - wenn auch nur mittelbare - Unterstützungsfunktion für die Ausübung der Grundfreiheiten und damit des Binnenmarkts insgesamt zukommt.[25] Negativ ausgedrückt bedeutet dies, dass eine Binnenmarktfinalität familienrechtlicher Sachverhalte nur dann zu verneinen und damit der Anwendungsbereich des Art. 65 EGV nicht gegeben wäre, wenn diese Sachverhalte keinerlei Bezug zum Binnenmarkt aufweisen würden. Dies kann jedoch nicht angenommen werden wie folgende Überlegung verdeutlicht. Da mit zunehmender Mobilität der Bürger in der Europäischen Union auch die Zahl der grenzüberschreitenden Familienbeziehungen und damit das Risiko hinkender Rechtsverhältnisse steigt, stellt sich auf dem Gebiet des Familienrechts das Problem der so genannten hinkenden Rechtsverhältnisse. Darunter versteht man Rechtsverhältnisse, die aus der Sicht einer nationalen Rechtsordnung Bestand haben, aus der Sicht einer anderen Rechtsordnung nicht. Konkret gesprochen wirft dies zum Beispiel die Frage auf, ob eine Ehe besteht oder nicht.[26] Die Frage der Wirksamkeit einer Ehe kann sich in bezug auf Umgangsrechtsregelungen als Vorfrage stellen.[27] Aufgrund dieser Überlegungen ist ein Binnenmarktbezug für familienrechtliche Sachverhalte nicht schlechtweg zu verneinen.

Ein Beispiel von *Pirrung*[28] schildert den Sachverhalt einer hinkenden Ehe mit den prozessualen Konsequenzen in verschiedenen Ländern wie folgt: Ein Franzose und eine Deutsche sind seit 1990 verheiratet und haben seitdem ihren gewöhnlichen Aufenthalt in Deutschland. Anfang August 1997 beantragt die Ehefrau bei einem deutschen Gericht die Übertragung der elterlichen Sorge für die gemeinsame Tochter und zieht mit dieser in eine andere deutsche Stadt. Der Vater, der mit dem Sohn weiter in der bisherigen Wohnung lebt, reicht bei einem französischen Tribunal de Grande Instance Ende August einen Scheidungsantrag ein, welcher der Ehefrau im Wege der internationalen Rechtshilfe Anfang Oktober zugestellt wird. Sie hatte bereits im September beim Familiengericht am früheren Wohnort ebenfalls die Scheidung eingereicht. Das verfahrenseinleitende Schriftstück war dem Ehemann am 30. September zugestellt worden. Die beiden Scheidungsverfahren durchlaufen mehrere Instanzen. Bei Fehlen deutsch-

---

[24] *Leible/Staudinger* in ELF 2001, 225 (229).
[25] *Leible/Staudinger* in ELF 2001, 225 (229).
[26] *Von Hoffmann*, IPR, § 8, Rn. 13 ff. mit Beispielen zur Entstehung von hinkenden Ehen.
[27] Allgemein zum Problem der Vorfrage: *Kropholler*, IPR, § 32, S. 216 ff.
[28] *Pirrung* in ZEuP 1999, 834 (841).

französischer staatsvertraglicher Regelungen hinsichtlich der Anerkennung der Scheidung und der Sorgerechtsentscheidungen finden auf die Frage der internationalen Zuständigkeit, der Rechtshängigkeit, des anwendbaren Rechts und der Anerkennung ausländischer Entscheidungen jeweils die innerstaatlichen Vorschriften Anwendung. Eine frühere Rechtshängigkeit der Scheidungssache in Frankreich wäre zwar in Deutschland gemäß § 261 ZPO i.V.m. Art. 21 EuGVÜ zu beachten, eine frühere deutsche Rechtshängigkeit in Frankreich wegen der exorbitanten Gerichtsstände der Artikel 14 und 15 Code civil jedoch nicht.
Das Ergebnis sind hohe Kosten für zwei parallele Verfahren mit unklaren Rechtsfolgen durch Scheidungs- und Folgeurteile, die - da sie in Deutschland und Frankreich nicht gegenseitig anerkannt werden - hinkende Rechtsverhältnisse verursachen.
Das Beispiel verdeutlicht, dass die Rechtsvielfalt zum Integrationshemmnis werden kann. Um dem wenigstens teilweise entgegenzusteuern, soll durch die EheVO mit Mitteln des internationalen Verfahrensrechts eine Koordinierung der mitgliedstaatlichen Regelungen über die Eheauflösung und ausschnittsweise deren Nebenfolgen erreicht werden. Während die EheVO die Sach- und Kollisionsnormen der nationalen Rechte unverändert bestehen lässt, sind einheitliche verfahrensrechtliche Regelungen über die gerichtlichen Zuständigkeiten und die Anerkennung von Entscheidungen in Ehesachen festgelegt worden, die die bisher in den Mitgliedstaaten geltenden Vorschriften ersetzen. Die Binnenmarktfinalität steht somit der Gemeinschaftskompetenz zur Angleichung familienrechtlicher Vorschriften des internationalen Privat- und Verfahrensrechts nicht entgegen, sondern schließt diese vielmehr ein.

(3) Rechtssetzungsverfahren nach Art. 67 EGV

Nach Art. 65 lit. a) dritter Spiegelstrich und lit. b) EGV kann der Rat Rechtsakte zur Anerkennung und Vollstreckung gerichtlicher und außergerichtlicher Entscheidungen in Zivil- und Handelssachen sowie zur Förderung der Vereinbarkeit der in den Mitgliedstaaten geltenden Kollisionsnormen und Vorschriften zur Vermeidung von Kompetenzkonflikten erlassen. Art. 67 EGV regelt das in diesem Fall anwendbare besondere Verfahren der Beschlussfassung. Dem Widerstand der Mitgliedstaaten gegen die Übertragung gesetzgeberischer Kompetenzen auf die Gemeinschaftsebene wurde durch ein abgestuftes Entscheidungsverfahren (sog. „phasing-in procedure“) Rechnung getragen. Während eines Übergangszeitraums von fünf Jahren nach Inkrafttreten des Vertrags von Amsterdam handelt der Rat einstimmig auf Vorschlag der Kommission oder auf Initiative eines Mitgliedstaates. Jeder Mitgliedstaat verfügt somit über ein Vetorecht. Dem Europäischen Parlament steht nicht wie im Mitentscheidungsverfahren nach Art. 251 EGV das Recht auf Stellungnahme, sondern nur ein Recht auf Anhörung zu. Nach Ablauf der fünf Jahre handelt der Rat allein auf der Grundlage von Vorschlägen der Kommission, der ab diesem Zeitpunkt das alleinige Initiativrecht zusteht. Die Gesetzgebungskompetenzen des Titels IV werden nach den Bestimmungen des Mitentscheidungsverfahrens gemäß Art. 251 EGV ausgeübt. Dies hat eine erhebliche Erweiterung der Rechte des Europäischen Parlaments zur Folge. Mit dem Vertrag von Nizza[29] wird in Art. 67 EGV allerdings ein neuer Absatz 5 eingefügt, der vorsieht, dass für den Bereich des Familienrechts auch über die 5-Jahres-Frist hinaus das besondere Gesetzgebungsverfahren nach Art. 67 Abs. 1 EGV maßgeblich bleibt.

(4) Begrenzte Vorlagemöglichkeit zum EuGH

Im Interesse einer einheitlichen Anwendung der EheVO in allen Mitgliedstaaten sind die in der EheVO verwendeten Begriffe autonom zu interpretieren. Insoweit gelten die zum EuGVÜ entwickelten Grundsätze.[30] Jedoch ist die in Art. 234 EGV allen mitgliedstaatlichen Gerichten zugestandene Vorlagebefugnis für den Bereich des Titels IV gemäß Art. 68 EGV auf letztinstanzliche Spruchkörper beschränkt worden. Unterinstanzliche Gerichte sind demnach nicht mehr zur Vorlage an den EuGH befugt. Damit wird einer uneinheitlichen Auslegung und Anwendung der EheVO Vorschub geleistet, die zu bedauern ist, denn wenn im Mitgliedstaat nicht der Instanzenzug ausgeschöpft wird und das letztinstanzliche Gericht die Sache dem EuGH vorlegt, findet keine übergeordnete Kontrolle statt. Hintergrund der Regelung des Art. 68 EGV war bei seiner Ausarbeitung die Absicht, den EuGH nicht mit ebenfalls unter den Titel IV fallenden Asylverfahren zu belasten. Eine derartige Prozessflut dürfte jedoch im Bereich des Familienrechts nicht zu erwarten sein, so dass eine differenziertere Lösung wünschenswert gewesen wäre.

2. Anwendungsbereich der EheVO

a. Zeitlicher Geltungsbereich

Anders als das Brüssel II-Übereinkommen, das gemäß seines Art. 47 Abs. 1 erst nach Notifizierung der Annahme durch alle Mitgliedstaaten in Kraft treten sollte, gilt die Verordnung aufgrund von Art. 249 EG unmittelbar in den Mitgliedstaaten. Sie bedarf nicht der gesonderten Annahme durch die Mitgliedstaaten. Um den Mitgliedstaaten jedoch Gelegenheit zur Anpassung ihrer innerstaatlichen Regelungen an die EheVO zu geben, wurde als Zeitpunkt des Inkrafttretens nicht der Tag ihrer Veröffentlichung[31], sondern der 1. März 2001

---

[29] Vertrag von Nizza zur Änderung des Vertrages über die Europäische Union, der Verträge zur Gründung der Europäischen Union sowie der Gemeinschaften sowie einiger damit zusammenhängender Rechtsakte, ABl. EG Nr. C-80/1.

[30] *Hausmann* in ELF 2001, 271 (273); zum EuGVÜ: Wieczorek/Schütze/*Hausmann*, ZPO[3], Anhang I zu § 40 Einl. Rn. 28 ff.; *Leible/Staudinger* in ELF 2001, 225 (227).

[31] 30. Juni 2000.

festgesetzt.[32] Nach Art. 42 Abs. 1 EheVO gilt die EheVO grundsätzlich nur für Verfahren, die nach diesem Datum eingeleitet werden.

b. Sonderregelung für Großbritannien, Irland und Dänemark

Eine Sonderstellung nehmen aufgrund des Amsterdamer Vertrages und den dazu gemäß Art. 69 EGV ergangenen Zusatzprotokollen Dänemark, Großbritannien und Irland ein. Diese drei Staaten haben gegen auf Art. 61 EGV gestützte Rechtsakte aufgrund entsprechender Protokolle im Anhang zum Amsterdamer Vertrag Vorbehalte zu der Vergemeinschaftung der politisch sensiblen Bereiche des Art. 65 EGV erklärt.[33] Demzufolge entfalten die auf Art. 65 EGV gestützten Harmonisierungsmaßnahmen in diesen Staaten keine Wirkung. Hinter den Vorbehalten steht die Befürchtung, die Kontrolle über Fragen des Asylrechts und der Einwanderung zu verlieren, wenn diesbezügliche Gesetzgebungszuständigkeiten auf die Gemeinschaft übertragen werden.[34]

Allerdings enthalten beide Protokolle auch Ausnahmeklausel, die eine Einbeziehung dieser Staaten in die Gesetzgebung nach Art. 65 EGV ermöglichen. Großbritannien und Irland können sich nach Art. 3 des Protokolls Nr. 4 zum Amsterdamer Vertrag für die Teilnahme an einzelnen Maßnahmen entscheiden. Dazu können sie dem Präsidenten des Rates innerhalb von drei Monaten nach der Vorlage eines Vorschlags oder einer Initiative schriftlich mitteilen, dass sie sich an der Annahme und Anwendung der betreffenden Maßnahme beteiligen möchten (so genanntes „opting-in").[35] Eine Beteiligung an der EheVO haben das Vereinigte Königreich und Irland bereits erklärt.[36] Damit wird praktisch die Bindungswirkung der auf Art. 65 EGV gestützten Maßnahmen für diese beiden Staaten wiederhergestellt.

Dagegen bleibt Dänemark auch als Vertragsstaat des EuGVÜ von Harmonisierungsmaßnahmen nach Art. 61 lit. c), Art. 65 EGV ausgenommen, da das dänische Protokoll zu Art. 69 EGV keine Teilnahme am Rechtsetzungsverfahren im Bereich der justitiellen Zusammenarbeit in Zivilsachen erlaubt. Das dänische Protokoll zu Art. 69 EGV enthält - im Gegensatz zum britischen und irischen Protokoll - keine „opting-in"-Klausel. Jedoch kann Dänemark gemäß Art. 7 des Protokolls über die Position Dänemarks jederzeit erklären, von seinem Vorbehalt nach Art. 69 EG insgesamt oder zum Teil keinen Gebrauch zu machen und damit nicht mehr oder teilweise nicht mehr an das Protokoll gebunden zu sein.[37] Bis heute hat Dänemark eine solche Abstandnahme von Teilen des Protokolls

---

[32] Vgl. Art. 46 EheVO.

[33] *Leible/Staudinger* in ELF 2001, 225 (226).

[34] *Basedow*, in: Baur/Mansel (Hrsg.), Systemwechsel im europäischen Kollisionsrecht, S. 19 (28).

[35] *Leible/Staudinger* in ELF 2001, 225 (226).

[36] Vgl. 24. Erwägungsgrund der EheVO, ABl. EG 2000 L 160, S. 21.

[37] *Hailbronner/Thiery* in EuR 1998, 583 (601 f.); *Basedow* in CMLR 2000, 687 (696).

im Hinblick auf die justitielle Zusammenarbeit in Zivilsachen nicht erklärt. Letztendlich bleibt für Dänemark daneben noch die Möglichkeit, entsprechende völkerrechtliche Verträge abzuschließen.[38] Dies hätte allerdings die bedauerliche Konsequenz, dass ein undurchsichtiges Nebeneinander von gemeinschaftsrechtlichen Vorschriften und völkervertraglichen Übereinkommen entstünde. Dies ist aber wohl als absehbare Folge des Amsterdamer Vertrags unausweichlich.[39]

c. Persönlicher Anwendungsbereich

Die EheVO enthält für den Anwendungsbereich keine Beschränkung auf Staatsangehörige eines Mitgliedstaates der Europäischen Union oder auf Personen, die in einem Mitgliedstaat ihren gewöhnlichen Aufenthalt haben. Vielmehr besagt die Verweisung in Art. 8 EheVO, dass sich die internationale Zuständigkeit eines Gerichts auch aus dem innerstaatlichen Recht ergeben kann und somit auch auf Drittstaatler Anwendung finden kann, wenn bei ihnen eine hinreichend enge Verbindung zu dem Hoheitsgebiet eines Mitgliedstaates besteht.[40]

d. Sachlicher Anwendungsbereich: Behandlung des Umgangsrechts in der EheVO

Die EheVO regelte in ihrer ursprünglichen Fassung nur zwei Kernbereiche des Familienverfahrensrechts: einerseits zivilgerichtliche Verfahren, die die Ehescheidung, die Trennung ohne Auflösung des Ehebandes oder die Ungültigkeitserklärung einer Ehe betreffen und andererseits zivilgerichtliche Verfahren, die die elterliche Verantwortung für die gemeinsamen Kinder der Ehegatten aus Anlass der zuvor genannten Verfahren in Ehesachen betreffen [Art. 1 Abs. 1 lit. a) und lit. b) EheVO]. Bereits mit dem VO-Vorschlag der Kommission vom 6. September 2001[41], der seinerseits durch einen weiteren Kommissionsvorschlag vom 17. Mai 2002 ersetzt wurde, wurde der Anwendungsbereich auf sämtliche Entscheidungen betreffend die elterliche Verantwortung ausgeweitet.

---

[38] *Besse* in ZEuP 1999, 107 (121 f.); *Heß* in NJW 2000, 23 (28).

[39] So *Leible/Staudinger* in ELF 2001, 225 (226).

[40] So der 8. Erwägungsgrund der EheVO, ABl. EG 2000 L 160, S. 20; zu den Regelungen in den nationalen Rechtsordnungen: *Borrás,* Erläuternder Bericht, S. 43 ff., Rn. 46 ff.; gleiches gilt im Rahmen des EuGVÜ, dazu *Gruber* in FamRZ 2000, 1129 (1130).

[41] Kommissionsvorschlag KOM(2001) 505 endgültig (mittlerweile ersetzt durch den Vorschlag vom 17. Mai 2002 für eine Verordnung des Rates über die Zuständigkeit und die Anerkennung und Vollstreckung von Entscheidungen in Ehesachen und in Verfahren betreffend die elterliche Verantwortung zur Aufhebung der Verordnung (EG) Nr. 1347/2000 und zur Änderung der Verordnung (EG) Nr. 44/2001 in Bezug auf Unterhaltssachen, KOM(2002) 222.

Vom sachlichen Anwendungsbereich der EheVO ausgeschlossen sind die im Rahmen einer Religionsgemeinschaft geltenden Verfahren[42] sowie Privatscheidungsverfahren, die von Drittstaatenangehörigen ohne die Beteiligung von Gerichten oder Behörden nach ihrem Heimatrecht durchgeführt werden.[43] Nicht erfasst sind ferner die Auswirkungen der Scheidung auf das Familienvermögen, die Unterhaltspflichten[44] oder andere Nebenaspekte wie zum Beispiel die Namensführung.[45]

(1) Anlehnung der EheVO an inhaltliche Regelungen des Brüssel II-Abkommens

Die EheVO soll Lücken im sachlichen Anwendungsbereich des Übereinkommens vom 27. September 1968 über die gerichtliche Zuständigkeit und die Vollstreckung gerichtlicher Entscheidungen in Zivil- und Handelssachen (EuGVÜ)[46] schließen, dass sich mit Ausnahme unterhaltsrechtlicher Ansprüche[47] nicht auf familienrechtliche Sachverhalte erstreckt.
Die Gründe, die 1968 gegen die Aufnahme familienrechtlicher Fragen in den Anwendungsbereich des EuGVÜ sprachen, waren historisch bedingt. Zum einen stand die vornehmlich politisch und wirtschaftlich ausgerichtete Entwicklung der Europäischen Gemeinschaft noch stärker als heute im Vordergrund. Auf der anderen Seite ist das Familienrecht damals wie heute ein stark national geprägter Rechtsbereich[48], auch wenn seit den 70er Jahren Annäherungen zwischen den nationalen materiell-rechtlichen Regelungen erfolgt sind.[49] Diese Entwicklung hat zum Abschluss einer Reihe von Übereinkommen geführt, die jedoch nur Teilbereiche des Familienrechts abdecken und die in letzter Konsequenz nur unzureichende Regelungen darstellen.[50]
Einen deutlichen Fortschritt brachte erst das Brüssel II-Abkommen vom 28. Mai 1999, das als so genanntes Doppelabkommen ("convention double"), d.h. als

---

[42] So ausdrücklich der 9. Erwägungsgrund zur EheVO, ABl. EG 2000 L 160, S. 20, zum Beispiel Verfahren nach hinduistischen oder islamischen Glaubensgesetzen; *Borrás*, Erläuternder Bericht, S. 35, Rn. 20.

[43] *Gruber* in FamRZ 2000, 1129 (1130).

[44] Unterhaltspflichten sind insbesondere im EuGVÜ geregelt.

[45] Vgl. 10. Erwägungsgrund zur EheVO, ABl. EG 2000 L 160, S. 20.

[46] BGBl. 1972 II, S. 774, abgedruckt bei *Jayme/Hausmann*, Nr. 150; die revidierte Fassung des EuGVÜ ist vom Rat als Verordnung (EG) Nr. 44/2001 vom 22. Dezember 2000 über die gerichtliche Zuständigkeit und die Anerkennung und Vollstreckung von Entscheidungen in Zivil- und Handelssachen verabschiedet worden (sog. Brüssel I-VO), ABl. EG 2001 L 12, S. 1; diese Brüssel I-VO ist erst nach der Brüssel II-VO am 2. März 2002 in Kraft getreten.

[47] Insbes. Art. 5 Nr. 2 EuGVÜ.

[48] Vgl. *Borrás*, Erläuternder Bericht, S. 29, Rn. 3, unter Hinweis auf *Jenard*, Erläuternder Bericht zum EuGVÜ, der schon für nur sechs Mitgliedstaaten feststellte, dass die Rechtsordnungen „erheblich voneinander abweichen"; *Sturlèse* in: Travaux du comité français de droit international privé, Années 1995 - 1998, S. 49 (51).

[49] *Sturlèse* in JCP 1998, 1145 (1146).

[50] Aufzählung bei *Sturlèse* in JCP 1998, 1145 (1146).

Übereinkommen, das Regelungen sowohl der direkten Zuständigkeit als auch der Anerkennung und Vollstreckung ausländischer Entscheidungen enthält[51], neben einer Koordinierung der Zuständigkeiten innerhalb der Europäischen Union auch eine erleichterte Freizügigkeit und Durchsetzbarkeit von Scheidungsurteilen regeln sollte.[52]
Vorschriften zur internationalen Zuständigkeit, der Anerkennung und Vollstreckung von Entscheidungen zum Sorgerecht waren im Brüssel II-Abkommen ursprünglich nicht vorgesehen. An dieser Frage entfachte sich jedoch eine kontroverse Debatte hinsichtlich Sorgerechtsentscheidungen, die im Zusammenhang mit einer Scheidung ergehen.[53] Für deren Einbeziehung in den Anwendungsbereich des Brüssel II-Abkommens sprachen gewichtige Argumente: zum einen ist regelmäßig das Scheidungsgericht auch für die Regelung der Nebenfolgen zuständig[54] und zum anderen hätte ein nur begrenzter Anwendungsbereich unter Ausschluss der Regelung der elterlichen Sorge die Bedeutung des Übereinkommens deutlich verringert.[55]
In das Brüssel II-Abkommen wurden Regelungen zur internationalen Zuständigkeit, zur Anerkennung und Vollsteckung von Sorgerechtsentscheidungen aufgenommen, jedoch beschränkt auf Fragen der elterlichen Sorge, die sich im Zusammenhang mit der Scheidung stellen. Ausgeschlossen war der gesamte Bereich der Auseinandersetzung nach Beendigung des Scheidungsverfahrens.
Die EheVO ist in ihrem ursprünglichen Inhalt sehr eng an das Brüssel II-Abkommen angelehnt. Sie steht in der Kontinuität der bei den Verhandlungen über das Brüssel II-Abkommen erzielten Ergebnisse.[56] Aus diesem Grund können die Materialien zum Brüssel II-Abkommen, insbesondere der Erläuternde Bericht von *Borrás*, auch im Rahmen der EheVO herangezogen werden.[57] Dies ist um so begrüßenswerter als es bei Verordnungen grundsätzlich keine Erläuternden Berichte gibt.

(2) Begriff der „Entscheidung betreffend die elterliche Verantwortung für gemeinsame Kinder"

Neben international verfahrensrechtlichen Bestimmungen in Ehesachen enthält die EheVO in der ursprünglichen Fassung Regelungen über Zuständigkeit, Anerkennung und Vollstreckung von Entscheidungen betreffend die elterliche Verantwortung für die gemeinsamen Kinder aus Anlass einer Ehesache.

[51] *Audit*, DIP, Rn. 488.
[52] *Borrás*, Erläuternder Bericht, S. 33, Rn. 13.
[53] *Sturlèse* in JCP 1998, 1145 (1147).
[54] Vgl. nur die Verbundzuständigkeit deutscher Gerichte gemäß §§ 621, 623 ZPO.
[55] *Sturlèse* in JCP 1998, 1145 (1147).
[56] 6. Erwägungsgrund der EheVO, ABl. EG 2000 L 160, S. 20; *Gruber* in FamRZ 2000, 1129 (1129, 1139).
[57] *Gruber* in FamRZ 2000, 1129 (1130).

Im Folgenden soll zunächst geklärt werden, was nach der EheVO unter den Begriffen „gemeinsame Kinder“ und „Entscheidung betreffend die elterliche Sorge“ zu verstehen ist.

(a) Begriff der „gemeinsamen Kinder“

Zu den „gemeinsamen Kindern“ gehören sowohl die eigenen Kinder des Ehepaares als auch die von den Ehegatten adoptierten Kinder.[58] Der Umstand, dass der Anwendungsbereich auf gemeinsame Kinder der Ehegatten beschränkt wurde, hindert die Mitgliedstaaten allerdings nicht an einer späteren Ausdehnung auf nicht gemeinsame Kinder.[59]
Hier kann sich das Problem ergeben, welches Recht auf die Abstammung des Kindes oder auch auf die Adoption Anwendung finden soll. Die Frage der Bestimmung Abstammungs- oder Adoptionsstatuts stellt sich dann im Rahmen der EheVO als Vorfrage. Sie ist nach herrschender Ansicht, die die Vorfrage selbständig anknüpft,[60] nach den Regeln des jeweiligen innerstaatlichen internationalen Privatrechts des Mitgliedstaates zu klären, denn diese Rechtsordnung bestimmt, welche Kinder „gemeinsame Kinder“ der Ehegatten sind.

(b) Begriff der „elterlichen Verantwortung“

Weder der Wortlaut der EheVO in ihrer ursprünglichen Fassung noch der Erläuternde Bericht zum Brüssel II-Abkommen enthalten eine genaue Begriffsbestimmung dessen, was unter „elterlicher Verantwortung“ [Art. 1 Abs. 1 lit. b) EheVO] zu verstehen ist. Fraglich war insbesondere, ob neben Sorgerechtsregelungen auch Umgangsrechtsregelungen vom Anwendungsbereich der EheVO erfasst sein sollten. Dies ist durch Auslegung der Bestimmungen der EheVO zu ermitteln, die sich ihrerseits an der Zielsetzung der EheVO orientieren muss.[61]
Daneben ist erforderlich, dass der Begriff der „elterlichen Verantwortung“ in der Rechtsordnung des Mitgliedstaates, in dem ihr Vorliegen geprüft werden muss, definiert sein muss. Insofern stellt sich das gleiche Problem wie zur Vorfrage bei der Abstammung oder Adoption hinsichtlich der Bestimmung des Begriffs der „gemeinsamen Kinder“.

(i) Begriffsverständnis nach dem Brüssel II-Abkommen

Der Erläuternde Bericht stellt zu der Frage, ob das Brüssel II-Abkommen auch Umgangsrechtsregelungen erfasst, lediglich fest, dass ein für alle Mitgliedstaaten einheitlicher Begriff der „elterlichen Verantwortung“ Schwierigkeiten bereite, da von der Definition des Begriffs in den Rechtsordnungen der Mitgliedstaaten, in denen diese Verantwortung geprüft wird, ausgegangen werden müs-

---

[58] Vgl. *Borrás*, Erläuternder Bericht, S. 36, Rn. 25.
[59] *Borrás*, Erläuternder Bericht, S. 36, Rn. 25.
[60] *Von Hoffmann*, IPR, § 6, Rn. 61 f.
[61] *Kropholler*, IPR, § 56 III b), S. 551.

se.[62] Die genaue Definition der Entscheidung „über die elterliche Verantwortung“ bleibe den innerstaatlichen Rechtsordnungen überlassen.[63] Problematisch an dieser Lösung ist, dass sie keine, wie mit dem Staatsvertrag bezweckte, Rechtsvereinheitlichung schaffen kann.

(ii)Einheitliche, autonome Auslegung der EheVO durch den EuGH

Anders als beim Übereinkommen stellt sich die Rechtslage für die Auslegung jedoch im Rahmen der EheVO dar. Die Verordnung ist gemäß Art. 249 EG unmittelbar in den Mitgliedstaaten geltendes Recht. Die Mitgliedstaaten sind damit bei der Bestimmung des Begriffs der „elterlichen Sorge“ nicht frei, sondern an die engen Vorgaben der EheVO gebunden.[64] Ein Rückgriff auf die lex fori kommt nicht in Betracht, denn er liefe dem Erfordernis einer einheitlichen, gemeinschaftsrechtlich autonomen Auslegung der in der EheVO verwendeten Begriffe zuwider.[65]

Schon für das Brüssel II-Abkommen sollte eine einheitliche Auslegung des Begriffs der „Entscheidung betreffend die elterliche Sorge“ durch den EuGH gewährleistet werden. Gemäß Art. 45 des Brüssel II-Abkommens sollte der EuGH über die Auslegung des Abkommens nach einem besonderen Auslegungsprotokoll[66] entscheiden, das im Ansatz dem Auslegungsprotokoll vom 3. Juni 1971 zum Brüsseler Übereinkommen von 1968 über die gerichtliche Zuständigkeit in Zivil- und Handelssachen[67] und dem Auslegungsprotokoll vom 26. Mai 1997 zum Übereinkommen über die Zustellung gerichtlicher und außergerichtlicher Schriftstücke in Zivil- und Handelssachen in den Mitgliedstaaten der Europäischen Union entspricht. Für EG-Verordnungen hingegen ergibt sich das Auslegungsmonopol des EuGH aus dem heutigen Art. 292 EGV[68], welcher die ausschließliche Zuständigkeit des Gerichtshofs für Streitigkeiten zwischen den Mitgliedstaaten über die Auslegung und Anwendung des Vertrages begründet. Nach der Rechtsprechung des EuGH begründet Art. 292 EGV darüber hinaus das allgemeine Verbot, einem anderen Gericht als dem Gemeinschaftsgericht Zustän-

[62] *Borrás*, Erläuternder Bericht, S. 36, Rn. 24.
[63] *Borrás*, Erläuternder Bericht, S. 48, Rn. 60.
[64] *Wagner* in IPRax 2001, 73 (76).
[65] *Kropholler*, IPR, § 56 III b), S. 551.
[66] Dazu: Erläuternder Bericht zu dem Protokoll aufgrund von Artikel K.3 des Vertrages über die Europäische Union betreffend die Auslegung des Übereinkommens über die Zuständigkeit und die Anerkennung und Vollstreckung von Entscheidungen in Ehesachen durch den Gerichtshof der Europäischen Gemeinschaften vom 28. Mai 1998, abgedruckt in ABl. EG C 221, S. 65.
[67] BGBl. 1972 II, S. 845.
[68] Früher Art. 219 EGV.

digkeiten hinsichtlich der Auslegung und Anwendung des Gemeinschaftsrechts zu übertragen.[69]

(iii) Erweiterung des Anwendungsbereichs der EheVO durch den Kommissionsvorschlag vom 6. September 2001

Schon der Vorschlag der Kommission für eine Verordnung des Rates über die Zuständigkeit und die Anerkennung und Vollstreckung von Entscheidungen über die elterliche Verantwortung vom 6. September 2001 sah vor, den Anwendungsbereich der EheVO auf *alle* Entscheidungen betreffend die elterliche Verantwortung erweitern und demnach auch Umgangsrechtsentscheidungen auszudehnen, unabhängig, ob sie im Zusammenhang mit einer Ehescheidung ergangen sind oder nicht.[70]

Schon zuvor wurde überwiegend unter Berufung auf Art. 21 EheVO, der davon ausgeht, dass *sämtliche* Entscheidungen hinsichtlich der elterlichen Sorge, die in einem Mitgliedstaat ergangen sind, Gegenstand der Vollstreckungsregelungen der EheVO sind, die Meinung vertreten, auch Umgangsrechtsregelungen seien von Anwendungsbereich der EheVO erfasst. Dies bedeute, dass nicht nur rechtsgestaltende Entscheidungen wie der Entzug oder die Übertragung der Sorge in den Anwendungsbereich der EheVO fallen, sondern auch andere Entscheidungen betreffend die elterliche Sorge wie Verhaltensbefehle in Form von Herausgabeanordnungen, sofern sie einen vollstreckungsfähigen Inhalt besitzen.[71] Die Vollstreckungsfähigkeit ist für eine präzise formulierte gerichtliche Umgangsregelung zu bejahen.[72]

Für eine weite Auslegung sprachen zudem praktische Erwägungen. Wie die deutsche Regelung in § 623 ZPO über den Verbund von Scheidungs- und Folgesachen verdeutlicht, werden Sorge- und Umgangsrechtsregelungen häufig in einer Entscheidung zusammengefasst, um sie besser aufeinander abzustimmen. Auch in § 52 Abs. 1 Satz 2 FGG wird der Begriff der „elterlichen Verantwortung" ausdrücklich in einem über die elterliche Sorge hinausgehenden Sinn verwendet.[73] Ähnlich weit konzipiert ist auch der Begriff der „Elternverantwortung" in § 17 Abs. 1 Satz 2 Nr. 3 SGB VIII.[74]

---

[69] EuGH, Gutachten 1/91, 14.12.1991, Slg. 1991, I-6079, Leitsatz 2 (EWR); *Wegener* in Calliess/Ruffert, EUV/EGV, Art. 292.

[70] Zur Erweiterung des Anwendungsbereichs der EheVO durch den Vorschlag der Kommission vom 6. September 2001 und zum weiteren Vorschlag der Kommission vom 17. Mai 2002, siehe unten Teil B I. 6.

[71] *Wagner* in IPRax 2001, 73 (76); MüKo-*Gottwald*, Art. 1 EheGVO, Rn. 1.

[72] Vgl. dazu die deutsche Rechtslage bzw. Erfordernisse nach der deutschen Rechtsprechung unten Teil C I. 4. b. (4).

[73] *Wagner* in IPRax 2001, 72 (77); dazu auch Bericht des Rechtsausschusses des Deutschen Bundestags, BT-Drucksache 13/8511, S. 79; *Bumiller/Winkler*, FGG, § 52, Rn. 2 (alle die Person des Kindes betreffenden Angelegenheiten).

[74] *Wagner* in IPRax 2001, 73 (77).

Von diesem weiten Begriffsverständnis war vor dem Kommissionsvorschlag vom 6. September 2001 auch aus einem anderen Grunde auszugehen: der Entwurf der Verordnung des Rates über die gegenseitige Vollstreckung von Entscheidungen über das Umgangsrecht[75] baut auf den Zuständigkeitsregeln der EheVO auf (vgl. Art. 1 Abs. 1 VO-Entwurf) und muss somit auch für Umgangsrechtsentscheidungen aus anderen Mitgliedstaaten gelten.[76]
Die herrschende Lehre ging somit von einem weiten Begriff der "Entscheidung betreffend die elterliche Verantwortung für gemeinsame Kinder" im Sinn der EheVO aus, deren Anwendungsbereich auch Umgangsrechtsentscheidungen erfassen sollte. Diese Ansicht wird schon durch die Erweiterung des Anwendungsbereichs der EheVO auf alle Entscheidungen betreffend die elterliche Verantwortung durch den Verordnungsvorschlag der Kommission vom 6. September 2001 bestätigt. Der weitergehende Vorschlag der Kommission vom 17. Mai 2002[77], der den Kommissionsvorschlag vom 6. September 2001 ersetzt, enthält eine eigenständige - sehr weit gefasste - Definition des Begriffs der elterlichen Verantwortung und umfasst insbesondere auch das Umgangsrecht.[78]

3. Internationale Zuständigkeit für Umgangsrechtsentscheidungen nach der EheVO

Die EheVO schafft nach dem Vorbild des EuGVÜ einheitliche Bestimmungen zur internationalen Zuständigkeit der Gerichte der Mitgliedstaaten, die Vorrang vor den innerstaatlichen Zuständigkeitsvorschriften haben.[79] Im Gegensatz zum EuGVÜ hat man in der EheVO jedoch auf die Festlegung eines „allgemeinen" Gerichtsstandes in Ehe- und Sorgerechtsachen verzichtet. Stattdessen ist das Zuständigkeitssystem der EheVO durch eine objektive, alternative und ausschließliche Zuständigkeit gekennzeichnet.[80] So differenziert die EheVO für die

---

[75] Initiative der Französischen Republik betreffend einen Entwurf einer Verordnung (EG) des Rates über die gegenseitige Vollstreckung von Entscheidungen über das Umgangsrecht vom 26. Juni 2000, abgedruckt in IPRax 2000, 444; dazu unten Teil E I.

[76] So auch *Wagner* in IPRax 2001, 73 (77).

[77] Vorschlag vom 17. Mai 2002 für eine Verordnung des Rates über die Zuständigkeit die und Anerkennung und Vollstreckung von Entscheidungen in Ehesachen und in Verfahren betreffend die elterliche Verantwortung zur Aufhebung der Verordnung (EG) Nr. 1347/2000 und zur Änderung der Verordnung (EG) Nr. 44/2001 in Bezug auf Unterhaltssachen, KOM(2002), 222.

[78] Vgl. Art. 2 des Kommissionsvorschlag vom 17. Mai 2002: „Unter „elterlicher Verantwortung" sind die Rechte und Pflichten zu verstehen, die einer natürlichen oder juristischen Person durch Entscheidung oder kraft Gesetzes oder durch eine rechtlich verbindliche Vereinbarung betreffend die Person oder das Vermögen eines Kindes übertragen worden sind."; dazu *Busch* in IPRax 2003, 218 (220).

[79] *Hausmann* in ELF 2001, 271 (275).

[80] *Hausmann* in ELF 2001, 271 (275).

Zuständigkeitskriterien zwischen Entscheidungen über Ehesachen und Entscheidungen über die elterliche Verantwortung.[81] Die folgende Darstellung beschränkt sich auf die Zuständigkeiten nach der EheVO für Entscheidungen betreffend die elterliche Verantwortung.

a. Annexkompetenz des Art. 3 EheVO

Nach Art. 3 Abs. 1 EheVO sind die Gerichte des Mitgliedstaates, in dem eine Ehesache nach Art. 2 EheVO zu entscheiden ist, auch zuständig für die Entscheidungen hinsichtlich der Umgangsrechtsregelung, wenn das gemeinsame Kind der Ehegatten seinen gewöhnlichen Aufenthalt in diesem Gerichtsstaat hat. Bei Auseinanderfallen von Zuständigkeit hinsichtlich der Ehesache und dem zuständigkeitsbegründenden Aufenthaltsort des Kindes ist weiterhin für die Annexzuständigkeit des Gerichts des Mitgliedstaates, in dem über die Ehesache entschieden wird, erforderlich, dass einer der Ehegatten die elterliche Verantwortung für das Kind hat und die Zuständigkeit der betreffenden Gerichte von den Ehegatten anerkannt worden ist und im Einklang mit dem Kindeswohl steht. Für das Anerkenntnis soll eine rügelose Einlassung genügen.[82] Problematisch ist beim Kriterium des Kindeswohls, dass Fragen der Begründetheit der Entscheidung bereits auf Zuständigkeitsebene erörtert werden müssen.[83]

Die internationale Zuständigkeit hinsichtlich Entscheidungen betreffend die elterliche Verantwortung war zunächst gemäß Art. 3 Abs. 3 EheVO zeitlich begrenzt: sie endete mit Rechtskraft der Statutsentscheidung oder aber spätestens mit rechtskräftiger Beendigung des Verfahrens über die elterliche Verantwortung, soweit dieses Verfahren nicht aus anderen Gründen zuvor beendet wurde. Begründet wurde dies damit, dass die EheVO nur auf Sorgerechtsverfahren Anwendung findet, die „aus Anlass“ eines Verfahrens in Ehesachen betrieben wird.[84] Der den Anwendungsbereich der EheVO erweiternde Kommissionsvorschlag vom 17. Mai 2002 enthält keine derartige, da jetzt überflüssige Regelung mehr, denn die Gerichte der Mitgliedstaaten sind nunmehr aufgrund der EheVO auch international zuständig für Entscheidungen betreffend die elterliche Verantwortung, die nicht in Zusammenhang mit einem noch anhängigen Scheidungsverfahren stehen.

Art. 4 EheVO sieht im Übrigen vor, dass die nach Art. 3 EheVO zuständigen Gerichte ihre Zuständigkeit „im Einklang“ mit dem Haager Übereinkommen über die zivilrechtlichen Aspekte internationaler Kindesentführung vom 25. Oktober 1980[85] und „insbesondere dessen Artikeln 3 und 16“ auszuüben haben. Diese Vorschrift deutet bereits das Rangverhältnis von EheVO und Haager

[81] Zum Brüssel II-Abkommen und dieser Frage: *Sturlèse* in JPC 1998, 1145 (1147).
[82] So *Vogel* in MDR 2000, 1045 (1048).
[83] Darauf weist *Vogel* in MDR 2000, 1045 (1048) hin.
[84] *Hausmann* in ELF 2001, 271 (278).
[85] BGBl. 1990 II, S. 207; abgedruckt bei *Jayme/Hausmann*, Nr. 222

Kindesentführungsübereinkommen an.[86] Während Art. 37 EheVO den dort genannten Übereinkommen keinen Vorrang gegenüber der EheVO einräumt, enthält Art. 4 EheVO die Bestimmung, dass die sich aus Art. 3 EheVO ergebenden Zuständigkeiten in den Grenzen auszuüben sind, die durch das Haager Kindesentführungsübereinkommen, insbesondere durch dessen Art. 3 und 16, vorgegeben sind. Damit soll sichergestellt werden, dass der gewöhnliche Aufenthalt des Kindes weiterhin als Zuständigkeitskriterium dienen kann, auch wenn infolge eines widerrechtlichen Verbringens oder Zurückhaltens des Kindes faktisch eine Änderung des gewöhnlichen Aufenthaltsortes vorgenommen wurde.[87]

b. Art. 8 EheVO

Gemäß Art. 8 Abs. 1 EheVO ergibt sich, soweit Art. 2 bis 6 EheVO nicht einschlägig sind, die internationale Zuständigkeit des Gerichts eines Mitgliedstaates aus den innerstaatlichen Vorschriften. Darüber hinaus behandelt Art. 8 Abs. 2 EheVO EU-Bürger in jedem Mitgliedstaat als Inländer, mit der Folge, dass der Antragsgegner weder einen gewöhnlichen Aufenthalt in einem Mitgliedstaat noch die Staatsangehörigkeit eines Mitgliedstaates haben muss.

4. Anerkennung von Umgangsrechtsregelungen nach der EheVO

Wesentliche Neuerung in der EheVO ist der Wegfall des Anerkennungsmonopols der Mitgliedstaaten für in einem anderen Mitgliedstaat ergangene Ehescheidungen. Art. 14 EheVO sieht vor, dass Entscheidungen, die in einem Mitgliedstaat ergangen sind, in den anderen Mitgliedstaaten ohne weiteres Verfahren anerkannt werden.

a. Begriff der „Entscheidung" in Art. 13 EheVO

Für Entscheidungen in Ehesachen wurde der Anwendungsbereich der EheVO auf positive Entscheidungen beschränkt, d. h. auf Entscheidungen, die tatsächlich zu einer Ehescheidung, Trennung ohne Auflösung des Ehebandes oder Ungültigkeitserklärung einer Ehe geführt haben.[88]
Für Entscheidungen in Bezug auf die elterliche Verantwortung im Rahmen des Anwendungsbereichs der EheVO und nach den Zuständigkeitsregeln des Art. 3 EheVO ist hinzuzufügen, dass auch hier eine positive Entscheidung erforderlich ist, welche jedoch hinsichtlich der elterlichen Verantwortung auch durchaus negative Konsequenzen haben kann, zum Beispiel, wenn ein Umgangsrecht versagt wird. Es handelt sich dann aber immer noch um eine Entscheidung im Sinn der EheVO.[89]

---

[86] Zum Vorrang des HKÜ vor der EheVO, vgl. Teil B III.
[87] *Borrás*, Erläuternder Bericht, S. 41,Rn. 41; *Hausmann* in ELF 2001, 345 (348).
[88] *Borrás*, Erläuternder Bericht, S. 48, Rn. 60.
[89] *Borrás*, Erläuternder Bericht, S. 48, Rn. 60.

b. Wegfall des Anerkennungsverfahrens nach Art. 7 § 1 FamRÄndG

Gemäß Art. 14 Abs. 1 EheVO werden Entscheidungen, die in einem Mitgliedstaat ergangen sind, automatisch, d.h. ohne besonderes Verfahren, anerkannt. Die diesbezüglichen Vorschriften der EheVO beruhen auf dem Prinzip des gegenseitigen Vertrauens zwischen den Mitgliedstaaten. Die Gründe für die Nichtanerkennung einer Entscheidung sind deshalb auf das notwendige Mindestmaß beschränkt.[90]

Für Deutschland hat dies zur Folge, dass das besondere Anerkennungsverfahren des Art. 7 § 1 FamRÄndG innerhalb der Europäischen Union - mit Ausnahme Dänemarks - bedeutungslos wird. Bislang erforderte die Anerkennung einer ausländischen Entscheidung in einer Ehesache nach Art. 7 § 1 Abs. 1 FamRÄndG eine Entscheidung der Landesjustizverwaltung bzw. des OLG-Präsidenten, soweit diese Entscheidung nach Art. 7 § 1 Abs. 2 lit. a) FamRÄndG an ihn delegiert wurde. Diese Entscheidung war für alle deutschen Gerichte und Behörden bindend. Art. 7 § 1 FamRÄndG regelte jedoch nur die formellen Voraussetzungen des Anerkennungsverfahrens ausländischer Entscheidungen in Ehesachen im Inland. Die materiellen Voraussetzungen ergaben sich auch zuvor aus internationalen Abkommen oder aus § 328 ZPO. Eine Anerkennungsentscheidung nach Art. 7 § 1 FamRÄndG war nur dann entbehrlich, wenn ein Gericht oder eine Behörde des Staates entschieden hatte, dem beide Eheleute zur Zeit der Ehescheidung angehörten (Art. 7 § 1 Abs. 1 Satz 3 FamRÄndG). In diesem Fall war aufgrund des fehlenden Inlandsbezuges einer Scheidung, die ein ausländisches Gericht für zwei seiner Staatsangehörigen ausgesprochen hatte, nicht von einer Schutzbedürftigkeit der Betroffenen auszugehen, die eine Nachprüfung der ausländischen Entscheidung durch ein deutsches Gericht verlangt. Vielmehr liegt dann ein so genannter Binnensachverhalt vor, d.h. ein Fall, in dem der Sachverhalt nur Beziehungen zu einem einzigen Staat aufweist, der ausschließlich nach den nationalen Rechtsnormen zu beurteilen ist. Für die Anwendung des internationalen Verfahrensrechts besteht bei reinen Binnensachverhalten ebenso wenig Anlass wie für die Anwendung internationalen Privatrechts.

Im Rahmen der EheVO beurteilen fortan die Gerichte und Behörden, zum Beispiel die Standesämter, der Mitgliedstaaten selbständig die Anerkennungsfähigkeit ausländischer Entscheidungen in Ehesachen, soweit sich diese Frage als Vorfrage zum Beispiel zu einer Umgangsrechtsregelung stellt (Art. 14 Abs. 4 EheVO). Diese Regelung soll der Vereinfachung dienen. Die Gerichte, die in der Hauptsache entscheiden, sollen auch für die Entscheidung über die Anerkennung als Vorfrage zuständig sein.[91] Außerhalb des Anwendungsbereichs der EheVO – zum Beispiel im Verhältnis zu Nicht-Mitgliedstaaten, aber auch zu

---

[90] *Hausmann* in ELF 2001, 345 (348).

[91] *Borrás*, Erläuternder Bericht, S. 50, Rn. 66.

Dänemark[92] – bleibt das Verfahren nach Art. 7 § 1 Abs. 1 FamRÄndG weiterhin anwendbar.
Sollten trotz der mit der EheVO angestrebten Rechtsvereinheitlichung einander widersprechende Entscheidungen ergehen, so stellt Art. 14 Abs. 3 EheVO ein Verfahren zur Verfügung, das es jeder Partei, die ein berechtigtes Interesse daran hat, ermöglicht, feststellen zu lassen, dass eine Entscheidung nicht anzuerkennen ist. Auch diese Feststellung trifft künftig in Deutschland nicht mehr die Landesjustizverwaltung, sondern das kraft der Verweisung auf die Abschnitte 2 und 3 des III. Kapitels der EheVO im Verfahren für die Vollstreckbarerklärung mitgliedstaatlicher Entscheidungen nach Art. 21 ff. EheVO zuständige Familiengericht. Die Feststellung der Nichtanerkennung nach Art. 14 Abs. 3 EheVO entfaltet nur noch Wirkungen inter partes.[93] Diese inter partes-Wirkung ergibt sich daraus, dass durch den Wegfall der Anerkennung ausländischer Entscheidungen in Ehesachen durch die Landesjustizverwaltungen die Anerkennung von ausländischen Ehescheidungen dem Verfahren über vermögensrechtliche Entscheidungen gemäß Art. 26 EuGVÜ und § 328 ZPO sowie von Entscheidungen der freiwilligen Gerichtsbarkeit gemäß § 16 FGG gleichgestellt wird. Damit wird zugleich in Kauf genommen, dass in Zukunft auch in Ehesachen - wie bisher bereits in vermögensrechtlichen Entscheidungen und Entscheidungen der freiwilligen Gerichtsbarkeit - widersprüchliche Entscheidungen deutscher Gerichte und Behörden über die Anerkennung der in einem anderen Mitgliedstaat ergangenen Entscheidung ergehen können.

c. Anerkennungsversagungsgründe der EheVO, Art. 15 Abs. 2 EheVO

Indem Art. 15 EheVO Anerkennungsversagungsgründe ausspricht, geht die EheVO systematisch den Weg des EuGVÜ und der §§ 328 ZPO, 16 a FGG.
Im Aufbau unterscheidet Art. 15 EheVO einerseits zwischen Nichtanerkennungsgründen von Entscheidungen betreffend die Ehescheidung, die Trennung ohne Auflösung des Ehebandes oder die Ungültigkeitserklärung einer Ehe (Abs. 1) und andererseits Nichtanerkennungsgründe für Entscheidungen betreffend die elterliche Sorge für die gemeinsamen Kinder, die aus Anlass der Ehescheidung ergangen sind (Abs. 2) bzw. sämtliche Entscheidungen betreffend die elterliche Verantwortung[94]. Ein Grund für die Differenzierung zwischen Ehe- und Sorgerechtsentscheidungen ist darin zu sehen, dass beide Arten von Entscheidungen zwar eng mit dem Eheverfahren verknüpft sind, sie aber entsprechend den innerstaatlichen Zuständigkeitsregelungen der Mitgliedstaaten von verschiedenen Stellen erlassen worden sein können. Eine weitere Begründung liegt in der Verschiedenartigkeit der Gegenstände der Entscheidungen, die

---

[92] Vgl. dänisches Protokoll zu Art. 69 EGV.
[93] *Hausmann* in ELF 2001, 345 (351).
[94] So die Erweiterung im Kommissionsvorschlag KOM(2001) 505 endgültig.

zwangsläufig auch zu einer Verschiedenartigkeit der Nichtanerkennungsgründe führt.[95]

Art. 15 Abs. 2 EheVO enthält für die Nichtanerkennung von Umgangsrechtsentscheidungen einen eigenen Katalog von Gründen, der an Art. 23 des Haager Kindesschutzübereinkommens von 1996[96] angeglichen ist und Fragen des Kindeswohls und der Berücksichtigung des rechtlichen Gehörs besonderes Gewicht beimisst.

Nach Art. 15 Abs. 2 EheVO wird eine Entscheidung betreffend die elterliche Verantwortung nicht anerkannt, wenn die Anerkennung der öffentlichen Ordnung (ordre public) des Mitgliedstaates, in dem sie beantragt wird, offensichtlich widerspricht, wobei das Wohl des Kindes zu berücksichtigen ist [Art. 15 Abs. 2 lit. a) EheVO]. Ebenso wird die Anerkennung versagt, wenn die Entscheidung ergangen ist, ohne dass das Kind Mitwirkungsmöglichkeiten, insbesondere in Form der Anhörung, hatte [Art. 15 Abs. 2 lit. b) EheVO]. Mitwirkungsrechte können jedoch nur verletzt sein, wenn das Recht des Mitgliedstaates, dessen Gericht an erster Stelle entschieden hat, derartige Verfahrensrechte überhaupt vorsieht.[97] Dies führt dazu, dass im Rahmen von Verfahren über die elterliche Verantwortung geprüft werden muss, ob im Erstentscheidungsstaat ein eigenes Beteiligungsrecht oder Anhörungsrecht des Kindes besteht.[98] Wenn ein Elternteil geltend macht, die Entscheidung greife in seine elterliche Sorge ein und er sei dazu nicht gehört worden, ist die Anerkennung zu versagen [Art. 15 Abs. 2 lit. d) EheVO]. Diese Regelung soll Entscheidungen im Anschluss an einseitige Verfahren zu Lasten eines Elternteils die Anerkennung verweigern.[99] Der Versagungsgrund der Nichteinlassung entfällt, wenn der Betroffene mit der Entscheidung eindeutig einverstanden war, was sich auch aus einem späteren Verhalten des Betroffenen ergeben kann, nicht jedoch zwingend daraus, dass der Betroffene trotz Kenntnis der Entscheidung gegen diese keinen möglichen Rechtsbehelf eingelegt hat.[100] Die Anerkennung ist ferner zu versagen, wenn dem Antragsgegner, der sich auf das Verfahren nicht eingelassen hat, das Schriftstück nicht rechtzeitig zugestellt wurde [Art. 15 Abs. 2 lit. c) EheVO] oder wenn die anzuerkennende Entscheidung zu einer früheren Entscheidung in einem Drittmitgliedstaat in Widerspruch steht und diese ihrerseits anerkennungsfähig ist [Art. 15 Abs. 2 lit. e) und f) EheVO].

Im Rahmen der Anerkennung ist eine Überprüfung der Entscheidung in der Sache ebenso ausgeschlossen (Verbot der révision au fond, Art. 19 EheVO) wie

---

[95] *Borrás*, Erläuternder Bericht, S. 50, Rn. 68.

[96] Zum KSÜ unten Teil B II. 1. b.(5).

[97] *Borrás*, Erläuternder Bericht, S. 52, Rn. 73.

[98] *Vogel* in MDR 2000, 1045 (1050); kritisch zum Erfordernis des rechtlichen Gehörs bei fehlender Angleichung der Kollisionsrechte *Heß* in JZ 2001, 573 (576).

[99] *Vogel* in MDR 2000, 1045 (1050).

[100] MüKo-*Gottwald*, Art. 15 EheGVO, Rn. 10 f.

die Versagung der Anerkennung aufgrund der Unzuständigkeit des erstentscheidenden Gerichts (Art. 17 EheVO).
Art. 19 EheVO beinhaltet den Ausschluss der Nachprüfung in der Sache selbst, der einer Aushöhlung des eigentlichen Zwecks des Exequaturverfahrens entgegenwirken soll. Der Zweck des Exequaturverfahrens besteht nicht darin, dass das Gericht des Anerkennungsstaates erneut über etwas entscheidet, worüber das Gericht des Ursprungsstaates bereits befunden hat.[101] Die Vorschrift bedeutet aber keineswegs die Unabänderlichkeit einer Maßnahme betreffend die elterliche Verantwortung.[102] Eine Änderung der Umstände kann sehr wohl eine Nachprüfung und Abänderung von Umgangsrechtsregelungen notwendig machen, so wie dies grundsätzlich bei langfristigen Regelungen vorgesehen ist.[103]
Die Rechtskraft der anzuerkennenden Entscheidung ist nicht Anerkennungsvoraussetzung. Dies ergibt sich aus Art. 20 Abs. 1 EheVO, der vorsieht, dass das Anerkennungsverfahren lediglich ausgesetzt werden kann (nicht muss!), wenn gegen die Entscheidung ein ordentlicher Rechtsbehelf eingelegt worden ist. In Abs. 2 trägt die Vorschrift des Art. 20 EheVO Besonderheiten der innerstaatlichen Rechtsordnungen in Irland und im Vereinigten Königreich ergangenen Entscheidungen Rechnung.

5. Vereinfachtes Vollstreckbarerklärungsverfahren für Umgangsentscheidungen nach der EheVO

Entscheidungen hinsichtlich des Umgangsrechts können im Streitfall Vollstreckungshandlungen erfordern. Die EheVO sieht wie das Brüssel II-Abkommen[104] ein einheitliches vereinfachtes Vollstreckungserklärungsverfahren vor, das in den Bestimmungen des Abschnitts 2 der EheVO geregelt ist. Art. 21 ff. EheVO enthalten die Regeln für die Erlangung der Exequatur, die Voraussetzung dafür ist, dass eine in einem Mitgliedstaat ergangene Entscheidung in einem anderen Mitgliedstaat vollstreckt werden kann. Sie sehen ein im Vergleich zum nationalen Recht erheblich vereinfachtes Verfahren der Vollstreckbarerklärung vor.[105] Die EheVO regelt somit nur das Verfahren der Vollstreckbarerklärung, die eigentliche Vollstreckung richtet sich nach der lex fori des jeweiligen Vollstreckungsstaates.[106]

---

101 *Borrás*, Erläuternder Bericht, S. 53, Rn. 77.
102 *Borrás*, Erläuternder Bericht, S. 53, Rn. 78.
103 *Borrás*, Erläuternder Bericht, S. 53, Rn. 78.
104 Dazu *Sturlèse* in JCP 1998, 1145 (1148).
105 *Hau* in FamRZ 1999, 484 (487).
106 *Hausmann* in ELF 2001, 345 (351).

a. Voraussetzungen für die Vollstreckbarerklärung einer Umgangsrechtsregelung nach der EheVO

Der Antrag der berechtigten Partei auf Vollstreckbarerklärung darf nur abgelehnt werden, wenn die Anerkennung der Entscheidung zu versagen ist (Art. 24 Abs. 2 EheVO).

(1) „Berechtigte Partei" im Sinn des Art. 21 Abs. 1 EheVO

Voraussetzung für die Vollstreckbarerklärung einer ausländischen Entscheidung ist die Stellung eines entsprechenden Antrags der berechtigten Partei. Für die Zwecke der Stellung des Antrags auf Vollstreckbarerklärung ist unter der „berechtigten Partei" neben den Ehegatten und den Kindern - in den Staaten, in denen dies vorgesehen ist - auch die staatliche Gewalt zu verstehen.[107]

(2) Begriff der „Entscheidung" in Art. 21 EheVO

Art. 21 EheVO erfasst nur die Vollstreckbarerklärung von Umgangsrechtsentscheidungen und Herausgabetiteln, da Entscheidungen über die Eheauflösung[108] einer Vollstreckung ebenso wenig bedürfen wie Sorgerechtsentscheidungen, die sich auf die Verteilung der Sorge beschränken.[109]

(3) Voraussetzungen für die Vollstreckbarerklärung, Art. 22 EheVO

Der Antrags muss gemäß Art. 22 Abs. 1 EheVO den Formvorschriften des innerstaatlichen Rechts genügen. Nach Art. 22 Abs. 2 EheVO muss der Antragsteller in dem Bezirk des angerufenen Gerichts für die Zwecke der Zustellung entweder einen Wahlwohnsitz begründen oder einen Zustellungsbevollmächtigten benennen. Dies ist in zweierlei Hinsicht von Bedeutung: zum einen für die Mitteilung der Entscheidung über den Antrag gemäß Art. 24 EheVO, die nach dem innerstaatlichen Recht desjenigen Mitgliedstaates erfolgt, in dem die Vollstreckung erwirkt werden soll, zum anderen mit Blick auf Art. 26 EheVO, der eine einmonatige Frist ab Zustellung[110] für die Einlegung eines Rechtsbehelfs gegen die Entscheidung über die Zulassung der Vollstreckung vorsieht.
Im Aufbau des Art. 22 EheVO ist zu beachten, dass der Titel („örtliche Zuständigkeit") nicht für alle Absätze zutrifft. Abs. 1 regelt vielmehr die internationale Zuständigkeit des Gerichts, bei dem der Antrag auf Vollstreckbarerklärung zu stellen ist, während die letzten beiden Absätze sich tatsächlich auf die örtliche Zuständigkeit des Gerichts im Vollstreckungsstaat beziehen.[111]

---

107 *Borrás*, Erläuternder Bericht, S. 54, Rn. 80: Staatsanwaltschaft oder entsprechende Stelle.
108 Vom Kostenpunkt abgesehen.
109 MüKo-*Gottwald*, Art. 21 EheGVO, Rn. 2; *Winkel*, Sorge- und Umgangsrecht, S. 136.
110 Mit der Möglichkeit der Fristverlängerung bei räumlicher Entfernung des Vollstreckungsschuldners, Art. 26 Abs. 5 Satz 2 und 3 EheVO.
111 *Borrás*, Erläuternder Bericht, S. 54, Rn. 82.

Die örtliche Zuständigkeit wird nach Art. 22 Abs. 2 EheVO durch den gewöhnlichen Aufenthalt des Vollstreckungsgegners oder den des Kindes bestimmt, auf den bzw. auf das sich der Antrag bezieht. Hilfsweise ist das Gericht am Vollstreckungsort örtlich zuständig. Gemäß Art. 22 Abs. 1 EheVO i.V.m. Anhang I der Verordnung ist im Bezirk des Kammergerichts das Familiengericht Pankow/Weißensee, in den Bezirken der übrigen Oberlandesgerichte das Familiengericht am Sitz des betreffenden Oberlandesgerichts international zuständig.

(4) Einseitiges Verfahren der Vollstreckbarerklärung

Die Entscheidung des Gerichts über die Vollstreckbarerklärung erfolgt in einem einseitigen Verfahren ohne Anhörung der gegnerischen Partei (Art. 24 Abs. 1 EheVO). Zu dieser Regelung sind keine Ausnahmefälle vorgesehen, da dies zu einer systematischen Umwandlung des einseitigen Verfahrens in ein kontradiktorisches führen würde.[112]

Zur Wahrung seiner Verteidigerrechte hat der Antragsgegner jedoch ebenso wie der Antragsteller die Möglichkeit, gemäß Art. 26 EheVO einen Rechtsbehelf einzulegen, über welchen in einem Verfahren mit beiderseitigem rechtlichen Gehör entschieden wird (Art. 26 Abs. 3 EheVO). Die Entscheidung über den Rechtsbehelf kann in Deutschland mit der Rechtsbeschwerde angegriffen werden (vgl. Art. 27 i.V.m. Anhang III zur EheVO).

(5) Vollstreckungsmaßnahmen nach innerstaatlichem Recht

Die EheVO regelt nur das Vollstreckbarerklärungsverfahren, nicht die konkreten Vollstreckungsmaßnahmen. Die eigentliche Zwangsvollstreckung bleibt als Hoheitsakt dem jeweiligen innerstaatlichen Recht des Vollstreckungsstaates überlassen, so dass es in den Mitgliedstaaten zu unterschiedlichen Vollstreckungsmöglichkeiten kommen kann.[113]

b. Innerstaatliches deutsches Ausführungsgesetz (AVAG)

Der deutsche Gesetzgeber hat die EheVO mit Wirkung zum 1. März 2001 in den Anwendungsbereich des Gesetzes über die Anerkennung und Vollstreckung ausländischer Entscheidungen in Zivil- und Handelssachen (AVAG)[114] einbezogen. Denkbar wäre auch die Regelung der Durchführungsbestimmungen zur EheVO in einem gesonderten Gesetz gewesen. Mit Blick auf die bereits vorhandene Umsetzung des EuGVÜ, in deren inhaltlicher Kontinuität die EheVO steht, wurde jedoch dieser Mechanismus beibehalten und die Durchführungsbestimmungen zur EheVO in das AVAG eingefügt, welches aufgrund der Komplexität

---

[112] *Borrás*, Erläuternder Bericht, S, 55, Rn. 88.

[113] *Sturlèse* in JCP 1998, 1145 (1148) zum Brüssel II-Abkommen; *Borrás*, Erläuternder Bericht, S. 54, Rn. 81.

[114] Gesetz vom 19. Februar 2001, BGBl. I, S. 288 ff.

der Neuregelung durch die EheVO als neues Gesetz[115] formuliert wurde und zeitgleich mit der EheVO zum 1. März 2001 in Kraft getreten ist.
Diese Regelungstechnik entspricht der herkömmlichen innerstaatlichen Durchführung staatsvertraglicher Übereinkommen nach deren Umsetzung in innerstaatliches Recht. Problematisch ist dieses gesetzgeberische Vorgehen jedoch angesichts einer EG-Verordnung, die gemäß Art. 249 EG in den Mitgliedstaaten unmittelbar anwendbar ist. EG-Verordnungen dürfen aus Gründen der Rechtsklarheit noch nicht einmal von gleichlautenden nationalen Vorschriften überlagert werden.[116]
Durch diese Vorgabe ist eine aufwendige Verweisungs- und Einschränkungsregelung im AVAG dergestalt notwendig geworden, dass § 50 AVAG n.F. für die EheVO nur auf einzelne Vorschriften bzw. sogar nur auf einzelne Abschnitte von Einzelbestimmungen des allgemeinen Teils des AVAG verweist. Manche Vorschriften sollen nur in geänderter oder in sinngemäßer Geltung angewendet werden. Dadurch ist das Ausführungsgesetz deutlich unübersichtlicher geworden.[117] Außerdem ist zu bedenken, dass das AVAG auf das EuGVÜ zugeschnitten ist, welches zum 1. März 2002 ebenfalls durch eine EG-Verordnung (EuGVO)[118] ersetzt worden ist. Hierdurch wird sich das gleiche Problem - wie oben für die EheVO beschrieben - stellen: zahlreiche Vorschriften des AVAG werden entweder gar nicht mehr anwendbar sein oder müssen durch Verweisungen modifiziert werden.[119] Es ist also zu überlegen, ob für den Bereich der europäischen Zivilprozessrechtsangleichung eine gesonderte gesetzliche Ausführungsregelung getroffen werden sollte.[120]

6. Ergänzung der EheVO durch den Kommissionsvorschlag vom 6. September 2001

Der Vorschlag der Kommission für eine Verordnung des Rates über die Zuständigkeit und die Anerkennung und Vollstreckung von Entscheidungen über die elterliche Verantwortung vom 6. September 2001[121] ist Teil der auf der Ebene der Europäischen Gemeinschaft laufenden Arbeiten zur Schaffung eines ge-

---

[115] Gesetz zur Änderung von Vorschriften auf dem Gebiet der Anerkennung und Vollstreckung ausländischer Entscheidungen in Zivil- und Handelssachen vom 19. Februar 2001, BGBl 2001 I, Nr. 9, 288 (Anerkennungs- und Vollstreckungsgesetz – AVAG).
[116] Begründung zum AVAG-Entwurf der Bundesregierung, BT-Drucksache 14/4591, S. 19 f.; EuGH, Rs. C-272/83, Kommission/Italien, Slg. 1985, 1057 (1074): im Anwendungsbereich einer EG-Verordnung darf kein gleichlautendes nationales Recht erlassen werden.
[117] So die Kritik von *Heß* in JZ 2001, 573 (577); ebenso *Hub* in NJW 2001, 3145 (3150).
[118] Verordnung (EG) Nr. 44/2001 vom 22. Dezember 2000 über die gerichtliche Zuständigkeit und die Anerkennung und Vollstreckung von Entscheidungen in Zivil- und Handelssachen (sog. Brüssel I-VO oder EuGVO), ABl. EG 2001 L, S. 12/1.
[119] *Heß* in JZ 2001, 573 (577); ebenso *Hub* in NJW 2001, 3145 (3150).
[120] So *Heß* in JZ 2001, 573 (577).
[121] Kommissionsvorschlag KOM(2001) 505 endgültig.

meinsamen Rechtsraums auf der Grundlage des Prinzips der gegenseitigen Anerkennung gerichtlicher Entscheidungen.[122]

a. Entstehungsgeschichte des Kommissionsvorschlags

Für das Familienrecht regelt die EheVO in ihrer ursprünglichen Fassung die gerichtliche Zuständigkeit, die automatische Anerkennung und die vereinfachte Vollstreckung bestimmter gerichtlicher Entscheidungen, die bei einer Ehescheidung oder Trennung ergehen [Art. 1 Abs. 2 lit. a) EheVO]. Für die elterliche Verantwortung beschränkt sich der Anwendungsbereich der EheVO auf die „aus Anlass" einer Ehesache ergangene Entscheidungen. Aufbauend auf die EheVO legte Frankreich am 3. Juli 2000 eine Initiative zur Schaffung eines „europäischen Besuchstitels" vor.[123]
Der Rat der Justiz- und Innenminister nahm auf seiner Tagung am 30. November 2000 ein Programm zur schrittweisen Abschaffung des Exequaturverfahrens in vier Bereichen an.[124] Das Programm sieht für den Bereich des Familienrechts bereits in seiner ersten Phase eine Ausweitung des Anwendungsbereichs der EheVO und die Abschaffung des Exequaturverfahrens für Umgangsrechtsentscheidungen vor. Gleichzeitig stellte der Rat fest, dass die Arbeiten an der französischen Initiative ohne die Ausweitung des Anwendungsbereichs der EheVO nicht fortgeführt werden können. Vielmehr müsse die Gleichbehandlung aller Kinder gewährleistet und sozialen Gegebenheiten wie der Herausbildung alternativer Familienstrukturen Rechnung getragen werden.[125]
Zusammen mit der französischen Initiative zur Abschaffung des Exequaturverfahrens für Entscheidungen über das Umgangsrecht werden die auf der ersten Stufe vorgesehenen Maßnahmen zur Umsetzung des Grundsatzes der gegenseitigen Anerkennung gerichtlicher Entscheidungen verwirklicht.[126]

b. Erweiterter Anwendungsbereich der EheVO

Im Unterschied zur EheVO muss das Verfahren im Bereich der elterlichen Verantwortung nicht mit einem Verfahren in Ehesachen verknüpft sein, so dass der Verordnungsvorschlag der Kommission alle Entscheidungen über die elterliche Verantwortung unabhängig von der familiären Situation des Kindes erfasst.[127]
Der Begriff der „elterlichen Verantwortung" wird im Kommissionsvorschlag

---

[122] Zur Schaffung eines „europäischen Vollstreckungstitels" unten Teil E III. 3.
[123] Initiative der Französischen Republik betreffend einen Entwurf einer Verordnung (EG) des Rates über die gegenseitige Vollstreckung von Entscheidungen über das Umgangsrecht vom 26. Juni 2000, abgedruckt in IPRax 2000, 444; dazu unten Teil E I.
[124] Maßnahmenprogramm zur Umsetzung des Grundsatzes der gegenseitigen Anerkennung gerichtlicher Entscheidungen in Zivil- und Handelssachen, ABl. EG 2001 C 12, S. 1, dazu unten Teil E III. 2.
[125] Kommissionsvorschlag KOM(2001) 505 endgültig, S. 4.
[126] Kommissionsvorschlag KOM(2001) 505 endgültig, S. 4.
[127] Kommissionsvorschlag KOM(2001) 505 endgültig, S. 5.

ebenso wenig wie in der EheVO definiert. Es wird jedoch betont, dass Umgangsrechtsentscheidungen ausdrücklich davon erfasst sind.[128]

c. Allgemeine Zuständigkeitsregel

Um die Rechtssicherheit zu erhöhen, enthält der Vorschlag eine vollständige Zuständigkeitsregelung, die Zuständigkeitskonflikte vermeiden soll und die sich weitgehend an den Zuständigkeitsregeln des noch nicht in Kraft befindlichen Kinderschutzübereinkommens von 1996[129] orientiert. Hauptanknüpfungspunkt ist der gewöhnliche Aufenthalt des Kindes (Art. 3 des Kommissionsvorschlags), der jedoch in bestimmten Fällen (Art. 4, 5, 6, 13 des Kommissionsvorschlags) hinter anderen Zuständigkeitskriterien zurücktritt. Ziel ist es, in allen Fällen die Zuständigkeit so zu regeln, wie es dem Wohl des Kindes am besten entspricht.
Die allgemeine Zuständigkeitsregel des Art. 3 des Kommissionsvorschlags greift nur, wenn sich das Kind in einem Mitgliedstaat aufhält. Für die anderen Zuständigkeitsvorschriften spielt es hingegen keine Rolle, ob das Kind seinen gewöhnlichen Aufenthalt innerhalb der Gemeinschaft hat.
Nach Art. 4 des VO-Vorschlags kann die Zuständigkeit noch einige Zeit bei dem Mitgliedstaat verbleiben, in dem die letzte Entscheidung ergangen ist, wenn das Kind erst vor kurzer Zeit an den neuen Ort seines gewöhnlichen Aufenthalts verzogen ist und eine der Personen, die die elterliche Verantwortung ausüben, in dem Mitgliedstaat der letzten Entscheidung wohnen bleibt. Mit dieser Regelung soll eine gewisse Kontinuität gewährleistet werden, ohne die Definition des gewöhnlichen Aufenthalts in Frage zu stellen. Nach sechs Monaten geht die internationale Zuständigkeit dann auf das Gericht des Ortes des neuen gewöhnlichen Aufenthaltes des Kindes über, da diese Gerichte nun als sachnächste zur Entscheidung berufen angesehen werden.

d. Verhältnis des Kommissionsvorschlags zu den Bestimmungen der EheVO

Art. 19 des Kommissionsvorschlags regelt das Verhältnis des Kommissionsvorschlags zur EheVO dahingehend, dass mit dem Vorschlag der Anwendungsbereich der EheVO erweitert werden soll. Jedoch wird klargestellt, dass die Bestimmungen des Vorschlags denen der EheVO vorgehen. In den Erläuterungen zu den Artikeln hatte die Kommission wurde bereits erwogen, im Sinne der Erleichterung der Rechtsanwendung die Bestimmungen des Verordnungsvorschlags der Kommission, der einschlägigen Bestimmungen der EheVO sowie die Initiative der französischen Ratspräsidentschaft zum Umgangsrecht in einem

---

[128] Kommissionsvorschlag KOM(2001) 505 endgültig, S. 6; ein weiterer, KOM(2001) 505 ersetzender, Kommissionsvorschlag vom 17. Mai 2002 enthält eine sehr weit gefasste Definition des Begriffs der „elterlichen Verantwortung", dazu unten Teil E I. 5.c.

[129] Übereinkommen über die Zuständigkeit, das anzuwendende Recht, die Anerkennung, Vollstreckung und Zusammenarbeit auf dem Gebiet der elterlichen Verantwortung und der Maßnahmen zum Schutz von Kindern vom 19. Oktober 1996, dazu unten Teil B II. 1. b.

Rechtsakt zusammenzufassen, was in einem weiteren Vorschlag der Kommission vom 17. Mai 2002[130] erfolgt ist.

II. Multilaterale Staatsverträge mit Beteiligung Deutschlands und Frankreichs

Nach den Rechtsakten der Europäischen Gemeinschaft gehen multilaterale Staatsverträge gemäß Art. 3 Abs. 2 Satz 1 EGBGB als Rechtsquelle innerstaatlichem internationalem Privatrecht vor.

Im Folgenden werden multilaterale Staatsverträge dargestellt werden, die Regelungen zum Umgangsrecht enthalten und zu deren Vertragsstaaten sowohl Deutschland als auch Frankreich zählen. Die Zusammenstellung und Analyse soll einen Überblick über den heutigen Stand der staatsvertraglichen Rechtsvereinheitlichung im Anwendungsbereich der geplanten Verordnung über den europäischen Besuchstitel geben.

Unter inhaltlichen Gesichtspunkten lassen sich mit Blick auf Umgangsrechtsregelungen grob gesprochen zwei Typen von Staatsverträgen unterscheiden. Zum einen werden Umgangsrechte auf staatsvertraglicher Ebene durch Übereinkommen geregelt, die generell den Erlass von Schutzmaßnahmen zugunsten Minderjähriger zum Inhalt haben. Zu diesen so genannten Minderjährigenschutzabkommen zählt heute neben dem Minderjährigenschutzabkommen in der ursprünglichen Form von 1961 seine revidierte Fassung von 1996 (MSA), das so genannte Kinderschutzübereinkommen (KSÜ)[131]. Daneben bestehen zwei spezielle Kindesentführungsübereinkommen, das Haager Übereinkommen über die zivilrechtlichen Aspekte internationaler Kindesentführung vom 25. Oktober 1980[132] (HKÜ) als Rechtshilfeabkommen und das Europäische Sorgerechtsübereinkommen vom 20. Mai 1980[133] (ESÜ) als Anerkennungs- und Vollstreckungsabkommen.

---

130 Vorschlag für eine Verordnung des Rates über die Zuständigkeit und die Anerkennung und Vollstreckung von Entscheidungen in Ehesachen und in Verfahren betreffend die elterliche Verantwortung zur Aufhebung der Verordnung (EG) Nr. 1347/2000 und zur Änderung der Verordnung (EG) Nr. 44/2001 in Bezug auf Unterhaltssachen vom 17. Mai 2002, KOM(2002) 222 endgültig/2, dazu unten Teil E I. 5. c. im Zusammenhang mit dem Verordnungsentwurf zum „europäischen Besuchstitel“.

131 Haager Übereinkommen über die Zuständigkeit, das anzuwendende Recht, die Anerkennung, Vollstreckung und Zusammenarbeit auf dem Gebiet der elterlichen Verantwortung und der Maßnahmen zum Schutz von Kindern vom 19. Oktober 1996.

132 BGBl. 1990 II, S. 207; abgedruckt bei *Jayme/Hausmann*, Nr. 222

133 Luxemburger Europäisches Sorgerechtsübereinkommen über die Anerkennung und Vollstreckung von Entscheidungen über das Sorgerecht für Kinder und die Wiederherstellung des Sorgeverhältnisses, BGBl. 1990 II, S. 220, abgedruckt bei *Jayme/Hausmann*, Nr. 184.

1. Minderjährigenschutzabkommen

a. Übereinkommen über die Zuständigkeit der Behörden und das anzuwendende Recht auf dem Gebiet des Schutzes von Minderjährigen vom 5. Oktober 1961

(1) Regelungsziel des MSA

Das Übereinkommen über die Zuständigkeit der Behörden und das anzuwendende Recht auf dem Gebiet des Schutzes von Minderjährigen (MSA) soll durch Vereinheitlichung der Regeln über die Zuständigkeit der Behörden[134], das auf Schutzmaßnahmen anwendbare Recht und die Anerkennung solcher Maßnahmen in den Vertragsstaaten rechtliche Rahmenbedingungen für eine dauerhafte Betreuung Minderjähriger über die Grenzen der Vertragsstaaten hinweg schaffen.[135] Das MSA will den zwischenstaatlichen Minderjährigenschutz möglichst umfassend sicherstellen.[136] In seinem sachlichen Anwendungsbereich gelten Ausnahmen nur dort, wo andere Staatsverträge Vorrang haben.[137]

(2) Anwendungsbereich des MSA

(a) Zeitlicher, räumlicher und persönlicher Anwendungsbereich

Das MSA ist für die Bundesrepublik Deutschland am 17. September 1971 in Kraft getreten.[138] Maßnahmen, die nach diesem Zeitpunkt zum Schutz der Person oder des Vermögens eines Minderjährigen getroffen werden sollen, sind – bei Vorliegen der übrigen Anwendungsvoraussetzungen – nach dem MSA zu beurteilen. Gesetzliche Gewaltverhältnisse im Sinn des Art. 3 MSA sind ebenfalls seit dem Inkrafttreten des MSA anzuerkennen (Art. 17 Abs. 2 MSA).

Für die innerstaatlichen Gerichte und Behörden ist zunächst entscheidend, dass das MSA im Inland gilt.[139] Das MSA geht von dem so genannten Gleichlaufgrundsatz aus, wonach das maßgebende Recht das innerstaatliche Recht der zuständigen Behörde oder des Gerichts ist (Art. 2 i.V.m. Art. 1 MSA). Von Bedeutung ist aber auch, ob das MSA im Heimatstaat eines ausländischen Minderjährigen in Kraft ist (Art. 4 MSA). Ist dies der Fall, so müssen inländische Instanzen die Zuständigkeit dieses Staates respektieren und dessen Maßnahmen anerkennen.

---

[134] Gemeint sind Verwaltungsbehörden und Gerichte.

[135] *Andrae*, Internationales Familienrecht, Rn. 480.

[136] MüKo-*Siehr*, Art. 19 EGBGB Anh. I, Rn. 2.

[137] MüKo-*Siehr*, Art. 19 EGBGB Anh. I, Rn. 2; zum Vorrang anderer Staatsverträge vgl. unten Teil B III.

[138] BGBl. 1971 II, S. 217, 219, 1150.

[139] MüKo-*Siehr*, Art. 19 EGBGB Anh. I, Rn. 8.

Das MSA gilt für alle Minderjährigen.[140] Die Minderjährigkeit bestimmt sich gemäß Art. 12 MSA kumulativ nach dem Sachrecht des Heimatstaates und des Staates des gewöhnlichen Aufenthalts des Minderjährigen. Als gewöhnlicher Aufenthaltsort ist der Ort anzusehen, an dem der Minderjährige den Schwerpunkt seiner sozialen Bindungen, seinen Daseinsmittelpunkt, unterhält.[141] Der Minderjährige muss zum Zeitpunkt des Erlasses der Schutzmaßnahmen seinen gewöhnlichen Aufenthalt in einem der Vertragsstaaten haben. Eine Veränderung des gewöhnlichen Aufenthalts ist auch nach Rechtshängigkeit in der Tatsacheninstanz von Amts wegen zu berücksichtigen.[142]
Aus Sicht der Bundesrepublik Deutschland kommt es aber nicht darauf an, dass der Minderjährige die Staatsangehörigkeit eines Mitgliedstaates besitzt, denn die Bundesrepublik hat keinen Vorbehalt der Verbürgung der Gegenseitigkeit nach Art. 13 Abs. 3 MSA erklärt. Ein solcher Vorbehalt bewirkt bei völkerrechtlichen Verträgen, dass der Vertrag nur anwendbar ist, wenn auf das Recht eines Vertragsstaates verwiesen wird.[143] Aus Sicht der deutschen Gerichte oder Behörden kann die Anwendung des MSA somit auch zur Anwendung des Rechts eines Nichtvertragsstaates führen.

(b) Sachlicher Anwendungsbereich: Umgangsrechtsentscheidung als "Schutzmaßnahme" im Sinn des MSA

Das MSA ist sachlich anwendbar, wenn es um den Erlass von „Maßnahmen zum Schutz der Person oder des Vermögens des Minderjährigen“ geht. Der Begriff der Schutzmaßnahme ist dabei autonom aus dem MSA heraus zu bestimmen. Das innerstaatliche Recht kommt erst zur Anwendung, wenn es um die Frage geht, welche konkrete Maßnahme zu treffen ist.[144] Da jede Behörde grundsätzlich ihr eigenes Recht anwendet, ist aus deutscher Sicht regelmäßig nur die Frage interessant, welche deutschen Schutzmaßnahmen in den sachlichen Anwendungsbereich des MSA fallen. Heute ist anerkannt, dass das MSA in seinem sachlichen Anwendungsbereich alle Schutzmaßnahmen für Minderjährige, insbesondere alle gerichtlichen Eingriffe und Regelungen der elterlichen Sorge, erfasst.[145] Der Begriff ist weit zu verstehen und umfasst sämtliche Maßnahmen, die im Interesse des Kindes erforderlich sind.[146] Darunter fallen auch Umgangs-

---

[140] Unerheblich, ob ehelich, unter Vormundschaft, unter elterlicher Sorge etc.
[141] Ausführlich zum Begriff des „gewöhnlichen Aufenthalts“ unten Teil C III. 3. b.: der Begriff wird im staatsvertraglichen und autonomen Recht im gleichen Sinn verwandt.
[142] *Andrae*, Internationales Familienrecht, Rn. 487; zur perpetuatio fori unten Teil B II. 1. a. (7).
[143] *Von Hoffmann*, IPR, § 1, Rn. 74, S. 16.
[144] MüKo-*Siehr*, Art. 19 EGBGB Anh. I, Rn. 41.
[145] Palandt-*Heldrich*, Anh. zu Art. 24 EGBGB, Rn. 13; *Rauscher*, IZVR, S. 90.
[146] BGHZ 60, 68 (72).

rechtsregelungen im Sinn des § 1684 f. BGB.[147] Bereits für die frühere Regelung des Verkehrsrechts im Sinn des § 1634 Abs. 2 BGB a.F. war anerkannt, dass diese als Maßnahme im Rahmen der elterlichen Sorge vom sachlichen Anwendungsbereich des MSA erfasst ist.[148]

(3) Internationale Zuständigkeit

International zuständig im Sinn einer Entscheidungszuständigkeit sind gemäß Art. 1 MSA die Behörden oder Gerichte des Staates, in dem der Minderjährige seinen gewöhnlichen Aufenthalt hat (Aufenthaltszuständigkeit). In Deutschland kommen als zuständige Behörden das Jugendamt, das Vormundschafts- und das Familiengericht in Betracht.[149] Ausnahmen von dieser Aufenthaltszuständigkeit ergeben sich aus Art. 4 (Heimatzuständigkeit), Art. 8 (Gefährdungszuständigkeit) und Art. 9 MSA (Eilzuständigkeit).
Die internationale Verbundzuständigkeit für Umgangsrechtsentscheidungen im Scheidungsverfahren gemäß §§ 621, 623 ZPO muss wegen des Vorrangs des MSA außer Betracht bleiben.[150] Begründung dafür ist, dass die Bundesrepublik nicht von der Möglichkeit Gebrauch gemacht hat, durch einen Vorbehalt nach Art. 15 Abs. 1 MSA eine Verbundzuständigkeit für Schutzmaßnahmen zugunsten von Minderjährigen im Zusammenhang mit einem Eheverfahren vorzusehen.[151]

(a) Aufenthaltszuständigkeit nach Art. 1 MSA

Die bedeutendste Zuständigkeit normiert Art. 1 MSA. In erster Linie sollen für den Schutz des Minderjährigen und seines Vermögens die Behörden und Gerichte desjenigen Staates international zuständig sein, in dem der Minderjährige seinen gewöhnlichen Aufenthalt hat. Begründet wird diese bevorzugte Anknüpfung an den gewöhnlichen Aufenthalt mit der Sachnähe des entscheidenden Gerichts, welches als am besten geeignet angesehen wird, eine rasche und sachgerechte Entscheidung zu treffen. Die Aufenthaltszuständigkeit nach Art. 1 MSA

---

[147] OLG Karlsruhe, FamRZ 1996, 424 (425); OLG Bamberg, FamRZ 1997, 1412 (1413); OLG Stuttgart, FamRZ 1998, 1321 (einstweilige Anordnung zur Umgangsbefugnis im Scheidungsverfahren).

[148] Aus der Rechtsprechung zu § 1634 Abs. 2, 3 und § 1711 BGB a.F.: OLG Stuttgart, NJW 1978, 1746; OLG Zweibrücken, IPRspr 1981, Nr. 99; OLG Karlsruhe, FamRZ 1991, 362 (363); LG Heilbronn, IPRspr 1972, Nr. 75; AG Bremen, IPRspr 1975, Nr. 71; OLG Frankfurt, FamRZ 1980, 79; ÖstOGH, IPRax 1989, 245 (246) mit Aufsatz *Siehr* 253 f.; Staudinger-*Kropholler*, Vorbem zu Art. 19 EGBGB, Rn. 40.

[149] Palandt-*Heldrich*, Anh. zu Art. 24 EGBGB, Rn. 6.

[150] Gleiches gilt insoweit für die Sorgerechtsentscheidung, dazu: OLG Düsseldorf, NJW-RR 1994, 268; OLG Celle, FamRZ 1993, 95 (96); OLG Bamberg, FamRZ 1997, 1412 (1413).

[151] *Andrae*, Internationales Familienrecht, Rn. 491.

ist keine ausschließliche Zuständigkeit, jedoch gebührt ihr nach dem Willen der vertragschließenden Staaten der Vorrang.[152]
Art. 1 MSA regelt nur die internationale Zuständigkeit, besagt also, dass bei Vorliegen der Voraussetzungen die inländischen Behörden im Gegensatz zu ausländischen Behörden zur Entscheidung berufen sind. Welche inländische Behörde im Ergebnis örtlich, sachlich und funktional zuständig ist, bestimmt das innerstaatliche Verfahrensrecht.

(b) Vorbehalt zugunsten des Art. 3 MSA

Art. 1 MSA erklärt die Behörden des Aufenthaltsstaates des Minderjährigen „vorbehaltlich" der Regelung des Art. 3 MSA für zuständig, d.h. vorbehaltlich eventuell nach Heimatrecht des Minderjährigen bestehender so genannter „gesetzlicher Gewaltverhältnisse" (ex-lege-Gewaltverhältnis). Die Bedeutung des Art. 3 MSA stellt eines der umstrittensten Probleme des MSA dar.[153] Im Wesentlichen werden zum Verhältnis von Art. 1 und 3 MSA drei Theorien vertreten.

(i) Schrankentheorie

In der in- und ausländischen Literatur herrschte früher die Auffassung, dass bei Bestehen eines ex-lege-Gewaltverhältnisses die Aufenthaltszuständigkeit gemäß Art. 1 MSA im Allgemeinen ausgeschlossen sei. Das Bestehen eines gesetzlichen Gewaltverhältnisses stellt nach der Schrankentheorie grundsätzlich eine Schranke für die primäre Aufenthaltszuständigkeit nach Art. 1 MSA dar. Jedoch seien Hilfstätigkeiten zulässig, die das gesetzliche Gewaltverhältnis bestätigen, verwirklichen oder ergänzen.[154] Von dieser Ausnahme abgesehen, könne sich die internationale Zuständigkeit der Gerichte des Aufenthaltsstaates nur noch unter den engen Voraussetzungen der Art. 8 und 9 MSA als Eil- bzw. Notzuständigkeit ergeben.

(ii) Anerkennungstheorie

Die Praxis und ein großer Teil des Schrifttums gestatten hingegen den nach Art. 1 MSA tätig werdenden Aufenthaltsbehörden Eingriffe in ein gesetzliches

---

[152] *Siehr* in IPRax 1989, 253 (254).

[153] *Allinger*, Haager Minderjährigenschutzabkommen, S. 61 ff.; MüKo-*Siehr*, Art. 19 EGBGB Anh. I, Rn. 110; *Andrae*, Internationales Familienrecht, Rn. 494; *Oberloskamp*, Haager Minderjährigenschutzabkommen, Art. 1, Rn. 151; Staudinger-*Kropholler*, Vorbem zu Art. 19 EGBGB, Rn. 171 ff.

[154] Aus der Literatur: *Kropholler* in NJW 1971, 1721 (1724 f.); *ders.* in NJW 1972, 371 (372); *Jayme* in JR 1973, 175 (183); *Luther* in FamRZ 1973, 406 (409); *Wuppermann* in FamRZ 1974, 414 (417 f.); Staudinger-*Kropholler*, Vorbem zu Art. 19 EGBGB, Rn. 152; aus der deutschen Rechtsprechung: BGH, NJW 1973, 417 (418); BayObLG, NJW 1974, 1052; OLG Zweibrücken, FamRZ 1972, 649 mit Anm. *Kropholler*; OLG Hamm, NJW 1975, 1083 (1084); OLG Karlsruhe, NJW 1976, 485 (486); OLG Stuttgart, FamRZ 1976, 359 (360) mit Anm. *Jayme*.

Gewaltverhältnis wenigstens insoweit, als das Heimatrecht des Minderjährigen solche Eingriffe zulässt. Der Vorbehalt des Art. 3 MSA bedeutet nach der Anerkennungstheorie - anders als nach der Schrankentheorie - grundsätzlich keine Schranke für die Aufenthaltszuständigkeit. Die Erwähnung des Art. 3 in Art. 1 MSA besage vielmehr nur, dass bei den gemäß Art. 1 MSA zu treffenden Maßnahmen bestehende gesetzliche Gewaltverhältnisse nicht zu ignorieren, sondern anzuerkennen seien.[155] Die Behörden des Aufenthaltsstaates können also selbst tätig werden, haben aber bei Anwendung des innerstaatlichen Rechts das gesetzliche Gewaltverhältnis unangetastet zu lassen.

(iii) Heimatrechtstheorie

Nach der Heimatrechtstheorie verbietet Art. 3 MSA gleichfalls nicht das Tätigwerden der Behörden des Aufenthaltsstaates. Der Vorbehalt in Art. 1 MSA solle vielmehr nur sicherstellen, dass die Aufenthaltsbehörden in der Regel von einem nach dem Heimatrecht des Minderjährigen bestehenden gesetzlichen Gewaltverhältnis ausgehen, wenn sie eine Schutzmaßnahme treffen wollen.[156] Art. 3 MSA enthalte nur dann eine Schranke für die Aufenthaltszuständigkeit, wenn das Heimatrecht des Minderjährigen überhaupt keine Maßnahmen zulasse. Soweit das nach Art. 3 MSA berufene Heimatrecht des Kindes dagegen für den konkreten Fall die Möglichkeit von Maßnahmen vorsieht, liegt nach Auffassung der Heimatrechtstheorie eine so genannte „regelungsfähige Lücke" vor, so dass die in Art. 3 MSA vorgeschriebene Anerkennungspflicht durch eine nach Art. 1 MSA getroffene Maßnahme nicht verletzt wird.

Die Vertreter der Heimatrechtstheorie teilen sich hinsichtlich der Frage, nach welchem Recht die Aufenthaltsbehörden diese „regelungsfähige Lücke" schließen können, nochmals in zwei Lager. Die eine Ansicht geht davon aus, dass die Aufenthaltsbehörden die nach Heimatrecht möglichen Maßnahmen nach der lex fori zu treffen haben und berufen sich hierbei auf das Gleichlaufprinzip des Art. 2 MSA.[157] Nach anderer Auffassung treffen die Behörden des Aufenthalts-

---

155 Aus der Literatur: *Sturm* in NJW 1975, 2121 (2122 f.); *Oberloskamp*, Haager Minderjährigenschutzabkommen, Art. 1, Rn. 170a; *Kegel*, IPR, § 20 X, S. 801; *Siehr* in IPRax 1982, 85 (88); aus der deutschen Rechtsprechung gibt es nur vereinzelt Entscheidungen: OLG Hamburg, FamRZ 1972, 514 (515) mit kritischer Anm. *Kropholler*; OLG Stuttgart, IPRspr 1984, Nr. 88.

156 MüKo-*Siehr*, Art. 19 EGBGB Anh. I, Rn. 117 bis 120; *Motzer* in Schwab, Handbuch des Scheidungsrechts, Teil III, Abschnitt H, Rn. 306.

157 Rahm/Künkel-*Paetzold*, VIII, Rn. 456; Palandt-*Heldrich*, Anh. zu Art. 24 EGBGB, Rn. 25; aus der Rechtsprechung: BGH, IPRspr 1984, Nr. 81, wo der BGH jedoch die Möglichkeit, mit der Anerkennungstheorie zu arbeiten, nicht ausgeschlossen hat; BayObLG, IPRspr 1982, Nr. 80; OLG Stuttgart, IPRspr 1988, Nr. 166; KG, IPRax 1987, 320 (321), 302 Aufsatz *Siehr*; OLG Nürnberg, IPRspr 1983, Nr. 87; OLG Frankfurt, IPRspr 1981, Nr. 92.

ortes aus Gründen der Harmonie und der flexibleren Handhabung die Maßnahmen nach dem Heimatrecht des Kindes.[158]

(c) Vorbehalt der Zuständigkeiten der Heimatbehörden, Art. 4 MSA

Art. 1 MSA steht weiter unter dem Vorbehalt der Heimatzuständigkeit des Art. 4 MSA. Danach entfällt die internationale Zuständigkeit der Aufenthaltsbehörde, soweit die Heimatbehörden des Minderjährigen Schutzmaßnahmen nach Art. 4 MSA getroffen haben.[159]

Art. 4 MSA statuiert eine mit Art. 1 MSA konkurrierende Zuständigkeit der Behörden des Vertragsstaates, dem der Minderjährige angehört - auch bei Fehlen eines gewöhnlichen Aufenthalts des Minderjährigen in diesem Staat. Zum Schutz seiner Person und seines Vermögens können die Heimatbehörden Maßnahmen treffen, wenn dies zum Wohl des Minderjährigen erforderlich ist. Dies wird in erster Linie zu bejahen sein, wenn Angelegenheiten des Kindes im Inland zu regeln sind und es daher im konkreten Fall ausnahmsweise auf die besondere Sachkunde der Heimatbehörden ankommt oder wenn die Behörden und Gerichte des Aufenthaltsstaates nicht in der Lage oder nicht willens sind, eine im Interesse des Kindes offensichtlich gebotene Schutzmaßnahme anzuordnen.[160] Diese konkurrierende Zuständigkeit der Heimatbehörden und -gerichte besteht nur dann, wenn unter besonderen Umständen das Eingreifen durch die Heimatbehörden dem Kindesinteresse mehr dient und den Schutz des Kindeswohls besser gewährleistet.[161] Es handelt sich um eine Ausnahmeregelung, die zurückhaltend anzuwenden ist.[162] So reicht die bloße Anhängigkeit eines Scheidungsverfahrens im Heimatstaat des Kindes, in dessen Rahmen auch eine Sorge- und Umgangsrechtsentscheidung zu treffen ist, zur Begründung einer Zuständigkeit der Heimatbehörden nach Art. 4 Abs. 1 MSA nicht aus.[163] Die Heimatbehörden müssen ihrerseits vor Tätigwerden die Behörden des Aufenthaltsstaates benachrichtigen (Art. 4 Abs. 1 MSA).

(d) Gefährdungszuständigkeit nach Art. 8 MSA

Die Vorbehalte der Art. 3 und 4 MSA zu Art. 1 MSA gelten nicht, wenn eine ernstliche Gefährdung des Minderjährigen oder seines Vermögens vorliegt.

---

[158] OLG Frankfurt, FamRZ 1980, 79 (80); LG Nürnberg-Fürth, IPRspr 1973, Nr. 62; *Schwimann* in JBl. 1976, 233 (244); *Legier* in JDI 1986, 1018 (1021).

[159] Palandt-*Heldrich*, Anh. zu Art. 24 EGBGB, Rn. 32.

[160] BGH, FamRZ 1997, 1070 (1071).

[161] OLG Celle, FamRZ 1993, 95 (96).

[162] Palandt-*Heldrich*, Anh. zu Art. 24 EGBGB, Rn. 31; MüKo-*Siehr*, Art. 19 EGBGB Anh. I, Rn. 200; Staudinger-*Kropholler*, Vorbem zu Art. 19 EGBGB, Rn. 355; BGH, NJW 1992, 636 (637); BGH, FamRZ 1997, 1070 (1071); OLG Hamm, FamRZ 1991, 1466 (1467); Celle FamRZ, 1993, 95 (96); für eine großzügige Anwendung hingegen BayObLGZ 1978, 113.

[163] OLG Celle, FamRZ 1993, 95 (96); OLG Düsseldorf, FamRZ 1993, 1108 (1109); Palandt-*Heldrich*, Anh. zu Art. 24 EGBGB, Rn. 31.

Dann ergibt sich aus Art. 8 MSA eine internationale Zuständigkeit der Behörden des Aufenthaltsstaates.
Wann eine „ernstliche Gefährdung“ des Minderjährigen oder seines Vermögens vorliegt, sagt das MSA selbst nicht. Eine Gefährdung dürfte jedoch stets das gegenwärtige Drohen eines künftigen Unheils darstellen.[164] Ernstlich soll eine Gefährdung sein, wenn sie nach den konkreten Umständen und gemäß den herkömmlichen Erfahrungen das Wohl des Minderjährigen oder sein Vermögen über den normalen Grad einer Gefährdung jedes Minderjährigen hinaus wesentlich bedroht.[165] In der Regel ist dies der Fall, wenn die Voraussetzungen der §§ 1666, 1667 BGB vorliegen.[166]
Die Voraussetzungen des Art. 8 MSA sind als Ausnahmeregelung zu Art. 1 MSA eng auszulegen.[167] Art. 8 Abs. 1 MSA sollte nur in Fällen in Anspruch genommen werden, in denen wegen der drängenden ernstlichen Gefahr keine Möglichkeit besteht, die Einschränkungen der Art. 3 und 4 MSA zu beachten.[168] Nach Art. 11 MSA besteht dann eine Benachrichtigungspflicht gegenüber den Behörden des Heimatstaates.

(e) Eilzuständigkeit nach Art. 9 MSA

Die internationale Zuständigkeit des Gerichts im Aufenthaltsstaat des Minderjährigen kann sich ferner als Eilzuständigkeit aus Art. 9 MSA ergeben. In den dort gemeinten dringenden Fällen genügt für die Zuständigkeitsbegründung ein einfacher, auch nur vorübergehender Aufenthalt des Minderjährigen in einem Vertragsstaat.[169] Die Maßnahme muss aus dringendem Anlass erforderlich sein, so dass ein Abwarten einer Entscheidung der Aufenthalts- oder Heimatbehörden nach Art. 1 bzw. Art. 4 MSA nicht möglich ist. Diese Voraussetzung ist nicht erfüllt, wenn die Behörden am Aufenthaltsort des Minderjährigen ohne dessen ernstliche Gefährdung rechtzeitig von ihrer Regelzuständigkeit Gebrauch machen können.[170] Art. 9 MSA betrifft somit die zeitliche Dringlichkeit der Maßnahme.[171] Die Maßnahmen sind auf das unbedingt Erforderliche zu beschränken und treten gemäß Art. 9 Abs. 2 MSA außer Kraft, wenn die nach Art. 1 MSA oder Art. 4 MSA zuständigen Behörden gehandelt haben.[172] Auch hier besteht gemäß Art. 11 MSA eine Benachrichtigungspflicht, diesmal gegenüber den Behörden des Heimatstaates.

---

[164] MüKo-*Siehr*, Art. 19 EGBGB Anh. I, Rn. 306.
[165] MüKo-*Siehr*, Art. 19 EGBGB Anh. I, Rn. 306 m.w.N.
[166] Palandt-*Heldrich*, Anh. zu Art. 24 EGBGB, Rn. 39.
[167] MüKo-*Siehr*, Art. 19 EGBGB Anh. I, Rn. 307.
[168] MüKo-*Siehr*, Art. 19 EGBGB Anh. I, Rn. 307.
[169] Palandt-*Heldrich*, Anh. zu Art. 24 EGBGB, Rn. 42.
[170] OLG Frankfurt, IPRspr 1974, Nr. 93; LG München, FamRZ 1998, 1322 (1323).
[171] *Andrae*, Internationales Familienrecht, Rn. 511.
[172] BayObLG, IPRspr 1976, Nr. 69.

(4) Anwendbares Recht nach dem MSA

Der Gleichlaufgrundsatz des Art. 2 Abs. 1 MSA bestimmt, dass die nach Art. 1 MSA zuständigen Behörden „die nach ihrem innerstaatlichen Recht vorgesehenen Maßnahmen“ treffen. Mit dem innerstaatlichen Recht ist das materielle Recht des jeweiligen Landes gemeint, nicht sein Kollisionsrecht.[173] Da das autonome Kollisionsrecht damit regelmäßig nicht mehr zur Anwendung kommt, ist auch ein Renvoi im Rahmen von Art. 2 Abs. 1 MSA ausgeschlossen.[174]
Ausnahmsweise spielt autonomes materielles Recht eine Rolle, zum Beispiel bei Anwendung von Art. 3 MSA, der die Frage des Bestehens eines gesetzlichen Gewaltverhältnisses regelt, bei Art. 7 MSA für die Anerkennung einer Schutzmaßnahme und bei Art. 12 MSA für die Bestimmung der Minderjährigkeit nach dem Heimatrecht, bei der Berücksichtigung vorrangiger Staatsverträge gemäß Art. 18 Abs. 2 MSA und bei der Behandlung von Vorfragen, die dem allgemeinen Grundsatz entsprechend selbständig angeknüpft werden. Einige Vorfragen regelt das MSA jedoch selbst: so in Art. 3 MSA die Frage, ob ein gesetzliches Gewaltverhältnis besteht; in Art. 7 MSA, ob eine anzuerkennende Schutzmaßnahme vorliegt; in Art. 12 MSA, ob die betreffende Person minderjährig ist.

(5) Anerkennung und Vollstreckung von Schutzmaßnahmen

Neben der internationalen Zuständigkeit und dem anwendbaren Recht regelt das MSA, wenn auch nur ansatzweise, die Anerkennung und Vollstreckung von Schutzmaßnahmen.
Auf der Haager Konferenz zum MSA hatte man sich nicht darauf einigen können, auch die Vollstreckung von Schutzmaßnahmen zu vereinheitlichen.[175] Aus diesem Grund ist folgende Unterscheidung notwendig geworden: eine automatische Anerkennung in einem anderen Vertragsstaat findet unproblematisch nur statt, wenn keine Vollstreckungshandlungen erforderlich sind (Art. 7 Satz 1 MSA); sind solche erforderlich, erfolgt bereits die Anerkennung nur nach Maßgabe der nationalen Rechtsordnungen (Art. 7 Satz 2 MSA). Sind mehrere Maßnahmen betroffen, von denen einige unter Satz 1, andere unter die Regelung des Satzes 2 fallen, so sind sie zu trennen.[176]

(a) Art. 7 Satz 1 MSA

Voraussetzung für die Anerkennungspflicht ohne weiteres Verfahren nach Satz 1 des Art. 7 MSA ist die Einhaltung der Zuständigkeitsvorschriften des MSA. Nach teilweiser Auffassung bezieht sich die Beachtung der Zuständigkeitsnormen jedoch nach dem Wortlaut des Art. 7 MSA („nach den *vorstehenden* Artikeln“) nicht auf Maßnahmen, die aufgrund der Zuständigkeit nach

---

[173] *Oberloskamp*, Haager Minderjährigenschutzabkommen, Art. 2, Rn. 2.
[174] *Oberloskamp*, Haager Minderjährigenschutzabkommen, Art. 2, Rn. 2.
[175] MüKo-*Siehr*, Art. 19 EGBGB Anh. I, Rn. 255.
[176] MüKo-*Siehr*, Art. 19 EGBGB Anh. I, Rn. 288.

Art. 8 oder 9 MSA getroffen wurden. Hinsichtlich dieser Maßnahmen bestehe demnach keine Anerkennungspflicht.[177]
Zudem muss es sich um eine wirksam getroffene, nicht vollstreckungsbedürftige Schutzmaßnahme im Sinn des MSA handeln, die nicht dem ordre public des Art. 16 MSA widerspricht. Die ordre public-Klausel dient dazu, ausländisches Sachrecht und ausländische Entscheidungen an eigenen innerstaatlichen Maßstäben zu messen.[178] Inhaltlich entspricht Art. 16 MSA der Regelung des Art. 6 EGBGB.[179] Der Anwendungsbereich des Art. 16 MSA erstreckt sich, obwohl das MSA in weiten Teilen ein Zuständigkeitsabkommen ist, gerade nicht auf die internationale Zuständigkeit.[180] Nur das anwendbare Recht, also das nach Art. 3 MSA zu beachtende Heimatrecht steht unter dem Vorbehalt von Art. 16 MSA. Das Heimatrecht findet insoweit keine Anwendung als es gegen den ordre public des Anerkennungsstaates verstößt.[181] Die Vorschrift ist zurückhaltend anzuwenden, denn das Ergebnis der Anwendung ausländischen Rechts muss im Einzelfall mit der öffentlichen Ordnung, vornehmlich mit Grundrechten, „offensichtlich unvereinbar" sein.[182] So ist ein Verstoß gegen Art. 16 MSA zu verneinen, wenn alle Beteiligten Ausländer mit derselben Staatsangehörigkeit sind.[183]

(b) Art. 7 Satz 2 MSA

Vollstreckungsbedürftige Schutzmaßnahmen hingegen unterliegen der Regelung des Art. 7 Satz 2 MSA. Voraussetzung für die Vollstreckbarerklärung ist das Vorliegen einer vollstreckungsfähigen Schutzmaßnahme. Dies ist der Fall, wenn die Schutzmaßnahme einen Befehl enthält, der zwangsweise durchgesetzt werden muss.
Bei Schutzmaßnahmen nach Art. 7 Satz 2 MSA erfolgt schon die Anerkennung nicht automatisch. Sie sind nicht nach dem MSA, sondern nach in den Vertragsstaaten geltenden anderen Staatsverträgen[184] oder nach den innerstaatlichen Anerkennungs- und Vollstreckungsvorschriften zu behandeln. Insoweit gilt für vollstreckungsbedürftige ausländische Schutzmaßnahmen das Gleiche wie für die Anerkennung und Vollstreckung von Schutzmaßnahmen aus Nichtvertragsstaaten. Auch für diese kommt nur die Anwendung staatsvertraglicher oder au-

---

[177] Palandt-*Heldrich*, Anh. zu Art. 24 EGBGB, Rn. 37: a.A. MüKo-*Siehr*, Art. 19 EGBGB Anh. I, Rn. 263 f.
[178] *Oberloskamp*, Haager Minderjährigenschutzabkommen, Art. 16 MSA, Rn. 2, S. 159
[179] Palandt-*Heldrich*, Anh. zu Art. 24 EGBGB, Rn. 50 m.w.N.
[180] *Oberloskamp*, Haager Minderjährigenschutzabkommen, Art. 16 MSA, Rn. 6, S. 160.
[181] *Motzer* in Schwab, Handbuch des Scheidungsrechts, Teil III, Abschnitt H, Rn. 309.
[182] Zu Art. 16 MSA als Einfallstor für die Grundrechte: BGHZ 60 (78 f.); KG, IPRax 1985, 110; OLG Celle, IPRax 1989, 390 (391).
[183] BGHZ 60, 68 (79); KG, IPRax 1985, 110.
[184] Vgl. Aufzählung bei MüKo-*Siehr*, Art. 19 EGBGB Anh. I, Rn. 291 bis 296.

tonomer zivilverfahrensrechtlicher Regelungen in Betracht.[185] In der Praxis bedeutet dies, dass zum Beispiel Herausgabetitel in anderen Vertragsstaaten des MSA wirkungslos sind, weil das Wohl des Kindes im Anerkennungs- und Vollstreckungsverfahren in vollem Umfang nachgeprüft wird, also eine révision au fond stattfindet.[186]

(c) Anwendung des Art. 7 MSA auf Umgangsrechtsregelungen

Bei Umgangsrechtsregelungen ist zu beachten, dass häufig eine Rechtsgestaltung mit der Statuierung von Verhaltenspflichten verbunden wird.[187] Zunächst ist deshalb zu prüfen, ob die Rechtsgestaltung des ausländischen Gerichts anerkennungsfähig ist. Ist dies zu bejahen, wirkt sie auch im Inland mit der Folge, dass eine Vollstreckung weder möglich noch erforderlich ist.[188] Die Anerkennung richtet sich dann im Anwendungsbereich des MSA nach Art. 7 Satz 1.[189]

Nur im Fall der Anerkennung eines ausländischen Gestaltungsaktes stellt sich die weiterführende Frage, ob eine darauf aufbauende Verhaltensregelung (zum Beispiel Herausgabe des Kindes am Ende der Besuchszeit) im Inland seinerseits anerkannt, für vollstreckbar erklärt und auf Antrag vollstreckt werden kann.[190] Im Anwendungsbereich des MSA liegt dann ein Fall des Art. 7 Satz 2 vor mit der Folge, dass für Anerkennungs- und Vollstreckungsverfahren innerstaatliches Recht anzuwenden ist.

(6) Ordre public-Vorbehalt, Art. 16 MSA

Die Vorschrift des Art. 16 MSA enthält den Vorbehalt des ordre public. Sie entspricht inhaltlich Art. 6 EGBGB, dem sie als Spezialregelung vorgeht.[191] An der Vorbehaltsklausel zu messen ist nur das Ergebnis der Rechtsanwendung im Einzelfall. Praktische Bedeutung besitzt Art. 16 MSA bei der Prüfung von gesetzlichen Gewaltverhältnissen im Sinn des Art. 3 MSA und bei der Anerkennung von Schutzmaßnahmen nach Art. 7 MSA.

Die Vorschrift ist, wie ihrem Wortlaut („offensichtlich unvereinbar") zu entnehmen ist, restriktiv anzuwenden. Dies gilt auch für die Aktualisierung der Grundrechte, als deren Einfallstor Art. 16 MSA zu sehen ist.[192] Entscheidend ist, ob das Grundrecht für den konkreten Sachverhalt unter Berücksichtigung der

---

[185] MüKo-*Siehr*, Art. 19 EGBGB Anh. I, Rn. 300; Soergel-*Kegel*, Vor Art. 19 EGBGB, Rn. 54.
[186] *Böhmer* in RabelsZ 46 (1982), 643 (645).
[187] *Dörner* in IPRax 1987, 155 (156).
[188] *Kaufmann*, in: Festschrift für Guldener (1973), 151 (169 f.).
[189] BayObLG, FamRZ 1977, 137 (139).
[190] BayObLG, FamRZ 1977, 137 (140).
[191] Palandt-*Heldrich*, Anh zu Art. 24 EGBGB, Rn. 50; KG, IPRspr 1981, Nr. 91.
[192] BGHZ 60, 68 (78 ff.).

Gleichstellung anderer Staaten und der Eigenständigkeit ihrer Rechtsordnungen Geltung beanspruchen kann.[193]

(7) Zuständigkeitsfortdauer - perpetuatio fori

Im Zivilprozessrecht führt die Veränderung von Umständen, die die Zuständigkeit des Gerichts begründen, grundsätzlich nicht zum nachträglichen Wegfall der einmal bei Klageerhebung gegebenen Zuständigkeit.[194] Der Schuldner soll nicht die Möglichkeit haben, sich zum Beispiel durch Verlegung seines Wohnsitzes dem einmal zuständigen Gericht zu entziehen. So ausdrücklich ist dies nirgendwo geregelt, ergibt sich jedoch unmittelbar aus der Regel, dass die Zuständigkeit bei Klageerhebung gegeben sein muss.

Umstritten ist, ob dieser Grundsatz auf die internationale Zuständigkeit und auf Verfahren der freiwilligen Gerichtsbarkeit übertragbar ist. Die wohl herrschende Lehre lässt die Annahme einer perpetuatio fori im Einzelfall nach einer Interessenabwägung zu.[195] So bedarf es keines Vertauensschutzes, wenn z.B. bei der Regelung des elterlichen Sorgerechts (als Dauerschuldverhältnis) das Bestehen auf einer perpetuatio fori trotz regulärer Verlegung des gewöhnlichen Aufenthaltes des Kindes die Entscheidung entwerten und sehr schnell einer Abänderung im Ausland unterwerfen würde.[196] Das Gegenteil, das nachträgliche Zuständigwerden, ist einfacher zu beurteilen. Wo anfangs keine Zuständigkeit bestand, dagegen im Zeitpunkt der Entscheidung, ist das Gericht zuständig. Anderenfalls müsste das Gericht ein Verfahren ablehnen und auf neuen Antrag hin zulassen.[197]

Der Grundsatz der perpetuatio fori gilt damit grundsätzlich auch für die internationale Zuständigkeit.[198] Die zum Zeitpunkt der Rechtshängigkeit des Antrags oder danach begründete internationale Zuständigkeit entfällt nicht, wenn das dafür maßgebliche Kriterium später wegfällt.

Eine Ausnahme besteht jedoch im Rahmen des MSA. Eine ausdrückliche Regelung zur Zuständigkeitsfortdauer findet sich hier nicht. Die internationale Zuständigkeit ergibt sich stets aus Art. 1 Abs. 1 MSA. Ändert sich der gewöhnliche Aufenthaltsort des Minderjährigen, geht mit ihm die internationale Zuständigkeit auf die Gerichte und Behörden des neuen Aufenthaltsstaates über. Art. 5 Abs. 1 MSA regelt die Zuständigkeitsfortdauer nur ansatzweise. Danach bleiben

---

[193] BGHZ 60, 68 (78 f.); KG, IPRax 1985, 110; OLG Celle, IPRax 1989, 390 (391); *Wolf* in FamRZ 1993, 874 (877).

[194] Vgl. § 261 Abs. 3 Nr. 2 ZPO.

[195] *Bauer* in IPRax 2003, 135 (138); *Mansel* in IPRax 1987, 298 (301); Staudinger-*Kropholler*, Vorbem zu Art. 19 EGBGB, Rn. 150.

[196] So *Siehr*, Internationales Privatrecht, S. 511 f.

[197] *Siehr*, Internationales Privatrecht, S. 512.

[198] *Andrae*, Internationales Familienrecht, Rn. 132; BGH, FamRZ 1983, 1215 (1216); OLG München, IPRax 1988, 354 (356.); *Schack*, IZVR, Rn. 391 ff.

Maßnahmen, die im früheren gewöhnlichen Aufenthaltsstaat getroffen wurden, in Kraft, bis die Behörden oder Gerichte am neuen Aufenthaltsort sie ersetzen oder aufheben. Diese Regelung besagt jedoch nichts über Maßnahmen, die lediglich beantragt sind, über die aber noch nicht entschieden ist. Hier gilt der Grundsatz der perpetuatio fori für die nach dem MSA begründete internationale Zuständigkeit nicht.[199] Die die Zuständigkeit deutscher Gerichte begründenden Umstände müssen vielmehr noch zum Zeitpunkt der Entscheidung in der betreffenden Tatsacheninstanz vorliegen. Ändert sich der gewöhnliche Aufenthalt eines Minderjährigen während eines Verfahrens in der Tatsacheninstanz, muss geprüft werden, ob das MSA weiterhin Anwendung findet oder ob die Voraussetzungen für seine Anwendung erst eingetreten sind.[200] Hintergrund ist, dass ansonsten die Gefahr widersprüchlicher Entscheidungen besteht, denn mit dem Wechsel des Aufenthaltsortes werden die Behörden und Gerichte des neuen Aufenthaltsortes für ein neu eingeleitetes Verfahren zuständig und können ihrerseits Maßnahmen erlassen.

Damit sind folgende Fälle zu unterscheiden: Verlegt das Kind während eines anhängigen Verfahrens seinen gewöhnlichen Aufenthalt in einen Nichtvertragsstaat, so ist das MSA nicht mehr anwendbar (vgl. Art. 1 Abs. 1 MSA). An seine Stelle treten die Vorschriften des autonomen deutschen Rechts.[201] Der Grundsatz der perpetuatio fori soll nach teilweiser Ansicht dann schlechthin nicht gelten.[202] Stattdessen seien die für und gegen die Zuständigkeit sprechenden Gesichtspunkte jeweils gegeneinander abzuwägen.[203] Kriterien, die in diese Abwägung ein fließen, sind u.a. das Fürsorgebedürfnis durch ein deutsches Gericht, die Sachnähe des entscheidenden Gerichts, die Vermeidung widersprechender Entscheidungen, womit auch der Grundsatz des Entscheidungseinklangs angesprochen wird und die Familienverhältnisse.[204]

Erlangt der Minderjährige während des Verfahrens einen gewöhnlichen Aufenthalt in Deutschland, findet das MSA Anwendung und die deutschen Gerichte sind primär nach Art. 1 MSA und hilfsweise nach Art. 8 MSA international zuständig.

Hat der Minderjährige seinen gewöhnlichen Aufenthalt in einen anderen Vertragsstaat verlegt, so sind die deutschen Gerichte nur noch unter den Vorausset-

---

[199] *Andrae*, Internationales Familienrecht, Rn. 523, m.w.N. wie u.a. OLG Stuttgart, FamRZ 1989, 1110 (1111); OLG Karlsruhe, FamRZ 1994, 642 (643); Staudinger-*Kropholler*, Vorbem. zu Art. 19, Rn. 148.

[200] *Andrae*, Internationales Familienrecht, Rn. 524.

[201] Staudinger-*Henrich*, Art. 19, Rn. 444 m.w.N.

[202] So ausdrücklich BayObLG, FamRZ 1997, 959 (960); BayObLG, FamRZ 1972, 578 (579); OLG Frankfurt, IPRax 1983, 294.

[203] KG, FamRZ 1974, 144 (145); OLG Düsseldorf, FamRZ 1981, 1005 (1005 f.); OLG Hamburg, IPRax 1987, 319 (320), dazu *Mansel* in IPRax 1987, 298, 301 f.

[204] Vgl. dazu KG, FamRZ 1998, 440 (442); *Mansel* in IPRax 1987, 298 (301).

zungen der Art. 4 Abs. 1 oder Art. 9 MSA international zuständig. Die einmal begründete internationale Zuständigkeit deutscher Gerichte bleibt nur bestehen, soweit sie sich nunmehr auf die Verbundzuständigkeit in Ehesachen stützen kann oder die Heimat- bzw. Fürsorgezuständigkeit nach § 35 b) FGG zutrifft.[205] Entfällt die zuvor bestandene internationale Zuständigkeit der deutschen Gerichts, kann in der Sache selbst nicht mehr entschieden werden. Bei zulässig erhobener Beschwerde ist die Sachentscheidung aufzuheben.[206]

(8) Zusammenarbeit der Behörden nach dem MSA

Das MSA sieht in mehreren Bestimmungen einen internationalen Behördenverkehr zwischen den Vertragsstaaten vor. So dürfen nach Art. 4 Abs. 1 MSA die Heimatbehörden nur tätig werden, nachdem sie die Aufenthaltsbehörden verständigt haben. Eine Verständigungspflicht besteht auch gemäß Art. 5 Abs. 2 MSA, wenn nach einem Aufenthaltswechsel die Maßnahmen des früheren Aufenthaltsstaates aufgehoben oder ersetzt werden sollen. Nach Art. 6 Abs. 1 MSA können die Heimatbehörden im Einvernehmen mit den Aufenthaltsbehörden diesen die Durchführung der getroffenen Maßnahmen übertragen; die Möglichkeit einer einvernehmlichen Übertragung besteht nach Art. 6 MSA auch gegenüber der Behörde des Staates, in dem der Minderjährige Vermögen besitzt. In Art. 10 MSA ist vor dem Erlass jeder Schutzmaßnahme ein Meinungsaustausch mit den Behörden der Vertragsstaaten vorgesehen, deren Entscheidungen noch wirksam sind. Schließlich verpflichtet Art. 11 MSA alle Behörden, die aufgrund des Übereinkommens bereits Maßnahmen getroffen haben, dies unverzüglich den Heimatbehörden und gegebenenfalls den Aufenthaltsbehörden mitzuteilen.
So stellt sich die theoretische Lösung des MSA dar. Die bisherige Praxis der Vertragsstaaten lässt davon jedoch wenig wiedererkennen. Tatsächlich werden die verschiedenen Formen der Behördenzusammenarbeit, die das MSA vorsieht, in der Praxis kaum wahrgenommen.[207] Nach dem Eindruck des Ständigen Büros der Haager Konferenz ist eine wirkliche Zusammenarbeit der Behörden oder auch nur ein Meinungsaustausch bislang nicht zustande gekommen.[208] Vielmehr beschaffen sich die deutschen Gerichte und Behörden die notwendigen Informationen über die familiäre und soziale Lage der im Ausland befindlichen deutschen Kinder meist nicht durch direkten Kontakt mit der ausländischen Behörde,

---

[205] *Andrae*, Internationales Familienrecht, Rn. 528; letzteres ist umstritten, zu den unterschiedlichen Meinungen: Staudinger-*Henrich*, Art. 19, Rn. 444; gegen die Fortdauer der internationalen Zuständigkeit wegen des Grundsatzes der perpetuatio fori: KG, FamRZ 1998, 440 (442).

[206] *Andrae*, Internationales Familienrecht, Rn. 524.

[207] *Kropholler* in RabelsZ 58 (1994), 1 (11).

[208] So *Allinger*, Das Haager Minderjährigenschutzabkommen, S. 212.

sondern über die deutsche Zweigstelle des Internationalen Sozialdienstes (ISD).[209]

b. Haager Übereinkommen über die Zuständigkeit, das anzuwendende Recht, die Anerkennung, Vollstreckung und Zusammenarbeit auf dem Gebiet der elterlichen Verantwortung und der Maßnahmen zum Schutz von Kindern vom 19. Oktober 1996[210]

Die Grundidee des MSA von 1961, den Schutz Minderjähriger zu vereinfachen, zu erleichtern und zu vereinheitlichen, konnte nicht durchweg erreicht werden.[211] Nicht nur unter dem Aspekt der rudimentär gebliebenen Anerkennungs- und Vollstreckungsregelungen und der mangelnden behördlichen Zusammenarbeit wurden Forderungen nach einer Revision des MSA von 1961 erhoben, die in die Unterzeichnung des Abkommens zum Schutz von Kindern vom 19. Oktober 1996 (KSÜ) mündeten.

(1) Regelungsziel des KSÜ

Das KSÜ soll für die Vertragsstaaten eine vollständige Revision des MSA von 1961 herbeiführen und auch das - sofern noch anwendbare - Haager Vormundschaftsübereinkommen von 1902[212] ersetzen.[213]

Wie der Titel schon sagt, behandelt das KSÜ vier Bereiche: die internationale Zuständigkeit, das auf Schutzmaßnahmen und auf die kraft Gesetz entstehende elterliche Verantwortung anzuwendende Recht, die Anerkennung und Vollstreckung von Entscheidungen sowie die internationale Zusammenarbeit zwischen den Vertragsstaaten. Die Erwähnung aller Vertragsgegenstände im schwerfälligen Titel des KSÜ soll davon abhalten, vorschnell von einem verkürzten Namen des Übereinkommens auf den Inhalt des Staatsvertrags zu schließen.[214]

(2) Anwendungsbereich des KSÜ

Neuerungen gegenüber dem MSA von 1961 bestehen für den persönlichen und räumlichen Anwendungsbereich des KSÜ. Der sachliche Anwendungsbereich hingegen entspricht der Regelung des MSA und der dazu ergangenen Rechtsprechung und umfasst insbesondere auch die Entscheidung über das Umgangs-

---

[209] Dazu *Allinger*, Das Haager Minderjährigenschutzabkommen, S. 213.

[210] Zur revidierten Fassung vom 19. Oktober 1996: Text in RabelsZ 62 (1998), 502 – 518; dazu *Siehr* in RabelsZ 62 (1998), 464 – 501; zur Reformbedürftigkeit des MSA *Kropholler* in RabelsZ 58 (1994), 1 ff.; zur Neuregelung *Siehr* in FamRZ 1996, 1047 ff.; *Sturm* in IPRax 1997, 10 ff.

[211] Dazu *Sturm*, in: Festschrift Nagel (1987), S. 457 ff.; *Kropholler* in RabelsZ 58 (1994), 1 (17); *Lagarde* in Rev. crit. DIP 1997, 217 (219 f.).

[212] Haager Übereinkommen zur Regelung der Vormundschaft über Minderjährige vom 12. Juni 1902, abgedruckt bei *Jayme/Hausmann*, Nr. 34.

[213] Vgl. Art. 51 KSÜ.

[214] *Siehr* in RabelsZ 62 (1998), 464 (469); dazu auch *ders.* in DEuFamR 2000, 125 (126).

recht als „Schutzmaßnahme".[215] Dies ergibt sich daraus, dass das KSÜ neben dem Begriff der Schutzmaßnahme ausdrücklich den der „elterlichen Verantwortung" verwendet und letzteren definiert als „die elterliche Sorge und jedes andere entsprechende Sorgerechtsverhältnis, das die Rechte, Befugnisse oder Pflichten der Eltern, des Vormundes oder eines anderen gesetzlichen Vertreters in Bezug auf die Person oder das Vermögen des Kindes bestimmt" (Art. 1 Abs. 2 KSÜ). Art. 3 lit. a) KSÜ stellt darüber hinaus klar, dass zu den Schutzmaßnahmen auch „die Zuweisung, die Ausübung und die vollständige oder teilweise Entziehung der elterlichen Verantwortung sowie deren Übertragung" zu zählen ist. Maßnahmen auf dem Gebiet der elterlichen Verantwortung werden vom KSÜ somit als ein Unterfall der Schutzmaßnahme betrachtet.[216]

(a) Zeitlicher Anwendungsbereich - Ratifizierung des KSÜ durch die Europäische Gemeinschaft?

Das KSÜ findet gemäß Art. 53 Abs. 1 KSÜ auf alle Maßnahmen Anwendung, die nach Inkrafttreten dieses Staatsvertrags im Entscheidungsstaat getroffen werden. Ausländische Entscheidungen über Maßnahmen brauchen aufgrund des KSÜ nur anerkannt und vollstreckt zu werden, wenn die Entscheidungen nach dem Inkrafttreten des KSÜ im Verhältnis entscheidender und ersuchter Staates getroffen worden sind (Art. 53 Abs. 2 KSÜ).

Art. 61 KSÜ verlangt dafür die Hinterlegung von mindestens drei Ratifikationsurkunden. Das KSÜ ist jedoch am 1. Januar 2002 bereits für Monaco, die Slowakei und die Tschechische Republik und am 1. Dezember 2002 für Marokko (als dem ersten islamischen Staat, der sich einem internationalen Übereinkommen zum Kindesschutz angeschlossen hat) in Kraft getreten. Es wird am 1. Juni 2003 für das ebenfalls beigetretene Estland Gültigkeit erlangen. Von den Mitgliedstaaten der Europäischen Union wurde das KSÜ hingegen zunächst nicht ratifiziert, da die Europäische Union insoweit Außenkompetenz beansprucht. Gemäß dem KSÜ können jedoch nur souveräne Staaten Vertragspartei sein. Aus diesem Grund konnte auch die Gemeinschaft das KSÜ weder unterzeichnen noch ratifizieren noch ihm beitreten. Auch angesichts des schwerfälligen Verfahrens der Ratifizierung durch die einzelnen Vertragsstaaten wurde die Überlegung angestellt, stattdessen eine Ratifizierung des KSÜ durch die Gemeinschaft im Namen der Mitgliedstaaten in Betracht zu ziehen.[217]

---

[215] *Busch* in IPRax 2003, 218 (219).

[216] Dazu *Busch* in IPRax 2003, 218 (219).

[217] Vgl. dazu schon die Überlegungen der Kommission in den Erläuterungen zum Vorschlag für eine Verordnung des Rates über die Zuständigkeit und die Anerkennung und Vollstreckung von Entscheidungen über die elterliche Verantwortung vom 6. September 2001, KOM(2001) 505 endgültig, S. 3.

(i) Rechtsgrundlage für eine Ratifizierung des KSÜ durch die Europäische Gemeinschaft

Eine Ratifizierung der Gemeinschaft könnte auf der Grundlage von Art. 65 EGV erfolgen. Es wird vertreten, dass der Gemeinschaft mit dem Erlass der EheVO auch im Außenbereich des Art. 65 EGV, in dessen Zuständigkeitsbereich auch das KSÜ fällt, eine entsprechende Abschlusskompetenz zugewachsen sei.[218] Die Ratifizierung des KSÜ könne demnach durch ein Gemeinschaftsabkommen für die nach Art. 61, 65 EGV gebundenen Staaten erfolgen, denn diese Vorschriften wiesen der Gemeinschaft nicht nur eine Kompetenz im internationalen Verfahrensrecht[219], sondern auch im Kollisionsrecht zu.[220] Letzterer Aspekt sei hier entscheidend, da das KSÜ im Gegensatz zur EheVO auch Vorschriften zum anwendbaren Recht enthalte.

Somit stellt sich die grundsätzliche Frage, inwieweit Art. 65 i.V.m. Art. 61 lit. c) EGV den Gemeinschaftsorganen die Außenkompetenz verleiht, völkerrechtliche Übereinkommen mit Drittstaaten abzuschließen. Eine entsprechende Abschlussbefugnis der Gemeinschaft hätte zur Konsequenz, dass die Mitgliedstaaten das Verhandlungsmandat für die Haager Konferenz zugunsten der Europäischen Kommission einbüßen würden.[221]

Zum Teil wird die Außenkompetenz der Gemeinschaft auf der Grundlage des Art. 65 EGV mit dem Wortlaut-Argument abgelehnt, Art. 65 EGV verlange Rechtsakte, die für das „Funktionieren des *Binnenmarktes*" - also nur im Innenbereich der Gemeinschaft - erforderlich seien.[222] Damit komme eine Abschlusskompetenz gegenüber Drittstaaten nicht in Betracht, denn ein weitergehender Wirkungskreis würde sich über den eigentlichen Binnenmarkt hinaus erstrecken und sei vom Handlungsauftrag des Art. 65 EGV nicht umfasst.[223]

Dagegen wird angeführt, dass im Bereich des internationalen Zivilverfahrensrechts durchaus Abkommen mit Drittstaaten denkbar seien, die Einfluss auf den gemeinschaftlichen Binnenmarkt nehmen könnten. Denn dies sei nur dann nicht der Fall, wenn die im Gemeinschaftsrecht bestehenden Regelungen ein derart in sich geschlossenes System bildeten, das in keiner Weise auf den jeweils anderen Komplex ausstrahlt. Nur unter letzterer Annahme könnte ein „reibungsloses

---

[218] *Jayme/Kohler* in IPRax 2000, 454; EuGH, Rs. 22/70, AETR, Slg. 1971, 263 (274 ff.): „Neben dieser Gemeinschaftszuständigkeit kann es keine konkurrierende Zuständigkeit der Mitgliedstaaten geben, da alles, was außerhalb der Gemeinschaftsorgane geschieht, mit der Einheit des Gemeinsamen Marktes und der einheitlichen Anwendung des Gemeinschaftsrechts unvereinbar ist."

[219] So für die EheVO, dazu oben Teil B I. b.

[220] *Heß* in JZ 2001, 573 (576); *Boele-Woelki*, in: Festschrift für Siehr (2000), S. 61 (75 f.).

[221] *Drappatz*, Gemeinschaftskompetenz aus Art. 65 EGV, S. 191 f.

[222] So *Beaumont* in ICLQ 1999, 223 (228).

[223] Dazu auch *Basedow*, in: Baur/Mansel (Hrsg.), Systemwechsel im europäischen Kollisionsrecht.

Funktionieren des Binnenmarktes“ im Sinn des Art. 65 EGV auch dann sichergestellt werden, wenn sich die Rechtsvereinheitlichung durch die Gemeinschaft ausschließlich auf den Innenbereich beschränkte.[224]
Ein weiteres Problem wirft das Verhältnis von Bestimmungen des KSÜ zu bestehenden und zukünftigen EG-Vorschriften auf. Dazu verhält sich Art. 52 KSÜ. Wie die Kommission im Vorschlag vom 20. November 2001[225] klarstellt, wurde diese Bestimmung jedoch nicht mit Blick auf eine mögliche Kollision mit EG-Recht abgefasst. Hintergrund war, dass zur Zeit der Ausarbeitung des KSÜ der Bereich der justiziellen Zusammenarbeit noch nicht zur ersten Säule gehörte, noch nicht vergemeinschaftet war. Eine Gemeinschaftspolitik im Bereich der elterlichen Verantwortung wurde erst in der Folgezeit mit der EheVO entwickelt. Art. 52 Abs. 2 KSÜ wurde lediglich im Hinblick auf eine Kollision mit dem damals bestehenden Brüssel II-Übereinkommen geschaffen.
Demnach muss heute die Auslegung des Art. 52 KSÜ unter einem anderen Blickwinkel erfolgen: bei Kindern, die ihren gewöhnlichen Aufenthalt nicht in einem Mitgliedstaat, sondern in einem anderen Vertragsstaat haben, würde das Übereinkommen den gemeinschaftsrechtlichen Bestimmungen - sofern vorhanden - vorgehen.[226]
Nach der AETR-Rechtsprechung des Gerichtshofes zur Außenkompetenz der Gemeinschaft steht es den Mitgliedstaaten nicht länger frei, dem KSÜ selbst beizutreten, soweit dessen Bestimmungen über die Zuständigkeit und Vollstreckung EG-Vorschriften (hier die EheVO) berühren. Die Mitgliedstaaten und die Gemeinschaft teilen sich daher die Zuständigkeit in diesem Bereich.[227]

(ii)Entscheidung des Rates vom 19. Dezember 2002 zur Ermächtigung der Mitgliedstaaten, das KSÜ zu unterzeichnen

Angesichts dieser Rechtslage hatte die Kommission am 20. November 2001 einen Vorschlag für eine Entscheidung des Rates zum Beitritt der europäischen Gemeinschaft und deren Mitgliedstaaten zum Haager Übereinkommen von 1996 vorgelegt,[228] der in eine Entscheidung des Rates der Europäischen Gemeinschaft vom 19. Dezember 2002[229] mündete, mit der die Mitgliedstaaten ausnahmsweise

---

[224] *Drappatz*, Gemeinschaftskompetenz nach Art. 65 EGV, S. 193.
[225] Kommissionsvorschlag KOM(2001) 680 endgültig vom 20. November 2001.
[226] So Kommissionsvorschlag KOM(2001) 680 endgültig vom 20. November 2001, Nr. 16 der Begründung.
[227] Kommissionsvorschlag KOM(2001) 680 endgültig vom 20. November 2001, Nr. 9 der Begründung.
[228] Kommissionsvorschlag KOM(2001) 680 endgültig vom 20. November 2001.
[229] Entscheidung des Rates der Europäischen Union vom 19. Dezember 2002 zur Ermächtigung der Mitgliedstaaten, das Haager Übereinkommen von 1996 über die Zuständigkeit, das anzuwendende Recht, die Anerkennung, Vollstreckung und Zusammenarbeit auf dem Gebiet der elterlichen Verantwortung und der Maßnahmen zum Schutz von Kindern im Interesse der Gemeinschaft zu unterzeichnen, 2003/93/EG, ABl. EU L 48/1 vom 21. Februar 2003.

ermächtigt werden, das Übereinkommen im Interesse der Europäischen Gemeinschaft zu unterzeichnen. Diese Ermächtigung soll zugleich das Konkurrenzverhältnis der Zuständigkeiten für EheVO und KSÜ klarstellen. Dies kommt in Erwägung (4) zum Ausdruck, in der erklärt wird, dass die Gemeinschaft zwar die ausschließliche Zuständigkeit für die einschlägigen Bestimmungen des KSÜ in dem Maße besitzt, in dem diese Artikel die gemeinschaftlichen Regelungen in diesem Bereich berühren, die Mitgliedstaaten jedoch für diejenigen Bereiche des KSÜ zuständig bleiben, die nicht das Gemeinschaftsrecht berühren. Vor diesem Hintergrund wird die Ermächtigung unter dem Vorbehalt erteilt, dass die Mitgliedstaaten bei der Unterzeichnung des Abkommens eine Erklärung dahingehend abgeben, dass, da die Gemeinschaftsvorschriften, gemeint ist in erster Linie die EheVO, eine Anerkennungs- und Vollstreckungsregelung vorsehen, die zumindest genauso günstig ist wie die Vorschriften des KSA, eine Entscheidung eines Gerichtes eines Mitgliedstaates in einem unter das KSÜ fallenden Bereich unter der Anwendung der einschlägigen Vorschriften des Gemeinschaftsrechts anerkannt und vollstreckt wird. Das Vereinigte Königreich und Irland haben erklärt, sich an der Annahme und Anwendung dieser Entscheidung zu beteiligen. Dänemark beteiligt sich gemäß Art. 1 und 2 des dem Vertrag zur Gründung der Europäischen Gemeinschaft beigefügten Protokolls über die Position Dänemarks nicht an der Entscheidung und ist weder durch die Entscheidung des Rates gebunden noch zu ihrer Anwendung verpflichtet. Den Mitgliedstaaten wurde aufgegeben, die erforderlichen Vorbereitungen dafür zu treffen, dass das KSÜ vor dem 1. Juli 2003 unterzeichnet werden kann.

(b) Persönlicher Anwendungsbereich

Anders als Art. 12 MSA[230] verlangt das KSÜ keine Minderjährigkeit im doppelten Sinn, sondern erstreckt seine Anwendbarkeit ohne Verweisung auf das nationale Recht nicht mehr nur auf „Minderjährige“, sondern auf alle „Kinder“, die geboren sind und das 18. Lebensjahr noch nicht vollendet haben (Art. 2 KSÜ). Sie gelten im Sinn des KSÜ auch dann als minderjährig, wenn das Personalstatut eine frühere Volljährigkeit vorsieht.[231] Der Nasciturus wurde bewusst nicht in diesen Schutz einbezogen mit der Begründung, die Haager Konferenz sei nicht das geeignete Forum, um zur Rechtsstellung des Embryos Stellung zu nehmen.[232]

---

[230] Minderjährig im Sinn des MSA ist nur derjenige, der sowohl nach seinem Heimatrecht als auch nach dem Recht des Aufenthaltsstaates minderjährig ist.

[231] *Lagarde* in Rev. crit DIP 1997, 217 (222); *van Iterson* in ULRev. 1997, NS II, 474 (484); *Siehr* in DEuFamR 2000, 125 (127).

[232] *Lagarde*, Rapport explicatif, Ziff. 15; *ders.* in Rev. crit. DIP 1997, 217 (221 f.); *Sturm* in IPRax 1997, 10 (11).

(c) Räumlicher Anwendungsbereich

Das KSÜ enthält zum räumlichen Anwendungsbereich keine allgemeine Vorschrift. Vielmehr sagt jedes Kapitel des Abkommens selbst, welche Beziehungen zu einem Vertragsstaat bestehen müssen, damit die Vorschriften dieses bestimmten Kapitels zur Anwendung kommen.[233]

So bezieht sich die internationale Zuständigkeit von Behörden der Vertragsstaaten grundsätzlich nur auf Kinder, die ihren gewöhnlichen Aufenthalt in einem Vertragsstaat haben (Art. 5 Abs. 1 KSÜ). Davon gibt es vier Ausnahmen: das KSÜ gilt gemäß Art. 6 Abs. 1 KSÜ auch für „Flüchtlingskinder und Kinder, die infolge von Unruhen in ihrem Land in ein anderes Land gelangt sind", sowie für Kinder, deren gewöhnlicher Aufenthalt nicht festgestellt werden kann (Art. 6 Abs. 2 KSÜ). Für diese Kinder sind die Behörden des Hoheitsgebietes desjenigen Vertragsstaates international zuständig, in dem sie sich aufhalten. Die Behörden, in dessen Hoheitsgebiet sich das Kind oder ihm gehörendes Vermögen befindet, sind ferner in Eilfällen (Art. 11 Abs. 1 KSÜ) und für vorläufige sowie territorial begrenzte Maßnahmen international zuständig (Art. 12 Abs. 1 KSÜ).

(d) Sachlicher Anwendungsbereich: Behandlung des Umgangsrechts im KSÜ

In Art. 3 KSÜ werden beispielhaft („insbesondere"), also nicht abschließend, Schutzmaßnahmen nach dem KSÜ aufgezählt. Eine Definition der Schutzmaßnahme enthält das KSÜ ebenso wenig wie das MSA.[234] Die in Art. 3 KSÜ aufgezählten Beispiele betreffen Maßnahmen, die auch nach dem MSA als Schutzmaßnahmen galten.[235] Der Kreis der Schutzmaßnahmen soll indes unverändert bleiben.[236] Das KSÜ soll alle selbständigen und unselbständigen Schutzmaßnahmen sowie Schutzverhältnisse zugunsten von Kindern und deren Vermögen erfassen.[237]

In Art. 3 lit. b) KSÜ wird ausdrücklich das Umgangsrecht, einschließlich des Rechts, das Kind für eine begrenzte Zeit an einen anderen Ort als den seines gewöhnlichen Aufenthalts zu bringen, genannt. Damit greift das KSÜ die Formulierung des Haager Kindesentführungsübereinkommens von 1980[238] auf. Bei der Ausarbeitung des KSÜ bestand Einigkeit darüber, dass der Begriff „Umgangsrecht" („droit de visite") in einem weiten Sinn zu verstehen ist und auch die Kontaktaufnahme per Brief oder Telefon umfasst.[239]

---

[233] *Lagarde* in Rev. crit DIP 1997, 217 (222); *Siehr* in DEuFamR 2000, 125 (127).
[234] *Siehr* in DEuFamR 2000, 125 (126).
[235] *Siehr* in RabelsZ 62 (1998), 464 (476).
[236] *Siehr* in FamRZ 1996, 1047 (1048), *ders.* in DEuFamR 2000, 125 (126).
[237] So *Roth/Döring* in FuR 1999, 195 (197).
[238] Dazu unten Teil B II. 2. b.
[239] *Lagarde*, Rapport explicatif, Ziff. 20.

Art. 4 KSÜ enthält einen abschließenden[240] Katalog von zehn Materien, die vom Anwendungsbereich des KSÜ ausgeschlossen sind: die Feststellung und Anfechtung von Eltern-Kind-Verhältnissen, die Adoption einschließlich der Maßnahmen zu deren Vorbereitung oder Aufhebung, das Namensrecht, die Volljährigkeiterklärung, Unterhaltspflichten, Trusts und Erbschaften (einschließlich der Testamentsvollstreckung und der Erbschaftsverwaltung), soziale Sicherheit, öffentliche Maßnahmen allgemeiner Natur in Angelegenheiten der Erziehung und Gesundheit, Maßnahmen infolge von Straftaten des Kindes, Asylrecht und Einwanderung. Diese Rechtsfragen fallen nach allgemeiner Ansicht auch nicht in den Anwendungsbereich des MSA.

(3) Internationale Zuständigkeit nach dem KSÜ

In Abänderung des MSA enthält des KSÜ völlig neue, vereinfachte Kompetenznormen. Nach Art. 5 Abs. 1 KSÜ sind die Behörden am gewöhnlichen Aufenthaltsort des Kindes vorbehaltlos für Schutzmaßnahmen zuständig. Diese Zuständigkeit wird weder durch „gesetzliche Schutzverhältnisse“[241] noch durch etwaige Rechte der Heimatbehörden beschränkt.[242] Diese Regelung ist zu begrüßen, stellen doch die Vorbehalte zu Art. 3 MSA eine Quelle ständiger Unklarheiten dar.[243]

Nur in besonderen Ausnahmefällen erlaubt das KSÜ in den Art. 6 bis 12 eine Abweichung von der ausschließlichen Zuständigkeit nach Art. 5 Abs. 1 KSÜ ab. Als einzige Ausnahme vom Grundsatz der internationalen Zuständigkeit der Behörden am Aufenthaltsort des Kindes sieht Art. 10 KSÜ die internationale Zuständigkeit der Behörden vor, die das Scheidungsverfahren der Eltern durchführen. Dieser Gerichtsstand tritt unter strengen Voraussetzungen konkurrierend neben die der Aufenthaltsbehörden.

(a) Primäre Aufenthaltszuständigkeiten

(i) Aufenthaltszuständigkeiten nach Art. 5 bis 7 KSÜ

Nach Art. 5 Abs. 1 KSÜ sind grundsätzlich die Behörden und Gerichte am Ort des gewöhnlichen Aufenthalts des Kindes international zuständig. Hierin kommt das Grundprinzip des KSÜ zum Ausdruck, eine einheitliche internationale Zuständigkeitsnorm zu schaffen.[244] Das KSÜ hat wie andere Haager Übereinkommen bewusst auf eine Definition des Begriffs des gewöhnlichen Aufenthalts verzichtet, um flexiblen Lösungen nicht den Weg zu verbauen.[245] Einigkeit be-

---

[240] *Lagarde*, Rapport explicatif, Ziff. 26; *Siehr* in RabelsZ 62 (1998), 464 (476 f.).
[241] In der Terminologie des MSA noch „gesetzliche Gewaltverhältnisse“, vgl. Art. 3 MSA.
[242] *Roth/Döring* in JBl. 1999, 758 (761); *dieselben* in FuR 1999, 195 (197).
[243] Zum Meinungsstreit oben Teil B II. 1. a. (3) (b).
[244] *Van Iterson* in ULRev. 1997, NS II, 474 (477).
[245] *Lagarde* in Rev. crit DIP 1997, 217 (223).

stand jedoch bei der Ausarbeitung darüber, dass eine nur vorübergehende Abwesenheit in den Ferien, aus schulischen Gründen, zum Beispiel beim Besuch eines Internats oder während der Ausübung eines Besuchsrechts, keinen Aufenthaltswechsel begründet.[246] Dies entspricht der bisher zum MSA ergangenen Rechtsprechung.

(ii)Keine perpetuatio fori

Neu ist die Regelung des Art. 5 Abs. 2 KSÜ, welche bei einem Wechsel des Aufenthalts ausdrücklich einen Wechsel der internationalen Zuständigkeit auf die Behörden des neuen Aufenthaltsortes vorsieht. Die Haager Konferenz hat einen Vorschlag zur Festschreibung des Grundsatzes der perpetuatio fori mit großer Mehrheit abgelehnt.[247] Art. 5 Abs. 2 KSÜ steht jedoch im Fall der Kindesentführung oder des widerrechtlichen Zurückbehaltens des Kindes unter dem Vorbehalt des Art.°7 KSÜ.
Die Haager Konferenz hat es somit ausdrücklich abgelehnt, eine perpetuatio fori festzuschreiben.[248] Diese Frage richtet sich vielmehr nach dem autonomen Recht des zunächst international zuständigen Gerichts.
Das KSÜ trifft jedoch zu der Frage, ob bei Verlegung des Aufenthaltsortes des Kindes während eines laufenden Verfahrens, diese am bisherigen Aufenthaltsort zu Ende zu führen ist, an die neu zuständig gewordenen Behörden abzugeben oder gar zu beenden ist, genauso wenig eine ausdrückliche Regelung wie zuvor das MSA.[249] Art. 5 Abs. 1 und Art. 14 KSÜ sehen ähnlich wie Art. 15 Abs. 1 und Abs. 2 MSA nur ganz allgemein einen Wechsel der Zuständigkeit der Behörden am neuen Aufenthaltsort vor, wobei bereits angeordnete Maßnahmen bis zu ihrer Abänderung bestehen bleiben; sie sagen jedoch nichts über das Schicksal noch anhängiger Verfahren.[250] Wie beim MSA wird eine perpetuatio fori jedoch abgelehnt, solange noch keine Entscheidung in der Sache gefallen ist. Dies ist damit zu begründen, dass in diesem Fall die Zuständigkeit mit dem Aufenthaltswechsel sofort auf die Behörden des neuen Aufenthaltsstaates übergehen kann, womit das anhängige Verfahren ende.
Problematischer sind hingegen die Fälle, in denen bereits eine Entscheidung in erster Instanz vorliegt und das Verfahren in der Rechtsmittelinstanz anhängig ist. Sofern sich in diesem Fall die bisherigen Aufenthaltsbehörden neben denen des neuen Aufenthaltsstaates für international zuständig halten, besteht die Gefahr einander widersprechender Entscheidungen. Obwohl das KSÜ ebenso wenig wie das MSA zur Frage der Auswirkungen eines Aufenthaltswechsels im

---

[246] *Lagarde*, Rapport explicatif, Ziff. 40.
[247] *Lagarde*, Rapport explicatif, Ziff. 42.
[248] *Siehr* in RabelsZ 62 (1998), 464 (478); zur insofern bereits im MSA fehlenden Regelung *Sturm*, in: Festschrift Nagel (1987), S. 457 (459).
[249] Vgl. dazu oben Teil B II. 1. a. (7).
[250] *Roth/Döring* in JBl. 1999, 758 (765).

laufenden Verfahren auf die internationale Zuständigkeit enthält, geht aus den Protokollen zum KSÜ hervor, dass die große Mehrzahl der Vertragsstaaten von einem vorbehaltlosen Übergang der Zuständigkeit auf die neuen Aufenthaltsbehörden unter gleichzeitiger Beendigung des noch anhängigen Verfahrens ausgeht.[251] Damit wird auch dem Grundsatz des KSÜ Rechnung getragen, das grundsätzlich die sachnächste Behörde entscheiden soll. Dies ist auch sachgerecht, denn im Vordergrund steht das Kindeswohl, dessen Beachtung grundsätzlich durch eine Entscheidung im Staat des gewöhnlichen Aufenthalts des Kindes am besten sichergestellt werden kann.

Bei einem Aufenthaltswechsel innerhalb der Vertragsstaaten gilt der Grundsatz der Nichtgeltung der perpetuatio fori uneingeschränkt, auch wenn das Verfahren bereits in der Rechtsmittelinstanz anhängig ist.[252] Der Annahme einer perpetuatio fori steht hingegen nichts entgegen, wenn das Kind seinen Aufenthalt in einen Nichtvertragsstaat verlegt. Art. 5 Abs. 1 KSÜ findet in diesem Fall keine Anwendung.[253] Die fortbestehende internationale Zuständigkeit der Gerichte am früheren Aufenthaltsstaat kann sich jedoch aus innerstaatlichem Verfahrensrecht ergeben.[254]

Zusammenfassend ist festzuhalten, dass nach den Bestimmungen des KSÜ eine perpetuatio grundsätzlich nicht in Betracht kommt, wenn das Kind seinen Aufenthaltsort in einen anderen Vertragsstaat verlegt. Diese Sichtweise entspricht der bisherigen Rechtsprechung zum MSA.

(iii) Zuständigkeit für Flüchtlingskinder, Art. 6 KSÜ

Nach Art. 6 KSÜ sind für Flüchtlingskinder und Kinder, die infolge von Unruhen in ihrem Land in ein anderes Land gelangt sind, die Behörden des Staates zuständig, in dessen Hoheitsgebiet sich die Kinder aufhalten und nicht die Behörden des Staates, aus dem die Kinder geflohen sind. Auch hierdurch wird eine Aufenthaltszuständigkeit begründet, was durch die Verweisung des Art. 6 Abs. 1 KSÜ auf Art. 5 Abs. 1 zum Ausdruck kommt. Hier muss jedoch ein schlichter Aufenthalt im Hoheitsgebiet zur Begründung der internationalen Zuständigkeit zum Erlass endgültiger Maßnahmen ausreichen.

Grund für die Regelung in Art. 6 KSÜ ist, dass es in den genannten Situationen häufig zweifelhaft ist, ob bereits im Inland ein gewöhnlicher Aufenthalt begründet wurde. Ohne die Regelung des Art. 6 KSÜ könnte die Situation eintreten, dass gar kein Staat für diese Kinder zuständig ist, weil überhaupt kein Aufent-

---

[251] *Lagarde*, Rapport explicatif, Ziff. 42; *Roth/Döring* in JBl. 1999, 758 (765).

[252] Zum Problem der Zulässigkeit der Rüge der fehlenden internationalen Zuständigkeit in der Rechtsmittelinstanz nach der ZPO-Reform: *Bauer* in IPRax 2003, 135 (140 f.).

[253] *Lagarde*, Rapport explicatif, Ziff. 39.

[254] *Lagarde*, Rapport explicatif, Ziff. 42; *Roth/Döring* in JBl. 1999, 758 (765) unter Hinweis auf das Protokoll zum KSÜ.

halt bestimmt werden kann.[255] Art. 6 Abs. 2 KSÜ dehnt deshalb die internationale Zuständigkeit des Aufenthaltsstaates auf Kinder aus, deren gewöhnlicher Aufenthalt aus anderen Gründen nicht feststellbar ist.

(iv) Zuständigkeit bei Kindesentführung oder widerrechtlichem Zurückhalten, Art. 7 KSÜ

In Abweichung zu Art. 5 Abs. 2 KSÜ bestimmt Art. 7 Abs. 1 KSÜ bei einem widerrechtlichen Wechsel des Aufenthaltsortes oder einem widerrechtlichen Zurückhalten des Kindes zum Beispiel am Ende der Besuchszeit, dass grundsätzlich die Behörden am bisherigen Aufenthaltsort des Kindes weiterhin zuständig bleiben.

Die Regelung ist eine Fortführung der im Rahmen des MSA ergangenen Rechtsprechung zur Frage des Aufenthaltswechsels des Kindes. Diese nimmt jedoch schon dann eine Änderung des gewöhnlichen Aufenthalts und damit einen Wechsel der internationalen Zuständigkeit an, wenn das Kind – auch wenn es zunächst widerrechtlich in das andere Land verbracht wurde – am neuen Aufenthaltsort sozial eingegliedert ist. Mit der Regelung des Art. 7 KSÜ wird hingegen bezweckt, dass der Elternteil, der das Kind entführt oder nicht zurückgebracht hat, aus dieser Handlung nicht auch noch Vorteile ziehen können soll.[256] Ohne weitere Voraussetzung zur Begründung eines neuen gewöhnlichen Aufenthaltes würde letztlich der Elternteil belohnt, dem es gelungen ist, das Kind unter Missachtung der Sorgerechtsverhältnisse ohne oder gegen den Willen des anderen Elternteils ins Ausland zu verbringen und die durch Faustrecht geschaffene, ihm günstige Rechtslage nur lange genug aufrecht erhält. Auf der anderen Seite kann auch ein, wenn auch widerrechtlich geschaffener, neuer Aufenthaltsort des Kindes auf Dauer nicht ignoriert werden. Entscheidende Frage ist daher die Festlegung einer zeitlichen Grenze, bei deren Überschreitung die internationale Zuständigkeit auf die Behörden am neuen Aufenthaltsort übergeht.[257]

Die Lösung dieser Frage muss in der Schaffung eines Ausgleichs der gegensätzlichen elterlichen Interessen liegen. So sieht Art. 7 Abs. 1 KSÜ weitere Voraussetzungen zur Begründung eines neuen gewöhnlichen Aufenthalts. Neben einem Einleben des Kindes in die neue Umgebung wird zusätzlich verlangt, dass entweder alle Sorgeberechtigten dem Aufenthaltswechsel zugestimmt haben oder dass das Kind sich mindestens ein Jahr in dem neuen Staat aufgehalten hat und kein innerhalb dieser Frist gestellter Rückführungsantrag mehr anhängig ist. Damit wird erreicht, dass derjenige, der den widerrechtlichen Aufenthaltswechsel herbeigeführt hat, daraus keine direkten Vorteile mehr ziehen kann, an-

---

[255] *Siehr* in RabelsZ 62 (1998), 464 (479).
[256] *Lagarde*, Rapport explicatif, Ziff. 46.
[257] *Lagarde*, Rapport explicatif, Ziff. 46.

dererseits aber ein nicht mehr nur vorübergehender Aufenthaltswechsel - auch im Interesse des Kindeswohls - nicht gänzlich ignoriert wird.[258]
Art. 7 Abs. 2 KSÜ enthält eine Definition der Entführung oder des widerrechtlichen Zurückhaltens, die dem Wortlaut des Haager Kindesentführungsübereinkommens von 1980 entspricht.
Art. 7 Abs. 3 KSÜ bringt den Gedanken zum Ausdruck, dass zwar das Verbringen oder das Zurückhalten des Kindes im neuen Staat widerrechtlich war, nichtsdestotrotz seine Behörden nun jedoch für eine Entscheidung betreffend das Kind sachnäher sind als die Behörden des Staates, in dem das Kind zuvor seinen gewöhnlichen Aufenthalt hatte. Aus diesem Grund, sollen nach Art. 7 Abs. 3 KSÜ die Behörden des Staates, in den das Kind verbracht wurde, vor der Begründung eines neuen Aufenthaltsortes nur zum Erlass von Eilmaßnahmen zum Schutz des Kindes befugt sein.[259]

(b) Neuer gewöhnlicher Aufenthalt nach dem KSÜ

Wie schon im Rahmen des MSA ist als gewöhnlicher Aufenthaltsort jener Ort anzusehen, an dem der Schwerpunkt der sozialen Bindungen, der Daseinsmittelpunkt des Kindes liegt.[260] Kriterien hierfür sind die Einbindung des Kindes in seine Umwelt in familiärer, sozialer und schulischer Hinsicht sowie ein tatsächlicher oder beabsichtigter Aufenthalt von mindestens sechs Monaten.[261] Trotz der Richtlinie des Ministerkomitees des Europarates von 1972 wurde eine Definition des gewöhnlichen Aufenthalts bewusst nicht in das KSÜ aufgenommen.[262] Jedoch einigte sich die Konferenz darauf, dass der vorübergehende Auslandsaufenthalt zu schulischen Zwecken keinen „gewöhnlichen" Aufenthalt i.S.d. Art. 5 Abs. 1 KSÜ begründet. Der gewöhnliche Aufenthalt bleibt in diesen Fällen vielmehr am vorhergehenden Aufenthaltsort bestehen, sofern eine dauerhafte Rückkehr beabsichtigt ist.[263]
Wichtige Ergänzung im Vergleich zum MSA ist als Folge der fehlenden Festlegung einer Definition des gewöhnlichen Aufenthalts, dass, sollte sich kein Lebensmittelpunkt im Sinne eines gewöhnlichen Aufenthalts nach der bisherigen Rechtsprechung zum MSA feststellen lassen, für die Anwendbarkeit der KSÜ auch der schlichte Aufenthalt des Kindes in dem befassten Vertragsstaat genügt (Art. 6 Abs. 1 KSÜ).[264]

---

[258] *Roth/Döring* in JBl. 1999, 758 (766).
[259] *Lagarde* in Rev. crit DIP 1997, 217 (224).
[260] *Roth/Döring* in JBl. 1999, 758 (761) m.w.N.
[261] Vgl. zum MSA oben Teil B II. 1. a. (3) (a).
[262] *Siehr* in RabelsZ 62 (1998), 464 (478).
[263] Empfehlung des Europarates mit Einleitung *Loewe* in ÖJZ 1974, 144 (150 f.).
[264] *Siehr* in DEuFamR 2000, 125 (128).

(c) Sekundäre Zuständigkeiten

Anstatt neben der Aufenthaltszuständigkeit eine konkurrierende Zuständigkeit der Heimatbehörden festzulegen, wie es das MSA in seinem Art. 4 vorsieht, geht das KSÜ von einem System primärer und sekundärer Zuständigkeiten aus. Diese sekundären Zuständigkeiten können gemäß Art. 8 KSÜ den Gerichten anderer Vertragsstaaten angetragen oder gemäß Art. 9 KSÜ von ihnen erbeten werden. Mit dieser Regelung kann von der ausschließlichen Zuständigkeit der Aufenthaltsbehörden nach Art. 5 KSÜ eine Ausnahme gemacht werden, wenn die Behörden eines anderen Vertragsstaates das Wohl des Kindes besser sicherstellen können.

(i) Angetragene Zuständigkeit, Art. 8 KSÜ

Art. 8 KSÜ erlaubt es den Aufenthaltsbehörden, sich in Ausnahmefällen zum „forum non conveniens“ zu erklären und andere Vertragsstaaten um die Übernahme der Kindesschutzsache zu ersuchen.[265]

Nach der anglo-amerikanischen Lehre vom „forum non conveniens“ können Gerichte trotz an sich bestehender internationaler Zuständigkeit eine Entscheidung verweigern, falls die beabsichtigte Klage vor einem besser geeigneten ausländischen Gericht zulässig ist. Ziel dieser Praxis US-amerikanischer Gerichte ist es, ausufernde internationale Zuständigkeiten des US-amerikanischen Rechts zu begrenzen.[266] In Deutschland hat sich die „forum non conveniens“-Lehre nicht durchsetzen können, zumal auch kein vergleichbarer Bedarf besteht, exorbitante internationale Zuständigkeiten einzudämmen.[267]

Die Regelung des Art. 8 KSÜ unterscheidet sich jedoch insoweit von der „forum non conveniens“-Lehre als es sich nicht um ein Verteidigungsvorbringen gegen die Zuständigkeit des angerufenen Gerichts handelt, sondern um ein Initiativrecht, das dem Gericht lediglich die Möglichkeit einräumt, die Kindschaftssache an ein - seiner Ansicht nach - besser geeignetes Gericht zu verweisen.[268]

Da nach § 640 a Abs. 2 Satz 2 ZPO und § 35 b Abs. 3 FGG die internationale Zuständigkeit für Verfahren in Kindschaftssachen keine ausschließliche Zuständigkeit ist, können deutsche Gerichte durchaus von der in Art. 8 KSÜ vorgesehenen Option Gebrauch machen und ein Gericht eines anderen Vertragsstaates ersuchen, die Kindschaftssache zu übernehmen. Die verfahrensrechtliche Anregung zur Abgabe der Kindschaftssache an ein ausländisches Gericht nach Art. 8 Abs. 1 KSÜ kann von der Behörde bzw. dem Gericht selbst ausgehen oder mittels der zentralen Behörden dieses Staates erfolgen. Die Behörde kann

---

[265] *Siehr* in RabelsZ 62 (1998), 464 (481); zum Ausnahmecharakter der Art. 8 und 9 KSÜ: *van Iterson* in ULRev. 1997, NS II, 474 (479).

[266] *Kropholler*, IPR, § 58 VII, S. 594 ff.; *von Hoffmann*, IPR, § 3, Rn. 68, S. 82.

[267] *Kropholler*, IPR, § 58 VII, S. 595.

[268] *Lagarde* in Rev. crit. DIP 1997, 217 (225 mit Fn. 18).

aber auch das Verfahren aussetzen und den Parteien auf diesem Wege die Gelegenheit geben, einen entsprechenden Antrag zu stellen.[269]
Die tatsächliche Entscheidung über die Zuständigkeitsübertragung liegt jedoch, um Kompetenzstreitigkeiten zu vermeiden, allein bei der ersuchten Behörde.[270] Das heißt, dass deutsche Gerichte einem ausländischen Ersuchen nicht zwingend entsprechen müssen. Art. 8 KSÜ schafft keine international bindende Übertragung der internationalen Zuständigkeit.[271] Vielmehr prüfen die ersuchten Gerichte, ob sie international zuständig sind und falls dies zu bejahen ist, ob die Übernahme dem Kindeswohl entspricht, ob also sinnvollerweise Schutzmaßnahmen für ein Kind getroffen werden können, dessen gewöhnlicher Aufenthalt sich im Ausland befindet. Art. 8 Abs. 1 KSÜ findet keine Anwendung zu Gunsten von Nichtvertragsstaaten. Entsprechende Vorschläge sind von der Haager Konferenz ausdrücklich verworfen worden.[272]
Art. 8 Abs. 2 KSÜ zählt die Behörden derjenigen Vertragsstaaten auf, die um Übernahme des Kindesschutzes gebeten werden können. Darunter fällt der Staat, dem das Kind angehört, der Staat, in dem sich Vermögen des Kindes befindet, der Staat, zu dem das Kind enge Verbindungen hat, sowie der Staat, bei dessen Behörden ein Scheidungsverfahren der Eltern anhängig ist. Diese letztgenannte angetragene Scheidungszuständigkeit nach Art. 8 Abs. 2 lit. c) KSÜ ist von der selbständigen Scheidungszuständigkeit des Art. 10 KSÜ zu unterscheiden.[273] Nach Art. 8 Abs. 2 lit. c) KSÜ kann jeder Vertragsstaat, in dem die Auflösung einer Ehe beantragt wird, um Anordnung auch der notwendigen Schutzmaßnahmen gebeten werden, und zwar selbst dann, wenn die Voraussetzungen des Art. 10 KSÜ nicht vorliegen.[274]

(ii)Erbetene Zuständigkeit, Art. 9 KSÜ

Die in Art. 8 Abs. 2 KSÜ genannten Stellen, die also nach Art. 5 oder 6 KSÜ international zuständig sind, sollen gemäß Art. 9 Abs. 1 KSÜ auch ihrerseits die Möglichkeit haben, um Übernahme des Kindesschutzes nachzufragen.[275] Zu denken ist an Fallkonstellationen, in denen in den genannten Staaten früher als im Aufenthaltsstaat ein Bedürfnis für den Erlass von Schutzmaßnahmen entsteht, die nicht nur als Eilfall (Art. 11 KSÜ) oder als vorläufige Regelung

---

[269] *Lagarde*, Rapport explicatif, Ziff. 54.
[270] *Lagarde*, Rapport explicatif, Ziff. 53; *Roth/Döring* in JBl. 1999, 758 (762).
[271] *Siehr* in RabelsZ 62 (1998), 464 (481 f.).
[272] *Lagarde*, Rapport explicatif, Ziff. 53.
[273] Zu Art. 10 KSÜ siehe unten Teil B II. 1. b. (3) (c).
[274] *Siehr* in RabelsZ 62 (1998), 464 (481).
[275] *Lagarde*, Rapport explicatif, Ziff. 58, ist der Ansicht, dass die unterbliebene Erwähnung des Art. 6 KSÜ in Art. 9 KSÜ ein Redaktionsversehen ist, dass jedoch Art. 9 KSÜ insoweit genauso wie Art. 8 KSÜ gelesen werden müsse.

(Art. 12 KSÜ) getroffen werden können.[276] Art. 9 KSÜ stellt somit die spiegelbildliche Regelung zu Art. 8 KSÜ dar.
Die Entscheidung über die Übertragung der Zuständigkeit liegt bei den Behörden des Staates, in dem das Kind seinen gewöhnlichen Aufenthalt hat. Sie müssen die Anfrage nach der Übertragung der erbetenden Behörden ausdrücklich bescheiden. Das Schweigen wird als Ablehnung angesehen.[277] Nur so kann verhindert werden, dass sich Behörden in zwei Vertragsstaaten gleichzeitig für zuständig ansehen und widersprechende Entscheidungen treffen.
Auch im Rahmen von Art. 9 Abs. 1 KSÜ kann das Gericht, das eine Zuständigkeit erbeten will, sich direkt an die Behörden des Aufenthaltsstaates des Kindes wenden oder aber das Verfahren aussetzen, um den Beteiligten die Möglichkeit zu geben, ihrerseits die Behörden des anderen Vertragsstaates um Übertragung der internationalen Zuständigkeit zu beten.

(iii) Akzeptierte Scheidungszuständigkeit, Art. 10 KSÜ

Die Vorschrift des Art. 10 KSÜ geht zurück auf die Regelung des Art. 15 Abs. 1 MSA. Diese Regelung des MSA sieht vor, dass Vertragsstaaten sich die internationale Zuständigkeit derjenigen Instanz vorbehalten können, bei der ein Scheidungsverfahren der Eltern des Kindes anhängig ist.[278] Die Ablehnung dieses Vorbehalts durch die meisten Vertragsstaaten des MSA hatte zur Folge, dass der Scheidungsrichter nicht mehr für Schutzmaßnahmen zu Gunsten des Kindes zuständig war, wenn sich nicht seine Zuständigkeit für diese Maßnahme aus einer anderen Vorschrift des MSA ergab.
Das KSÜ geht restriktiver vor und sieht eine Zuständigkeit der Scheidungsinstanz nur bei Einverständnis beider Elternteile vor. Es handelt sich dabei um eine konkurrierende, nicht ausschließliche Zuständigkeit. Sie besteht neben den sich aus den Art. 5 bis 9 KSÜ ergebenden Zuständigkeiten. Die Scheidungszuständigkeit wird den Vertragsstaaten nicht aufgezwungen, sondern vom KSÜ anerkannt, wenn sie sich aus dem nationalen Recht des Vertragsstaaten ergibt, in dem die Scheidung beantragt wird.[279] Art. 10 Abs. 1 KSÜ nennt dafür folgende Voraussetzungen, die kumulativ vorliegen müssen: das Kind muss seinen gewöhnlichen Aufenthalt in einem Vertragsstaat haben, dessen internationales Zivilverfahrensrecht eine Zuständigkeit für Schutzmaßnahmen für ein Kind vorsieht, das seinen Aufenthalt nicht im Scheidungsstaat hat[280]; mindestens einer

[276] *Siehr* in RabelsZ 62 (1998), 464 (482).
[277] *Lagarde*, Rapport explicatif, Ziff. 60.
[278] Einige Staaten hatten diesen Vorbehalt zum MSA zunächst erklärt, ihn dann aber teilweise später wieder zurückgezogen; bei Ausarbeitung des KSÜ bestanden noch Vorbehalte nach Art. 15 MSA in folgenden Staaten: Luxemburg, Polen und Türkei, vgl. *Lagarde* in Rev. crit DIP 1997, 217 (226 mit Fn. 20).
[279] *Lagarde*, Rapport explicatif, Ziff. 62.
[280] So die deutsche Verbundregelung gemäß §§ 621, 623 ZPO.

der beiden Elternteile ist zu Beginn des Verfahrens Inhaber der elterlichen Sorge; die Eltern haben der Zuständigkeit der Scheidungsinstanz für den Erlass von Schutzmaßnahmen zugestimmt und die Zuständigkeit entspricht dem Wohl des Kindes. Liegen eine oder mehrere diese Voraussetzungen nicht vor, kann das Scheidungsgericht nicht zugleich auch über Schutzmaßnahmen für das Kind entscheiden. Seine internationale Zuständigkeit kann sich dann nur noch aus den Art. 8 oder 9 KSÜ ergeben.

Die Zuständigkeit der Scheidungsinstanz endet gemäß Art. 10 Abs. 2 KSÜ mit der endgültigen oder einstweiligen Beendigung des Scheidungsverfahrens. Die Frage, wann das Scheidungsverfahren sein Ende gefunden hat, sei es durch Stattgabe oder Ablehnung des Antrags oder aus anderen Gründen, entscheidet sich nach dem Verfahrensrecht des Staates, bei dessen Gericht die Scheidung beantragt wurde.[281] Aus der Regelung des Art. 10 Abs. 2 KSÜ folgt, dass der Scheidungsrichter zum Beispiel für Abänderungen der Schutzmaßnahmen über die Beendigung des Scheidungsverfahrens hinaus nicht mehr zuständig ist. Entsprechende Zuständigkeiten ergeben sich jetzt wieder aus Art. 5 bis 9 KSÜ. Die Maßnahmen des Scheidungsgerichts werden mit dem Ende des Scheidungsverfahrens nicht gegenstandlos, sondern haben unter den Voraussetzungen des Art. 14 KSÜ weiterhin Wirkung.

Bei der Ausarbeitung des KSÜ sollte zunächst auf die Schaffung einer konkurrierenden Scheidungszuständigkeit auch mit Hinblick auf die damals bereits in der Vorbereitung befindliche EheVO verzichtet werden, um den in der EheVO enthaltenen Regelungen zur direkten internationalen Zuständigkeit nicht zuwiderzulaufen.[282] Dann erkannte man jedoch, dass ein rein zeitlicher Zuständigkeitsausschluss der Gerichte und Behörden des Aufenthaltsstaates während der Dauer des Scheidungsverfahrens zum einen das Kindschaftsverfahren verzögert hätte, da nur der Erlass vorläufiger Maßnahmen möglich gewesen wäre. Zum anderen hätte ein zeitlich begrenzter Zuständigkeitsausschluss den Aufenthaltsbehörden am Ende des Scheidungsverfahrens nicht ohne weiteres wieder Kompetenz, zum Beispiel zur Änderung von Umgangsrechtsentscheidungen, eingeräumt.[283]

Durch die konkurrierende Scheidungszuständigkeit des Art. 10 KSÜ wird das Prinzip des KSÜ, eine einzige Zuständigkeitsregelung zu schaffen, durchbrochen.[284] Eventuell auftretende Zuständigkeitskonflikte mit Gerichten des Aufenthaltsstaates des Kindes finden ihre Lösung in der allgemeinen Regelung der anderweitigen Rechtshängigkeit des Art. 13 KSÜ.

---

281 *Lagarde*, Rapport explicatif, Ziff. 65.
282 *Lagarde* in Rev. crit DIP 1997, 217 (228).
283 Vgl. *Lagarde* in Rev. crit DIP 1997, 217 (228); *van Iterson* in ULRev. 1997, NS II, 474 (480).
284 *Lagarde* in Rev. crit DIP 1997, 217 (228).

(iv) Eilzuständigkeit, Art. 11 KSÜ

Anders als der inhaltlich fast gleichlautende Art. 9 MSA sieht Art. 11 KSÜ für dringende Fälle eine Eilzuständigkeit der Behörden desjenigen Vertragsstaates vor, in dessen Hoheitsgebiet sich das Kind befindet, unabhängig davon, ob das Kind seinen gewöhnlichen Aufenthalt in einem Vertragsstaat hat oder nicht. Es genügt, dass sich Vermögen des Kindes in einem Vertragsstaat befindet. Das Kind selbst kann sich indessen auch in einem Nichtvertragsstaat aufhalten.
Wann ein dringender, die Eilzuständigkeit begründender Fall gegeben ist, sagt Art. 11 KSÜ ebenso wenig wie Art. 9 MSA. Insoweit kann jedoch auf die Kommentierungen zu Art. 9 MSA zurückgegriffen werden,[285] wonach das Vorliegen eines Eilfalls zu bejahen ist, wenn ein späteres Einschreiten der nach Art. 5 bis 10 KSÜ zuständigen Behörde irreparable Schäden für das Kind oder sein Vermögen befürchten ließe.[286]
Die Eilzuständigkeit wird nur hinsichtlich der Wirkung der erlassenen Maßnahmen eingeschränkt. Maßnahmen, die für ein Kind getroffen wurden, das sich in einem Vertragsstaat befindet, treten außer Kraft, sobald die nach Art. 5 bis 10 KSÜ zuständigen Behörden die gebotenen Entscheidungen erlassen haben (Art. 11 Abs. 2 KSÜ). Befindet sich das Kind in einem Nichtvertragsstaat, treten die aufgrund von Art. 11 KSÜ getroffenen Maßnahmen außer Kraft, sobald die dort zuständigen Behörden eigene Maßnahmen erlassen und die Behörden der Vertragsstaaten diese anerkannt haben (Art. 11 Abs. 3 KSÜ).

(v) Zuständigkeit für einstweilige Anordnungen, Art. 12 KSÜ

Eine völlig neuartige internationale Zuständigkeit begründet Art. 12 KSÜ. Danach können die Behörden jedes Vertragsstaates, in dem sich das Kind oder sein Vermögen befindet, provisorische Schutzmaßnahmen treffen, die nur im eigenen Staat gelten. Diese Zuständigkeit soll eine Lücke in den Fällen schließen, in denen Kinder Hilfe bedürfen, die sich vorübergehend in einem fremden Staat aufhalten und dort in eine Notlage geraten, die keinen Eilfall im Sinn des Art. 11 KSÜ darstellt.[287] Art. 12 KSÜ ist auch nicht anwendbar, wenn es sich um einen Fall der Kindesentführung bzw. -zurückhaltung im Sinn des Art. 7 KSÜ handelt, denn hier würde eine Eilkompetenz der Aufenthaltsbehörden das Regelungsziel des Art. 7 KSÜ zunichte machen, dass nämlich mit der Entführung oder Zurückhaltung keine vollendeten Tatsachen geschaffen werden können, die eine neue, eventuell dem Entführer günstigere internationale Zuständigkeit für die Sorgerechtsentscheidung begründen können.
Die Schutzmaßnahmen müssen nach dem Wortlaut des Art. 12 KSÜ drei Voraussetzungen erfüllen: sie sind vorläufig, d.h. sie treten außer Kraft, wenn die

---

[285] *Siehr* in RabelsZ 62 (1998), 464 (484).
[286] *Roth/Döring* in JBl. 1999, 758 (763); *Lagarde*, Rapport explicatif, Ziff. 68.
[287] *Roth/Döring* in JBl. 1999, 758 (763).

normalerweise zuständigen Behörden tätig werden (Art. 12 Abs. 2 KSÜ), sie sind territorial auf den Aufenthaltsstaat begrenzt und sie müssen in Einklang mit bereits getroffenen Maßnahmen der normalerweise zuständigen Behörden stehen.

(vi) Ortszuständigkeit kraft Vorbehalts, Art. 55 KSÜ

Die Vertragsstaaten haben gemäß Art. 55 KSÜ die Möglichkeit, sich nach Art. 60 KSÜ die Zuständigkeit der eigenen Behörden für Maßnahmen betreffend das im Inland belegene Vermögen des Kindes vorzubehalten. Dieser – vornehmlich auf britischen Wunsch eingefügte[288] - Vorbehalt kann auch auf bestimmte Teile des Vermögens beschränkt werden (Art. 55 Abs. 2 KSÜ). Damit trägt das KSÜ Anforderungen der lex sitae im Immobiliarsachenrecht Rechnung.

(4) Anwendbares Recht nach dem KSÜ

Das KSÜ führt den Grundsatz des MSA fort, dass die Behörden eines Vertragsstaaten die lex fori anwenden. Im 2. Kapitel des Abkommens sind sämtliche Regelungen zum anwendbaren Recht zusammengefasst und damit übersichtlicher als bisher im MSA geregelt.
Das auf Schutzmaßnahmen anwendbare Recht ergibt sich aus Art. 15 und 16 KSÜ, die zwischen einerseits Schutzmaßnahmen, andererseits sich kraft Gesetz ergebender elterlicher Gewalt unterscheiden. Umgangsrechtsregelungen können in beiden Varianten betroffen sein. Umgangsrechtsregelungen können als Schutzmaßnahmen getroffen werden (Art. 15 KSÜ), sie können aber auch Regelungen der elterlichen Verantwortung darstellen, zum Beispiel in Form einer in einem anderen Vertragsstaat ergangenen Ehescheidung mit Regelung des elterlichen Umgangsrechts.

(a) Art. 15 KSÜ: Schutzmaßnahmen

Grundsätzlich findet nach dem Gleichlaufprinzip - wie im Rahmen des MSA - die lex fori Anwendung. Ausschlaggebender Grund ist die Vereinfachung der Rechtsanwendung für das nach dem KSÜ zuständige Gericht. Es ist mit dem eigenen Recht am meisten vertraut. Anders lautende Vorschläge wurden von der Konferenz verworfen, weil man befürchtete, bei Anwendung ausländischen Rechts den Kindesschutz für die Behörden und Gerichte zu verkomplizieren.[289] Allerdings sieht Art. 15 Abs. 2 KSÜ eine Ausnahme von diesem Grundsatz in der Form vor, dass das angerufene Gericht oder die Behörde im Aufenthaltsstaat des Kindes das Recht eines anderen Staates anwenden, wenn es das Kindeswohl erfordert. Denkbar ist eine Abweichung vom Grundsatz der Anwendbarkeit der

---

[288] *Siehr* in RabelsZ 62 (1998), 464 (485).
[289] *Lagarde*, Rapport explicatif, Ziff. 86.

lex fori in den Fällen, in denen das Recht am Aufenthaltsort des Kindes keine im konkreten Einzelfall angemessenen Maßnahmen vorsieht[290] oder das Heimatrecht des Kindes eine geeignetere Schutzmaßnahme vorsieht, die das eigene Recht nicht kennt oder wenn das Kind in absehbarer Zeit in einen anderen Staat ziehen wird und die zu treffende Maßnahme bereits mit dem dort geltenden Recht abgestimmt werden kann.[291] Der häufigste Fall dürfte jedoch derjenige sein, dass die Behörden des gewöhnlichen Aufenthaltsortes des Kindes um Erteilung ihrer Zustimmung zum Verkauf eines dem Kind gehörenden, im Ausland gelegenen Grundstücks ersucht werden. Hier ist es wünschenswert, dass die ersuchte Behörde oder das Gericht die lex sitae beachten kann. Dies kann zum Beispiel dazu führen, dass die ersuchte Behörde die Zustimmung erteilen muss, auch wenn das eigene Recht eine solche gar nicht vorsieht.[292]

Bemerkenswert an der Ausnahmeklausel des Art. 15 Abs. 2 KSÜ ist, die als Kriterium allein das Kindeswohl und nicht Überlegungen zur Sachnähe oder zur engsten Verbindung aufgestellt wird.[293]

Den Schwierigkeiten, die beim Vollzug einer ausländischen Entscheidung im Inland auftreten können, trägt Art. 15 Abs. 3 KSÜ Rechnung. Der Wechsel des gewöhnlichen Aufenthalt des Kindes in einem anderen Vertragsstaat kann es erforderlich machen, dass die Behörden am neuen Aufenthaltsort Maßnahmen ausländischer Behörden oder Gerichte umsetzen müssen. Die einmal getroffenen Maßnahmen bleiben gemäß Art. 14 KSÜ bestehen, ihre Umsetzung richtet sich jedoch mit Begründung des neuen gewöhnlichen Aufenthalts nach dem Recht des neuen Aufenthaltsstaates.[294] Die Trennung zwischen Maßnahme und den Bedingungen ihrer Umsetzung ist nicht immer leicht zu ziehen.[295] Gleichzeitig besteht das Risiko der Veränderung der Maßnahme oder ihrer Abschwächung. Ist dem Umgangsberechtigten zum Beispiel im Ursprungsstaat ein Umgangsrecht eingeräumt worden, dass er jedoch nur nach Einholung einer ausdrücklichen richterlichen Erlaubnis ausüben darf und soll die Umgangsrechtsentscheidung in einem Staat umgesetzt werden, der eine solche richterliche Erlaubnis nicht vorsieht, dann stellt das Erfordernis der Erlaubnis oder ihre Entbehrlichkeit eine Ausübungsbedingung des Umgangsrechts dar.[296] Das gleiche Problem stellt sich, wenn die ursprüngliche Umgangsrechtsregelung bis zum Alter des Kindes auf 18 Jahre beschränkt ist, im anderen Staat jedoch schon mit 16 Jahren endet. Die Fallgestaltung sind vielfältig, eine generelle Regelung

[290] So *van Iterson* in ULRev. 1997, NS II, 474 (482).
[291] *Roth/Döring* in FuR 1999, 195 (200 f.).
[292] So das Beispiel bei *Lagarde*, Rapport explicatif, Ziff. 89.
[293] *Lagarde* in Rev. crit. DIP 1997, 217 (230).
[294] *Roth/Döring* in FuR 1999, 195 (201).
[295] *Lagarde*, Rapport explicatif, Ziff. 91.
[296] Beispiel bei *Lagarde*, Rapport explicatif, Ziff. 91.

konnte im KSÜ nicht gefunden werden.[297] Aus diesem Grund wurde den Behörden am neuen gewöhnlichen Aufenthaltsort des Kindes die Befugnis einräumt, selbst die Bedingungen zu formulieren, unter denen eine ausländische Maßnahme im Inland durchzusetzen ist[298] oder notfalls durch eine neue Maßnahme zu ersetzen ist[299]. Nur so kann Schwierigkeiten Rechnung getragen werden, die sich aus dem Zusammentreffen verschiedener Rechtsordnungen ergeben können.
Art. 15 Abs. 3 KSÜ findet keine Anwendung, wenn das Kind seinen neuen gewöhnlichen Aufenthalt in einem Nichtvertragsstaat hat. Die Frage der Anwendung von Maßnahmen, die zuvor nach dem KSÜ ergangen sind, muss sich hier nach dem eigenen System des internationalen Privatrechts richten.[300]

(b) Art. 16 KSÜ: Gesetzliche oder vereinbarte elterliche Verantwortung

Die elterliche Verantwortung kraft Gesetz gemäß Art. 16 KSÜ ersetzt den in Art. 3 MSA benutzten Begriff des „gesetzlichen Gewaltverhältnisses"[301] und soll die aus der Regelung des Art. 3 MSA entstandenen Streitigkeiten beseitigen.[302] Der missverständliche Begriff der Anerkennung des Art. 3 MSA ist weggefallen.
Die Vorschrift des Art. 16 KSÜ beinhaltet eine echte Kollisionsnorm, nicht nur eine Regelung der Frage der Anerkennung.[303]
Der Unterschied zu Art. 15 KSÜ liegt in der Frage, inwieweit eine behördliche oder gerichtliche Entscheidung für das Bestehen der elterlichen Verantwortung Voraussetzung ist. In einigen skandinavischen Ländern besteht die gemeinsame elterliche Sorge kraft Gesetz, sie bedarf in bestimmten Fällen jedoch einer Registrierung bzw. Mitteilung an bestimmte Behörden, zum Beispiel an das Finanzamt. Trotzdem sind diese Fälle unter Art. 16 KSÜ zu fassen, weil es sich nicht um eine konstitutive behördlich Entscheidung handelt. Die elterliche Gewalt besteht kraft Gesetzes.
Nach Art. 16 Abs. 1 KSÜ wird die Anknüpfung für die elterliche Sorge nicht mehr über die Staatsangehörigkeit, sondern über das am gewöhnlichen Aufenthalt anwendbare Recht vorgenommen, wodurch ein Gleichklang zwischen dem auf das Sorgerechtsverhältnis und auf Schutzmaßnahmen anzuwendenden Recht geschaffen wird.[304] Art. 16 KSÜ verweist auf das Recht am gewöhnlichen Auf-

---

[297] *Lagarde*, Rapport explicatif, Ziff. 91.
[298] *Siehr* in DEuFamR 2000, 125 (129).
[299] *Lagarde*, Rapport explicatif, Ziff. 91.
[300] *Lagarde*, Rapport explicatif, Ziff. 92.
[301] *Siehr* in RabelsZ 62 (1998), 464 (489).
[302] *Van Iterson* in ULRev. 1997, NS II, 474 (482 f.); zur Entstehungsgeschichte des Art. 16 KSÜ: *Siehr* in DEuFamR 2000, 125 (129 f.); zu Art. 3 MSA vgl. oben Teil B II. 1. (3) (b).
[303] *Lagarde*, Rapport explicatif, Ziff. 95; *Siehr* in RabelsZ 62 (1998), 464 (489); zur Frage der Zulässigkeit eines Renvoi: *ders.* in DEuFamR 2000, 125 (130).
[304] *Lagarde* in Rev. crit DIP 1997, 217 (231).

enthaltsort des Kindes, und zwar auch dann, wenn das Kind in einem Nichtvertragsstaat lebt (Art. 20 KSÜ). Wechselt das Kind seinen gewöhnlichen Aufenthalt, so bleibt die einmal gesetzlich begründete elterliche Verantwortung gemäß Art. 16 Abs. 3 KSÜ bestehen, und ihre Ausübung bestimmt sich seit dem Wechsel nach dem Recht des Staates des neuen gewöhnlichen Aufenthalts (Art. 17 Satz 2 KSÜ). Weitere Neuerung ist Art. 18 KSÜ, der die Abänderung einer kraft Gesetz bestehenden elterlichen Verantwortung vorsieht, die damit keinen Eingriff in bestehende Rechtsverhältnisse mehr darstellen kann. Damit wird die elterliche Verantwortung nicht mehr durch einen Vorbehalt wie in Art. 3 MSA vor Abänderungen geschützt, sondern steht auf gleicher Stufe mit gerichtlich oder behördlich erlassenen Schutzmaßnahmen.[305] Der Begriff der elterlichen Sorge ist im Rahmen des KSÜ als Unterbegriff zu dem der Schutzmaßnahme zu verstehen.[306]

(c) Ordre public-Klausel, Art. 22 KSÜ

In völliger Übereinstimmung mit Art. 16 MSA erlaubt auch Art. 22 KSÜ die Nichtbefolgung der Vorschriften des KSÜ, wenn das berufene Recht unter Beachtung des Kindeswohls offensichtlich gegen die öffentliche Ordnung verstößt.

(5) Anerkennung und Vollstreckung nach dem KSÜ

Im Gegensatz zum MSA enthält das KSÜ selbst Regelungen der Anerkennung, der Exequatur und der Vollstreckung von Schutzmaßnahmen. Das MSA sah lediglich das Prinzip der Anerkennung vor, dessen Ausgestaltung blieb jedoch dem innerstaatlichen Recht der Vertragsstaaten überlassen. Das KSÜ unterscheidet deutlich die verschiedenen Phasen von Anerkennung (Art. 23 bis 25 KSÜ), Exequatur (Art. 26 und 27 KSÜ) und Vollstreckung (Art. 28).[307]

(a) Anerkennung, Art. 23 bis 25 KSÜ

In Anlehnung an andere internationale Konventionen, vor allem das Brüsseler und das Luganer Übereinkommen[308] gestaltet das KSÜ die Normen über die Anerkennung und Vollstreckung von Schutzmaßnahmen im Ausland völlig neu

---

305 *Siehr* in RabelsZ 62 (1998), 464 (491).
306 *Busch* in IPRax 2003, 218 (220).
307 *Lagarde* in Rev. crit. DIP 1997, 217 (234).
308 Brüsseler Übereinkommen über die gerichtliche Zuständigkeit und die Vollstreckung gerichtlicher Entscheidungen in Zivil- und Handelssachen vom 27. September 1968 (EuGVÜ), in Deutschland in Kraft seit dem 1. Februar 1972, BGBl. 1972 II, S. 773 i.d.F. BGBl. 1988 II, S. 453 und BGBl. II 1994, S. 519, abgedruckt bei *Jayme/Hausmann*, Nr. 72; Luganer Übereinkommen über die gerichtliche Zuständigkeit und die Vollstreckung gerichtlicher Entscheidungen in Zivil- und Handelssachen vom 16. September 1988 (LGVÜ) in Deutschland in Kraft seit dem 1. März 1995, BGBl. 1995 II, S. 221 (BGBl. 1994 II, S. 2658), abgedruckt bei *Jayme/Hausmann*, Nr. 77.

und schließt damit eine Lücke des MSA, das diesen Bereich nur rudimentär regelt.[309]
Nach Art. 23 Abs. 1 KSÜ besteht eine grundsätzliche Pflicht zur Anerkennung. Maßnahmen anderer Vertragsstaaten sind kraft Gesetzes anzuerkennen, also ohne Exequatur. Die Exequatur darf nur in schwerwiegenden - abschließend genannten - Ausnahmefällen verweigert werden. Dazu zählt Art. 23 Abs. 2 KSÜ neben der Unzuständigkeit der erstentscheidenden Behörde die fehlende Gewährung rechtlichen Gehörs für das Kind, unter der Bedingung, dass dies zugleich einen Verstoß gegen wesentliche Verfahrensgrundsätze des ersuchten Staates darstellt. Die Anerkennung ist auch zu versagen, wenn der Antragsteller seinerseits nicht gehört wurde oder wenn die Entscheidung gegen den ordre public des Anerkennungsstaates verstößt, wobei das Kindeswohl zu berücksichtigen bleibt. Weiterhin kann ein Widerspruch zu früher ergangenen Maßnahmen eines Nichtvertragsstaates, die allerdings im ersuchten Staat anerkannt sind, sowie ein Verstoß beim Unterbringungsverfahren des Kindes in einem Heim oder einer Pflegefamilie (Art. 33 KSÜ) zur Nichtanerkennung führen. Die letzten beiden Versagungsgründe wurden mit Rücksicht auf Nichtvertragsstaaten aufgenommen.[310]
Art. 24 KSÜ sieht eine Oppositionsklage vor, die jeder Interessierte bei den zuständigen Gerichten eines Vertragsstaates erheben kann. Diese Klage muss sich jedoch gegen eine behördliche oder gerichtliche „Entscheidung" richten. Sie ist unzulässig gegen elterliche Verantwortung, die kraft Gesetz besteht. Mit der Oppositionsklage kann sowohl die Anerkennungsfähigkeit als auch die Nichtanerkennungsfähigkeit festgestellt werden. Anders als bei der Exequatur, Art. 26 Abs. 2 KSÜ, sieht das Abkommen nicht ausdrücklich vor, dass die Vertragsstaaten für die Oppositionsklage ein schnelles Verfahren sicherstellen müssen. Dies ist damit zu erklären, dass es sich hier um ein kontradiktorisches Verfahren handeln muss, dass mehr Zeit in Anspruch nimmt als die einseitig erfolgende Vollstreckbarerklärung, die nur auf Einwendungen hin unterbleibt.
Art. 25 KSÜ sieht eine Bindung der Gerichte im Anerkennungs- und Vollstreckungsstaat an die tatsächlichen Feststellungen des Erstgerichts vor. So kann das Gericht im Anerkennungsverfahren nicht nachprüfen, ob das erstentscheidende Gericht zu Recht seine Zuständigkeit aufgrund des gewöhnlichen Aufenthalts des Kindes angenommen hat. Genauso ist die Frage, ob das Erstgericht richtigerweise eine Zuständigkeit aufgrund überwiegenden Kindesinteresses angenommen hat, einer Nachprüfung entzogen. Dies entspricht den Regelungen anderer internationaler Abkommen.

---

[309] *Roth/Döring* in JBl. 1998, 758 (769); dazu oben Teil B II. 1. b. (5).
[310] Dazu *Siehr* in DEuFamR 2000, 125 (131)

(b) Vollstreckbarerklärung nach dem KSÜ, Art. 26 bis 27

Für die Fälle, in denen zur Durchsetzung der Schutzmaßnahme Vollstreckungshandlungen im Inland erforderlich sind, verweist Art. 7 Satz 2 MSA bisher auf das innerstaatliche Recht am Vollstreckungsort. Dies führt dazu, dass das Vollstreckungsgericht praktisch eine „révision au fond" vornehmen und die ausländische Entscheidung insbesondere an den eigenen Kriterien des Kindeswohls messen kann.[311] Das MSA verpflichtet damit nicht zur Anerkennung der Vollstreckbarkeit ausländischer Entscheidungen.
Das KSÜ regelt das Exequaturverfahren nicht selbst, sondern verweist dafür auf die innerstaatlichen Vorschriften, präzisiert aber, dass die Exequatur nur aus einem der in Art. 23 Abs. 2 KSÜ genannten Gründe verweigert werden darf.[312] Maßnahmen, die in einem anderen Vertragsstaat angeordnet wurden, sind im eigenen Land ohne weitere materielle Prüfung für vollstreckbar zu erklären. Ausländische Maßnahmen, die in einem anderen Vertragsstaat getroffen wurden und die der Vollstreckung bedürfen, werden auf Antrag in allen Vertragsstaaten nach dem innerstaatlichen Recht des Vollstreckungsstaates unter Berücksichtigung des Kindeswohls in dem anderen Staat für vollstreckbar erklärt (Art. 26 Abs. 1, 28 KSÜ). Die Staaten verpflichten sich, ein zügiges Verfahren zur Verfügung zu stellen (Art. 26 Abs. 2 KSÜ).
Vollstreckungshindernisse ergeben sich aus Art. 26 Abs. 3 i.V.m. Art. 23 Abs. 2 KSÜ: die Vollstreckung darf nur abgelehnt werden, wenn Anerkennungsversagungsgründe vorliegen. Eine Nachprüfung in der Sache selbst findet gemäß Art. 27 KSÜ nicht statt.

(c) Vollstreckung nach dem KSÜ, Art. 28

Nach Art. 28 KSÜ werden gemäß Art. 23 KSÜ anerkannte ausländische Maßnahmen so vollstreckt wie inländische Entscheidungen. Eine Differenzierung zwischen in- und ausländischen Schutzmaßnahmen ist unzulässig.[313] Dahinter steht der Grundsatz, dass sich das Vollstreckungsverfahren als staatlicher Hoheitsakt immer nach der lex fori des ersuchten Staates richtet, auf dessen Hoheitsgebiet die Vollstreckung betrieben wird. Durch die Gleichstellung ausländischer mit inländischen Maßnahmen zum Zwecke der Vollstreckung soll aber erreicht werden, dass bei der Vollstreckung dieselben Regeln befolgt werden dürfen wie bei inländischen Maßnahmen.[314] Dies ist vor allem bedeutsam für die Ablehnungsgründe der Vollstreckung, wenn das Kind wegen des Alters nicht mehr gegen seinen Willen herausgegeben oder nicht mehr zur Duldung

---

[311] *Roth/Döring* in JBl. 1998, 758 (770).
[312] *Lagarde* in Rev. crit. DIP 1997, 217 (235).
[313] *Siehr* in DEuFamR 2000, 125 (131).
[314] *Siehr* in RabelsZ 62 (1998), 464 (495).

zum Beispiel des Umgangs mit einem Elternteil gezwungen werden kann.[315] In diesem Fall müsste bei der Vollstreckung einer ausländischen Schutzmaßnahme in Deutschland die Regelung des § 33 FGG beachtet werden, der eine Gewaltanwendung gegen das Kind verbietet, wenn sich dieses den Umgang verweigert. Die Konferenz vertritt hierzu den Standpunkt, dass sich derartige Probleme der Weigerung des Kindes in Sachverhalten ohne Auslandsbezug in derselben Weise stellen wie bei grenzüberschreitenden Streitigkeiten. Deswegen sei es vorzuziehen, dass die Vertragsstaaten diese Frage nach ihrem nationalen Recht lösen, mit all den dabei zur Verfügung stehenden Ermessens- und Beurteilungsspielräumen.[316]

(6) Zusammenarbeit der Behörden und Verfahren

Anders als das MSA von 1961, das nur in bestimmten Fälle eine Informationspflicht der nationalen Behörden untereinander vorsah, zum Beispiel bei Eilmaßnahmen, ist das gesamte 5. Kapitel des KSÜ der Zusammenarbeit zwischen den nationalen Behörden gewidmet. Die Art. 29 bis 39 KSÜ regeln die Zusammenarbeit der einzurichtenden zentralen Behörden in jedem Vertragsstaat, aber auch den direkten Austausch der zuständigen Behörden, die zu diesem Zweck auch weitere Kooperationsabkommen abschließen können.[317] Auch hier wurden Lehren aus den wenig erfolgreichen, da rudimentär gebliebenen Regelungen der Art. 10 und 11 MSA gezogen, deren heutige Praxis zeigt, dass eine behördliche internationale Zusammenarbeit nur in Ausnahmefällen stattfindet.[318] Die besondere Betonung der internationalen Zusammenarbeit stellt sich heute erheblich leichter dar als bei Ausarbeitung des MSA 1961, da auf die Einrichtung der zentralen Behörden, die es seit dem Haager Übereinkommen über die zivilrechtlichen Aspekte internationaler Kindesentführung vom 25. Oktober 1980[319] gibt, zurückgegriffen werden kann.
Bei der Ausarbeitung des KSÜ war man sich jedoch auch bewusst, dass eine zu detaillierte Regelung der Behördenzusammenarbeit auch die Gefahr in sich trägt, neue unnötige und verfahrensverzögernde Bürokratie zu schaffen. Aus diesem Grunde enthält das Kapitel über die Kooperation der zentralen Behörden eher Absichtserklärungen oder Wünsche als tatsächliche Verpflichtungen für die Vertragsstaaten.[320]

---

[315] Vgl. zur deutschen Regelung § 33 Abs. 2 Satz 2 FGG, wonach eine Gewaltanwendung gegen das Kind zum Zwecke der Durchsetzung eines Umgangsrechts nicht zulässig ist.
[316] *Lagarde*, Rapport explicatif, Ziff. 134.
[317] *Lagarde*, Rapport explicatif, Ziff. 137.
[318] Dazu *Allinger*, Das Haager Minderjährigenschutzabkommen, S. 212 f.; *Roth/Döring* in FuR 1999, 195 (203).
[319] BGBl. 1990 II, S. 207; abgedruckt bei *Jayme/Hausmann*, Nr. 222
[320] *Lagarde* in Rev. crit. DIP 1997, 217 (235).

(a) Einrichtung zentraler Behörden, Art. 29 KSÜ

Art. 29 KSÜ sieht - nach dem Vorbild des Haager Kindesentführungsübereinkommens von 1980 - die Schaffung oder Benennung einer zentralen Behörde in jeden Vertragsstaat vor. Sie sollen in erster Linie Ansprechpartner für Anfragen aus anderen Vertragsstaaten sein.

(b) Allgemeine Aufgaben, Art. 30, 31 KSÜ

Nach der Generalklausel des Art. 30 Abs. 1 KSÜ arbeiten die zentralen Behörden zusammen, um die Ziele des Übereinkommens zu verwirklichen. Dazu tauschen sie insbesondere Auskünfte über das innerstaatliche Recht sowie die verfügbaren Dienste zum Kinderschutz aus (Art. 30 Abs. 2 KSÜ). Nach Art. 31 lit. a) KSÜ muss jeder Vertragsstaat alle geeigneten Vorkehrungen treffen, um diese Mitteilung zu erleichtern und Unterstützung zu gewähren, die in den Art. 8 und 9 KSÜ über die angetragene und erbetene Zuständigkeit vorgesehen ist. Gemäß Art. 31 lit. b) KSÜ soll bevorzugt eine gütliche Einigung zum Wohl des Kindes gefunden werden. Außerdem soll das Auffinden des Aufenthaltsortes des Kindes erleichtert werden [Art. 31 lit. c) KSÜ].

(c) Spezielle Aufgaben, insbesondere Durchsetzung des Umgangsrechts gemäß Art. 35 KSÜ

Spezielle Regelungen finden sich hinsichtlich des Maßnahmeverfahrens in den Art. 32 bis 34 KSÜ, außerdem hinsichtlich der Durchsetzung von Maßnahmen, insbesondere des Umgangsrechts nach Art. 35 KSÜ, sowie bei besonderer Gefährdung vagabundierender Kinder (Art. 36 KSÜ).

Für die Fragestellung der vorliegenden Arbeit ist die Vorschrift des Art. 35 KSÜ zum Umgangsrecht von besonderem Interesse.

Im Anschluss an Art. 21 HKÜ[321], der bislang leider ein „toter Buchstabe" geblieben ist,[322] sieht Art. 35 KSÜ eine bessere Zusammenarbeit zur Durchsetzung von Besuchs- und Umgangsrechten vor. Die Behörden der Vertragsstaaten sind verpflichtet, bei der Ausübung und Aufrechterhaltung dieser Rechte Hilfestellung zu leisten (Art. 35 Abs. 1 KSÜ). So kann der Vertragsstaat, in dem sich zwar nicht das Kind, aber ein zum Umgang berechtigter Elternteil aufhält, bei Anhängigkeit eines Verfahrens über ein Umgangsrecht auf Antrag des anderen Elternteils Auskünfte über die Eignung des zum Umgang berechtigten und über den den Umgang wünschenden Elternteils einholen (Art. 35 Abs. 2 Satz 1 KSÜ). Eine Behörde, die nach den Art. 5 bis 10 KSÜ zuständig ist und über ein Umgangsrecht entscheidet, hat diese Auskünfte zu berücksichtigen (Art. 35 Abs. 2 Satz 2 KSÜ). Ein bei einer solchen Behörde anhängiges Verfahren zur Änderung einer Umgangsrechtsregelung kann ausgesetzt werden bis die oben ge-

---

[321] Dazu unten Teil B II 2. b. (4).

[322] So *Siehr* in DEuFamR 2000, 125 (132).

nannten Auskünfte über den anderen Elternteil vorliegen (Art. 35 Abs. 3 KSÜ). Unabhängig davon können jedoch die zuständigen Behörden gemäß Art. 35 Abs. 4 KSÜ vorläufige Maßnahmen zur Durchsetzung des Umgangsrechts treffen.

(7) Bescheinigung über die Inhaberschaft der elterlichen Sorge, Art. 40 KSÜ

Art. 40 KSÜ sieht vor, dass die Behörden des gewöhnlichen Aufenthalts des Kindes oder die Behörden, die eine Maßnahme zum Schutz des Kindes erlassen haben, eine Bescheinigung über das Bestehen der elterlichen Verantwortung ausstellen, die bis zum Beweis des Gegenteils Beweiskraft in anderen Vertragsstaaten hat. Damit sollen weitere Streitigkeiten und auch Kosten vermieden werden.[323] Diese Möglichkeit ist jedoch lediglich fakultativer Art. Die Vertragsstaaten sind nicht zur Ausstellung der Bescheinigung verpflichtet. Die Bescheinigung wird auf Antrag dem Inhaber der elterlichen Sorge oder desjenigen, dem der Schutz des Kindes oder seines Vermögens anvertraut ist, ausgestellt. Aus ihr geht der Inhaber der elterlichen Sorge hervor, gleichgültig ob diese kraft Gesetzes besteht oder aufgrund einer gerichtlichen Entscheidung zuerkannt wurde. Zugleich wird festgestellt, welche Befugnisse damit verbunden sind.

(8) Verhältnis des KSÜ zum HKÜ, Art. 50 KSÜ

Die generelle Regelung zum Verhältnis des KSÜ zu anderen Abkommen enthält Art. 52 KSÜ. Vorrangig regelt Art. 50 KSÜ das Verhältnis des KSÜ zum Haager Kindesentführungsübereinkommen von 1980. Wie bisher auch das MSA von 1961 geht das KSÜ vom Vorrang des Haager Kindesentführungsübereinkommens von 1980 aus. Wenn ein Kind widerrechtlich entführt oder zurückgehalten wird, gilt es in erster Linie, seine sofortige Rückkehr an den gewöhnlichen Aufenthaltsort sicherzustellen. Erst anschließend stellen sich Fragen nach dem Erlass von Schutzmaßnahmen. Art. 50 Satz 2 KSÜ sieht eine Ausnahme vom Vorrang des Haager Kindesentführungsübereinkommens nur vor, wenn die Regelungen des KSÜ im Einzelfall besser geeignet sein, die Rückkehr des Kindes oder die Durchführung von Umgangsrechten zu organisieren. Art. 50 KSÜ findet nur Anwendung auf Staaten, die sowohl Vertragsstaaten des Haager Kindesentführungsübereinkommens als auch des KSÜ sind. Sind Vertragsparteien des KSÜ nicht zugleich Parteien des Kindesentführungsübereinkommens, jedoch Parteien ähnlicher Staatsverträge, ist Art. 50 KSÜ nicht anwendbar. Hier gilt die Regelung des Art. 52 KSÜ.

(9) Verhältnis des KSÜ zu anderen Staatsverträgen, 52 KSÜ

Art. 52 KSÜ sieht vor, dass das KSÜ andere, bereits bestehende Staatsverträge über den internationalen Kindesschutz unberührt lässt. Die Regelung wurde ins-

---

[323] *Lagarde*, Rapport explicatif, Ziff. 154.

besondere im Hinblick auf die bei Ausarbeitung des KSÜ in Vorbereitung befindliche Brüssel II-Konvention aufgenommen.[324] Art. 52 Abs. 2 KSÜ erlaubt den Mitgliedstaaten der Europäischen Union für Kinder, die ihren gewöhnlichen Aufenthalt in einem der Vertragsstaaten haben, untereinander Abkommen zu schließen. Darin ist keine Beschränkung dahingehend zu sehen, dass die Vertragsstaaten keine Abkommen mit Drittstaaten abschließen könnten.[325]
Art. 50 Abs. 3 KSÜ sieht weiterhin vor, dass diese Abkommen der Vertragsstaaten untereinander nicht die Anwendbarkeit der Vorschriften des KSÜ berührt. Mit anderen Worten, die Freiheit, anderweitige Abkommen zum Kindesschutz zu schließen, entbindet die Vertragsstaaten nicht von ihrem durch das KSÜ begründeten Verpflichtungen.[326] Dies könnte dazu führen, dass Art. 52 KSÜ letztendlich nach dem KSÜ zur Nichtanerkennung von Entscheidungen führt, die aufgrund einer künftigen EU-Regelung von einem Staat getroffen wurde, der nicht gleichzeitig Vertragspartei des KSÜ ist. Eine Möglichkeit, diesen Konflikt zu vermeiden, könnte darin gesehen werden, vom Anwendungsbereich zukünftiger europarechtlicher Abkommen bzw. europäischen Sekundärrechts Kinder auszuschließen, die zwar ihren gewöhnlichen Aufenthalt in einem Mitgliedstaat haben, jedoch gleichzeitig die Staatsangehörigkeit oder eine andere enge Beziehung zu einen Nicht-EU-Staat haben, der Vertragspartei des KSÜ ist.[327]

c. Fazit zum Schutz des Umgangsrechts durch MSA und KSÜ

Nach dem Verständnis beider Abkommen sind Umgangsrechtsregelungen „Schutzmaßnahmen" und damit vom Anwendungsbereich sowohl des MSA als auch des KSÜ erfasst. Das MSA hat sich jedoch in mehreren Punkten, auch Umgangsrechtsregelungen betreffend, als reformbedürftig erwiesen. Insbesondere wurde gefordert, die internationale Zuständigkeit der Aufenthaltsbehörden gemäß Art. 1 MSA von unsachgemäßen Einschränkungen und Vorbehalten zu befreien.[328] Dies ist durch die Kennzeichnung der Kompetenz der Heimatbehörden im KSÜ als subsidiär geschehen. Das KSÜ postuliert den Vorrang der internationalen Zuständigkeit am gewöhnlichen Aufenthaltsort des Kindes und schafft einen einheitlichen Gerichtsstand.
Für die Freizügigkeit von familienrechtlichen Urteilen ist von besonderer Bedeutung, dass die im MSA nur rudimentär gebliebene Regelung zur Anerkennung und Vollstreckung von Schutzmaßnahmen in Kapitel V des KSÜ ausgebaut wurde. Diese Lücke des MSA konnte vorher auch durch das Haager Ü-

[324] *Lagarde*, Rapport explicatif, Ziff. 172.
[325] *Lagarde*, Rapport explicatif, Ziff. 172.
[326] *Lagarde*, Rapport explicatif, Ziff. 173.
[327] *Lagarde*, Rapport explicatif, Ziff. 174; *van Iterson* in ULRev. 1997, NS II, 474 (482); zu den Gründen der Regelung des Art. 52 KSÜ: *Siehr* in DEuFamR 2000, 125 (128).
[328] *Kropholler* in RabelsZ 58 (1994), 1 ff.

bereinkommen über die zivilrechtlichen Aspekte internationaler Kindesentführung vom 25. Oktober 1980[329] und das Europäische Sorgerechtsübereinkommen vom 20. Mai 1980[330] nicht vollständig geschlossen werden. Das KSÜ ist u.a. in diesem Punkt auf das Haager Kindesentführungsübereinkommen abgestimmt worden. Außerdem wurde eine vertragsautonome Festlegung der Anerkennungs- und Vollstreckungsvoraussetzungen geschaffen. Während das MSA hierfür überwiegend auf die nationalen Prozessrechte verwies und damit eine „révision aus fond" bei der Anerkennung ausländischer Entscheidungen ermöglichte, sieht das KSÜ eine weitgehend automatische Anerkennung und Vollstreckbarkeit von Schutzmaßnahmen andere Vertragsstaaten vor. Lediglich die Vollstreckung selbst unterliegt als Hoheitsakt dem innerstaatlichen Recht. Auch die - wenn auch nur fakultativ eingeräumte - Möglichkeit, auf Antrag Bescheinigungen über die Entscheidung zur elterlichen Sorge auszustellen, soll die Durchsetzung im anderen Vertragsstaat erleichtern und Kosten vermeiden.
Weiter hervorzuheben ist die Einbeziehung der kraft Gesetz bestehenden elterlichen Verantwortung mit der Verweisung auf das Aufenthaltsrecht des Kindes in den Anwendungsbereich des Abkommens. Dies hat die Abschaffung der unklaren Regelung des Art. 3 MSA zur Folge und wird zu einer Vereinfachung führen. Die Bereitstellung eines institutionellen Rahmens für eine wirksame internationale Behördenzusammenarbeit in Anlehnung an die Regelungen des Haager Kindesentführungsübereinkommens verspricht mehr Erfolg als die rudimentär geregelten und auch in der Praxis weitgehend nicht genutzten gegenseitigen Informationspflichten der Behörden untereinander nach dem MSA. Das Verfahren zur Durchsetzung und tatsächlichen Wahrnehmung des Umgangsrechts nach Art. 35 KSÜ trägt dem besonderen Wesen des Umgangsrechts besser Rechnung als die bisherige Regelung. Es berücksichtigt Besonderheiten, die sich bei der grenzüberschreitenden Ausübung von Umgangsrechten ergeben können. Dieser Gedanke liegt auch Art. 50 KSÜ zugrunde, der für Umgangsrechtsregelungen eine Ausnahme vom Anwendungsvorrang des Haager Kindesentführungsübereinkommens vorsieht, wenn nach dem KSÜ die Organisation eines Umgangsrechts besser zu bewerkstelligen ist als mit der alleinigen sofortigen Rückführung des Kindes nach dem Kindesentführungsübereinkommen.

2. Kindesentführungsübereinkommen

Unter den staatsvertraglichen Regelungen finden sich neben den genannten Minderjährigenschutzabkommen zwei multilaterale Abkommen aus dem Jahre 1980, deren Ziel es ist, mit Hilfe eines vereinfachten Verfahrens die Rückführung von durch einen Elternteil ins Ausland entführten oder dort zurückge-

---

329 BGBl. 1990 II, S. 207; abgedruckt bei *Jayme/Hausmann*, Nr. 222

330 Luxemburger Europäisches Sorgerechtsübereinkommen über die Anerkennung und Vollstreckung von Entscheidungen über das Sorgerecht für Kinder und die Wiederherstellung des Sorgeverhältnisses, BGBl. 1990 II, S. 220, abgedruckt bei *Jayme/Hausmann*, Nr. 184.

haltenen Kindern zu erreichen. Das Europäische Sorgerechtsübereinkommen vom 20. Mai 1980[331] (ESÜ) soll die Regelungen des MSA zur Anerkennung und Vollstreckung ergänzen, das Haager Übereinkommen über die zivilrechtlichen Aspekte internationaler Kindesentführung vom 25. Oktober 1980[332] (HKÜ) will den tatsächlichen Zustand des Sorgerechtsverhältnisses vor der Entführung oder Zurückhaltung des Kindes wiederherstellen.

a. Europäisches Sorgerechtsübereinkommen vom 20. Mai 1980

(1) Regelungsziel des ESÜ

Das Europäische Sorgerechtsübereinkommen (ESÜ) ergänzt das MSA durch Bestimmungen der gegenseitigen Anerkennung und Vollstreckung von Sorgerechtsentscheidungen.[333] Es enthält kein Kollisionsrecht, sondern Vorschriften zur Rechtshilfe auf dem Gebiet des Anerkennungs- und Vollstreckungsrechts.[334] Das Übereinkommen will nicht materiell das Sorgerecht regeln und dabei dem Kindeswohl überragende Bedeutung einräumen, sondern es soll Rechtsbrüche rückgängigmachen, wenn möglich sogar verhindern.
Für Kindesentführungen und -zurückhaltungen bedeutet die Anerkennung und Vollstreckung einer Sorgerechtsentscheidung zugleich die Wiederherstellung des Sorgerechtsverhältnisses wie es vor der Entführung bzw. Zurückhaltung bestand, also die Rückführung des Kindes zum Sorgeberechtigten.[335] Mit der Einbeziehung auch des Umgangsrechts in den Anwendungsbereich des Abkommens soll der Gefahr einer Kindesentführung ins Ausland im Vorfeld vorgebeugt werden. Dadurch, dass dem umgangsberechtigten Elternteil die Durchsetzung seines Umgangsrechts auch im Ausland ermöglicht wird, soll er davon abgehalten werden, dieses Recht mit Gewalt, sprich durch Mitnahme oder Zurückbehalten des Kindes, zu erzwingen.[336]

---

[331] Luxemburger Europäisches Sorgerechtsübereinkommen über die Anerkennung und Vollstreckung von Entscheidungen über das Sorgerecht für Kinder und die Wiederherstellung des Sorgeverhältnisses, BGBl. 1990 II, S. 220, abgedruckt bei *Jayme/Hausmann*, Nr. 184.
[332] BGBl. 1990 II, S. 207; abgedruckt bei *Jayme/Hausmann*, Nr. 222.
[333] Erläuternder Bericht zum Europäischen Übereinkommen über die Anerkennung und Vollstreckung von Entscheidungen über das Sorgerecht für Kinder und die Wiederherstellung des Sorgeverhältnisses, Anhang 2 zur Denkschrift der Bundesregierung vom 11. August 1989, BT-Drucksache 11/5314, S. 62.
[334] Erman-*Hohloch*, Art. 21 EGBGB, Rn. 3; *Gülicher*, Kindesentführungen, S. 43.
[335] *Gülicher*, Kindesentführungen, S. 43.
[336] *Deschenaux*, Enlèvement international, S. 15, 67.

(2) Anwendungsbereich des ESÜ

(a) Zeitlicher, räumlicher und persönlicher Anwendungsbereich

Das ESÜ ist für die Bundesrepublik Deutschland am 1. Februar 1991 in Kraft getreten.[337] Es enthält keine dem Art. 35 HKÜ[338] entsprechende Vorschrift zur zeitlichen Anwendbarkeit. Dies erklärt sich daraus, dass im Anerkennungs- und Vollstreckungsrecht mangels entgegenstehender Vorschriften die neuen Anerkennungs- und Vollstreckungsvorschriften für alle Entscheidungen aus Vertragsstaaten gelten, die nach dem Inkrafttreten des Übereinkommens von inländischen Gerichten anerkannt und im Inland vollstreckt werden sollen.[339] Unerheblich ist also, ob im Zeitpunkt, in dem die ausländische Entscheidung ergangen ist, das Übereinkommen schon im Inland galt.

Das ESÜ gilt für alle Hoheitsgebiete, auf die es die Vertragsstaaten nach den Art. 24 f. ESÜ erstreckt haben.

Das ESÜ ist nur auf Kinder bis zur Vollendung des 16. Lebensjahres anwendbar. Ab diesem Alter wird eine Umgangsrechtsentscheidung gegen den Willen des Kindes als nur mehr schwierig vollstreckbar angesehen.[340] Dann besteht aber auch kein Anlass, das Kind gegen ein unzulässiges Verbringen zu schützen.

(b) Sachlicher Anwendungsbereich: Behandlung des Umgangsrechts im ESÜ

In der Präambel wird das Umgangsrecht als normale Folgeerscheinung des Sorgerechts bezeichnet. Das ESÜ erfasst damit nicht nur Entführungsfälle, sondern alle Sorgerechtsentscheidungen.[341] Art. 1 lit. c) ESÜ regelt ausdrücklich den Fall, dass das Kind am Ende der Besuchszeit im Ausland entweder unter Verletzung einer von der zuständigen Behörde genehmigten Vereinbarung oder unter Verletzung einer Entscheidung der zuständigen Behörde über das Recht zum persönlichen Umgang nicht an den sorgeberechtigten Elternteil zurückgegeben wird.

Entscheidungen über das Umgangsrecht können einerseits nur diese Frage betreffen - und sind als solche auch Sorgerechtsentscheidungen im Sinn des Art. 1 lit. c) ESÜ - oder andererseits in Sorgerechtsentscheidungen mit umfassenderem Gegenstand enthalten sein. Das ESÜ ist lediglich nicht anwendbar auf Entscheidungen, die weder die Sorge für die Person des Kindes noch das

---

337 BGBl. 1991 II, S. 392.

338 Art. 35 Abs. 1 HKÜ lautet: „Dieses Übereinkommen findet zwischen den Vertragsstaaten nur auf ein widerrechtliches Verbringen oder Zurückhalten Anwendung, das sich nach seinem Inkrafttreten in diesen Staaten ereignet hat."

339 MüKo-*Siehr*, Art. 19 EGBGB Anh. III, Rn. 6.

340 Erläuternder Bericht, Anhang 2 zur Denkschrift der Bundesregierung, BT-Drucksache 11/5314, S. 63.

341 *Gülicher*, Kindesentführungen, S. 43.

Recht auf Bestimmung seines Aufenthalts noch das Recht zum persönlichen Umgang betreffen.[342]
Das ESÜ meint, sofern es das Umgangsrecht erwähnt, nur das Umgangsrecht zwischen Kindern und Eltern und zum Beispiel nicht den Umgang im Sinn des § 1685 BGB von Großeltern und anderen dort genannten Personen mit dem Kind. Dies folgt aus dem vierten Absatz der Präambel, wonach das Recht der Eltern zum persönlichen Umgang mit dem Kind als eine normale Folgeerscheinung des Sorgerechts ist. Das Recht zum persönlichen Umgang knüpft an das Elternrecht an. Umgangsberechtigt im Sinn des Art. 11 ESÜ sind somit die Personen, denen Elternrechte zustehen.[343] Inhaber dieses Rechts können nach dem ESÜ nur natürliche Personen sei. Ihre Bestimmung erfolgt durch die Rechtsordnung, die auf die Ausgestaltung dieses Rechts anzuwenden ist. Das Umgangsrecht eines Dritten, der nicht Elternteil ist, ist schon begrifflich von dem eines, wenn auch nur potentiell sorgeberechtigten Elternteils, zu unterscheiden.[344] Ziel des ESÜ ist es nicht, jedwedes Verlangen andere Personen als der Eltern nach Umgang zu schützen und zu fördern.

(3) Umgangsrechtsverfahren nach Art. 11 ESÜ

Art. 11 Abs. 1 ESÜ bestimmt, dass Umgangsrechtsentscheidungen aus anderen Vertragsstaaten grundsätzlich anerkannt werden. Jedoch kann die praktische Ausübung des Umgangsrechts im Ausland an faktischen Schwierigkeiten scheitern, denn jeder Staat sieht unterschiedliche Voraussetzungen zur Ausübung des Umgangsrechts vor. Aus diesem Grund ist es den zuständigen Behörden des ersuchten Staates gestattet, Entscheidungen zum Umgangsrecht aus anderen Staaten zu ändern oder zu ergänzen, wenn nur auf diese Weise ihre Umsetzbarkeit im ersuchten Staat ermöglicht wird. Sie können gemäß Art. 11 Abs. 2 ESÜ die Art und Weise festlegen, in der das Umgangsrecht ausgeübt wird.
Die Umgangsrechtsentscheidung selbst kann jedoch nur durch die zuständigen Behörden im Ursprungsstaat getroffen werden. Zu diesem Zweck ermöglicht es Art. 11 Abs. 3 ESÜ dem Antragsteller, der ein Recht zum persönlichen Umgang in Anspruch nehmen möchte, sich mittels der zentralen Behörden des ersuchten Staates an die zuständigen Behörden des eigenen Staates zu wenden, damit letztere eine Entscheidung zum Umgangsrecht treffen. Diese Regelung ist insbesondere dann begrüßenswert, wenn eine bereits bestehende Umgangsrechtsregelung im Ausland nicht anerkannt und vollstreckt werden kann.

---

[342] Erläuternder Bericht, Anhang 2 zur Denkschrift der Bundesregierung, BT-Drucksache 11/5314, S. 63.
[343] *Limbrock* in FamRZ 1999, 1631 (1633).
[344] *Limbrock* in FamRZ 1999, 1631 (1633).

(4) Ordre public-Klausel, Art. 10 ESÜ

Eine detaillierte Regelung der Versagung von Anerkennung und Vollstreckung einer Umgangsrechtsentscheidung sieht Art. 10 ESÜ vor. Art. 10 Abs. 1 lit. a) und b) ESÜ nennen dabei insbesondere den Fall, dass die Wirkungen einer Entscheidung mit den Grundwerten des Familien- und Kindschaftsrechts im ersuchten Staat offensichtlich unvereinbar sind oder dass aufgrund einer Änderung der Umstände die Wirkungen der ursprünglichen Entscheidung offensichtlich nicht mehr dem Wohl des Kindes entsprechen.
Nach Art. 10 Abs. 2 ESÜ können in diesen Fällen Verfahren auf Anerkennung und Vollstreckung ausgesetzt werden, falls gegen die ursprüngliche Entscheidung ein ordentliches Rechtsmittel eingelegt wurde, wenn im ersuchten Staat ein Verfahren über das Sorgerecht für das Kind anhängig ist oder wenn eine andere Entscheidung über das Sorgerecht für das Kind Gegenstand eines Verfahrens auf Vollstreckung oder eines anderen Verfahrens auf Anerkennung der Entscheidung ist.

(5) Verhältnis des ESÜ zu anderen Übereinkommen

Das Verhältnis des ESÜ zu anderen Staatsverträgen sowie zum autonomen Recht regeln die Art. 19 und 20 ESÜ. Das ESÜ erhebt keinen Ausschließlichkeitsanspruch. Nach Art. 19 ESÜ kann die Anerkennung und Vollstreckung von Sorgerechtsentscheidungen auch auf der Grundlage anderer Übereinkommen oder des innerstaatlichen Rechts des ersuchten Staates erwirkt werden. Art. 20 ESÜ lässt zudem von den Grundsätzen des ESÜ abweichende Absprachen der Vertragsstaaten untereinander zu. Hiervon haben mehrere EU-Staaten mit dem Ziel Gebrauch gemacht, im Verhältnis zueinander die Versagungsgründe für die Anerkennung von Entscheidungen einzuschränken. So gehen die Bundesrepublik Deutschland und das Vereinigte Königreich ausdrücklich von einem faktischen Vorrang des Haager Übereinkommens über die zivilrechtlichen Aspekte internationaler Kindesentführung vom 25. Oktober 1980[345] aus.[346]

b. Haager Übereinkommen über die zivilrechtlichen Aspekte internationaler Kindesentführung vom 25. Oktober 1980[347]

(1) Regelungsziel des HKÜ: Wiederherstellung des status quo ante

Das Haager Übereinkommen über die zivilrechtlichen Aspekte internationaler Kindesentführung vom 25. Oktober 1980 (HKÜ) wirkt im weiten Sinne wie ein Rechtshilfeübereinkommen, indem es ein verhältnismäßig einfaches Verfahren der unmittelbaren Rückführung eines ins Ausland entführten Kindes regelt.[348]

---

[345] BGBl. 1990 II, S. 207; abgedruckt bei *Jayme/Hausmann*, Nr. 222.
[346] Vgl. für Deutschland § 12 SorgeRÜbkAG.
[347] BGBl. 1990 II, S. 207; abgedruckt bei *Jayme/Hausmann*, Nr. 222.
[348] Erman-*Hohloch*, Art. 21 EGBGB, Rn. 3.

Das Abkommen will in einem entformalisierten Schnellverfahren und unter weitgehendem Ausschluss von Rechtsfragen allein die ursprünglichen tatsächlichen Verhältnisse wiederherstellen.[349]
In erster Linie soll das HKÜ die Rückgabe widerrechtlich entführter oder zurückgehaltener Kinder sicherstellen, Art. 1 lit. a) HKÜ. Es bezweckt die Herstellung des status quo. Gemäß Art. 16 HKÜ soll bis zur Entscheidung über die Rückgabe des Kindes grundsätzlich eine Sachentscheidung über das Sorgerecht nicht vorweggenommen werden.
Zweites Hauptziel des Übereinkommens ist die Sicherstellung der tatsächlichen Beachtung des in einem Vertragsstaat bestehenden Sorgerechts und des Rechts zum persönlichen Umgang in allen anderen Vertragsstaaten.[350] Durch einen Aufenthaltswechsel des Kindes soll die Rechtsstellung des Sorge- oder Umgangsberechtigten nicht beeinträchtigt werden.[351]
Hintergrund des HKÜ ist die Tatsache, dass es vor allem bei ausländischen und gemischt-nationalen Elternpaaren nicht nur anlässlich einer Trennung oder Scheidung der Eltern nicht selten geschieht, dass ein Elternteil das gemeinsame Kind ins Ausland verbringt oder dort nach Ablauf der Besuchszeit zurückhält, um den Zurückbleibenden vor vollendete Tatsachen zu stellen. Unter Umständen wird auch bezweckt, unter der Geltung einer ihm günstigeren Rechtsordnung eine Sorgerechtsentscheidung zu seinen Gunsten zu erwirken.[352] Diese Maßnahmen erfolgen häufig unter Verletzung des (Mit-)Sorgerechts des anderen Elternteils, woraus sich die Notwendigkeit grenzüberschreitenden Rechtsschutzes ergibt.[353] Diesen gewährt das HKÜ durch Bereitstellung eines Eilverfahrens mit dem Ziel der Rückführung in den Staat des gewöhnlichen Aufenthalts.[354] Auf diese Weise soll auch sichergestellt werden, dass durch die hierzu berufenen Behörden bzw. Gerichte am ständigen Aufenthaltsort des Kindes die erforderlichen Entscheidungen über die elterliche Sorge getroffen und auch vollzogen werden können.[355]
Die Ziele des HKÜ stehen unter dem übergeordneten Prinzip des Kindeswohls.[356] Leitgedanke des HKÜ ist, dass dem Kindeswohl am ehesten durch eine Sorgerechtsentscheidung der international zuständigen Gerichte entsprochen wird, in dem das Kind bis zur Entführung gelebt hat. Das HKÜ versucht nicht,

---

349 *Mansel* in NJW 1990, 2176; *Böhmer* in RabelsZ 46 (1982), 643 (646); ÖstOGH, ÖJZ 1992, 618.
350 MüKo-*Siehr*, Art. 19 EGBGB Anh. II, Rn. 19.
351 Palandt-*Heldrich*, Anh. zu Art. 24 EGBGB, Rn. 63.
352 Zur Kindesmitnahme und zum „forum shopping" in derartigen Fällen: *Rieck* in StAZ 1995, 358 (361 f.).
353 Denkschrift zu HKÜ und ESÜ, BT-Drucksache 11/5314, S. 35.
354 *Motzer* in Schwab, Handbuch des Scheidungsrechts, Teil III, Abschnitt H, Rn. 324.
355 *Motzer* in Schwab, Handbuch des Scheidungsrechts, Teil III, Abschnitt H, Rn. 324.
356 Vgl. Präambel HKÜ; zum Aspekt des Kindeswohls im HKÜ: *Kropholler* in RabelsZ 60 (1996), 485 (488); *Klein* in IPRax 1997, 106 (107 f.).

die materiell-rechtliche Frage der Erteilung der Sorge und des Umgangsrechts zu regeln.[357]
Das HKÜ geht auch für das Recht zum persönlichen Umgang davon aus, dass die Möglichkeit für das Kind, in einer möglichst vollständigen Familie aufzuwachsen, erforderlich ist, um eine ausgeglichene Entwicklung seiner Persönlichkeit zu fördern. Dabei kann jedoch fraglich sein, ob es für ein Kind, dessen Eltern tatsächlich und rechtlich getrennt leben, nicht weniger belastend ist, nicht zu beiden Elternteilen Kontakte pflegen zu müssen. Diese Ansicht wurde auch bei der Ausarbeitung des Übereinkommens diskutiert.[358] Schlussendlich jedoch räumt das HKÜ dem Gedanken Vorrang ein, dass das Recht zum persönlichen Umgang das selbstverständliche Gegenstück zum Sorgerecht ist, ein Gegenstück, das jedem Elternteil zustehen muss, auch wenn er nicht Inhaber des Sorgerechts für das Kind ist.[359]

(2) Anwendungsbereich des HKÜ

(a) Zeitlicher und räumlicher Anwendungsbereich

Das HKÜ ist für die Bundesrepublik Deutschland am 1. Dezember 1990 in Kraft getreten.[360] Es gilt streng genommen jedoch nur für Kindesentführungen oder -zurückhaltungen, die nach dem 1. Januar 1991 stattgefunden haben (Art. 35 Abs. 1 HKÜ).[361] Maßgeblich ist der Zeitpunkt der Entführung und nicht ein Dauerzustand, der bei Inkrafttreten des HKÜ noch besteht.[362]
Das HKÜ gilt nur für die Hoheitsgebiete, auf die es die Vertragsstaaten erstreckt haben (Art. 39, 40).

(b) Persönlicher Anwendungsbereich

Nach Art. 4 findet das HKÜ nur auf Kinder bis 16 Jahre Anwendung, die im Zeitpunkt vor der Verletzung des Sorge- oder Umgangsrechts ihren gewöhnlichen Aufenthalt in einem Vertragsstaat hatten und sich nunmehr ebenfalls in einem Vertragsstaat aufhalten. Das Kind muss von einem Vertragsstaat in einen anderen Vertragsstaat verbracht worden sein. Ist auch nur einer dieser Staaten

---

[357] *Pérez-Vera*, Erläuternder Bericht, S. 41, Rn. 19.
[358] *Pérez-Vera*, Erläuternder Bericht, S. 42, Rn. 26.
[359] *Pérez-Vera*, Erläuternder Bericht, S. 42, Rn. 26.
[360] Bekanntmachung vom 11. Dezember 1990, BGBl. 1991 II, S. 329.
[361] OLG Karlsruhe, FamRZ 1992, 1212.
[362] MüKo-*Siehr*, Art. 19 EGBGB Anh. II, Rn. 10.

ein Drittstaat, findet das HKÜ keine Anwendung.[363] Auch auf reine Inlandsfälle ist das HKÜ nicht anwendbar.[364]
Die Altersgrenze von 16 Jahren, die dem persönlichen Anwendungsbereich des ESÜ entspricht, ihn aber gegenüber dem MSA einschränkt, das bis zum Alter von 18 Jahren Anwendung findet, hat ihren Grund in der Zielsetzung des Abkommens selbst. Bei einer Person über 16 Jahren ist davon auszugehen, dass sie im Allgemeinen einen eigenen Willen hat, der nur schwer von einem Gericht, einer Behörde oder den Eltern unberücksichtigt bleiben kann.[365] Scheitert die Rückführung am Willen des Kindes, dem im Alter von 16 Jahren ausreichende Einsichtsfähigkeit zugebilligt wird, dann besteht auch kein Schutzbedürfnis im Sinn des HKÜ mehr.
Inhaber des Umgangsrechts können – im Gegensatz zum Sorgerecht, das auch einer juristischen Person zustehen kann – immer nur natürliche Personen sein.[366] Das HKÜ erlaubt grundsätzlich nur, ein eigenes Sorge- oder Umgangsrecht geltend zu machen [Art. 3 Abs. 1 lit. a), Art. 8 Abs. 1, 2 lit. c) HKÜ]. Somit scheidet ein Antragsrecht des entführten Kindes von vornherein aus.[367] Die Inhaberschaft des Sorgerechts ist dabei nicht allein auf die Eltern beschränkt; sorgeberechtigt können auch nicht verheiratete Eltern, Pflegeeltern, Großeltern, gesetzliche bestellte Vormünder oder Pfleger sein.[368]
Angesichts der durch das Kindschaftsrechtsreformgesetz (KindRG)[369] in Deutschland eingeführten neuen Umgangsrechtsregelung des § 1685 BGB, welche auch anderen, ausdrücklich benannten Personen als den Eltern ein Umgangsrecht mit dem Kind ermöglicht, ist fraglich, ob das HKÜ auch dieses gerichtlich eingeräumte Umgangsrecht Dritter oder - wie das ESÜ[370] - nur das verfassungsrechtlich verankerte Umgangsrecht der Eltern mit ihrem Kind schützt.[371] Zum Teil wurde – allerdings vor Einführung des § 1685 BGB - vorgeschlagen, dass auch Großeltern einen Anspruch auf ein Umgangsrecht haben sollten, das mit Hilfe des HKÜ durchsetzbar sein sollte.[372] Davon zu unterscheiden ist allerdings der Fall, dass andere Personen als die Eltern sorgeberechtigt sind. Ihnen

---

363 OLG München, IPRax 1994, 42; *Finger* in ZfJ 1999, 15 (16); a.A. AG Groß-Gerau, NJW-RR 1995, 1122 (Dominikanische Republik als Nichtvertragsstaat); Palandt-*Heldrich*, Anh. zu Art. 24 EGBGB, Rn. 60; Staudinger-*Pirrung*, Vorbem zu Art. 19 EGBGB, Rn. 628; MüKo-*Siehr*, Art. 19 EGBGB Anh. II, Rn. 18, 11.
364 OLG Karlsruhe, FamRZ 1999, 951; a.A. analoge Anwendung *Gutdeutsch/Rieck* in FamRZ 1998, 1488 (1490) und AG Groß-Gerau, NJW-RR 1995, 1222.
365 *Pérez-Vera*, Erläuternder Bericht, S. 50, Rn. 77.
366 *Pérez-Vera*, Erläuternder Bericht, S. 51, Rn. 79.
367 Staudinger-*Pirrung*, Vorbem zu Art. 19 EGBGB, Rn. 629.
368 Staudinger-*Pirrung*, Vorbem zu Art. 19 EGBGB, Rn. 629.
369 BGBl. II, S. 2942, in Kraft getreten am 1. Juli 1998.
370 Vgl. Teil B II. 2. a. (2) (b).
371 Zu § 1685 BGB vgl. unten Teil C I. 4. b. (5).
372 Staudinger-*Pirrung*, Vorbem zu Art. 19 EGBGB, Rn. 701.

steht dann unstreitig ein „eigenes Sorgerecht" im Sinn des HKÜ zu. Anders liegt der Fall jedoch bei einem Umgangsrecht zum Beispiel der Großeltern nach § 1685 BGB, das neben dem der Eltern besteht. Der Gesetzgeber hat ihnen lediglich ein subjektives Recht auf Umgang eingeräumt, welches gerichtlich erteilt werden kann, wenn dieser Umgang für das Kind förderlich ist. Demgegenüber sind die Eltern auch nach der Scheidung und auch im Fall der Alleinsorge nur eines Elternteils stets Inhaber eines Umgangsrechts, das nur in Ausnahmefällen zum Wohl des Kindes eingeschränkt werden kann. Großeltern sind somit nicht Inhaber eines Umgangsrechts, das „natürliche Folgeerscheinung" des Sorgerechts ist. Die Nichteinbeziehung des Umgangsrechts der Großeltern in den Anwendungsbereich des HKÜ erklärt sich vor dem Ziel des Abkommens. Dieses besteht nicht darin, jedwedes Umgangsrecht zu schützen und zu gewährleisten, sondern Entführungen und widerrechtliches Zurückhalten von Kindern zu verhindern. Bei der Person, die ein Kind im Sinn des HKÜ „verbringt", handelt es sich in der Regel um Vater oder Mutter als elementare Bezugspersonen gemäß § 1684 BGB. Demnach genügt es für die Erreichung der Ziele des Übereinkommens, wenn nur die Durchsetzbarkeit eines Umgangsrechts sichergestellt wird, das mit einem Sorgerecht korrespondiert, also ein Umgangsrecht von Eltern mit Kindern und Kindern mit Eltern.[373] Vor dem Hintergrund dieses Regelungsziels des HKÜ kann sich etwas anderes auch nicht daraus ergeben, dass die Regelungen zum Umgangsrecht von Großeltern nach dem deutschen Recht bei Abfassung des HKÜ noch nicht bestanden.

(c) Sachlicher Anwendungsbereich: Behandlung des Umgangsrechts

Das Umgangsrecht wird ausdrücklich in Art. 5 lit. b) HKÜ genannt. Das Umgangsrecht gibt nach dem Verständnis von Art. 5 lit. b) HKÜ die Befugnis, mit dem Kind zusammen an anderer Stelle als seinem gewöhnlichen Aufenthalt zu sein und die persönlichen Beziehungen zu ihm zu pflegen, ist also weiter als ein bloßes Besuchsrecht.[374] Ziel des Umgangs ist immer ein vorübergehender Kontakt, wobei der Umfang der „begrenzten Zeit" nach den Umständen zu bestimmen ist, vor allem bei sehr weiter Entfernung daher auch mehrere Monate betragen kann.[375] Schon vor Einführung des § 1684 BGB durch das KindRG war anerkannt, dass das „Recht zum persönlichen Umgang" im Sinn des Art. 5 lit. b) HKÜ seinem Inhalt nach im Wesentlichen dem Umgangsrecht des § 1634 Abs. 1 a.F. BGB entspricht.[376]

---

[373] Dazu *Limbrock* in FamRZ 1999, 1631 (1632 f.); *Pérez-Vera*, Erläuternder Bericht, S.°51, Rn. 79.

[374] Palandt-*Heldrich*, Anh. zu Art. 24 EGBGB, Rn. 69.

[375] Staudinger-*Pirrung*, Vorbem zu Art. 19 EGBGB, Rn. 650.

[376] MüKo-*Siehr*, Art. 19 EGBGB Anh. II, Rn. 34.

(3) Anknüpfung des Umgangsrechts

Das HKÜ schweigt - im Gegensatz zum Sorgerecht (Art. 3 HKÜ) - zum auf das Umgangsrecht im Sinn des Art. 5 lit. b) HKÜ anwendbaren Rechts. Für das Sorgerecht bestimmt Art. 3 HKÜ, dass das Sorgerecht nach dem Recht des Staates bestehen muss, in dem das Kind unmittelbar vor dem Verbringen oder Zurückhalten seinen gewöhnlichen Aufenthalt hatte.
Aus Art. 1 lit. b) HKÜ ergibt sich, dass das HKÜ darauf abzielt, das in einem Vertragsstaat „bestehende" Umgangsrecht in den anderen Vertragsstaaten umzusetzen, seine Ausübung dort zu ermöglichen (Art. 1 Abs. 2 HKÜ). Damit wird aber noch keine Aussage darüber getroffen, nach welchem innerstaatlichen Recht das Umgangsrecht bestehen muss. Vielmehr setzt Art. 1 lit. b) HKÜ eine grenzüberschreitende Lage voraus, ohne jedoch das maßgebliche Kriterium für die Bestimmung des anwendbaren Rechts zu benennen.[377]
Das HKÜ erlaubt jedoch auch eine grenzüberschreitende Durchführung des Umgangsrechts im Sinne eines erstmaligen Erlasses einer Umgangsrechtsregelung.[378] Wenn auch die erstmalige Begründung eines Umgangsrechts genügt, so kann für das Verfahren in Anlehnung an Art. 3 Abs. 1 lit. a) HKÜ nur das Recht des gewöhnlichen Aufenthalts des Kindes einschließlich seines internationalen Privatrechts zugrundegelegt werden, insbesondere das MSA.[379]

(4) Verfahren nach Art. 21 HKÜ

Das HKÜ versucht nicht, das Umgangsrecht erschöpfend zu regeln.[380] Für die Zwecke des Abkommen, die Wiederherstellung des status quo ante, muss es genügen, dass mittels der Zusammenarbeit der zentralen Behörden der Schutz der tatsächlichen Ausübung des Rechts zum persönlichen Umgang gewährleistet und geschützt wird.[381] Die Zusammenarbeit der zentralen Behörden bildet somit theoretisch den Dreh- und Angelpunkt der Regelung des Art. 21 HKÜ. In der Arbeit der Zentralen Behörden sind allerdings Anträge nach Art. 21 HKÜ bisher von untergeordneter Bedeutung gewesen.[382]
Konkrete Maßnahmen, die die zentralen Behörden zu erlassen haben, um die Durchsetzung des Umgangsrechts sicherzustellen, nennt Art. 21 HKÜ nicht. Er verlangt nur, dass sie „Hindernisse, die der Ausübung entgegenstehen", seien sie rechtlicher oder tatsächlicher Art, ausräumen.[383] Gleichzeitig aber stellt Art. 21

---

[377] Staudinger-*Pirrung*, Vorbem zu Art. 19 EGBGB, Rn. 700.
[378] Palandt-*Heldrich*, Anh. zu Art. 24 EGBGB, Rn. 87; Staudinger-*Pirrung*, Vorbem zu Art. 19 EGBGB, Rn. 700.
[379] Staudinger-*Pirrung*, Vorbem zu Art. 19 EGBGB, Rn. 700 m.w.N.
[380] *Pérez-Vera*, Erläuternder Bericht, S. 57, Rn. 125.
[381] *Pérez-Vera*, Erläuternder Bericht, S. 57, Rn. 125.
[382] So *Bach/Gildenast*, Internationale Kindesentführung, Rn. 157.
[383] *Deschenaux*, Enlèvement international, S. 54 nennt als Beispiele nicht korrespondierende Ferienzeiten oder die systematische Verweigerungshaltung des sorgeberechtigten Elternteils.

Abs. 3 HKÜ sicher, dass die Interessen des Sorgeberechtigten gewahrt bleiben: die zentralen Behörden müssen gewährleisten, dass das Besuchsrecht ordnungsgemäß ausgeübt und dabei das Sorgerecht nicht beeinträchtigt wird. Die Ausgestaltung der konkreten Maßnahme hängt demzufolge von den Umständen des Einzelfalls und den der zentralen Behörde des jeweiligen Vertragsstaates eingeräumten Befugnissen ab.[384] Keinesfalls wird den zentralen Behörden eine Entscheidungsbefugnis, insbesondere nicht hinsichtlich der Begründung des Umgangsrechts, eingeräumt.[385]
Der Antrag nach Art. 21 HKÜ bedeutet die Einleitung eines Umgangsrechtsregelungsverfahrens.[386] Die Regelung in Art. 21 HKÜ sieht vor, dass ein Antrag auf Durchführung oder auf wirksame Ausübung des Rechts zum persönlichen Umgang in derselben Weise an die zentrale Behörde gestellt werden kann wie ein Antrag auf Rückführung des Kindes.[387] Art. 21 HKÜ verweist damit für das Verfahren auf Art. 8 ff. HKÜ mit der Folge, dass auch die speziellen Versagungsgründe der Art. 13 und 20 HKÜ analoge Anwendung finden.[388] Nach Art. 8 HKÜ kann ein Antrag auf Rückführung des Kindes an die Behörden des gewöhnlichen Aufenthalts des Kindes oder an die zentrale Behörde des anderen Zufluchtsstaates gestellt werden, wenn der Antragsteller geltend machen kann, das Kind sei unter Verletzung des Sorgerechts, d.h. widerrechtlich, verbracht oder zurückgehalten worden. Die Legaldefinition der Widerrechtlichkeit enthält Art. 3 HKÜ. Erforderlich dazu ist zunächst ein dem Antragsteller nach dem Recht des Herkunftsstaates zustehendes Sorge- oder Mitsorgerecht. Maßgebend ist das vom Kollisionsrecht des Herkunftsstaates berufene Recht.[389]
Unter „Sorgerecht" im Sinn des Art. 3 HKÜ fällt auch das Mitsorgerecht eines Elternteils. Diese Regelung des HKÜ ist mit dem Grundgesetz vereinbar, so dass die Verletzung des Mitsorgerechts die Widerrechtlichkeit nach dem HKÜ in zulässiger Weise begründet.[390] Die Regelung des Art. 3 HKÜ genügt dem Wächteramt des Staates im Sinn des Art. 6 Abs. 2 Satz 2 Grundgesetz. Nach Ansicht des Bundesverfassungsgerichts hat der Gesetzgeber einen verfassungsrechtlich unbedenklichen Ausgleich zwischen dem letztlich ausschlaggebenden Kindeswohl und dem – hier nachrangigen – Elterninteresse geschaffen.[391]
Zusätzlich verlangt Art. 3 lit. b) HKÜ allerdings, dass dieses Sorgerecht auch tatsächlich ausgeübt worden wäre, wenn das widerrechtliche Verbringen oder

---

[384] *Pérez-Vera*, Erläuternder Bericht, S. 58, Rn. 127 f.
[385] *Jorzig*, Kindesentführungsrecht, S. 50.
[386] *Oelkers*, Sorge- und Umgangsrecht, § 5, Rn. 100.
[387] *Bach/Gildenast*, Internationale Kindesentführung, Rn. 157.
[388] *Oelkers*, Sorge- und Umgangsrecht, § 5, Rn. 100; *Bach/Gildenast*, Internationale Kindesentführung, Rn. 161.
[389] Palandt-*Heldrich*, Anh. zu Art. 24 EGBGB, Rn. 87.
[390] BVerfG, NJW 1997, 3301 f.
[391] BVerfG, NJW 1997, 3301 f.

Zurückhalten nicht stattgefunden hätte. Dieses Erfordernis ist rein faktischer Natur und zielt auf die Wiederherstellung des vormaligen elterlichen Lebensgleichgewichts ab.[392] Nach einer Entscheidung des OLG Düsseldorf[393] soll eine tatsächliche Ausübung des Sorgerechts allerdings nicht mehr vorliegen, wenn sich die Eltern getrennt haben und das Kind bei einem Elternteil wohnt. Dann soll ein bloßes Besuchsrecht nicht genügen, um die Voraussetzung der tatsächlichen Ausübung der Sorge zu erfüllen. Diese Annahme erscheint unter der heutigen Rechtslage in Deutschland, die grundsätzlich von einem Fortbestehen der gemeinsamen elterlichen Sorge nach der Scheidung ausgeht, problematisch. Nach der gesetzlichen Konzeption erfolgt die Ausübung der gemeinsamen Sorge dadurch, dass das Kind bei einem Elternteil wohnt und dem anderen Elternteil ein Umgangsrecht eingeräumt wird. Mit Hilfe dieses Umgangsrechts soll dieser Elternteil sein verfassungsrechtlich verankertes Sorgerecht ausüben. Dann darf aber nach Meinung von *Bach* die gemeinsame tatsächliche Sorgerechtsausübung nicht davon abhängig gemacht werden, dass sich der Lebensmittelpunkt der Eltern an einem gemeinsamen Ort befindet,[394] denn dann liefen die Regelungen des HKÜ aus der Sicht des Umgangsberechtigten ins Leere. Davon geht aber das OLG Düsseldorf in seiner Entscheidung aus und macht es somit dem Umgangsrechtsinhaber unmöglich, den Beweis der Widerrechtlichkeit im Sinn des Art. 3 HKÜ zu führen, wenn ihm die Ausübung seines Umgangsrechts verweigert wird. Eine Antragstellung vergleichbar mit der bei einer Entführung des Kindes wäre demnach zur Durchsetzung eines Besuchsrechts in den seltensten Fällen erfolgreich. Dies würde bedeuten, dass die Behörden im Falle eines Antrags nach Art. 21 HKÜ auf die Maßnahmen nach Art. 7 HKÜ beschränkt blieben.

Der Ansicht von *Bach*[395] ist zuzustimmen. Da nach deutschem Recht die gemeinsame elterliche Sorge nach der Scheidung zugelassen ist, folgt daraus notwendig, dass die tatsächliche Ausübung auch an getrennten Lebensmittelpunkten möglich ist. Die oben angesprochenen Beweisschwierigkeiten für den Antragsteller waren bei der Ausarbeitung des HKÜ bekannt und wurden diskutiert.[396] Die Regelung des Art. 3 lit. b) HKÜ sollte dem Antragsteller aber keine zusätzlichen Hindernisse in den Weg legen, sondern ihm die Antragstellung dadurch erleichtern, dass schon der Beweis des ersten Anscheins der tatsächlichen Ausübung der Sorge für die Beweisführung ausreicht.[397] Aus der Sicht des deutschen Rechts muss dann die Ausübung eines Besuchsrechts des mitsorgeberechtigten Elternteils selbstverständlich die Voraussetzungen der tatsächlichen

---

392 *Bach* in FamRZ 1997, 1051 (1055).
393 OLG Düsseldorf, FamRZ 1994, 181.
394 *Bach* in FamRZ 1997, 1051 (1055).
395 *Bach* in FamRZ 1997, 1051 (1055).
396 Vgl. *Pérez-Vera*, Erläuternder Bericht, S. 49, Rn. 73.
397 *Pérez-Vera*, Erläuternder Bericht, S. 50, Rn. 73.

Sorgerechtsausübung erfüllen. Für die Rechtslage in Deutschland seit dem 1. Juli 1998, die auch nach der Scheidung der Eltern ein gemeinsames Sorgerecht grundsätzlich fortbestehen lässt, bedeutet dies, dass ein Zurückhalten am Ende der Besuchszeit genauso wie eine Verweigerung des Besuchsrechts durch den jeweils anderen Elternteil widerrechtlich im Sinn des Art. 3 lit. a) HKÜ ist. Somit kommt auch zur Durchsetzung eines Umgangsrechts neben dem Erlass von Maßnahmen nach Art. 7 HKÜ ein Antrag gemäß Art. 8 HKÜ in Betracht, wenn der umgangsberechtigte Elternteil zugleich Mitsorgeberechtigter ist. Ist der umgangsberechtigte Elternteil dagegen nicht zugleich mitsorgeberechtigt, ist die Frage, ob er sein Umgangsrecht im Sinn des Art. 3 HKÜ „tatsächlich" ausübt, nach allgemeinen Kriterien zu entscheiden.

(5) Ordre public-Klausel, Art. 20 HKÜ

Nach Art. 20 HKÜ kann die Rückgabe des Kindes, wie sie Art. 12 HKÜ vorsieht, abgelehnt werden, wenn sie nach den im ersuchten Staat geltenden Grundwerten über den Schutz der Menschenrechte und Grundfreiheiten unzulässig ist. Ein Rückgriff auf Art. 6 EGBGB ist im Anwendungsbereich des HKÜ damit ausgeschlossen.[398] Die Vorschrift des Art. 20 HKÜ ist eng auszulegen,[399] erfasst werden nur flagrante Verletzungen der EMRK oder der deutschen Grundrechte.[400] So kann in der Beschneidung der Freizügigkeit des betroffenen Kindes kein Verstoß gegen Art. 20 HKÜ gesehen werden, denn gemäß Art. 5 HKÜ umfasst das Sorgerecht auch das Aufenthaltsbestimmungsrecht, womit diese Freizügigkeit gerade beschnitten werden kann.[401]

(6) Verhältnis des HKÜ zu anderen Übereinkommen, Art. 34 HKÜ

Die Rückführung entführter oder nach berechtigtem Aufenthalt zurückgehaltener Kinder ist zugleich eine Schutzmaßnahme im Sinn des MSA. Da das MSA jedoch den spezifischen Regelungsanforderungen im Falle einer Kindesentführung nicht gerecht wird und das HKÜ ein darauf zugeschnittenes Verfahren zur Verfügung stellt, genießt das HKÜ Vorrang gegenüber dem MSA, wenn die beteiligten Staaten beide Abkommen ratifiziert haben und soweit sich beide Übereinkommen überschneiden (Art. 34 Satz 1 HKÜ).

Zwar schließt Art. 16 HKÜ Schutzmaßnahmen nach dem MSA aus, denn einer Sorgerechtsentscheidung soll nicht vorgegriffen werden. Soweit es jedoch keine eigenen abschließenden Vorschriften im HKÜ gibt, ist ein Rückgriff auf das MSA möglich, zum Beispiel in Bezug auf die Anerkennung von Entscheidungen beim Umgangsrecht.[402] Außerdem können für Umgangsrechtsentscheidungen

---

[398] Palandt-*Heldrich*, Anh zu Art. 24 EGBGB, Rn. 86.
[399] OLG Koblenz, FamRZ 1993, 97 (98).
[400] OLG Frankfurt/M., FamRZ 1994, 1339 (1340).
[401] So *Krüger* in MDR 1998, 694 (696).
[402] Staudinger-*Pirrung*, Vorbem zu Art. 19 EGBGB, Rn. 721.

die Zuständigkeit und das anwendbare Recht dem MSA entnommen werden. Wenn es jedoch um einen Antrag nach Art. 21 HKÜ geht, ist ausschließlich das Verfahren des HKÜ zugrundezulegen.
Im Übrigen gilt für Rückgabe und Umgangsrechtsausübung das Günstigkeitsprinzip (Art. 34 Satz 2, 26 HKÜ) und dies auch dann, wenn nur einer der beteiligten Staaten das MSA ratifiziert hat.[403] Das bedeutet, dass sich der Antragsteller auf andere Übereinkommen wie das ESÜ, bilaterale Anerkennungs- und Vollstreckungsverträge oder innerstaatliche Bestimmungen des ersuchten Staates berufen kann, um das gewünschte Ergebnis zu erreichen, allerdings nicht im Sinne einer „Rosinentheorie", sondern stets nur jeweils insgesamt.[404]
Das HKÜ weist eine gewisse Parallelität zum ESÜ auf, als auch dieses neben der Anerkennung von Entscheidungen über das Umgangsrecht deren tatsächliche Wiederherstellung erreichen will. Diese Kollision regelt § 12 SorgeRÜbkAG, der besagt, dass im Verhältnis zu Staaten, die beiden Kindesentführungsabkommen angehören, das HKÜ vorrangig anzuwenden ist, soweit sich der Antragsteller nicht selbst auf das andere Abkommen beruft. Begründet wird der Vorrang des HKÜ damit, dass es insgesamt günstigere Bestimmungen zur Rückführung enthält.[405]

c. Gemeinsames Ausführungsgesetz von ESÜ und HKÜ - SorgeRÜbkAG (n.F.)

Die Bundesrepublik Deutschland hat beide Kindesentführungsübereinkommen ratifiziert. Der Kreis der Vertragsstaaten ist für beide Übereinkommen zwar nicht identisch, sie ergänzen sich aber und bilden zusammen ein „geschlossenes internationales Instrumentarium"[406] gegen die Kindesentführung.
Das Besuchsrecht und seine grenzüberschreitende Ausübung wird von beiden Übereinkommen geschützt, Unterschiede bestehen aber hinsichtlich der Methode. Dies zeigt ein Vergleich der Präambeln der beiden Übereinkommen: Während das ESÜ eine Bewertung des Besuchsrechts im Sinne der normalen Folgeerscheinung des Sorgerechts vornimmt[407], stellt das HKÜ im 3. Erwägungsgrund einen Programmsatz auf.
Das gemeinsame Ausführungsgesetz (SorgeRÜbkAG)[408], das seit dem 1. März 2001 auch die Ausführung der EheVO regelt[409], bestimmt die zentrale Behörde,

---

[403] Staudinger-*Pirrung*, Vorbem zu Art. 19 EGBGB, Rn. 722.
[404] Staudinger-*Pirrung*, Vorbem zu Art. 19 EGBGB, Rn. 722.
[405] *Andrae*, Internationales Familienrecht, Rn. 570.
[406] Denkschrift der Bundesregierung vom 11. August 1989 zu den Übereinkommen, BT-Drucksache 11/5314, S. 37.
[407] Vgl. 4. Erwägungsgrund der Präambel des HKÜ.
[408] SorgeRÜbkAG vom 5. April 1990, BGBl. 1990 I, S. 701.
[409] Vgl. Gesetz zur Änderung von Vorschriften auf dem Gebiet der Anerkennung und Vollstreckung ausländischer Entscheidungen in Zivil- und Handelssachen vom 19. Februar 2001 (Anerkennungs- und Vollstreckungsausführungsgesetz – AVAG), BGBl. 2001 I, S. 288.

deren Aufgaben, die Verfahrensweise bei eingehenden und ausgehenden Ersuchen sowie die Rechtsmittel in Bezug auf die Entscheidungen der zentralen Behörde.

(1) Zentrale Behörde

Die Aufgaben der zentralen Behörde im Sinn der Art. 6 HKÜ und Art. 2 ESÜ nimmt gemäß § 1 SorgeRÜbkAG der Generalbundesanwalt beim Bundesgerichtshof wahr. Er ist zum unmittelbaren Behördenverkehr mit den zuständigen Gerichten und Behörden berechtigt (Art. 7, 9 HKÜ, § 1 Satz 2 SorgeRÜbkAG). Die multilaterale Koordination zwischen den Vertragsstaaten erfolgt über das Ständige Büro der Haager Konferenz für Internationales Privatrecht als zwischenstaatliche Organisation in Den Haag.[410]

Aufgabe der zentralen Behörde ist die Ermittlung des Aufenthaltsortes des Kindes (§ 2 Abs. 1 SorgeRÜbkAG) unter Einschaltung anderer Behörden wie Polizei oder Jugendamt und durch Weitergabe von dafür erforderlichen personenbezogenen Daten. Außerdem leitet die zentrale Behörde eingehende Anträge ausländischer Gerichte an die zuständigen Stellen in Deutschland weiter (§ 2 Abs. 2 SorgeRÜbkAG). Dem Eilcharakter des HKÜ entsprechend ist der Generalbundesanwalt zudem bevollmächtigt, gerichtliche oder außergerichtliche Rückführungsmaßnahmen unmittelbar in die Wege zu leiten (§ 3 Abs. 2 Satz 1 SorgeRÜbkAG). Er ist auch zur Stellung des Antrags auf Rückführung des Kindes befugt.

(2) Gerichtliches Verfahren der Anerkennung und Vollstreckung

Das Kernstück der Vorschriften zum gerichtlichen Verfahren stellt § 7 SorgeRÜbkAG dar, welcher die Anerkennung und Vollstreckung ausländischer Sorgerechtsentscheidungen regelt. Die Anerkennung von Umgangsregelungen wird in einem beschleunigten Verfahren förmlich ausgesprochen und die Vollstreckungsklausel erteilt (Art. 7, 13 ff. ESÜ, § 7 Abs. 1 SorgeRÜbkAG). Zuständig hierfür ist das Familiengericht (§ 5 SorgeRÜbkAG). Die Vollstreckbarerklärung erfolgt als Familiensache im Verfahren der freiwilligen Gerichtsbarkeit (§ 6 Abs. 1 SorgeRÜbkAG), für die Vollstreckung in Deutschland gilt § 33 FGG. Auf Antrag kann auch eine gesonderte förmliche gerichtliche Anerkennung einer ausländischen Sorgerechtsentscheidung erfolgen (§ 7 Abs. 3 SorgeRÜbk-AG).

Im Anerkennungsverfahren kann die ausländische Entscheidung, insbesondere die Tenorierung, an inländische Vollstreckungserfordernisse, zum Beispiel an das Bestimmtheitsgebot im Rahmen der Formalisierung der Zwangsvollstreckung, angepasst werden. Die Bedingungen für die Durchführung und Ausübung des Umgangsrechts kann das zuständige Gericht unabhängig von der Ur-

---

[410] *Bach* in FamRZ 1997, 1051 (1055).

sprungsentscheidung festlegen und sich dabei der Hilfe des Jugendamtes bedienen, welche in § 14 SorgeRÜbkAG n.F. ausführlicher geregelt wurde als bisher in § 6 Abs. 1 Satz 2 SorgeRÜbkAG a.F., der durch AVAG n.F. aufgehoben wurde.
Sinn dieser von der Umsetzung anderer Sorgerechtsentscheidungen abweichenden Regelungen ist es, die Ausübung des Umgangsrechts so flexibel wie möglich zu gestalten, weil nur so aus der Sicht des erstentscheidenden Staates nicht zu beurteilende tatsächliche Erfordernisse im Staat der Durchführung jeweils berücksichtigt werden können.[411] Zur Durchführung des Umgangsrechts kann es gehören, Anordnungen über eine zeitweise Aussetzung, über am Umgang beteiligte Personen und über Daten zu treffen. Zur Ausübung des Umgangsrechts können Regelungen über Passabgabe oder örtliche Beschränkungen zählen. Bei allem sind jedoch die dazu vorliegenden Verpflichtungen aus Vereinbarungen der Parteien zu berücksichtigen.[412]
Die Anerkennung steht unter dem Vorbehalt des umfangreichen Katalogs der Ausschlussgründe in Art. 8, 9 und 10 ESÜ (§ 7 Abs. 4 SorgeRÜbkAG). Versagungsgrund für die Anerkennung und Vollstreckung ist unter anderem ein unzulässiges Verbringen im Sinn des Art. 1 lit. d) ii) ESÜ, wenn ein Kind von einem Nichtsorgeberechtigten, der aufgrund einer Vereinbarung oder einer Entscheidung ein Recht zum Umgang hat, am Ende der vereinbarten Zeit nicht zurückgebracht wird. Das Sorgerechtsverhältnis ist durch Rückführung des Kindes umgehend wiederherzustellen, falls der Antrag innerhalb von 6 Monaten nach dem Beginn des Zurückhaltens gestellt wird [Art. 8 Abs. 3 i.V.m. Abs. 1 lit. b) ESÜ]. Die Regelungen betreffend den Rückgabeanspruch, seine Stellung und die verfahrensmäßige Behandlung gelten weitgehend entsprechend für Anträge, die auf Durchführung des Rechts zum persönlichen Umgang gerichtet sind (Art. 21 HKÜ, §§ 3 ff. SorgeRÜbkAG).

3. Fazit zum Schutz des Umgangsrechts auf staatsvertraglicher Ebene

Es ist festzuhalten, dass sämtliche bisher auf staatsvertraglicher Ebene bestehende Regelungen zum Umgangsrecht mehr oder weniger schwerwiegende Ursachen in sich tragen, die gegen eine schnelle Durchsetzung eines Besuchstitels und eine rasche tatsächliche Ausübung des Umgangsrechts sprechen – sei es durch die Möglichkeit, die Vollstreckung beim Fehlen von Anerkennungsvoraussetzungen zu verweigern, sei es durch die Eigenart der nationalen Vollstreckungsverfahren, welche erneut Barrieren gegen eine Durchsetzung enthalten können. Eine weitgehend entformalisierte Vorgehensweise sieht bisher nur das HKÜ vor. Es beschränkt sich jedoch auf die tatsächliche Wiederherstellung des status quo und ermöglicht keine materiell-rechtlichen Entscheidungen zum

[411] *Andrae*, Internationales Familienrecht, Rn. 551.
[412] Staudinger-*Pirrung*, Vorbem zu Art. 19 EGBGB Anh. III, Rn. 797.

Umgangsrecht. Die Umsetzung der Bestimmungen des HKÜ hat sich jedoch auch in der Praxis als schwierig und letztendlich nicht ausreichend erwiesen.

III. Verhältnis der EheVO zu bestehenden Staatsverträgen

Die hier dargestellten Staatsverträge regeln zum Teil genauso wie die EheVO Fragen der Anerkennung, der Vollstreckbarerklärung und der Vollstreckung von Umgangsrechtsentscheidungen. Aufgrund der sich daraus ergebenden überschneidenden Anwendungsbereiche der EheVO mit staatsvertraglichen Regelungen bedurfte es in der EheVO einer Regelung dieses Konkurrenzverhältnisses. Vorschriften dazu finden sich in den Art. 36 ff. EheVO.

Im Rahmen ihres Anwendungsbereichs sind die Anerkennungs- und Vollstreckungsregelungen der EheVO, soweit das Verhältnis ihrer Mitgliedstaaten untereinander betroffen ist, vorrangig gegenüber staatsvertraglichen Regelungen, soweit diese ebenfalls die Anerkennung und Vollstreckung von Entscheidungen regeln.[413] Aus deutscher Sicht ergibt sich dieses Rangverhältnis zwischen gemeinschaftsrechtlicher Verordnung und Staatsvertrag bereits aus Art. 3 Abs. 2 Satz 2 EGBGB.

Art. 36 Abs. 1 EheVO bestimmt darüber hinaus, dass Staatsverträge, die zwischen den Mitgliedstaaten im Zeitpunkt des Inkrafttretens der EheVO bestehen und deren Anwendungsbereiche unter die EheVO fallen,[414] durch die Verordnung ersetzt werden.

Im Einzelnen zählt Art. 37 EheVO als mögliche Konkurrenzverhältnisse das für Deutschland in Kraft befindliche Haager Übereinkommen vom 5. Oktober 1961 über die Zuständigkeit der Behörden und das anzuwendende Recht auf dem Gebiet des Schutzes von Minderjährigen (MSA) und das ebenfalls für Deutschland in Kraft befindliche Europäische Übereinkommen vom 20. Mai 1980 über das Sorgerecht für Kinder und die Wiederherstellung des Sorgeverhältnisses (ESÜ) auf. Daneben könnte sich theoretisch ein Konflikt ergeben zwischen der EheVO und dem Übereinkommen vom 8. September 1967 über die Anerkennung von Entscheidungen in Ehesachen, dem Haager Übereinkommen vom 1. Juli 1970 über die Anerkennung von Ehescheidungen sowie Trennung von Tisch und Bett, sowie dem Haager Übereinkommen vom 19. Oktober 1996 über die Zuständigkeit, das anzuwendende Recht, die Anerkennung, Vollstreckung und Zusammenarbeit auf dem Gebiet der elterlichen Verantwortung und der Maßnahmen zum Schutz von Kindern (KSÜ)[415]. Die beiden erstgenannten Übereinkommen

---

413 *Wagner* in IPRax 2001, 73 (75); vgl. dazu oben Teil B III. mit den Ausführungen zu den Regelungsbereichen der einzelnen Abkommen.

414 Zu den bilateralen Staatsverträgen Palandt-*Heldrich*, Art. 17 EGBGB, Rn. 15.

415 Umgekehrtes sollte gemäß Art. 52 Abs. 2 KSÜ noch im Verhältnis zum Brüssel II-Abkommen gelten, so der Erläuternde Bericht von *Borrás*, S. 40, Rn. 36.

sind jedoch für Deutschland nicht in Kraft, und das KSÜ ist bislang von den Mitgliedstaaten nicht ratifiziert worden.[416]
Sämtliche genannten Übereinkommen im Sinn der Art. 36 Abs. 1 und 37 EheVO behalten jedoch insoweit ihre Gültigkeit als sie Rechtsgebiete regeln, welche nicht in den Anwendungsbereich der EheVO fallen (Art. 38 EheVO). In diesem Fall besteht kein Konkurrenzverhältnis, auf das Art. 36 ff. EheVO Anwendung fänden. Aus der Feststellung, dass die genannten Staatsverträge nur soweit durch die EheVO verdrängt werden, wie sie denselben Regelungsinhalt besitzen, folgt auch, dass die Bestimmungen des Haager Übereinkommens vom 25. Oktober 1980 über die zivilrechtlichen Aspekte internationaler Kindesentführung, das kein Anerkennung- und Vollstreckungsübereinkommen, sondern eine Übereinkunft auf dem Gebiet der Rechtshilfe ist, im Verhältnis der Mitgliedstaaten untereinander uneingeschränkt anzuwenden ist. So ergeben sich für die Anerkennung und Durchsetzung des Umgangsrechts keine Überschneidungen des HKÜ mit der EheVO, denn das HKÜ enthält keine Vorschriften zur internationalen Zuständigkeit für materiell-rechtliche Umgangsrechtsentscheidungen, sondern beschränkt sich auf die Möglichkeit des den Umgang wünschenden Elternteils, einen Antrag an die zentrale Behörde des Vertragsstaates zu stellen. Es besteht somit keine Konkurrenz zu einem Anerkennungs- und Vollstreckungsverfahren nach der EheVO.[417]
Teilweise kann für vom HKÜ nicht geregelte Bereiche auf das nationale Recht bzw. das MSA zurückgegriffen werden, als Beispiel sei die Bestimmung des auf das Umgangsrecht anzuwendenden Rechts genannt.[418] Hier ist ein Rückgriff auf nationales Recht bzw. das MSA notwendig. Zwar wird das MSA seinerseits durch die EheVO verdrängt, aber nur, soweit sich die Regelungen überschneiden. Die EheVO enthält jedoch im Gegensatz zum MSA keine Vorschriften zum anwendbaren Recht. In diesem Fall bleibt somit das MSA anwendbar.

---

[416] Das KSÜ ist jedoch am 1. Januar 2002 bereits für Monaco, die Slowakei und die Tschechische Republik und am 1. Dezember 2002 für Marokko in Kraft getreten. Es wird am 1. Juni 2003 für das ebenfalls beigetretene Estland Gültigkeit erlangen. Als erstes islamisches Land hatte Marokko das KSÜ ratifiziert; zur geplanten Ratifizierung des KSÜ durch die Europäische Gemeinschaft vgl. oben Teil B II. 2. (2) (a).

[417] Etwas anderes gilt jedoch aufgrund des Kommissionsvorschlags vom 17. Mai 2002 KOM(2002) 222 endgültig, der die EheVO und die französische Initiative zur Schaffung eines „europäischen Besuchstitels" in einem Rechtsakt zusammenfasst und ein zusätzliches Kapitel zur Kindesentführung anfügt. Hier ergeben sich Überschneidungen zum HKÜ, die dadurch gelöst werden, dass der Vorrang der Verordnung gegenüber dem HKÜ angeordnet wird (Art. 63).

[418] Dazu oben Teil B II. 2. b. (3).

C. Umgangsrecht nach deutschem materiellen und internationalen Privat- und Verfahrensrecht

I. Das Umgangsrecht im deutschen materiellen Recht

Im deutschen internationalen Privatrecht wird die Qualifikation überwiegender Auffassung zufolge nach der lex fori vorgenommen,[419] aus deutscher Sicht also nach deutschem Recht. Die von den Systembegriffen der Kollisionsnormen erfassten Rechtsfragen werden zunächst so wie im deutschen Recht umschrieben.[420] Demnach ist für die Frage der Qualifikation des Umgangsrechts im deutschen internationalen Privatrecht vorrangig zu klären, wie das deutsche Sachrecht den Begriff des „Umgangs- und Besuchsrechts“ bestimmt.

1. Verfassungsrechtliche Grundlagen des Umgangsrechts

Das Umgangsrecht steht ebenso wie die elterliche Sorge unter dem Schutz des Art. 6 Abs. 2 Satz 1 Grundgesetz. Beide Rechtspositionen erwachsen aus dem natürlichen Elternrecht und der damit verbundenen Elternverantwortung und müssen von den Eltern im Verhältnis zueinander respektiert werden. Der sorgeberechtigte Elternteil muss grundsätzlich den Umgang des Kindes mit dem anderen Elternteil ermöglichen.[421] Dieses natürliche Elternrecht aus Art. 6 Abs. 2 Satz 1 Grundgesetz steht auch im Konfliktfall beiden Elternteilen zu, wird aber durch den übergeordneten Gesichtspunkt des Kindeswohls überlagert. In dieser Konstellation wandelt sich das Elternrecht zu einer Elternpflicht.[422]

Dem Kind steht aus Art. 6 Abs. 2 Grundgesetz i.V.m. Art. 2 Abs. 1 Grundgesetz das Grundrecht auf Wahrung des staatlichen Wächteramtes zu. Es wird verletzt, wenn eine Umgangsregelung nicht dem Kindeswohl (§ 1697 a BGB) entspricht. Zugleich liegt eine Verletzung des Elterngrundrechts aus Art. 6 Abs. 2 Satz 1 Grundgesetz zu Lasten des von der unrichtigen Entscheidung betroffenen Elternteils vor.[423]

2. Umgangsrecht und EMRK

Geschützt wird das Umgangsrecht auch durch die Europäische Konvention zum Schutze der Menschenrechte und Grundfreiheiten (EMRK). Wenn diese auch in der deutschen Rechtsordnung formal keinen Verfassungsrang besitzt, entfalten die in ihr enthaltenen Garantien, nicht zuletzt aufgrund der Autorität der Rechtsprechung des Europäischen Gerichtshofs für Menschenrechte (EGMR) in Straßburg, entscheidenden Einfluss auf das deutsche Recht.

---

[419] Vgl. unten Teil C II. 3. a.
[420] Zu den verschiedenen Methoden der Qualifikation *Kropholler*, IPR, § 14, S. 109 ff.
[421] BVerfG, FamRZ 1995, 86 ff.
[422] BVerfG, NJW 1999, 631 (632).
[423] *Büte*, Umgangsrecht, Rn. 117.

a. Rang der EMRK im deutschen Recht

Formal wird der EMRK in der deutschen Rechtsordnung der Rang einfachen Rechts eingeräumt.[424] Die daraus resultierende Gefahr, dass der EMRK zeitlich nachfolgendes Gesetzesrecht aufgrund der lex-posterior-Regel vorgeht, wird durch den Grundsatz der völkerrechtsfreundlichen Auslegung abgemildert. Dies bedeutet, dass der EMRK gegenüber nachfolgendem Gesetzesrecht de facto der Vorrang eingeräumt wird.[425] Unter ausdrücklicher Bezugnahme auf die EMRK hat das Bundesverfassungsgericht bekräftigt, dass innerstaatliches späteres Gesetzesrecht nicht in einer Weise ausgelegt oder angewendet werden dürfe, die den völkerrechtlichen Verpflichtungen der Bundesrepublik Deutschland zuwiderlaufe, denn es sei nicht anzunehmen, dass der Gesetzgeber, sofern er dies nicht ausdrücklich bekundet habe, von völkerrechtlichen Verpflichtungen der Bundesrepublik Deutschland abweichen oder die Verletzung solcher Verpflichtungen ermöglichen wolle.[426] Demnach ist sowohl die EMRK als auch die aufgrund der EMRK ergangene Rechtsprechung der Kommission und des EGMR bei der Auslegung des Grundgesetzes und der Gesetze - auch wenn sie zeitlich nach der EMRK erlassen wurden - zu berücksichtigen.[427]

b. Das Menschenrecht auf Achtung des Familienlebens nach Art. 8 EMRK

Bereits die Kommission[428] hatte in ständiger Rechtsprechung festgestellt, dass demjenigen Elternteil, dem das Sorgerecht nach der Scheidung nicht übertragen wurde, ein Umgangsrecht mit seinem Kind nicht verwehrt werden dürfe, es sei denn, es liegen besondere, den Ausschluss des Umgangsrechts rechtfertigende Gründe im Sinn des Art. 8 Abs. 2 EMRK vor. Dies setzt denklogisch voraus, dass der in Art. 8 EMRK verbürgte Anspruch auf Achtung des Familienlebens auch die Garantie einer eigenständigen Umgangsbefugnis beinhaltet.

(1) Garantie der eigenständigen Umgangsbefugnis in Art. 8 Abs. 1 EMRK

Die EMRK enthält keine expliziten Normen des materiellen Familienrechts oder der Regelung der elterlichen Sorge nach der gerichtlichen Trennung oder Scheidung der Eltern, sondern nur die ganz allgemeine Formulierung des Art. 8

---

[424] *Polakiewicz*, Verpflichtungen der Staaten aus den Urteilen der Europäischen Gerichtshofs für Menschenrechte, S. 297.

[425] *Hohnerlein* in ELF 2001, 252 (255).

[426] BVerfGE 74, 358 (370).

[427] *Bleckmann* in EuGRZ 1994, 149 ff., der allerdings Verfassungsrang für die EMRK vorschlägt; ausführlich zu Rang und Geltung der EMRK im innerstaatlichen Recht: *Ress*, in: Maier (Hrsg.), Europäischer Menschenrechtsschutz, S. 273 ff. m.w.N.; *Frowein*, in: Handbuch des Staatsrechts der Bundesrepublik Deutschland, Band VII, § 180, Rn. 5 m.w.N.

[428] Vgl. 11. Zusatzprotokoll zur EMRK vom 11. April 1994, in Kraft getreten am 1. November 1998.

Abs. 1 EMRK, wonach jedermann Anspruch auf Achtung seines Privat- und Familienlebens, seiner Wohnung und seines Briefverkehrs hat.[429]

Art. 8 EMRK unterscheidet nicht zwischen ehelichen und nichtehelichen Kindern.[430] Das nach Art. 8 EMRK geschützte Familienleben endet nicht durch eine Scheidung der Eltern.[431] Dem nicht sorgeberechtigten Elternteil steht nach Art. 8 EMRK grundsätzlich ein Recht auf angemessenen persönlichen Umgang mit dem Kind zu.[432] Dem Umgangsrecht wird ein hoher Stellenwert eingeräumt, denn die natürliche Verbindung zwischen einem Elternteil und seinem Kind ist von so grundlegender Bedeutung, dass da, wo das eigentliche familiäre Zusammenleben mit der Scheidung ein Ende gefunden hat, der fortgesetzte Kontakt zwischen beiden wünschenswert ist und im Prinzip möglich bleiben soll.[433]

Die von den Straßburger Rechtsprechungsorganen entwickelten Grundsätze zum Umgangsrecht nach der Scheidung der Eltern finden auch bei grenzüberschreitender Geltendmachung des Umgangsrechts Anwendung.[434]

Art. 8 EMRK beinhaltet hingegen grundsätzlich kein Recht der Großeltern auf Umgang mit ihren Enkeln. Auch wenn Art. 8 Abs. 1 EMRK neben den Ehepartnern und Kindern - diese in erster Linie - auch die Beziehungen zwischen drei Generationen schützen will[435], ergibt sich aus der Rechtsprechung des EGMR[436] nicht, dass dieser Schutz unabhängig von einem Zusammenleben und intensiven Kontakten zwischen Großeltern und Enkelkind bestehen soll. Dies bedeutet, dass ein Umgangsrecht nach Art. 8 Abs. 1 EMRK für die Großeltern nur dann in Betracht kommt, wenn dieser Umgang dem Wohl des Kindes dient, weil gerade vor der Scheidung der Trennung der Eltern bereits so enge Beziehungen bestanden, dass die Großeltern für die Enkel wichtige Bezugspersonen darstellen.[437]

(2) Verfahrensrechtlicher Gehalt des Art. 8 Abs. 1 EMRK

In der Rechtsprechung des EGMR ist zunehmend die Tendenz zu beobachten, den Grundrechtsschutz durch Verfahrensgestaltung nicht mehr unmittelbar der

---

429 *Hohnerlein* in ELF 2001, 252 (254).

430 EGMR, Fall Marckx gegen Belgien, Serie A 31, § 30, abgedruckt in NJW 1979, 2449 (2450); *Villiger*, Art. 8 EMRK, Rn. 572.

431 EGMR, Fall Berrehab/Niederlande, Serie A 138, § 21; *Fahrenhorst* in FamRZ 1988, 238 (239); *Charrier*, Code de la Convention Européenne des Droits de l'Homme, Art. 8, Rn. 23.

432 *Fahrenhorst* in FamRZ 1988, 238 (242); *Villiger*, Art. 8 EMRK, Rn. 572.

433 *Brötel*, Anspruch auf Achtung des Familienlebens, S. 230 f. m.w.N. aus der Rechtsprechung.

434 *Hohnerlein* in ELF 2001, 252 (258).

435 *Frowein/Peukert*, EMRK, Art. 8, Rn. 15 f.; *Villiger*, Art. 8 EMRK, Rn. 572; *Harris/O'Boyle/Warbrick*, Law of the European Convention on Human Rights, S. 315.

436 Vgl. EGMR, Fall Marckx gegen Belgien, NJW 1979, 2449 (2451); EKMR, Price gegen Großbritannien, DR 55, 224 (237).

437 Vgl. *Brötel*, Anspruch auf Achtung des Familienlebens, S. 247 f.

ausdrücklichen Verfahrensgarantien des Art. 6 Abs. 1 EMRK zu entnehmen, sondern vielmehr auf die materielle Grundrechtsgarantie des Art. 8 Abs. 1 EMKR abzustellen,[438] obwohl dieser selbst - zumindest seinem Wortlaut nach - keine Vorgaben für Gestaltung und Durchführung kindschaftsrechtlicher Verfahren aufstellt. Der EGMR räumt insbesondere dem Faktor Zeit aufgrund des kindlichen Zeitempfindens einen entscheidenden Stellenwert ein.[439]

(3) Schutzpflichten des Staates

Der wesentliche Zweck des Art. 8 EMRK besteht darin, den Einzelnen gegen willkürliche Eingriffe der öffentlichen Gewalt in sein Privat- und Familienleben zu schützen.[440] Art. 8 EMRK erschöpft sich jedoch nicht in dieser negativen Verpflichtung der Staaten. Der alleinige Bestand eines Abwehrrechts würde dem Gehalt der EMRK nicht gerecht werden. Vielmehr besteht grundsätzlich eine Schutzpflicht der staatlichen Behörden, den Kontakt zwischen dem nicht sorgeberechtigten Elternteil und den Kindern nach der Scheidung durch entsprechende Maßnahmen zu unterstützen.[441] Den Vertragsstaaten wird dabei jedoch ein Beurteilungsspielraum eingeräumt mit der Folge, dass eine zwangsweise Durchsetzung des Umgangsrechts nur begrenzt möglich ist. So haben die Staaten ihre Schutzpflicht bereits dann erfüllt, wenn im Fall der Weigerung des sorgeberechtigten Elternteils, dem anderen die Ausübung eines bestehenden Besuchsrechts zu ermöglichen, ein kohärenter und funktionsfähiger Mechanismus zur Durchsetzung des Besuchsrechts zur Verfügung steht. Dabei spielt die Tatsache eine wichtige Rolle, dass eine gewaltsame Durchsetzung Gefahren für das Kind bergen kann und eine Durchsetzung gegen den Willen des Kindes keinen Erfolg haben wird. So ist in der Straßburger Rechtsprechung anerkannt, dass eine Verletzung von Art. 8 EMRK nicht angenommen werden kann, wenn die Gerichte und Behörden sich nicht in der Lage sehen, ein angeordnetes Umgangsrecht effektiv durchzusetzen. Von den staatlichen Organen wird nicht die abstrakte Vollziehung des Umgangsrechts verlangt, wenn die Umstände des Einzelfalls diese unmöglich machen.[442]

---

[438] Dazu *Brötel* in DEuFamR 1999, 143 (146) m.w.N.

[439] *Brötel* in DEuFamR 1999, 143 (148 ff.), vgl. auch aus deutscher Sicht: BVerfG, NJW 1997, 2811; dazu unten Teil C I. 4. b. (4) (c).

[440] EGMR, Belgischer Sprachenfall, Serie A 6, § 7, abgedruckt in EuGRZ 1975, 300.

[441] *Frowein/Peukert*, Art. 8 EMRK, Rn. 21; EGMR, Fall X. und Y. gegen Niederlande, Serie A 91, § 23.

[442] *Frowein/Peukert*, Art. 8 EMRK, Rn. 21.

(4) Ausschluss der Umgangsbefugnis nach Art. 8 Abs. 2 EMRK

Einschränkungen des Umgangsrechts bedürfen einer Rechtfertigung nach Art. 8 Abs. 2 EMRK.[443] Eingriffe in Art. 8 EMRK sind grundsätzlich zulässig, wenn hierfür eine gesetzlich bestimmte Grundlage besteht und mindestens eines der in der Konvention abschließend genannten legitimen Eingriffsziele verfolgt wird. Zudem muss der Eingriff „in einer demokratischen Gesellschaft notwendig sein", was dem Erfordernis der Verhältnismäßigkeit entspricht. Als zulässige Kriterien für einen im Einzelfall gerechtfertigten Eingriff sind vor allem das körperliche und geistige Wohlergehen, der Schutz vor einer ernsthaften psychischen Beeinträchtigung, mangelnde Fürsorge und Anleitung sowie Gefahren für die Gesundheit oder die weitere Entwicklung des Kindes anerkannt.[444] Dem nationalen Gesetzgeber und den zur Entscheidung berufenen Gerichten verbleibt bei dieser Einschätzung ein erheblicher Beurteilungsspielraum. Jede Entscheidung, die aufgrund einer genauen Abwägung des Kindeswohls ergeht, ist unter den Voraussetzungen des Art. 8 Abs. 2 EMRK zu rechtfertigen, wobei unter „Gesundheit" insbesondere auch das psychische Wohl des Kindes zu verstehen ist.[445]

(5) Einfluss des Art. 24 Grundrechte-Charta

Neben den Garantien der EMRK werden in Zukunft auch die in Art. 24 Grundrechte-Charta genannten Rechte des Kindes zum Tragen kommen. Dieser Artikel stützt sich auf das am 20. November 1989 unterzeichnete und von allen Mitgliedstaaten ratifizierte Übereinkommen von New York über die Rechte des Kindes, insbesondere auf dessen Art. 3, 9, 12 und 13.[446] Art. 24 Abs. 3 Grundrechte-Charta bezieht sich explizit auch auf das Umgangsrecht, indem er besagt, dass jedes Kind Anspruch auf regelmäßige persönliche Kontakte zu beiden Elternteilen hat, es sei denn, dies steht seinem Wohl entgegen. Die Charta enthält keine direkten Ansprüche gegen den Staat, sondern Schutzpflichten, die der Gesetzgeber umzusetzen hat.[447] Auch wenn der Charta (noch) keine Rechtsverbindlichkeit zukommt, ist nicht daran zu zweifeln, dass sie bereits jetzt für

---

443 *Fahrenhorst* in FamRZ 1988, 238 (239); *Prinz von Sachsen Gessaphe* in FamRZ 1999, 1107 (1109).

444 EKMR, YB 6 (1963), 262 (267 f.); EKMR, YB 4 (1961), 198 (217 ff.); EKMR, DR 9, 166 f.; EKMR, DR 16, 105 (109 f.); EKMR, Hendriks c. Niederlande, Bericht der Kommission, DR 29, 5 ff., § 125; *Partsch*, in: Bettermann/Neumann/Nipperdey, Grundrechte I 1, S. 419; *Hohnerlein* in ELF 2001, 252 (258); *Fahrenhorst* in FamRZ 1988, 238 (239); *Brötel*, Anspruch auf Achtung des Familienlebens, S. 230 ff.

445 *Frowein/Peukert*, Art. 8 EMRK, Rn. 23.

446 Erläuterungen des Präsidiums, CONVENT 49, CHARTA 4473/00, vom 11. Oktober 2000, abgedruckt in: EuGRZ 2000, 559 und in: Charta der Grundrechte der EU, Sonderbeilage zu NJW, EuZW, NVwZ und JuS (2000), S. 11.

447 Vgl. *Grabenwarter* in DVBl. 2001, 1 (6).

die Organe der Europäischen Union und die Mitgliedstaaten selbst faktische Bindungswirkung entfaltet.

c. Fazit: Bindungswirkung der EMRK und der Straßburger Rechtsprechung

Der Einfluss der EMRK führt nicht zu einer umfassenden Kodifizierung eines einheitlichen Familienrechts, sondern entfaltet sich über Einzelfallentscheidungen. Diesen Einzelfallentscheidungen sind jedoch allgemeine Wertungen und Grundsätze zu entnehmen, die eine gemeinsame Rechtsüberzeugung innerhalb Europas widerspiegeln. Besondere Bedeutung kommt dabei aufgrund des spezifischen Rechtsschutzsystems der EMRK, das es auch Privatpersonen erlaubt, eine Individualbeschwerde unmittelbar beim EGMR anhängig zu machen, den verfahrensrechtlichen Dimensionen des Art. 8 EMRK zu.[448]

3. Der Begriff des „Umgangs- und Besuchsrechts" im deutschen materiellen Recht

Bevor auf die materiell-rechtliche Ausgestaltung des Umgangsrechts in Deutschland einzugehen ist, sollen die in Frage stehenden Begriffe Sorgerecht, Umgangsrecht, Verkehrs- und Besuchsrecht begrifflich geklärt und voneinander abgegrenzt werden.

a. Umgangsrecht, Besuchsrecht, Verkehrsrecht

Zum Umgang gehört in erster Linie die persönliche Begegnung, wie sie sich früher in der Bezeichnung „Besuchsrecht"[449] oder „Verkehrsrecht"[450] widerspiegelte. Der Begriff „Besuch" wird heute allgemein in der juristischen Literatur und der nichtjuristischen Öffentlichkeit verwendet.[451] Dennoch hat er, da als zu eng empfunden, keinen Eingang in die deutsche Rechtsordnung gefunden. Vielmehr hat der deutsche Gesetzgeber im Sorgerechtsgesetz von 1979[452] den Begriff des „persönlichen Umgangs" eingeführt.[453] § 1684 n.F. BGB umfasst heute mehr als nur den „persönlichen"[454] Umgang in Form von gemeinsamen Wochenenden, Tages- oder Halbtagesbesuchen, gemeinsamen Reisen und sons-

---

[448] Zum Beispiel zur Verfahrensdauer: EGMR, Fall Elsholz, 13. Juli 2000, Beschwerde-Nr. 25735/94

[449] Palandt-*Diederichsen*, § 1684, Rn. 10 („besuchsberechtigt"); *Siehr* in FamRZ 1976, 255; BT-Drucksache 7/2060, S. 5, 8, 23-26, 40: §§ 1634, 1711 BGB i.d.F. des Regierungsentwurfs eines Gesetzes zur Neuregelung der elterlichen Sorge vom 18. Juni 1979.

[450] In der ursprünglichen Fassung sprach § 1636 BGB a.F. von der Befugnis „mit dem Kinde persönlich zu verkehren"; *Dölle*, Familienrecht, § 98 I 1, S. 319 spricht von „Verkehrsrecht"; ebenso BGHZ 51, 219 (222), BGHZ 42, 364 (371) und BayObLGZ 1961, 119.

[451] *Schulze*, Umgangsrecht, S. 27.

[452] BGBl. 1979 I, S. 1061 (1062).

[453] Kritisch zu dieser Begriffsregelung: *Diederichsen* in NJW 1980, 1 (8 mit Fn. 141); *Brötel*, Der Anspruch auf Achtung des Familienlebens (1991), S. 219 mit Fn. 2.

[454] So ausdrücklich noch § 1634 Abs. 1 BGB a.F.

tigen Unternehmungen.[455] Auch Briefkontakt und Telefonate fallen heute unstreitig unter den Umgangsbegriff des § 1684 BGB.[456] Der persönliche Umgang stellt aber die prinzipielle Form der Wahrnehmung des Umgangsrechts dar. Dies zeigt sich darin, dass zum Beispiel der Briefkontakt als andere Form des Umgangs zwar ausgeschlossen, aber in der Regel nicht ersatzweise an die Stelle der persönlichen Begegnung gesetzt werden darf.[457]
Das deutsche materielle Recht geht somit von einem weiten Begriff des Umgangsrechts aus, das unterschiedlichste Formen umfasst. Es soll nicht auf ein reines Besuchsrecht beschränkt bleiben, sondern vielmehr sämtliche Formen der verbalen und nonverbalen Kommunikation erfassen.[458] Der heute üblichen Sprachregelung folgend soll dieser weit verstandene Begriff des Umgangsrechts der Arbeit im Hinblick auf die deutsche gesetzliche Regelung zugrundegelegt werden.

b. Das Verhältnis von Umgangsrecht und Sorgerecht

Das Umgangsrecht umschreibt das Recht, mit dem Kind oder einer anderen Person regelmäßig in bestimmter Form zusammen zu treffen, ohne ständig bei dieser Person zu leben.[459] Das Umgangsrecht ist vom Sorgerecht abzugrenzen und nicht mit dem Umgangsbestimmungsrecht des Sorgeberechtigten gemäß § 1632 BGB zu verwechseln.

(1) Zwei sich gegenseitig begrenzende Rechte

Auch wenn davon auszugehen ist, dass sich Sorgerecht und Umgangsrecht als selbständige Rechte gegenüberstehen,[460] gibt es Überschneidungen, die zu Konflikten zwischen den Eltern führen können, bei deren Lösung aber stets das Kindeswohl oberstes Leitprinzip sein muss.
Die grundsätzliche Selbständigkeit und Gleichrangigkeit von elterlicher Sorge und Umgangsrecht wirft angesichts der wechselseitigen Abhängigkeiten Probleme auf. Das Umgangsrecht schränkt faktisch die Personensorge ein, weil der Personensorgeberechtigte nicht den Umgang bestimmen kann und das Umgangsrecht auch nicht unter dem Vorbehalt steht, dass der Personensorge-

---

[455] *Schwab*, Familienrecht, Rn. 686.
[456] Erman-*Michalski*, § 1684, Rn. 4; vgl. BT-Drucksache 13/4899, S. 104 f.; *Motzer* in FamRZ 2000, 925; so auch schon die Rechtsprechung zu § 1634 BGB a.F., vgl. nur BayObLG, FamRZ 1969, 1487, aber streitig, dazu: *Peschel-Gutzeit*, Das Recht zum Umgang mit dem eigenen Kinde, Rn. 52, 74 ff.; zum neueren Problem des Umgangskontakts mittels Handy: *Söpper* in FamRZ 2002, 73 ff.
[457] Palandt-*Diederichsen*, § 1684, Rn. 19, 26; Staudinger-*Rauscher*, § 1684, Rn. 84; a.A. *Dölle*, Familienrecht, § 98 I 3, S. 321 (zu § 1634 BGB a.F.).
[458] So *Schulze*, Umgangsrecht, S. 33.
[459] *Schulze*, Umgangsrecht, S. 27.
[460] BVerfG, FamRZ 1971, 421 (424); BGH, FamRZ 1969, 148 (149); BGH, FamRZ 1987, 356 (358).

berechtigte Maßnahmen trifft, mit denen sich der Umgang nicht mehr vereinbaren lässt.[461] Auf der anderen Seite besteht, jedenfalls in der Konstellation eines Alleinsorgeberechtigten gegenüber dem umgangsberechtigten Elternteil, ein Erziehungsvorrang des Sorgeberechtigten. In diesen darf nur so weit eingegriffen werden, als dies zur Verwirklichung des Umgangsrechts erforderlich ist.[462] Das Gesetz selbst statuiert in § 1684 Abs. 2 BGB ein Wohlverhaltensgebot zwischen den Eltern. Die Rechtsprechung hat Richtlinien unter anderem für Fälle entwickelt, in denen ein geplanter Umzug des einen Elternteils ins Ausland das Umgangsrecht des anderen Elternteils zu vereiteln droht.

(a) Wohlverhaltensklausel des § 1684 Abs. 2 BGB

Das Recht der Eltern auf Umgang ist immer begrenzt durch das Wohl des Kindes. Die Eltern haben alles zu unterlassen, was das Verhältnis des Kindes zum jeweils anderen Elternteil beeinträchtigt oder erschwert. Dieses Verbot illoyalen Verhaltens kommt in der Wohlverhaltensklausel des § 1684 Abs. 2 BGB zum Ausdruck.[463] Die Wohlverhaltensklausel soll verhindern, dass das Umgangsrecht zur Quelle von Streitigkeiten zwischen den Eltern wird.[464] Sie beinhaltet auch die Pflicht des betreuenden Elternteils, die Umgangsbereitschaft des Kindes gegebenenfalls aktiv zu fördern.[465] Dies kann dergestalt geschehen, dass der Personensorgeberechtigte im Rahmen der Erfüllung seiner Erziehungsaufgabe - unter Zurückstellung eigener Befindlichkeiten gegenüber dem anderen Elternteil - auf das Kind mit dem Ziel einwirken muss, psychische Widerstände gegen den Umgang mit dem anderen Elternteil abzubauen und eine positive Einstellung zu gewinnen.[466] Aus der Wohlverhaltensklausel kann sogar die Verpflichtung der Eltern folgen, zur Ermöglichung eines regelmäßigen Umgangskontakts des Kindes selbst eine Therapie durchzuführen.[467] Konkret kommt die Gegenläufigkeit von Personensorge- und Umgangsrecht auch dadurch zum Ausdruck, dass die Wohlverhaltensklausel im Hinblick auf die Erziehung zumindest verlangen dürfte, dass beide Eltern keine entgegengesetzten Erziehungsziele verfolgen.[468]

---

[461] Seit BGHZ 51, 219 (224 f.); OLG Hamburg, FamRZ 1996, 1093.

[462] *Rauscher*, Familienrecht, § 34, Rn. 1103 m.w.N.

[463] *Von Luxburg*, Kindschaftsrecht, Rn. 101.

[464] Dazu aus psychologischer Sicht *Klenner* in FamRZ 1995, 1529 ff., der bereits vor der Reform dafür plädierte, bei der Lösung von Umgangsrechtsstreitigkeiten statt auf den Elternstreit auf die Bedürfnisse und Interessen des Kindes abzustellen.

[465] OLG Saarbrücken, FamRZ 2001, 369.

[466] OLG Braunschweig, FamRZ 1999, 185; OLG Thüringen, FuR 2000, 121 (122); OLG Brandenburg, FamRZ 2000, 1106 (1107).

[467] OLG Stuttgart, FamRZ 2001, 932; OLG Braunschweig, FamRZ 1999, 185.

[468] KG, FamRZ 1980, 399; BayObLGZ 1961, 119 (121 f.) - abweichende religiöse Erziehung.

(b) Umzug ins Ausland als Anwendungsfall

Nach früher herrschender Ansicht wurde ein alleinsorgeberechtigter Elternteil durch das Umgangsrecht nicht in seinem Aufenthaltsbestimmungsrecht gemäß § 1631 Abs. 1 BGB a.F. begrenzt. Nach Auffassung des Bundesverfassungsgerichts gab es keinen Rechtssatz des Inhalts, dass der Sorgeberechtigte das Kind so erziehen und seinen Aufenthalt so bestimmen müsse, dass der andere Elternteil das Umgangsrecht wahrnehmen könne.[469] Nur das Sorgerecht, nicht aber das „schwächere" Umgangsrecht gebe ein Recht, sich dem Umzug des Sorgeberechtigten mit dem Kind ins Ausland zu widersetzen.[470] Ein Umzug ins Ausland gegen den Willen des nur Umgangsberechtigten war damit möglich.

Seit der Einführung des § 1626 Abs. 3 BGB, der den Umgang mit beiden Eltern grundsätzlich als dem Wohl des Kindes förderlich ansieht, erscheint es fraglich, ein durch das Umgangsrecht nicht begrenztes Aufenthaltsbestimmungsrecht des Sorgeberechtigten anzunehmen. Das Umgangsrecht wird heute nicht mehr als das gegenüber dem Sorgerecht „schwächere" Recht angesehen. Beide Rechte stehen sich gleichberechtigt gegenüber. Ausdruck dessen ist die Wohlverhaltensklausel des § 1684 Abs. 2 BGB. Folgt man dieser Ansicht, so liegt in der gegen den Willen des Umgangsberechtigten erfolgten Auswanderung des Sorgeberechtigten mit dem Kind eine Verletzung der Gebotes des loyalen Verhaltens der Eltern untereinander.[471]

Will der Sorgeberechtigte mit dem Kind für längere Zeit oder auch für immer ins Ausland ziehen, so ist also nicht entscheidend, dass das Sorgerecht gegenüber der Umgangsbefugnis das „stärkere Recht" bildet. Beide Rechte sind Funktion der Elternverantwortung für das Kindeswohl und gleichermaßen durch Art. 6 Abs. 2 GG geschützt.[472] Es ist von dem Grundsatz auszugehen, dass in einem Konflikt zwischen Interessen des sorge- und des umgangsberechtigten Elternteils das Kindeswohl den Interessen des Umgangsberechtigten vorgeht.[473]

Die entscheidende Frage ist damit, ob die Auswanderung wichtige Kindesinteressen gefährdet, wobei der Kontinuität der Hauptbezugsperson die Diskontinuität der übrigen Lebensumstände des Kindes gegenübersteht. Es stellt sich damit die Frage, ob die bisherige Sorgerechtsregelung aufrechterhalten werden kann oder gemäß § 1696 BGB zu ändern ist. Hier ist die für das Kind am wenigsten schädliche Alternative zu wählen. Die persönliche Beziehung des Kindes zum Sorgeberechtigten ist in aller Regel so wichtig, dass ein Wechsel der Sorgeberechtigung nur in Betracht kommt, wenn einerseits das Verhältnis zum bisher Umgangsbefugten intakt ist und andererseits die Kindesinteressen durch den Umzug ins Ausland erheblich gefährdet werden.

---

[469] BVerfGE 31, 194; OLG Karlsruhe, FamRZ 1996, 1094 (1094).
[470] Staudinger-*Peschel-Gutzeit*, § 1684, Rn. 67.
[471] Staudinger-*Peschel-Gutzeit*, § 1684, Rn. 68.
[472] BVerfG, FamRZ 1995, 86 (86).
[473] *Motzer* in Schwab, Scheidungsrecht, III, Rn. 236.

Umstritten ist, ob zu verlangen ist, dass der Sorgerechtsinhaber für seinen Wegzug triftige Gründe hat[474], die schwerer wiegen als das Umgangsinteresse des Kindes mit dem anderen Elternteil. Bei ausländischen Kindern und Kindern aus gemischt-nationalen Beziehungen, welche sich in Deutschland noch nicht integriert haben, kann eine Rückkehr des Personensorgeberechtigten in das Heimatland zusammen mit dem Kind eher dessen Wohl entsprechen, auch wenn sich dadurch der Kontakt zum anderen Elternteil lockert oder gar verloren zu gehen droht.[475]

Gegen das Erfordernis des Vorliegens triftiger Gründe für den Umzug ins Ausland wird eingewandt, das Gericht würde solchermaßen das dem Sorgeberechtigten eingeräumte Ermessen im Rahmen des Aufenthaltsbestimmungsrechts durch eigenes Ermessen ersetzen.[476] Dies würde aber voraussetzen, dass ein derartiges Ermessen des Sorgeberechtigten besteht. Davon ist jedoch insoweit nicht auszugehen, als sich seine Entscheidung immer am Kindeswohl orientieren muss. Bei Interessenskonflikten zwischen Eltern und Kind stehen immer die Kindesinteressen im Vordergrund. Ist der Erhalt des Umgangs mit beiden Eltern für das Kind grundsätzlich nützlich, so kann es nicht genügen, wenn das Kind mit dem Sorgeberechtigten anders ebenso gut betreut leben kann, nur eben ohne den Umgang mit dem anderen Elternteil. Vielmehr bedarf es dann wenigstens triftiger Gründe dafür, dass das Kind den auswandernden Elternteil begleitet, welche den Nachteil des Umgangsverlustes aufwiegen. Solche rechtfertigenden Gründe müssen sich nicht aus der Auswanderung selbst ergeben. In die Abwägung des Kindeswohls muss auch einfließen, ob das Kind trotz der mit der Auswanderung verbundenen Nachteile (kulturelle und sprachliche Desintegration etc.) bei dem (bisher) Sorgeberechtigten besser betreut werden kann (z.B. wegen Berufstätigkeit des Umgangsberechtigten), zu diesem stärkere emotionale Bindungen hat und die Kontinuität der Erziehung besser gewährleistet werden kann.[477]

Keinesfalls darf der Sorgeberechtigte bloß deshalb ins Ausland gehen wollen, um das Umgangsrecht zu vereiteln.[478] Welche Konsequenzen aus solchem Handeln zu ziehen sind, ist in erster Linie unter dem Gesichtspunkt des Kindeswohls zu entscheiden.[479] Bei drohender Kindeswohlgefährdung kommen auch Einzel-

---

474 OLG Oldenburg, FamRZ 1980, 78 (78 f.); für einen Vorrang des Sorgerechts: MüKo-*Hinz*³, § 1634, Rn. 13; ebenso *Schwab* in 2. Auflage, III Rn. 218; Johannsen/Henrich/*Jaeger*, Eherecht, § 1684, Rn. 18; a.A. Palandt-*Diederichsen*, § 1684, Rn. 7.

475 OLG Düsseldorf, FamRZ 1986, 296 (297 f.).

476 Staudinger-*Peschel-Gutzeit*, § 1684, Rn. 72.

477 BGH FamRZ 1990, 392.

478 BGH FamRZ 1987, 356 (358); RGZ 141, 319 (322).

479 Dazu Staudinger-*Peschel-Gutzeit*¹², § 1634 a.F., Rn. 310.

maßnahmen des Familiengerichts nach § 1666 BGB in Betracht,[480] insbesondere die Anordnung gegen den Ausreisewilligen, das Kind nicht ins Ausland zu verbringen. Sind diese nicht erfolgversprechend, so ist ein Entzug des Aufenthaltsbestimmungsrechts oder der elterlichen Sorge insgesamt in Betracht zu ziehen. In diesem Fall gilt nicht anderes als bei auf das Inland beschränkten Strategien zur Umgangsrechtsvereitelung.[481] Als milderes Mittel zur Vermeidung einer Sorgerechtsübertragung wird jedoch die bloße Übertragung des Aufenthaltsbestimmungsrechts nur dann genügen, wenn der sorgeberechtigte Elternteil daraufhin aus eigener Entscheidung seine Auswanderungspläne aufgibt. Anderenfalls wird ohnehin nach der Auswanderung des Sorgeberechtigten allein eine Sorgerechtsentscheidung erforderlich.[482]
Zusammenfassend ist damit festzuhalten, dass die Wohlverhaltensverpflichtung des § 1684 Abs. 2 BGB i.V.m. dem Kindeswohl dazu führen kann, dass dem sorgeberechtigten Elternteil ein Umzug mit dem Kind ins Ausland untersagt verboten wird, wenn dadurch dem anderen Elternteil der weitere Umgang mit dem Kind unmöglich gemacht wird und wenn für die Auswanderung keine triftigen Gründe vorhanden sind[483] oder wenn diese Übersiedlung sogar in der Absicht erfolgt, den Umgang zu vereiteln[484]. Liegen diese triftigen Gründe vor, die sich ihrerseits am Kindeswohl orientieren müssen, sind die mit einem Umzug ins Ausland verbundene Erschwerungen des Umgangsrechts gegebenenfalls hinzunehmen.[485]

(2) Umgangsbestimmungsrecht im Sinn des § 1632 Abs. 2 BGB

Vom Umgangsrecht nach der Scheidung ist die Berechtigung zur Umgangsbestimmung aufgrund der Personensorge gemäß § 1632 Abs. 2 BGB zu unterscheiden. Nach § 1632 Abs. 2 BGB hat der Sorgeberechtigte das Recht und die Pflicht, den Umgang des Kindes mit anderen Personen zu überwachen sowie durch Umgangsbestimmungen[486] zu gestalten und dadurch schädliche Einflüsse Dritter auf das Kind nach Möglichkeit zu verhindern. Es können sich aber Überschneidungen mit dem Umgangsrecht ergeben.
Die Notwendigkeit von Maßnahmen gegenüber dem Kind, um dessen Umgang mit Dritten zu beeinflussen, ist natürlicher Bestandteil jeder Erziehung. Sie wird heute, im Gegensatz zur früheren Rechtslage, gesetzlich ausdrücklich erwähnt. Damit wird bezweckt, dass Auseinandersetzungen zwischen Eltern und Dritten

---

480 Zum Beispiel die erzwungene Rückkehr aus der Türkei: BayObLG FamRZ 1997, 954 (955); Staudinger-*Coester*, § 1666, Rn. 68.
481 Staudinger-*Peschel-Gutzeit*, § 1684, Rn. 73.
482 Staudinger-*Peschel-Gutzeit*, § 1684, Rn. 74.
483 OLG Oldenburg FamRZ 1980, 78 - Australien.
484 BGH, NJW 1987, 893 (896); *Dörr* in NJW 1989, 690 (692).
485 BGH, FamRZ 1990, 392 - Italien; OLG Köln, FamRZ 1972, 572 - Spanien.
486 Zu deren konkreter Ausgestaltung Palandt-*Diederichsen*, § 1632, Rn. 22 f.

vor dem Familiengericht ausgetragen werden können.[487] Nach der heutigen Gesetzeslage, derzufolge nach der Scheidung beide Eltern grundsätzlich sorgeberechtigt bleiben sollen, bedeutet dies Folgendes: steht beiden Eltern das Sorgerecht zu, können sie den Umgang auch nur im gegenseitigen Einvernehmen bestimmen.[488] Steht das Sorgerecht einem Elternteil alleine zu, so bestimmt derjenige Elternteil den Umgang des Kindes mit Dritten, der die tatsächliche Personensorge ausübt. Dies ist dann der Umgangsberechtigte, wenn sich das Kind bei ihm aufhält.[489]

4. Umgangsrechtsregelungen im Fall der Scheidung

Das nach alter Rechtslage für eheliche und nichteheliche Kinder nicht einheitlich geregelte Recht zum Umgang mit dem Kind nach der Scheidung der Eltern hat durch das KindRG seit dem 1. Juli 1998 erhebliche Änderungen und Vereinfachungen erfahren.

a. Alte Rechtslage vor dem KindRG von 1998

Die frühere Rechtslage differenzierte hinsichtlich der Ausgestaltung des Umgangsrechts - ebenso wie für die Sorgerechtsverteilung - zwischen ehelichen und nichtehelichen Kindern, sowie danach, ob sich die Eltern nur trennten oder ob die Ehe geschieden wurde.

(1) Sorgerechtsverteilung

Wurde im Fall der Trennung kein anders lautender Antrag gestellt, so blieb es bei der gemeinsamen Sorge. Kam es zur Scheidung, so musste das Familiengericht entscheiden, welchem Elternteil das Sorgerecht für das gemeinschaftliche Kind zustehen sollte. Im Scheidungsverfahren musste gemäß § 1671 Abs. 1 BGB a.F. zwingend eine Sorgerechtsregelung getroffen werden, und zwar diejenige, die dem Wohl des Kindes am besten entsprach (§ 1671 Abs. 2 BGB a.F.). Von einem übereinstimmenden Vorschlag der Eltern sollte das Gericht nur abweichen, wenn dies für das Wohl des Kindes erforderlich war. Als am besten dem Wohle des Kindes Rechnung tragend wurde vom Gesetz die Übertragung der elterlichen Sorge auf einen Elternteil (§ 1671 Abs. 4 Satz 1 BGB a.F.) angesehen. Dieser generelle Ausschluss des gemeinsamen Sorgerechts wurde 1982 vom Bundesverfassungsgericht für verfassungswidrig erklärt.[490] Die zwingende Alleinsorge verletze das auch nach der Scheidung beiden Elternteilen zuste-

---

[487] BT-Drucksache 8/2788, S. 51.

[488] *Schwab*, Familienrecht, Rn. 678; OLG Frankfurt, FamRZ 1999, 1008; Palandt-*Diede-richsen*, § 1632, Rn. 3; bei Nichteinigkeit gilt § 1628 BGB, dazu auch OLG Zweibrücken, JAmt (DAVorm) 2001, 43 (44).

[489] Palandt-*Diederichsen*, § 1684, Rn. 21.

[490] BVerfGE 61, 358.

hende Elternrecht aus Art. 6 Abs. 1 Satz 1 Grundgesetz. Der Gesetzgeber wurde aufgefordert, Abhilfe zu schaffen.[491]
Vor der Gesetzesänderung, die zum 1. Juli 1998 - also über 15 Jahre später - in Kraft trat, war bereits Richterrecht an die Stelle der heutigen Regelungen getreten. Danach musste den Eltern unter bestimmten Voraussetzungen die Chance bleiben, das Sorgerecht nach der Scheidung weiterhin gemeinsam auszuüben. Bedingung für eine gemeinsame Sorgerechtsausübung war, dass beide Eltern das gemeinsame Sorgerecht begehrten, beide erziehungsfähig waren und keine Gründe des Kindeswohls dagegen sprachen.[492] In derartigen Fällen stand dem Familiengericht kein Ermessenspielraum zu, eine Entscheidung zugunsten eines Alleinerziehungsberechtigten zu treffen.[493]

(2) Ausgestaltung des Umgangsrechts

Der Elternteil, dem die Personensorge nicht zustand, behielt vor der Neuregelung zum 1. Juli 1998 die Befugnis zum Umgang mit dem ehelichen Kind (§ 1634 Abs. 1 Satz 1 BGB a.F.). Die Umgangsbefugnis des Vaters mit dem nichtehelichen Kind war wesentlich schwächer ausgestaltet (§ 1711 BGB a.F.). Eine zwingende Umgangsrechtsregelung im Scheidungsverfahren war vom Gesetz nicht vorgesehen. Wurde jedoch im Verlaufe des Scheidungsverfahrens ein entsprechender Antrag gestellt, entschied das Gericht auch über die Umgangsrechtsregelung.

b. Heutige Rechtslage

Das KindRG hat mit Wirkung vom 1. Juli 1998 zu einer Neuregelung geführt. Die Unterscheidung zwischen ehelichen und nichtehelichen Kindern ist in Bezug auf die Ausgestaltung des Umgangsrechts entfallen,[494] denn aus der Sicht des Kindes macht es keinen Unterschied, ob die Eltern verheiratet waren oder nicht. Vielmehr ist es für das Kind primär entscheidend, eine bereits gewachsene Eltern-Kind-Beziehung im Wege des Umgangs aufrecht zu erhalten.[495]

---

[491] Vgl. dazu im Hinblick auf die Neugestaltung des Umgangsrechts: *Böhm* in ZRP 1992, 334 (335 f.) mit Hinweis auf skandinavische Regelungen, die das Umgangsrecht als Recht des Kindes ausgestalten; *Dethloff* in NJW 1992, 2200 (2202) weist darauf hin, dass die Normierung eines Umgangsrechts - in erster Linie des Kindes - im Streitfall Bedeutung als Leitlinie für normgerechtes Verhalten haben kann.

[492] Dazu auch *Salgo* in FamRZ 1996, 449 (452).

[493] Zum gemeinsamen Sorgerecht nach Scheidung: BGH, FamRZ 1993, 314 (315); KG, FamRZ 1994, 316 (317) zur ausnahmsweisen Abspaltbarkeit des Aufenthaltsbestimmungsrechts bei gemeinsamer Sorge; AG Groß-Gerau, FamRZ 1994, 922; AG Mannheim, FamRZ 1994, 923 (924); OLG Celle, DAVorm 1995, 866; OLG Karlsruhe, FamRZ 1995, 1168 (1169); OLG Bamberg, FamRZ 1995, 1509 (1510).

[494] *Rauscher*, Familienrecht, § 34 , Rn. 1096; *Niepmann* in MDR 1998, 565 (567).

[495] So *Bugla*, Sorge- und Umgangsrecht, S. 161.

Im Rahmen des Umgangsrechts wird auch nicht mehr zwischen Trennung und Scheidung verheirateter Eltern unterschieden. An die Stelle des § 1634 BGB a.F. sind die §§ 1684 bis 1686 BGB getreten.[496] Die Scheidung lässt – wie vorher schon die Trennung – die gemeinsame Sorge unberührt. Zudem ist der so genannte Zwangsverbund der Sorgerechtsregelung weggefallen.[497] Das bedeutet, dass zwar am Grundsatz der Entscheidungskonzentration im Scheidungsverfahren festgehalten wird, dass aber das für die Scheidung zuständige Familiengericht nicht zwingend auch eine Sorgerechtsregelung treffen muss.[498] Der Zwangsverbund wurde, soweit die Regelung der elterlichen Sorge betroffen ist, in einen Antragsverbund umgewandelt (§§ 623 Abs. 2 Satz 1 Nr. 1 und 2, 621 Abs. 2 Satz 1 Nr. 1 und 2 ZPO). Grund dafür ist, dass die Regelung des Umgangs vorrangig Sache der Eltern ist. Eltern können und sollen in erster Linie untereinander den Umgang durch eine Vereinbarung zunächst ohne Einschaltung des Gerichts regeln.[499] Eine gerichtliche Entscheidung erfolgt nur von Amts wegen, wenn eine Einigung der Eltern nicht zustande kommt und wenn dies zum Wohl des Kindes notwendig ist.[500] Kann eine einvernehmliche Einigung nicht getroffen werden, soll das Gericht vor einer Entscheidung auf eine außergerichtliche Einigung gemäß § 52 Abs. 1 FGG hinwirken.[501]
Für gerichtliche Umgangsregelungen galt der Antragsverbund schon vor dem KindRG. Gemäß § 623 Abs. 3 Satz 2 ZPO a.F. war über den Umgang nur auf Anregung eines Elternteils zu entscheiden. Dies gilt für die heutige Regelung erst recht, nachdem auch über das Sorgerecht nicht mehr von Amts wegen entschieden wird.[502]
Das Umgangsrecht soll es dem umgangsberechtigten Elternteil ermöglichen, sich vom körperlichen und geistigen Befinden des Kindes und seiner Entwicklung durch Augenschein und gegenseitige Ansprache fortlaufend zu überzeugen, die verwandtschaftlichen Beziehungen zu dem Kind aufrechtzuerhalten, einer Entfremdung vorzubeugen sowie dem Liebesbedürfnis beider Teile Rechnung tragen.[503] Das Umgangsrecht soll dem Kind die Gelegenheit geben, sich einen

---

[496] *Oelkers* in ZfJ 1999, 263 (264).
[497] Staudinger-*Rauscher*, § 1684, Rn. 372; *Kohler* in ZfJ 1999, 128 (131).
[498] *Ziegler/Mäuerle*, Familienrecht, Rn. 499.
[499] Erman-*Michalski*, § 1684, Rn. 10, 11; Johannsen/Henrich/*Jaeger*, Eherecht, § 1684, Rn. 10; *Büte*, Umgangsrecht, Rn. 124.
[500] OLG Koblenz, FamRZ 1995, 1282.
[501] Erman-*Michalski*, § 1684, Rn. 12.
[502] BT-Drucksache 13/498, S. 122.
[503] BVerfGE FamRZ 1971, 421 f.; BVerfG, FamRZ 1989, 1159 f.; BVerfG, FamRZ 1995, 86 (87); BGH, FamRZ 1984, 778 (779); BGH, FamRZ 1999, 651 (652); OLG Celle, FamRZ 1989, 1194 (1195); OLG Celle, FamRZ 1990, 1026 (1027); OLG Celle, FamRZ 1996, 364; BayObLG, FamRZ 1998, 1458 (1459); Johannsen/Henrich/*Jaeger*, Eherecht, § 1684, Rn. 3.

persönlichen Eindruck vom anderen Elternteil zu verschaffen.[504] Diese Grundsätze gelten auch, wenn sich ein Kind bei gemeinsamer elterlicher Sorge in der Obhut des anderen Elternteils befindet.[505]

(1) Umgangsrecht des Kindes mit den Eltern, § 1684 Abs. 1 BGB

(a) Subjektives Recht des Kindes

Die neue Gesetzeslage schafft ein subjektives Recht des Kindes.[506] Das Kind hat gemäß § 1684 Abs. 1 1. Halbsatz BGB das Recht auf Umgang mit jedem Elternteil. Spiegelbildlich dazu ist jeder Elternteil zum Umgang mit dem Kind verpflichtet und berechtigt. Dem Recht des Kindes auf Umgang mit seinen Eltern entspricht somit heute eine Pflicht der Eltern zum Umgang mit dem Kind (§ 1684 Abs. 1 2. Halbsatz BGB).[507]

Diese neue Regelung soll auch Art. 9 Abs. 3[508] der UN-Kinderkonvention vom 20. November 1989[509] Rechnung tragen: das Kind ist nicht Objekt des Verfahrens, sondern Träger eigener Rechte.[510] Das New Yorker Übereinkommen regelt zwar materielles Recht und nicht internationales Privatrecht. Es findet in Deutschland keine unmittelbare innerstaatliche Anwendung, sondern begründet lediglich völkerrechtliche Staatenverpflichtungen, die die Bundesrepublik Deutschland nach näherer Bestimmung ihres mit dem Übereinkommen übereinstimmenden innerstaatlichen Rechts erfüllt.[511]

---

[504] *Büte*, Umgangsrecht, Rn. 116.

[505] OLG Köln, FamRZ 1997, 1284.

[506] So ausdrücklich OLG Köln, FamRZ 2002, 979; KG, FamRZ 2002, 412 (413); vgl. dazu aus rechtsvergleichender Sicht *Meixner* in DEuFamR 1999, 162 (169), der einen grundlegenden Wandel im Bereich des Umgangsrechts konstatiert: stellte sich bisher die Frage nach dem Recht eines Elternteils auf Umgang mit dem Kind, so lautet nun die Fragestellung aus Sicht des Kindes, zu welchen Personen ein Umgangsrecht bestehen soll.

[507] *Von Luxburg*, Kindschaftsrecht, Rn. 86.

[508] Art. 9 Abs. 3 der UN-Kinderkonvention lautet: „Die Vertragsstaaten achten das Recht des Kindes, das von einem oder beiden Elternteilen getrennt ist, regelmäßige Kontakte zu beiden Elternteilen zu pflegen, soweit dies nicht dem Wohl des Kindes widerspricht."

[509] Gesetz zu dem Übereinkommen vom 20. November 1989 über die Rechte des Kindes vom 17. Januar 1992, BGBl 1992 I, S. 121, abgedruckt in FamRZ 1992, 253 ff.; von Deutschland ratifiziert am 5. April 1992, BGBl 1992 II, S. 990.

[510] Stellungnahme des Bundesrates, BT-Drucksache 13/4899, S. 153, Nr. 19; *Böhm* in ZRP 1992, 334 (335); *Dethloff* in NJW 1992, 2200 (2203); dazu *Dorsch*, UN-Kinderkonvention, S. 160: es wird gegenüber den Staaten lediglich das Verbot ausgesprochen, das Recht nicht im Wege staatlicher Maßnahmen zu verletzen, zur Verwirklichung des Kontaktrechtes des Kindes als typisches Beispiel für die Gefährdung der Kinderrechte durch die Eltern, hätte es der Statuierung positiver Maßnahmen bedurft.

[511] *Dorsch*, UN-Kinderkonvention, S. 307 ff.; zu Europäischen Übereinkommen über die Ausübung von Kinderrechten *Baer/Marx* in FamRZ 1997, 1185.

(b) Kein eigenes Antragsrecht des Kindes

Aufgrund dieser Vorgaben wurde während der Entwurfsphase des KindRG erwogen, das Kind mit einem eigenen Antragsrecht auszustatten, dann aber abgelehnt.[512] So sieht § 50 b Abs. 2 FGG heute nur die Anhörung des Kindes, aber kein eigenes Antragsrecht vor.[513] Folglich ist auch § 1684 Abs. 1 BGB lediglich als Programmsatz zu verstehen, der in erster Linie einen Bewusstseinswandel bei den Eltern herbeiführen und keine Rechte des Kindes statuieren soll.[514] Die Ausgestaltung eines eigenen Umgangsrechts des Kindes soll Signalwirkung entwickeln sowohl für den Elternteil, bei dem das Kind lebt und der den Umgang mit dem anderen Elternteil vereitelt, als auch für den Elternteil, der sich dem Umgang entzieht und sich nicht mehr um sein Kind kümmert.[515]

Durchsetzungsprobleme für das Umgangsrecht des Kindes ergeben sich aus dieser fehlenden Antragsbefugnis des Kindes, wenn ein Elternteil den Umgang des Kinds mit dem anderen Elternteil boykottiert. Das Kind alleine verfügt mangels Antragsbefugnis über keinerlei Durchsetzungsmöglichkeiten seines Umgangsrechts. Grundsätzlich wird die fehlende Antragsbefugnis des Kindes durch die Stellvertretung seitens des Sorgeberechtigten ausgeglichen.[516] Dass aber gerade der sorgeberechtigte Elternteil, der den Umgang verhindern will, in dieser Situation als Stellvertreter des Kindes auftreten wird, ist höchst unwahrscheinlich. Praktische Relevanz hat das eigene Umgangsrecht des Kindes deshalb bisher überwiegend als Argument gegen die Verweigerungshaltung des die Obhut ausübenden Elternteils gefunden.[517]

(i) Hilfe durch das Jugendamt nach § 18 Abs. 3 KJHG

Ein gangbarer Weg für das Kind, das den regelmäßigen Besuchskontakt mit einem Elternteil gegen den Willen des anderen Elternteils wünscht, besteht darin, sich selbst an das Jugendamt zu wenden und dort gemäß der neuen Vorschrift des § 18 Abs. 3 KJHG Unterstützung zu erlangen. Das Jugendamt kann gebeten werden, Kontakte zwischen den Elternteilen herzustellen bzw. im Konflikt zwischen Eltern und Kindern zu vermitteln.[518]

---

[512] Dazu *Wichmann* in FuR 1996, 161 (165); Regierungsentwurf, BT-Drucksache 13/4899, S. 68: die eigene Geltendmachung durch das Kind (ab einem bestimmten Alter) schien eher geeignet, Elternkonflikte auf das Kind zu verlagern als dem Umgangsrecht effizient zur Durchsetzung zu verhelfen; Johannsen/Henrich/*Jaeger*, Eherecht, § 1684, Rn. 33; *Oelkers*, Sorge- und Umgangsrecht, § 2, Rn. 10 f.

[513] Zur Diskussion um das eigene Antragsrecht des Kindes beim Reformentwurf: *Wichmann* in FuR 1996, 161 (165).

[514] Staudinger-*Rauscher*, § 1684, Rn. 44.

[515] BT-Drucksache 13/8511, S. 67 f.; *Willutzki* in RPfl 1997, 336 (338 f.)

[516] OLG Köln, FamRZ 2002, 979.

[517] Vgl. OLG Bamberg, FamRZ 2000, 46; OLG Thüringen, FamRZ 2000, 47; AG Kerpen, FamRZ 2000, 50 (51).

[518] Dazu *Kohler* in ZfR 1999, 128 (131).

(ii) Bestellung eines Verfahrenspflegers nach § 50 Abs. 1 FGG

Die andere Lösung liegt in der Bestellung eines Verfahrenspflegers gemäß § 50 Abs. 1 FGG, wenn der Sorgeberechtigte nicht bereit ist, den Wunsch des Kindes nach Umgang mit dem anderen Elternteil gerichtlich durchzusetzen.[519] Nach dieser Vorschrift kann dem Kind in allen seine Person betreffenden FGG-Verfahren ein Verfahrenspfleger („Anwalt des Kindes") beigeordnet werden, wenn und soweit dies zur Wahrnehmung seiner Interessen erforderlich ist. Dieser tritt im Rahmen seines gerichtlichen Auftrags an die Stelle der Eltern und nimmt insoweit die Rolle des gesetzlichen Vertreters ein.[520] Diese Regelung setzt die Forderung des Bundesverfassungsgerichts um, durch die Verfahrensgestaltung die Wahrung der Belange des Kindes und seinen Anspruch auf rechtliches Gehör sicherzustellen.[521]

(2) Pflicht der Eltern zum Umgang mit ihrem Kind, § 1684 Abs. 1 BGB

Dem Recht des Kindes auf Umgang entspricht eine Pflicht der Eltern, ihr Umgangsrecht wahrzunehmen. Mit der Neufassung des § 1684 Abs. 1 BGB wird verdeutlicht, dass das Umgangsrecht unabhängig von der Inhaberschaft der elterlichen Sorge ist. Damit wird insbesondere auch im Verhältnis von Kind und Alleininhaber der elterliche Sorge – ein von § 1634 BGB a.F. nicht erfasster Fall – ein Umgangsrecht begründet, was die Eigenständigkeit des Umgangsrechts neben dem Sorgerecht betont.[522]

Die Umgangspflicht des einen Elternteils mit dem Kind kann nach Ansicht der Rechtsprechung auch auf Betreiben des anderen Elternteils durchgesetzt werden. So kann das Gericht auf Betreiben der Mutter den Vater verpflichten, mit den Kindern einen zeitlich genau geregelten Umgang zu pflegen.[523]

(3) Ausschlussgründe, § 1684 Abs. 4 Satz 1 BGB

Eine völlige und dauernde Unterbindung des Umgangs darf nur der letzte Ausweg in seltenen Fällen sein.[524] § 1684 Abs. 4 BGB nennt als einzigen Maßstab das Kindeswohl. Dieses kann gefährdet sein, wenn ein Elternteil sein Umgangsrecht missbraucht. Die Formen des Missbrauchs des Umgangsrechts sind vielfältig.[525] Auch wenn letztlich allein entscheidender Maßstab das Kindeswohl ist[526], darf bei der Abwägung zwischen Elternrecht und Kindeswohl die Prämisse des Gesetzes, dass der Umgang grundsätzlich gerade dem Kindeswohl entspricht

---

[519] Dazu *Büte*, Umgangsrecht, Rn. 122; *Oelkers*, Sorge- und Umgangsrecht, § 2, Rn. 9.
[520] Dazu weitergehend *Oelkers* in ZfJ 1999, 263 (264).
[521] Vgl. BVerfGE 55, 171 (179).
[522] *Rauscher* in FamRZ 1998, 295 (333).
[523] AG Hann. Münden, FamRZ 2000, 1599 (1600).
[524] Erman-*Michalski*, § 1684, Rn. 28, 29 m.w.N.; Staudinger-*Rauscher*, § 1684, Rn. 265.
[525] Dazu Staudinger-*Rauscher*, § 1684, Rn. 313 ff.
[526] Vgl. § 1697 a BGB, dazu ausdrücklich: KG, FamRZ 1999, 1518.

(§ 1626 Abs. 3 BGB), nicht außer Acht gelassen werden. Ein Ausschluss des Umgangsrechts kommt nur in Betracht, soweit dies zum Wohl des Kindes erforderlich (§ 1684 Abs. 4 Satz 1 BGB) oder im Fall eines Ausschlusses für längere Zeit oder auf Dauer, wenn anderenfalls das Wohl des Kindes gefährdet wäre (§ 1684 Abs. 4 Satz 2 BGB). Für einen Ausschluss des Umgangsrechts über eine kürzere Zeit genügt es bereits, wenn triftige, das Wohl des Kindes nachhaltig berührende Gründe vorliegen, die Anlass zu der Sorge geben, dass ohne einen Ausschluss des Umgangsrechts eine ungünstige Entwicklung des Kindes eintritt.[527]

Als milderes Mittel gegenüber dem Ausschluss des Umgangsrechts ist auch der so genannte „beschützte" Umgang anzusehen, der in § 1684 Abs. 4 Satz 3 BGB gesetzlich geregelt ist. Er kommt in schwierigen Fällen, zum Beispiel bei dem noch ungeklärten Vorwurf des sexuellen Missbrauchs oder der Gefahr einer Kindesentziehung durch den Umgangsberechtigten, in Betracht.[528]

(a) Entgegenstehender Kindeswillen

Soweit ein Kind den Umgang mit einem Elternteil ablehnt, ist es Aufgabe des Gerichts, die Gründe für diese Einstellung zu ermitteln und sie in seine Entscheidung einzubeziehen.[529] Dabei sind der Wille des Kindes und das Interesse des um die Regelung nachsuchenden Elternteils gegeneinander abzuwägen. Entscheidender Gesichtpunkt für einen Ausschluss des Umgangsrechts eines Elternteils ist stets, ob die Einstellung des Kindes auf subjektiv beachtlichen oder verständlichen Beweggründen beruht. In diesen Fällen wird eine gewaltsame Durchsetzung des Umgangsrechts mit seinem Zweck im Allgemeinen ebenso unvereinbar sein wie mit dem Persönlichkeitsrecht des Kindes. Soll ein der Ausübung des Umgangsrechts entgegenstehender Wille des Kindes Beachtung finden, muss im Einzelfall geprüft werden, ob die Entwicklung seiner Persönlichkeit bereits soweit fortgeschritten ist, dass eine dem Willen des Kindes zuwiderlaufende Ausübung des Umgangsrechts eine Gefährdung seiner Entwicklung bedeuten könnte. Danach sind die Gründe zu prüfen, die das Kind zu seiner Haltung veranlasst. Diese Gründe müssen aus Sicht des Kindes berechtigt sein.[530]

---

[527] Johannsen/Henrich/*Jaeger*, Eherecht, § 1684, Rn. 34; OLG Brandenburg, FamRZ 2000, 1106; zur Anordnung des so genannten „begleiteten Umgangs" im Sinn des § 1684 Abs. 4 Satz 3 BGB: *Salzgeber* in FamRZ 1999, 975 f.; *Rauscher*, Familienrecht, § 34, Rn. 1113.

[528] *Oelkers* in ZfJ 1999, 263 (268); weitere Beispiele nennen *Richter/Kreuznacht* in ZfJ 1999, 45 (49); ein nur unsubstanziiert geäußerter Verdacht eines sexuellen Missbrauchs ist regelmäßig nicht geeignet, das bestehende Umgangsrecht des verdächtigen Elternteils einzuschränken oder gar auszuschließen: OLG Brandenburg, FamRZ 2002, 414 (415).

[529] BVerfG, FamRZ 1983, 872 ff.; zum Problem der Anhörung des Kindes in familiengerichtlichen Verfahren: *Weisbrodt* in JAmt (DAVorm) 2001, 508 ff.

[530] BGH, FamRZ 1980, 131 (132); OLG Brandenburg, FamRZ 2000, 1106.

(b) Drohende Entführung des Kindes in Ausland

Bedeutung gewinnt das Problem des Umgangsausschlusses auch bei der Frage, ob eine drohende Entführung des Kindes ins Ausland zum Ausschluss des Umgangsrechts führen kann.[531] Die Rechtsprechung ist besonders zurückhaltend, bei Kindern aus gemischt-nationalen Ehen längere, unkontrollierte Ferienzeiten mit dem nichtsorgeberechtigten Elternteil in dessen Heimatland zuzulassen.[532] Hintergrund dieser Vorsicht der Gerichte ist, dass die Gefahr besteht, dass das Kind von der Reise nicht mehr zurückkehrt. Sofern internationale Abkommen über die Anerkennung und Vollstreckung von Sorgerechtsentscheidungen fehlen, ist es regelmäßig sehr schwierig, ins Ausland entführte und dort festgehaltene Kinder zu dem im Inland lebenden sorgeberechtigten Elterteil zurückbringen.[533]

Zum Teil geht die Rechtsprechung davon aus, dass der Ausschluss des Umgangsrechts nicht schon dann gerechtfertigt ist, wenn dies dem Wohl des Kindes dienlich wäre. Vielmehr bedürfe es dazu einer konkreten, gegenwärtigen Gefährdung des Kindeswohls.[534] Eine solche sei zu bejahen, wenn der Vater das Kind in der Vergangenheit bereits ins Ausland entführt hat und die nicht fernliegende Gefahr besteht, dass er es wieder versuchen wird.[535] In diesem Fall kommt auch ein eingeschränkter Umgang als weniger einschneidendes Mittel nicht in Betracht.[536]

Andererseits kann trotz einer bereits erfolgten versuchten Einführung durch die Mutter ein völliger Ausschluss des Besuchsrechts abgelehnt werden, wenn gerade der Ausschluss des Umgangs mit der Mutter nicht dem Kindeswohl entsprechen würde, da eine besonders enge emotionale Bindung der Kinder zu ihr besteht.[537] Dies verdeutlicht die oben angesprochene Verflechtung zwischen einerseits dem Kindeswohl, das den Ausschluss des Umgangs erfordert, und andererseits dem Kindeswohl, welches die Ausübung des Umgangs erfordert. Weniger einschneidende Maßnahmen als der Ausschluss des Umgangsrechts sollten somit grundsätzlich Vorrang haben. In Betracht kommt ein zeitlich oder räumlich beschränkter Umgang.[538] Die Gerichte haben jedoch in der Vergangenheit die Zusammenkünfte nicht nur hinsichtlich der Art, der Dauer und des Ortes

---

[531] Staudinger-*Rauscher*, § 1684, Rn. 184; Palandt-*Diederichsen*, § 1684, Rn. 8, 22, 30.
[532] Erman-*Michalski*, § 1684, Rn. 27 m.w.N.
[533] OLG Karlsruhe, FamRZ 1996, 424 (425) - Ägypten; Erman-*Michalski*, § 1684, Rn. 27; *Belchaus*, Elterliches Sorgerecht, Rn. 21 (zu § 1634 BGB a.F.); *Siehr* in FamRZ 1976, 255; *ders.* in DAVorm 1977, 219 ff. (Problem der Rückführung am Beispiel Deutschland/Italien vor Inkrafttreten des HKÜ).
[534] OLG Hamm, FamRZ 1997, 307.
[535] OLG Hamm, FamRZ 1997, 307 (308).
[536] OLG Hamm, FamRZ 1997, 307 (308).
[537] OLG Celle, FamRZ 1996, 364 (365).
[538] Vgl. § 1684 Abs. 4 Satz 2 BGB.

eingeschränkt,[539] sondern zuweilen auch die Hinterlegung des Pass des betroffenen Elternteils verlangt,[540] eine Praxis, die jedoch unter öffentlich-rechtlichen und ausländerrechtlichen Gesichtspunkten unzulässig sein dürfte.[541]

(4) Durchsetzbarkeit von Umgangsrechtsregelung

Die Vollstreckung einer Umgangsrechtsregelung ist auch seit der Kindschaftsrechtsreform nicht ausgeschlossen. Ohne die Möglichkeit der Vollstreckung wäre das Umgangsrecht nur ein Recht auf dem Papier. Von der Möglichkeit der Vollstreckung geht durchaus Signalwirkung aus, denn eine Vereitelung des Umgangsrechts durch die Eltern muss im Interesse des Kindes unterbunden werden.[542] Jedoch soll eine Durchsetzung des Umgangsrechts auf Antrag des Sorgeberechtigten dann ausgeschlossen sein, wenn sich der Umgangberechtigte ausdrücklich dagegen wehrt und dieser Umgang auch nicht dem Interesse des Kindes dienen würde.[543]

(a) Vollstreckung gemäß § 33 FGG

Mit der im KindRG vorgesehenen Vollstreckungsmöglichkeit von gerichtlichen Umgangsrechtsregelungen soll der Anreiz zum Umgangsboykott schon im Keim erstickt werden.[544] Die Vollstreckung einer gerichtlichen Umgangsregelung erfolgt nach § 33 FGG. Dessen Absatz 2 Satz 2 besagt ausdrücklich, dass eine Gewaltanwendung gegen das Kind allein zur Durchsetzung des Umgangsrechts nicht zulässig ist.[545] Gewalt gegenüber dem Kind schadet generell dem Kindeswohl.[546] Die Regelung des § 33 Abs. 2 Satz 2 FGG ist dabei nicht als Ausdruck einer etwaigen Toleranz gegenüber der Umgangsverweigerung seitens des Kindes zu verstehen. Sie ist lediglich Ergebnis der Erkenntnis, dass, ebenso wie eine Vollstreckung gegenüber dem umgangsunwilligen Elternteil zweckwidrig erscheint, auch eine Vollstreckung gegen das Kind nicht in Betracht kommt.[547]
Eine Umgangsregelung mit Zwangsgeldandrohung wird jedoch als zulässig angesehen, da sie nach Ansicht der Rechtsprechung nicht in den unantastbaren Bereich privater Lebensgestaltung im Sinn des Art. 2 Abs. 2 Satz 3 Grundgesetz eingreift.[548]

---

[539] OLG München, FamRZ 1993, 94 (95); OLG Karlsruhe, FamRZ 1996, 424 (425); AG Kerpen, FamRZ 2000, 50 (5); kritisch dazu Staudinger-*Rauscher*, § 1684, Rn. 184.
[540] Palandt-*Diederichsen*, § 1684, Rn. 30.
[541] Staudinger-*Rauscher*, § 1684, Rn. 184.
[542] *Bugla*, Sorge- und Umgangsrecht, S. 169.
[543] OLG Nürnberg, FamRZ 2002, 413 (414).
[544] Staudinger-*Rauscher*, § 1684, Rn. 224.
[545] *Motzer* in FamRZ 2000, 925 (931); zum früheren Streit um diese Frage: Staudinger-*Peschel-Gutzeit*[12], § 1634 a.F., Rn. 438 f.
[546] Staudinger-*Rauscher*, § 1684, Rn. 240.
[547] Johannsen/Henrich/*Jaeger*, Eherecht, § 1684, Rn. 33.
[548] OLG Celle, MDR 2001, 395 - umgangsunwilliger, nichtehelicher Vater.

(b) Gerichtliches Vermittlungsverfahren, § 52 a FGG

Das gerichtliche Vermittlungsverfahren, das der durch das KindRG neu gefasste § 52 a FGG vorsieht, soll den Eltern Gelegenheit geben, mit Hilfe des Gerichts eine gütliche Einigung über Streitigkeiten hinsichtlich einer bereits vorliegenden gerichtlichen Umgangsrechtsentscheidung herbeizuführen. Voraussetzung ist damit, dass ein Titel, d.h. eine gerichtliche Entscheidung oder eine gerichtlich gebilligte Parteivereinbarung besteht, die den Umgang mit dem Kind regelt oder ausschließt, und aus dem die Vollstreckung nach § 33 FGG möglich ist.[549] Das Vermittlungsverfahren stellt eine Vorstufe zur Anordnung von Zwangsmitteln dar.[550] Aussicht auf Erfolg hat es aus diesem Grunde nur, wenn sich die Eltern nicht bereits mit gegensätzlichen Anträgen gegenüberstehen. Parteien des Verfahrens können nur die gemäß §§ 1591, 1592 BGB zu bestimmenden Eltern eines gemeinschaftlichen Kindes sein, also nicht etwa Umgangsberechtigte im Sinn des § 1685 BGB. Gegenständlich ist das Verfahren auf das Umgangsrecht beschränkt.[551] Das Kind verfügt hier - soweit es 14 Jahre alt ist - über ein eigenes Beschwerderecht (§ 59 Abs. 1 und 3 FGG).

(c) Verfahrensdauer und kindliches Zeitempfinden

Bei der Bestimmung der angemessenen Entscheidungsfrist ist nicht ohne weiteres von den Maßstäben eines Erwachsenen auszugehen. Entscheidend zu berücksichtigen ist vielmehr das kindliche Zeitempfinden, welches sich von dem eines Erwachsenen unterscheidet.[552] So empfindet ein Kind, je jünger es ist, den Kontaktverlust zu einer Bezugsperson wesentlich früher als endgültig.[553] In kindschaftsrechtlichen Verfahren ist deshalb eine besondere Sensibilität für die Problematik der Verfahrensdauer erforderlich.[554] Denn jede Verfahrensverzögerung führt wegen der eintretenden Entfremdung schon rein faktisch zu einer Vorentscheidung noch bevor ein richterlicher Spruch vorliegt.[555]

Das Bundesverfassungsgericht sieht den Anspruch des umgangsberechtigten Vaters auf Gewährung effektiven Rechtsschutz aus Art. 2 Abs. 1 i.V.m. Art. 20 Abs. 3 Grundgesetz verletzt, wenn das erstinstanzliche Gericht innerhalb eines Zeitraums von zweieinhalb Jahren nicht über seinen Antrag auf Bestellung eines

---

[549] *Oelkers* in ZfJ 1999, 263 (264).

[550] OLG Hamm, FamRZ 1998, 1303 (1303); a.A. OLG Bamberg, FamRZ 2001, 169 (170): die fehlende Durchführung eines Vermittlungsverfahrens gemäß § 52 a FGG stellt aber kein Hindernis für die Zwangsvollstreckung nach § 33 FGG dar; zu § 33 FGG siehe unten Teil C I: 4. b. (4) (a).

[551] *Prinz zu Wied* in FuR 1998, 193.

[552] BVerfG, FamRZ 2000, 413; BVerfG, FamRZ 2001, 753 (754); BVerfG, JAmt (DA-Vorm) 2001, 89; *Keller*, Gemeinsames Sorgerecht, S. 102; zum Folgeproblem des kindlichen Empfindens von zeitlichen Abständen bei Umgangsrechten *Plattner* in FamRZ 1993, 384 f.

[553] BVerfG, FamRZ 2001, 753 (754).

[554] Dazu auch *Heilmann* in ZfJ 1998, 317.

[555] BVerfG, FamRZ 2001, 753 (753), dazu auch *Brötel* in DEuFamR 1999, 143 (144 f.).

Ergänzungspflegers zur Sicherstellung des von der Mutter trotz bestehender gerichtlichen Regelung verweigerten Umgangs mit dem damals siebenjährigen Kind entschieden hat.

(5) Umgangsrecht des Kindes mit Dritten: § 1685 BGB in Abgrenzung zu § 1626 Abs. 3 BGB

Das Sorgerechtsgesetz[556] und das KindRG haben in der Erkenntnis, wie wichtig der Umgang des Kindes, das heute häufig in einer Kleinfamilie und/oder gestörten Familienverhältnissen aufwächst, mit Verwandten und Dritten ist, die Umgangsrechte anderer Personen, denen keine eigene Sorgeberechtigung zusteht, gestärkt. § 1626 Abs. 3 BGB übernimmt hier die Funktion einer Generalklausel. Die Vorschrift postuliert als in der Regel zum Wohl des Kindes gehörend seinen Umgang mit beiden Elternteilen (Satz 1) und anderen Personen, zu denen es Bindungen hat, die für seine Entwicklung förderlich sind (Satz 2). § 1685 BGB[557] nennt als Personenkreis Großeltern, Geschwister, den Ehegatten oder den früheren Ehegatten des Elternteils, der mit dem Kind längere Zeit in häuslicher Gemeinschaft gelebt hat und Personen, bei denen das Kind längere Zeit in Familienpflege war.

Der Kreis der Umgangsberechtigten wird aber nicht durch die Generalklausel des § 1626 Abs. 3 BGB, sondern ausschließlich durch die §§ 1684 und 1685 BGB bestimmt.[558] So hat das Kind gegenüber den in § 1685 BGB genannten Personen auch kein eigenes Umgangsrecht wie gegenüber den Eltern.[559] Das Umgangsrecht dieser sonstigen Personen wird als für das Kind regelmäßig von geringerer Bedeutung angesehen als das der Eltern. Der Gesetzgeber hat das Umgangsrecht gemäß § 1685 BGB aus diesem Grunde auch nicht als Anspruch des Kindes und Verpflichtung der Bezugsperson ausgestaltet.[560]

Der Unterschied zwischen den in § 1626 Abs. 3 und in §§ 1684 und 1685 BGB genannten Personengruppen zeigt sich bei der Frage der Bewilligung und des Ausschlusses des Umgangsrechts: Eltern, denen der Kontakt zu ihrem Kind nicht bereits kraft elterlicher Sorge zusteht, haben automatisch ein Recht auf Umgang. Bei ihnen kann der Umgang nur eingeschränkt oder ausgeschlossen werden, wenn dies zum Wohl des Kindes erforderlich ist (vgl. §§ 1626 Abs. 3

---

[556] Gesetz zur Neuregelung des Rechts der elterlichen Sorge vom 18. Juni 1979 (BGBl. I, S. 1061); BT-Drucksache 7/2060.

[557] Zur Entstehungsgeschichte des § 1685 BGB *Schulze* in FuR 1996, 275 ff.

[558] OLG Bamberg, FamRZ 1999, 810: der nichteheliche Lebensgefährte der Mutter des Kindes gehört damit nicht zu den umgangsberechtigten Personen; OLG Frankfurt, NJW-RR 1998, 937: ebenso wenig die Großeltern.

[559] *Rauscher* in FamRZ 1998, 329 (332); so ausdrücklich OLG Köln, FamRZ 1998, 695; anders jedoch *Rauscher*, Familienrecht, § 34, Rn. 119, ein eigenes Umgangsrecht ebenfalls bejahend; *Oelkers* in ZfJ 1999, 263 (264).

[560] *Niepmann* in MDR 1998, 565 (567 f.).

Satz 1, 1684 Abs. 4 BGB). Anderen Bezugspersonen hingegen ist der Umgang von Gesetzes wegen überhaupt nur zu eröffnen, wenn die Aufrechterhaltung des Kontakts für die Entwicklung des Kindes förderlich ist (vgl. § 1626 Abs. 3 Satz 2 BGB). Sofern Bindungen des Kindes bestehen, ist die Kindeswohldienlichkeit des Umgangs mit Großeltern, Geschwistern etc. zu vermuten.[561]
Als Tendenz in der Rechtsprechung ist allerdings zu beobachten, dass sich die Gerichte im Zweifel zugunsten der Kleinfamilie entscheiden, wenn es nicht gelingt, die Differenzen zwischen Eltern und Großeltern auszuräumen.[562] Ein Umgangsrecht für die Großeltern wird in diesem Fall als nicht förderlich für das Kindeswohl angesehen.[563]

(6) Auskunftsrecht als Teil des Umgangsrechts, § 1686 BGB

Wird das Umgangsrecht eines Elternteils eingeschränkt oder ganz ausgeschlossen, so nimmt dessen Auskunftsanspruch nach § 1686 BGB eine Ersatzfunktion ein.[564] Aber auch inhaltlich losgelöst von seiner bloßen Ersatzfunktion für den fehlenden Umgang und unabhängig von der Regelung der elterlichen Sorge, gibt § 1686 BGB jedem Elternteil bei berechtigtem Interesse gegen den anderen Elternteil einen Anspruch auf Auskunft über die persönlichen Verhältnisse des Kindes, soweit dies dem Wohl des Kindes nicht widerspricht und dem anderen Elternteil zumutbar ist.[565] Der Auskunftsanspruch des einen Elternteils geht aber nicht soweit, dass er vom betreuenden Elternteil die laufende Führung eines Tagebuchs über die Lebensführung des Kindes verlangen kann.[566] Der Anspruch kann auch bei bestehendem Besuchskontakt, sogar bei Fortbestand der gemeinsamen Sorge im Fall des Getrenntlebens der Eltern bestehen.[567] Anspruchsgegner ist der sorgeberechtigte Elternteil oder bei gemeinsamer Sorge derjenige, der das Kind in seiner Obhut hat.[568] Ein berechtigtes Interesse ist stets dann zu bejahen, wenn für den betroffenen Elternteil keine andere Möglichkeit besteht, Auskunft zu erlangen.
Dieses Auskunftsrecht gilt nicht für die in § 1685 BGB genannten Personen.

---

561 *Rauscher*, Familienrecht, § 34, Rn. 1121; zur Bindungen zu Geschwistern: *Spangenberg/Spangenberg* in FamRZ 2002, 1007 ff.
562 So zum Beispiel OLG Hamm, FamRZ 2002, 48 mit Anm. *Spangenberg/Spangenberg*; OLG Frankfurt, NJW-RR 1998, 937 (937); OLG Köln, FamRZ 1998, 695 (696 a.E.).
563 So unter anderem OLG Hamm, FamRZ 2000, 1601 (1602); OLG Koblenz, FamRZ 2000, 1111; OLG Hamm, FamRZ 2000, 1110; zur Beweislast hinsichtlich der Frage, ob der Umgang mit den Großeltern dem Kindeswohl dient: *Liermann*, FamRZ 2001, 704 f.; Johannsen/Henrich/*Jaeger*, Eherecht, § 1684, Rn. 5; zur Unbestimmtheit des Kindeswohlbegriffs schon *Schulze* in FuR 1996, 275 (276).
564 OLG Brandenburg, FamRZ 2000, 1106 (1107).
565 *Von Luxburg*, Kindschaftsrecht, Rn. 114; *Rauscher*, Familienrecht, § 34, Rn. 1124 f.
566 OLG Koblenz, FamRZ 2002, 980.
567 *Motzer* in FamRZ 2001, 1034 (1042).
568 *Ziegler/Mäuerle*, Familienrecht, Rn. 506.

(7) Tätigwerden des Familiengerichts

Alle im Zusammenhang mit der Sorge und dem Umgangsrecht stehenden Rechtsfragen sind nunmehr einheitlich dem Familiengericht übertragen worden. Das Familiengericht kann über den Umfang des Umgangsrechts entscheiden und seine Ausübung auch gegenüber Dritten näher regeln (§ 1684 Abs. 3 Satz 1 BGB). Die Zuständigkeit des Familiengerichts umfasst gemäß § 23 lit. b) Abs. 1 Nr. 2 und 3 GVG das Sorge- und Umgangsrechtsverfahren in seiner Gesamtheit.[569] Neu eingeführt ist die Möglichkeit, dass das Familiengericht das Umgangsrecht oder den Vollzug früherer Entscheidungen über das Umgangsrecht einschränken oder ausschließen kann, soweit dies zum Wohl des Kindes erforderlich ist (§ 1684 Abs. 4 Satz 1 BGB). Es kann insbesondere anordnen, dass der Umgang nur stattfinden darf, wenn ein mitwirkungsbereiter Dritter anwesend ist (§ 1684 Abs. 4 Satz 3 1. Halbsatz BGB).

(8) Der zivilrechtliche Schutz des Umgangsrechts

(a) Schutz des Umgangsrechts gemäß § 280 Abs. 1 BGB

Der umgangsberechtigte Elternteil kann vom anderen Elternteil Schadensersatz gemäß § 280 Abs. 1 BGB verlangen, wenn ihm der andere Elternteil den Umgang nicht in der vom Familiengericht vorgesehenen Art und Weise gewährt und ihm daraus Mehraufwendungen entstehen.[570] Das jedem Elternteil eröffnete Recht zum Umgang mit dem Kind begründet zwischen dem Umgangsberechtigten und dem zur Gewährung des Umgangs Verpflichteten ein gesetzlichen Rechtsverhältnis familienrechtlicher Art, das durch § 1684 Abs. 2 Satz 1 BGB näher ausgestaltet wird und an dem das Kind als Begünstigter teilhat.[571] Das Umgangsrecht, das durch die familiengerichtliche Entscheidung konkretisiert worden ist, muss von den Beteiligten beachtet werden. Jede Weigerung, die gerichtlichen Vorgaben zur Ausübung des Umgangsrechte ist als Pflichtverletzung im Sinn des § 280 Abs. 1 BGB anzusehen. Liegen triftige Gründe für eine Nichtbeachtung des Umgangsrechts vor, so stehen dem Betroffenen nur die Möglichkeit der Beschwerde gegen die familiengerichtliche Entscheidung oder die Anregung an das Gericht, die Entscheidung aufgrund geänderter Umstände abzuändern, offen. Eine eigenmächtige Modifizierung ohne Zustimmung des anderen Elternteils scheidet aus, denn sie liefe auf eine Aushöhlung der - für alle Beteiligten bindenden - Entscheidung des Familiengerichts hinaus.

---

569 *Niepmann* in MDR 1998, 565 (568).
570 BGH, FamRZ 2002, 1099 ff.
571 BGH, FamRZ 2002, 1099 ff.; dazu Anmerkung *Löhnig* in JA 2003, 102 (103).

(b) Schutz des Umgangsrechts gemäß §§ 823, 1004 BGB

Das Umgangsrecht zählt auch zu den absoluten Rechten im Sinn der §§ 823[572] und 1004 BGB.[573] Wie das Sorgerecht ist das Umgangsrecht ein absolutes Recht, das gegenüber jedermann wirkt. Seine Verletzung begründet Schadenersatzansprüche aus § 823 Abs. 1 BGB und Unterlassungsansprüche analog § 1004 BGB.[574] Da das Umgangsrecht dem Sorgerecht nicht nachrangig ausgestaltet ist, wirkt das Umgangsrecht als absolutes Recht auch gegenüber dem (Mit-)Inhaber der elterlichen Sorge.[575]

Die Verletzung des Umgangsrechts kann schadenersatzpflichtig machen; z.B. können Kosten einer vorbereiteten, infolge Vereitelung des Umgangsrechts aber unnötigen Reise verlangt werden.[576] Allgemein anerkannt ist die Schutzfähigkeit des Rechts der elterlichen Sorge, z.B. gegenüber der Vorenthaltung des Kindes selbst.[577] Daher haben Eltern einen Anspruch auf Erstattung der Kosten für die Rückführung des Kindes, einschließlich der Detektivkosten zur Ermittlung des Aufenthaltsortes des von dem anderen Elternteil entzogenen Kindes.[578] Eine Verletzung des Kindes durch einen Dritten ist hingegen nicht zugleich ein Eingriff in das Sorgerecht.[579] Gerichtsstand für derartige Prozesse, wenn die gegen Dritte gerichtet sind, ist derjenige der unerlaubten Handlung (§ 32 ZPO).[580]

Eine frühere Ansicht lehnte einen zivilrechtlich-deliktischen Schutz des Umgangsberechtigten gegenüber dem Sorgerechtsinhaber ab.[581] Begründet wurde diese Ansicht damit, dass das Umgangsrecht zwar schon ein absolutes Recht i.S.d. § 823 Abs. 1 BGB sei, aber eben eingeschränkt durch die Befugnisse des Sorgerechtsinhabers.[582] Nach heutiger Auffassung wirkt das Umgangsrecht jedoch als absolutes Recht auch gegenüber dem Inhaber oder Mitinhaber der elterlichen Sorge. Das Umgangsrecht steht jedenfalls in seiner Ausgestaltung nach

---

572 AG Essen, FamRZ 2000, 1110 (Ersatzanspruch von nutzlos aufgewendeten Fahrtkosten gegenüber dem den Umgang verweigernden Elternteil).

573 Erman-*Michalski*, § 1684, Rn. 5; Johannsen/Henrich/*Jaeger*, Eherecht, § 1684, Rn. 7.

574 *Rauscher*, Familienrecht, Rn. 1098; RGZ 141, 319 (320); BGHZ 111, 168 (172); LG Aachen, FamRZ 1986, 713 (714).

575 Dazu AG Gütersloh, FamRZ 1998, 576: Schadenersatz wegen Anreisekosten bei vereiteltem Umgangsbesuch eines nichtehelichen Vaters.

576 So schon RG, JW 1913, 202 (202 f.), Nr. 14 - mit allerdings der heute nicht mehr tragfähigen Begründung, das Recht der elterlichen Gewalt sei ein dem Eigentum gleichstehendes Recht; AG Gütersloh, FamRZ 1998, 576.

577 Erman-*Schiemann*, § 823, Rn. 46.

578 BGHZ 111, 168 (172) - für das Sorgerecht.

579 BGHZ 106, 28 ff., dem verletzten Kind steht freilich ein Anspruch auf Erstattung der Besuchskosten seiner Eltern als Teil der Heilungskosten zu; BGH VersR 1961, 272; BGH NJW 1991, 2340 (2340 f.); LG Aachen, FamRZ 1986, 713 (714).

580 LG Aachen, FamRZ 1986, 713.

581 Dazu Staudinger-*Peschel-Gutzeit*[12], § 1634, Rn. 32, 36.

582 Staudinger-*Peschel-Gutzeit*[12], § 1634, Rn. 32.

der Kindschaftsrechtsreform durch § 1684 BGB nicht in einem nachgeordneten Verhältnis zu dem Sorgerecht, auf dessen Inhaberschaft es nicht ankommt.[583]

(9) Der strafrechtliche Schutz des Umgangsrechts, § 235 StGB

Nicht unumstritten ist die Rechtsprechung des BGH zum strafrechtlichen Schutz des Umgangsrechts.[584] Nach zutreffender ständiger Rechtsprechung kann auch der allein sorgeberechtigte Elternteil den Straftatbestand der Kindesentführung (§ 235 Abs. 2 StGB) erfüllen, wenn er dem Umgangsberechtigten das Kind durch Drohung oder List (Verbringung ins Ausland unter planmäßiger Verwischung der Spuren[585]) entzieht. Dieser Schutz dient vor allem der Generalprävention angesichts eines häufig im Umgangsrechtsstreit verdrängten Unrechtsbewusstseins.[586]
Begründet wird der strafrechtliche Schutz des Umgangsrechts aus der verfassungsrechtlichen Elternstellung, nicht allein aus der familienrechtlichen Stellung des Sorgeberechtigten.[587] Geschütztes Rechtsgut des § 235 StGB ist vorrangig das Sorgerecht und das daraus abgeleitete Obhuts- und Aufenthaltsbestimmungsrecht. Mittelbar dient die Vorschrift dem Schutz des Kindes, nämlich dessen ungestörter körperlichen und seelischen Entwicklung.[588] Zudem besteht – wie die Praxis oft zeigt – ein tatsächliches Bedürfnis für einen generalpräventiven Schutz des Umgangsrechts: oft könne nur die strafrechtliche Androhung einer Freiheitsstrafe den tatbereiten Elternteil noch davon abhalten, mit der Entführung des Kindes ins Ausland vollendete Tatsachen zu schaffen.[589]
Der Schutz des Umgangsrechts schöpft maßgeblich seine Rechtfertigung aus der Aufrechterhaltung und Kontinuität der Eltern-Kind-Beziehung und dem Erhalt des Umgangselternteils als potentiell für die elterliche Sorge bereitstehenden „Reserveelternteils". Die Rechtsprechung zieht dabei eine Parallele zu der Einordnung des Umgangsrechts als absolutes Recht. Eine an diesem Zweck orientierte Auslegung des strafrechtlichen Schutzgutes „Erziehungsrecht" gebiete die Einbeziehung des Umgangsrechts in den strafrechtlichen Schutz.[590]
Die von Kritikern dieser Rechtsprechung vertretene Auffassung, der familienrechtliche Schutz des Umgangsrechts reiche aus und strafrechtlicher Druck - der im Übrigen gegenüber dem Umgangsberechtigten nie als unangebracht ange-

---

[583] Staudinger-*Peschel-Gutzeit*, § 1684, Rn. 26.
[584] Nachweise bei Staudinger-*Peschel-Gutzeit*, § 1684, Rn. 28.
[585] BGH, FamRZ 1999, 651 (652): Ausreise zu Land, um aus London nach Pakistan zu fliegen, Vermeidung der Visabeantragung bei der pakistanischen Vertretung in Deutschland.
[586] *Rauscher*, Familienrecht, Rn. 1098.
[587] Staudinger-*Rauscher*, § 1684, Rn. 28; kritisch zum Schutz des Umgangsrechts *Geppert*, in: Gedächtnisschrift Kaufmann (1986), 759 (775 ff.).
[588] *Büte*, Umgangsrecht, Rn. 120.
[589] *Motzer* in FamRZ 2000, 925 (927).
[590] BGH, FamRZ 1999, 651 (652).

sehen wurde - sei unangebracht und/oder ineffizient,[591] wird durch die Praxis widerlegt. Gerade weil gerichtliche Ausreiseverbote den zur Verbringung des Kindes ins Ausland entschlossenen Elternteil nicht abschrecken, die Anordnung der Passhinterlegung unzulässig ist und eine regelmäßige Umgangsüberwachung im Wege des sogenannten beschützten Umgangs ausländische Elternteile diskriminiert, bedarf es eines generalpräventiven strafrechtlichen Schutzes, der dem tatbereiten Elternteil vor Augen führt, dass er bei seiner Wiedereinreise nicht nur mit - im Kindesinteresse sanften - Tadel durch das Familiengericht, sondern mit Freiheitsstrafe zu rechnen hat.[592]
Grundsätzlich kann eine Kindesentziehung auch von einem Elternteil gegenüber dem anderen begangen werden, sofern jedem Elternteil das Personensorgerecht zumindest teilweise zusteht.[593] Nicht anderes gilt, wenn einem Elternteil das alleinige Sorgerecht zusteht und der andere Elternteil nur ein Umgangsrecht aus §§ 1684 ff. BGB ausübt.[594]

5. Zusammenfassung: Wesen und Zweck des Umgangsrechts

Das Umgangsrecht der Eltern erwächst aus dem in Art. 6 Grundgesetz als Grundrecht anerkannten natürlichen Elternrecht und der damit verbundenen Verantwortung.[595] Schon für die Regelung des § 1634 Abs. 1 BGB a.F. war anerkannt, dass dieser das - damals noch so bezeichnete[596] - „Verkehrsrecht" nicht konstituiert, sondern nur deklariert. Das Umgangsrecht ist als höchstpersönliches Recht nicht übertragbar. Auch seine Ausübung kann niemandem, nicht einmal Verwandten, überlassen werden. Seitdem § 1684 Abs. 1 BGB eine Pflicht der Eltern zum Umgang enthält, ist auch ein Verzicht ausgeschlossen,[597] nicht jedoch eine zeitliche oder räumliche Begrenzung[598].
Das Umgangsrecht soll dem berechtigten Elternteil die Möglichkeit geben, sich laufend von der Entwicklung und dem Wohlergehen des Kindes zu überzeugen und die zwischen ihnen bestehenden Bande zu pflegen, d.h. einer Entfremdung

---

[591] So noch Staudinger-*Peschel-Gutzeit*, § 1634 a.F.[12], Rn. 36).
[592] Staudinger-*Peschel-Gutzeit*, § 1684, Rn. 28.
[593] BGH, FamRZ 1999, 651 (651) m.w.N.
[594] BGH, FamRZ 1999, 651 (651).
[595] BVerfGE 64, 180 (188) zu § 1634 Abs. 1 Satz 1 BGB a.F.; vgl. Erman-*Michalski*, Vor § 1626, Rn. 9 bis 17; *Dörr* in NJW 1989, 690 (692); Staudinger-*Peschel-Gutzeit*[12], § 1623 a.F., Rn. 42; zum praktisch nicht bedeutsamen Meinungsstreit über die Rechtsnatur des Umgangsrechts vgl. Johannsen/Henrich/*Jaeger*, Eherecht, § 1684, Rn. 6.
[596] Vgl. oben Teil C I 3. a.
[597] Erman-*Michalski*, § 1684 Rn. 5 zur früher strittigen Frage, ob ein Verzicht auf das Umgangsrecht an eine Freistellung von Unterhaltszahlungen für das Kind gekoppelt werden konnte.
[598] Vgl. § 1684 Abs. 4 Satz 2 BGB.

vorbeugen und dem Liebesbedürfnis beider Teile Rechnung tragen.[599] Es ist nicht darauf ausgerichtet, das Kind zu erziehen oder den anderen Elternteil zu überwachen.[600] Unter dem Blickwinkel des Kindes, in dessen Interesse die Umgangsbefugnis vornehmlich gewährleistet wird[601], soll die Ausübung des Umgangsrechts durch die Eltern gerade einer vom Kind gewünschten Aufrechterhaltung der Beziehungen zu beiden Eltern – trotz deren Trennung voneinander – dienen.[602] Dies entspricht heute nicht mehr in Frage gestellten familienpsychologischen Erkenntnissen, dass es für eine gedeihliche seelische Entwicklung des Kindes und für die psychische Verarbeitung der Trennung der Eltern und der Familienauflösung sehr bedeutsam ist, auch den nicht für ihn sorgenden Elternteil nicht faktisch zu verlieren, sondern die Beziehung zu ihm so gut wie möglich aufrechtzuerhalten.[603] Mit Blick auf die Zukunft kann ein regelmäßiger Umgang für das Kind auch die Umstellung auf eventuell veränderte Verhältnisse wie die Änderung der Sorgerechtsentscheidung zum Beispiel aufgrund des Todes des sorgeberechtigten Elternteils und die Beziehung zu dem nun sorgeberechtigten Elternteil erleichtern.[604]

II. Qualifikation

Im Anschluss an die inhaltliche Bestimmung des Umgangsrechts ist mit Hilfe des international privatrechtlichen Instituts der Qualifikation das auf das Umgangsrecht anwendbare Recht zu ermitteln.

1. Qualifikation als Auslegungsproblem

Mit Hilfe der Qualifikation soll der Geltungsbereich der einzelnen Kollisionsnormen bestimmt werden.[605] Im Wege der Qualifikation erfolgt die Auslegung von Kollisionsnormen, die in ihrem Tatbestand so genannte Anknüpfungs-

---

599 BVerfGE 32, 194 (205); BGH, FamRZ 1999, 651 (652); BGH, NJW 1969, 422; BGH, NJW 1987, 893 (896); BGH, FamRZ 1987, 356 (358); BGHZ 42, 364 (371) = BGH, FamRZ 1965, 130 (131); BGHZ 51, 219 (222) = BGH, FamRZ 1969, 148 (149); Palandt-*Diederichsen*, § 1684, Rn. 2.

600 Palandt-*Diederichsen*, §1684, Rn. 2; mit Einschränkungen Staudinger-*Rauscher*, § 1684, Rn. 42.

601 BVerfG, FamRZ 1983, 872 (874); BGH, FamRZ 1982, 1179 (1182).

602 Vgl. OLG München, FamRZ 1999, 1006; Johannsen/Henrich/*Jaeger*, Eherecht, §1684, Rn. 3.

603 Vgl. *Klenner* in FamRZ 1995, 1529 ff.; *Mackscheidt* in FamRZ 1993, 254 ff.; *Wichmann* in FuR 1996, 161 (165); zum Parental Alienation Syndrom (PAS) vgl. *Rauscher*, Familienrecht, § 34, Rn. 1100 m.w.N.; zu langfristigen Auswirkungen der elterlichen Scheidung auf die Kinder: *Wallerstein/Lewis* in FamRZ 2001, 65 ff.

604 BVerfGE 64, 180 (189); BGH, FamRZ 1999, 651 (652 „Reserveelternteil"); Staudinger-*Peschel-Gutzeit*[12], § 1634 a.F., Rn. 44; ablehnend Staudinger-*Rauscher*, § 1684, Rn. 40.

605 *Kegel/Schurig*, IPR, § 7 IV, S. 304; *Siehr*, Internationales Privatrecht, S. 429.

gegenstände oder Systembegriffe enthalten.[606] Wie jedes im Gesetz verwendete Wort kann auch die Bedeutung dieser Systembegriffe zu Zweifeln führen. Bei Kollisionsnormen ist dies in erhöhtem Maße der Fall, weil sie in ihrem Tatbestand einen durch die Aufgabe des internationalen Privatrechts bedingten hohen Abstraktionsgrad aufweisen.[607]

2. Problemstellung bei der Qualifikation

Bei der Auslegung von Kollisionsnormen stellt sich die Frage, nach welchem Recht sie zu erfolgen hat.[608] Das auf die Qualifikation anwendbare Recht wird als Qualifikationsstatut bezeichnet. Bei seiner Bestimmung tauchen typischerweise Probleme in drei Richtungen auf.
Bei Systemunterschieden zwischen dem eigenen und dem fremden materiellen Recht kann es vorkommen, dass das betreffende Rechtsinstitut nicht unter ein und denselben Systembegriff eingeordnet werden kann oder dass zwei verschiedene Kollisionsnormen für dasselbe Rechtsinstitut existieren.[609] Weiterhin ergibt sich ein Problem, wenn im materiellen Recht unbekannte Rechtserscheinungen einer Kollisionsnorm zugeordnet werden müssen (so genannte Systemlücke im materiellen Recht).[610] Im dritten Fall treten Systemunterschiede zwischen dem eigenen materiellen Recht und dem eigenen internationalen Privatrecht auf, d.h. das eigene internationale Privatrecht ordnet die Systembegriffe anders als im materiellen Recht ein.[611]

3. Lösungen

Zur Lösung dieser Qualifikationskonflikte[612] werden drei Ansätze vertreten: Bei der Qualifikation nach der lex fori wird für die Auslegung der Kollisionsnorm das Recht angewendet, aus dem die Kollisionsnorm stammt. Die Theorie von der lex causae will den Inhalt der Kollisionsnorm nach dem von ihr berufenen ausländischen Recht bestimmen. Eine dritte Ansicht sieht eine autonome Auslegungsmethode als geeignet an und sucht zwischen den beiden erst genannten gegensätzlichen Standpunkten einen systemgerechten Ausgleich.

a. Qualifikation nach der lex fori

Die herrschende Ansicht geht davon aus, dass Kollisionsnormen als nationale Rechtsnormen nach den Grundsätzen der Rechtsordnung auszulegen sind, aus

---

606 Palandt-*Heldrich*, Einl v Art. 3 EGBGB, Rn. 27.
607 *Kropholler*, IPR, § 15 I 2, S. 110.
608 *Rabel* in RabelsZ 5 (1931), 241 (242).
609 Beispiel dazu bei Soergel-*Kegel*, Vor Art. 3 EGBGB, Rn. 113.
610 Beispiele dazu bei Soergel-*Kegel*, Vor Art. 3 EGBGB, Rn. 114.
611 Beispiele bei Soergel-*Kegel*, Vor Art. 3 EGBGB, Rn. 112.
612 Zum Begriff *Rabel* in RabelsZ 5 (1931), 241 (242).

der sie stammen.[613] Die Theorie der lex fori geht zurück auf Bartin und Kahn.[614] Bartin zufolge heißt fremdes Recht anzuwenden, im Interesse der Gerechtigkeit auf eigene Souveränität zu verzichten.[615] Die Grenzen dieses Verzichts kann aber immer nur die eigene Rechtsordnung bestimmen.[616] Auch Kahn geht davon aus, dass das fremde Recht nur angewendet werden soll, wenn es der eigene Gesetzgeber so will.[617]

b. Qualifikation nach der lex causae

Die Theorie der lex causae löst sich von der eigenen Sachrechtssystematik und bezeichnet als Systembegriffe diejenigen des berufenen materiellen ausländischen Rechts.[618] Daraus folgt, dass die in den eigenen Kollisionsnormen vorkommenden Systembegriffe – je nach dem materiellen Recht, auf das sie verweisen – wechselnde Inhalte haben. Hier offenbart sich schon die Schwäche dieser Theorie. Mit Hilfe der Qualifikation soll nämlich erst einmal das anzuwendende ausländische Recht ermittelt werden. Wie kann dieses dann bereits zur Auslegung derjenigen Kollisionsnorm herangezogen werden, welche anschließend erst das berufene Recht bestimmen soll?[619] Neben diesem bekannten Argument des Zirkelschlusses wird gegen die lex causae-Theorie vorgebracht, sie führe oft zu Normenmangel oder umgekehrt zu Normenhäufung, welche im Wege der Angleichung zu lösen ist.[620]

c. Autonome bzw. kollisionsrechtliche Qualifikation

Unter einer autonomen bzw. kollisionsrechtlichen Qualifikation versteht man die Auslegung der Kollisionsnormen unabhängig vom Sachrecht, allein orientiert an rechtsvergleichenden bzw. teleologischen Erwägungen.[621] Die autonome Qualifikation will sich weder an das eigene, noch an das ausländische Sachrecht binden und entwickelt eigene, neue Maßstäbe. Rabel sah in ihr „eher eine Methode als eine Theorie".[622] Hintergrund dieser Methode ist, dass bestimmte Lebensverhältnisse überall auf der Welt gleich sind. Diese verschiedenen nationalen Rechtsinstitute, die denselben rechtspolitischen Zielen dienen, sind durch

---

[613] *Rabel* in RabelsZ 5 (1931), 241 (249); *Meyer-Sparrenberg*, Staatsvertragliche Kollisionsnormen, S. 130; BGHZ 29, 137 (139); BGHZ 44, 121 (124); *Neuhaus*, Grundbegriffe, § 15 I 1, S. 123; *Raape/Sturm*, IPR, S. 277; Palandt-*Heldrich*, Art. 3 EGBGB, Rn. 27.

[614] Vgl. *Mistelis*, Charakterisierung und Qualifikation, S. 41 ff.; *Weber*, Theorie der Qualifikation, S. 31, 44 f.; *Kegel/Schurig*, IPR, § 7 III 2 a), S. 287 ff.

[615] *Mistelis*, Charakterisierung und Qualifikation, S. 43.

[616] *Mistelis*, Charakterisierung und Qualifikation, S. 45.

[617] Vgl. dazu *Kegel/Schurig*, IPR, § 7 III 2 a), S. 287 ff.

[618] *Kegel/Schurig*, IPR, § 7 III 2 b), S. 290 ff.

[619] *Kropholler*, IPR, § 16 II 1, S. 119.

[620] Dazu Soergel-*Kegel*, Vor Art. 3 EGBGB, Rn. 118.

[621] *Kegel/Schurig*, IPR, § 7 III 3, S. 293 ff.

[622] *Rabel* in RabelsZ 5 (1931), 241-288; *ders.*, Conflict of Laws, I, S. 54.

Rechtsvergleichung zu ermitteln.[623] Die kollisionsrechtliche Lösung orientiert sich im Ausgangspunkt ihrer Überlegungen am Zweck der fraglichen deutschen Kollisionsnorm. Fügt sich ausnahmsweise ein fremdes Rechtsinstitut auf diese Art in keine der vorhandenen deutschen Kollisionsnormen ein, so muss eine neue Kollisionsnorm gebildet werden.[624]

d. Ausnahmen von der lex fori

Die grundsätzliche Maßgeblichkeit der lex fori bedeutet jedoch nicht, dass die Rechtsbegriffe der deutschen Kollisionsnormen notwendig mit denen des deutschen materiellen Rechts übereinstimmen. Sie müssen vielmehr entsprechend ihrer kollisionsrechtlichen Funktion oft weiter ausgelegt werden, um auch ausländische Regelungen zu erfassen.[625] Es handelt sich dann nicht mehr um die lex fori-Theorie in Reinform, sondern um eine autonome Auslegung, die sich von den materiellen Sachnormen entfernt und nach der Funktion des ausländischen Rechtsinstituts fragt.

Insbesondere bei der Auslegung von Systembegriffen in Staatsverträgen weicht die Theorie der lex fori von ihrer Prämisse ab, dass grundsätzlich die deutsche materiell-rechtliche Einordnung der Systembegriffe maßgeblich sein soll.[626] Von den Systembegriffen des deutschen materiellen Rechts kann hier im Interesse einer einheitlichen Anwendung nicht ausgegangen werden, höchstens von den gemeinsamen Systembegriffen der beteiligten Staaten.[627] Die Auslegung eines Staatsvertrags nach der jeweiligen lex fori hätte zur Folge, dass sich der Inhalt der Kollisionsnorm von Vertragsstaat zu Vertragsstaat ändern würde. Dies widerspräche dem Ziel der Rechtsvereinheitlichung, die mit einem Staatsvertrag erreicht werden soll.[628] Diese Rechtsvereinheitlichung muss somit im Wege der autonomen oder rechtsvergleichenden Qualifikation erfolgen.[629]

III. Anwendbares Recht (Statut) nach autonomem deutschen Kollisionsrecht

Ausgehend von der Qualifikation des Umgangsrechts nach dem deutschen Sachrecht[630], ist mit Hilfe der Kollisionsnormen des EGBGB das auf Umgangsrechtsregelungen anwendbare Recht zu ermitteln.

---

[623] *Rabel*, Conflict of Laws, I, S. 66 („das Gemeinsame der verschiedenen Institute des nationalen Rechts, die denselben rechtspolitischen Zielen dienen").
[624] Dazu Soergel-*Kegel*, Vor Art. 3 EGBGB, Rn. 120.
[625] Palandt-*Heldrich*, Art. 3 EGBGB, Rn. 27; BGHZ 47, 336.
[626] Dazu *Meyer-Sparrenberg*, Staatsvertragliche Kollisionsnormen, S. 132; *Neuhaus*, Grundbegriffe, § 15 II 2, S. 126.
[627] Soergel-*Kegel*, Vor Art. 3, Rn. 126.
[628] *Kropholler*, IPR, § 9 V, S. 67 f. sowie § 16 II 3, S. 121; *Meyer-Sparrenberg*, Staatsvertragliche Kollisionsnormen, S. 101 ff.
[629] *Meyer-Sparrenberg*, Staatsvertragliche Kollisionsnormen, S. 132.
[630] Vgl. oben Teil C I.

Der Wandel im materiellen Recht, im Bereich des Umgangsrechts grundsätzlich nicht mehr danach zu unterscheiden, ob die Eltern miteinander verheiratet sind oder nicht, setzt sich im internationalen Privatrecht fort.[631] Ausdruck dessen ist die Neufassung des deutschen internationalen Kindschaftsrechts in Art. 21 EGBGB durch das KindRG.

1. Vorrang völkerrechtlicher Normen, Art. 3 Abs. 2 EGBGB

Im Anwendungsbereich des Art. 21 EGBGB bestehen mehrseitige und zweiseitige völkerrechtliche Abkommen, deren Kollisionsregeln der des Art. 21 EGBGB gemäß Art. 3 Abs. 2 Satz 1 EGBGB vorgehen.

Als zweiseitiges staatsvertragliches Abkommen verdrängt das Niederlassungsabkommen zwischen dem deutschen Reich und dem Kaiserreich Persien vom 17. Februar 1929[632] die Kollisionsnorm des Art. 21 EGBGB, wenn alle Beteiligten (Eltern und Kinder) ausschließlich, d.h. ohne deutsche Doppelstaatsangehörigkeit, iranische Staatsangehörige sind. Nach Art. 8 Abs. 3 des Abkommens unterliegen die Beteiligten im Personen-, Familien- und Erbrecht ihrem iranischen Heimatrecht. Das Abkommen geht bei Vorliegen seiner Anwendungsvoraussetzungen auch dem MSA vor.[633]

Die Kollisionsnormen des autonomen deutschen internationalen Privatrechts finden weiterhin keine Anwendung, wenn es sich um eine gerichtliche oder behördliche Schutzmaßnahme für einen Minderjährigen handelt, der in der Bundesrepublik Deutschland oder einem anderen Vertragsstaat des MSA seinen gewöhnlichen Aufenthalt hat.[634]

Gemäß Art. 3 Abs. 2 Satz 2 EGBGB gehen auch Rechtsakte der Europäischen Gemeinschaft den nationalen Kollisionsregeln der Mitgliedstaaten vor.[635] In der Praxis betrifft dies überwiegend sekundäres Gemeinschaftsrecht in Form von in den Mitgliedstaaten unmittelbar geltenden gemeinschaftsrechtlichen Verordnungen. Art. 3 Abs. 2 Satz 2 EGBGB hat jedoch insoweit nur deklaratorische Bedeutung, da sich der Vorrang des Gemeinschaftsrechts gegenüber dem nationalen Recht der Mitgliedstaaten schon aus den allgemeinen Grundsätzen des Gemeinschaftsrechts ergibt.[636] Auch später erlassenes nationales Recht wird von bereits bestehendem Gemeinschaftsrecht verdrängt.[637]

---

[631] *Kropholler* in RabelsZ (59) 1995, 407 (413).

[632] Deutsch-Iranisches Niederlassungsabkommen, RGBl 1930 II, S. 1002, 1006, abgedruckt bei *Jayme/Hausmann* Nr. 23.

[633] *Erman-Hohloch*, Art. 21 EGBGB, Rn. 3 (strittig, vgl. *Rauscher* in JR 1994, 184 zu BGH, JR 1994, 195 ff.); Erman-*Hohloch*, Anh Art. 24 EGBGB, Rn. 45 (zum Verhältnis MSA – Deutsch-iranisches Niederlassungsabkommen); zum MSA vgl. oben Teil B II: 1. a. (2).

[634] BGHZ 78, 293 (294); BGHZ 60, 68 (71); *Andrae*, Internationales Familienrecht, Rn. 533.

[635] Vgl. zur EheVO oben Teil B I.

[636] Vgl. *Oppermann*, Europarecht, Rn. 615 ff.; EuGH, Costa/ENEL, Slg. 1964, 1251 (1270).

[637] *Kropholler*, IPR, § 10, S. 71; EuGH, Costa/ENEL, Slg. 1964, 1251 (1270).

2. Alte Rechtslage vor 1998

Vor Einführung des Art. 21 EGBGB n.F. mit dem Kindschaftsrechtsreformgesetz von 1998 war umstritten, ob für die Verteilung der elterlichen Sorge und damit auch die Regelung des Umgangsrechts für die gemeinsamen Kinder am Ende einer Ehe das Scheidungsstatut oder das Kindschaftsstatut maßgeblich sein sollte.[638]

Schon damals ging die überwiegende Auffassung[639] davon aus, dass sich das anwendbare Recht nach dem Kindschaftsstatut und nicht nach dem Scheidungs(folgen)statut richtet. Die Bundesregierung hatte jedoch mit einer entgegenstehenden Stellungnahme im Rahmen des Reformgesetzes, wonach die Folgen (Wirkungen) der Scheidung gemäß Art. 17 Abs. 1 Satz 1 EGBGB grundsätzlich dem für ihre Voraussetzungen maßgebenden Recht (Scheidungsstatut) unterstehen sollten, für Missverständnisse gesorgt.[640] Diese Einschätzung hatten sich in der Folgezeit zahlreiche Obergerichte[641] mit folgender Argumentation zu eigen gemacht: der Begründung der Bundesregierung zur IPR-Neuregelung sei gerade zu entnehmen sei, dass die Folgen („Wirkungen") der Scheidung, wie etwa die Verteilung des Sorgerechts für die gemeinsamen Kinder, grundsätzlich dem für ihre Voraussetzungen maßgeblichen Recht („Scheidungsstatut") unterstehen sollen, soweit sie nicht durch völkervertragliche Regelungen wie das MSA aus dem Zusammenhang mit der Scheidung herausgenommen oder besonders geregelt seien.[642] Zudem sei durch die Anknüpfung nach Art. 17 Abs. 1 EGBGB die Kontinuität auch auf kollisionsrechtlicher Ebene gewahrt und diene dazu, die Scheidungsfolgen kollisionsrechtlich nicht zusätzlich aufzuspalten.[643] Erst für die spätere Zeit nach der Scheidung – nicht schon für die im Zusammenhang mit der Scheidung als Folgesache zu regelnde elterliche Sorge ab Rechtskraft der Scheidung – sollte Art. 19 Abs. 2 Satz 2 EGBGB a.F. Anwendung finden.[644]

---

[638] Meinungsübersicht bei Erman-*Hohloch*, Art. 17 EGBGB, Rn. 40; *Ehringfeld*, Ausländerfamilien, S. 300-304.

[639] MüKo-*Winkler von Mohrenfels*, Art. 17 EGBGB, Rn. 177; *Henrich* in FamRZ 1986, 841 (852); *Lüderitz* in IPRax 1987, 74 (76); *Kegel*, IPR[6], § 20 X 1 b), S. 588; Johannsen/Henrich/*Henrich*, Eherecht, Art. 21, Rn. 25; *Kropholler* in RabelsZ 59 (1995), 407 (418); *Ehringfeld*, Ausländerfamilien, S. 304; RGZ 162, 329 (332); OLG Düsseldorf, FamRZ 1994, 644; OLG Stuttgart, FamRZ 1997, 958 m.w.N.

[640] BT-Drucksache 10/504, S. 60.

[641] Vgl. nur OLG Frankfurt, IPRax 1991, 190; OLG Hamm, IPRax 1991, 191: offengelassen, da Verstoß gegen Art. 6 EGBGB, womit beide Auffassungen zur Anwendung deutschen Rechts führten; OLG Karlsruhe, IPRax 1993, 97; OLG Frankfurt, FamRZ 1990, 783; OLG Karlsruhe, FamRZ 1992, 1465 (1466).

[642] So zum Beispiel OLG Karlsruhe, FamRZ 1993, 97 (98).

[643] *Piltz*, Internationales Scheidungsrecht, S. 107 ff.

[644] So zum Beispiel OLG Karlsruhe, FamRZ 1993, 97 (98).

Die Vertreter der herrschenden Ansicht, die hingegen das Kindschaftsstatut auf die Verteilung der elterlichen Sorge und des Umgangsrechts infolge einer Scheidung anwenden wollten, führten an, dass die Scheidung nur Anlass für die Verteilung der elterlichen Sorge sei.[645] Der Rechtsgrund hingegen sei im Eltern-Kind-Verhältnis zu sehen, welches einem eigenen Statut unterliege.[646] Teilweise wurde dabei auf einen völkerrechtlichen Aspekt hingewiesen, der bei Anwendung des Scheidungsstatuts außer Acht gelassen werde[647]: bei der Umgangsrechtsregelung infolge der Scheidung handele es sich um eine Schutzmaßnahme im Sinn des Art. 1 MSA. Hat das Kind seinen gewöhnlichen Aufenthalt in Deutschland, dann finde gemäß Art. 1 und 2 MSA deutsches Recht Anwendung und zwar unabhängig davon, aus welchem Anlass die Verteilung der elterlichen Sorge erfolgt. Dies sei dem deutschen Gesetzgeber bei der Abfassung des IPR-Neuregelungsgesetzes bekannt gewesen – wie könne man ihm dann eine Unterscheidung danach unterstellen, ob das Kind seinen gewöhnlichen Aufenthalt in Deutschland oder in einem Nichtvertragsstaat des MSA habe und demzufolge in letzterem Fall eine Qualifikation der Sorgerechtsentscheidung ausschließlich als Scheidungsfolgesache gewollt zu haben? Für einen solchen Unterschied in der Qualifikation besteht kein sachlicher Grund. Diese Streitfrage hat sich heute erledigt, denn mit der Regelung des Art. 21 EGBGB ist die früher herrschende Meinung, nach der das Kindschaftsstatut für Umgangsrechtsregelungen im Zuge der Ehescheidung Anwendung finden sollte, Gesetz geworden.

3. Aktuelle Rechtslage: Art. 21 EGBGB (Kindschaftsstatut)

Heute enthält Art. 21 EGBGB die Kollisionsregel für die Rechtsbeziehungen von Kindern zu Personen, die nach Maßgabe des sich aus Art. 19 EGBGB und aus Art. 22 EGBGB ergebenden Rechts als ihre Eltern gelten.[648] Art. 21 EGBG regelt das Verhältnis des Kindes zu beiden Eltern grundsätzlich umfassend[649] und ist somit auch in Fällen der Regelung des Umgangsrechts infolge einer Scheidung anzuwenden.[650] Ausgespart vom Anwendungsbereich des Art. 21 EGBGB sind lediglich die Beziehungen zwischen Eltern und Kindern, die ausdrücklich zum Anwendungsbereich anderer Kollisionsnormen gehören, wie die Namensbildung (Art. 10 EGBGB), der Unterhalt (Art. 18 EGBGB) oder das Erbrecht (Art. 25 EGBGB).[651]

---

645 *Dörner* in IPRax 1991, 173 (174).

646 MüKo-*Winkler von Mohrenfels*, Art. 17 EGBGB, Rn. 177; *Dörner* in IPRax 1991, 173 (174); *Klinkhardt* in IPRax 1991, 174 (175); AG Einbeck, FamRZ 1991, 590 (591).

647 MüKo-*Winkler von Mohrenfels*, Art. 17 EGBGB, Rn. 177.

648 Erman-*Hohloch*, Art. 21 EGBGB, Rn. 1.

649 Erman-*Hohloch*, Art. 21 EGBGB, Rn. 10.

650 MüKo-*Klinkhardt*, Art. 21 EGBGB, Rn. 9; Palandt-*Heldrich*, Art. 21 EGBGB, Rn. 5; *Kegel/Schurig*, IPR, § 20 X 1, S. 790, 791; BR-Drucksache 180/96, S. 148.

651 Erman-*Hohloch*, Art. 21 EGBGB, Rn. 10.

a. Einheitliche Kollisionsnorm für eheliche und nichteheliche Kinder

Die Vorschrift des Art. 21 EGBGB ist an den Platz der ersatzlos gestrichenen, weil aus der Sicht des deutschen Sachrechts entbehrlich gewordenen Kollisionsnorm der Legitimation (Art. 21 a.F. EGBGB) gerückt. Die nunmehr einheitliche Kollisionsnorm des Eltern-Kind-Verhältnisses spiegelt die Änderung des materiellen Rechts wider, d.h. die Beseitigung des bisherigen Statusunterschiedes Ehelichkeit (Art. 19 Abs. 2 a.F. EGBGB) und Nichtehelichkeit (Art. 20 Abs. 2 a.F. EGBGB).[652] Art. 21 EGBGB gilt auch, wenn das berufene Recht (wie bis 1998 das deutsche oder heute noch das französische Recht[653]) zwischen ehelichen und nichtehelichen Kindern unterscheidet.[654]

b. Anknüpfungskriterium: gewöhnlicher Aufenthalt des Kindes

Die Kollisionsnorm des Art. 21 EGBGB benennt als Statut der Eltern-Kind-Beziehung allein das Recht des gewöhnlichen Aufenthaltes des Kindes.

(1) Gründe für die Anknüpfung an den gewöhnlichen Aufenthalt

Traditionell erfüllt der gewöhnliche Aufenthalt im internationalen Privatrecht die Funktion der stellvertretenden oder sekundären Anknüpfung nach der Staatsangehörigkeitsanknüpfung.[655] Unter dem Einfluss von international privatrechtlichen Normen, die ihren Ursprung in internationalen Abkommen haben, ist dem gewöhnlichen Aufenthalt jedoch nach und nach wachsende Bedeutung auch als Primäranknüpfung zugekommen.[656] Die in neueren Haager Abkommen bevorzugte Aufenthaltsanknüpfung[657] hat in Deutschland im Zuge der IPR-Reform auch zum Zwecke des Gleichklangs von autonomem und staatsvertraglichem internationalen Privatrecht Eingang in das EGBGB gefunden.[658]
Schon vor dem Entwurf zum KindRG stützte sich die Literatur[659] für die Anknüpfung des Kindschaftsstatuts an den gewöhnlichen Aufenthalt auf nachfolgende, vom Reformgesetz übernommene Argumente[660]: Der gewöhnliche Auf-

---

[652] Erman-*Hohloch*, Art. 21 EGBGB, Rn. 2; *Kropholler*, IPR, § 48 IV 4 b), S. 395: für Kinder aus einer bestehenden Ehen kann daher am 1. Juli 1998 ein Statutenwechsel eingetreten sein, denn nach Art. 19 Abs. 2 EGBGB a.F. war bei Ehelichkeit in erster Linie das gesetzliche Ehewirkungsstatut maßgeblich.

[653] Zum französischen Kollisionsrecht, vgl. unten Teil D II. 1.

[654] *Kegel/Schurig*, IPR, § 20 X 1, S. 789.

[655] Dazu Erman-*Hohloch*, Art. 5 EGBGB, Rn. 44.

[656] *Kropholler*, IPR, § 39 III 1, S. 283 f.

[657] Vgl. Art. 1, 3 MSA; Art. 1 ff. Haager Unterhaltsabkommen; Art. 3 Abs. 1 a) HKÜ.

[658] Neben Art. 21 EGBGB seien bereits dessen Vorgänger Art. 19 Abs. 2 und 3 EGBGB a.F., sowie heute auch Art. 20 Satz 2, Art. 19 Abs. 1, Art. 14 Abs. 2 Nr. 2 und Art. 5 Abs. 3 EGBGB genannt.

[659] *Kropholler* in RabelsZ (59) 1995, 407 (417).

[660] Siehe Entwurf eines Gesetzes zur Reform des Kindschaftsrechts (Kindschaftsreformgesetz – KindRG), BR-Drucksache 180/96, S. 33 und 148.

enthalt sei ein Indiz für die besondere Sachnähe dieser Rechtsordnung. Es bestehe das vorrangige Bedürfnis für Maßnahmen zum Schutz des Minderjährigen im Bereich seiner eigenen Rechtsordnung. Hingewiesen wurde auch auf den engen Zusammenhang zu öffentlich-rechtlichen Schutzmaßnahmen, für die das Territorialitätsprinzip gelte und zu den Unterhaltsansprüchen (Art. 18 EGBGB), welche sich ebenfalls nach dem Recht des gewöhnlichen Aufenthalts bestimmten. Ferner waren die insoweit gleichlautenden Regelungsprinzipien des MSA und die Verstärkung des Aufenthaltsprinzips bei der Revision des Übereinkommens[661] maßgebende Gesichtspunkte.

(2) Einheitliche Auslegung des Begriffs im autonomen und staatsvertraglichen Recht

Der Begriff des gewöhnlichen Aufenthalts hat zunächst unabhängig von der betroffenen Person, ob Erwachsener oder Kind, innerhalb des internationalen Privatrechts, egal ob nationaler oder staatsvertraglicher Herkunft, einheitliche Bedeutung.[662] Anders sieht es hingegen im Verhältnis von internationalem Privatrecht und deutschem Sachrecht, zum Beispiel im Steuer- oder Sozialrecht,[663] aus. Hier kommt eine einheitliche Wertung des Begriffs des gewöhnlichen Aufenthalts nicht in Betracht.

Im Kollisionsrecht ist es somit für die Begriffsauslegung ohne Belang, ob sein Einsatz auf eine autonome Entscheidung des Gesetzgebers zurückgeht[664] oder Folge der Geltung von Abkommens-IPR[665] ist.[666] Auch im Anwendungsbereich von HKÜ, ESÜ und MSA ist wegen der weitgehend übereinstimmenden Ziele der Übereinkommen der Begriff des gewöhnlichen Aufenthalts einheitlich auszulegen.[667]

---

[661] Art. 5 Abs. 1 des Haager Übereinkommens über den Schutz von Kindern (KSÜ) vom 19.10.1996; *Roth/Döring* in JBl. 1999, 758 (761); Text in RabelsZ 62 (1998), 502; dazu: *Siehr* in RabelsZ 62 (1998), 464; *ders.* in FamRZ 1996, 1047 ff.; zum Vorentwurf: *Sturm* in IPRax 1997, 10 ff.; zur Reformbedürftigkeit des MSA: *Kropholler* in RabelsZ 58 (1994), 1 ff.

[662] BGH, NJW 1975, 1068: MSA und Haager Unterhaltsübereinkommen.

[663] Wieczorek/Schütz/*Becker-Eberhard*, § 606, Rn. 44: § 30 Abs. 1 und 3 SGB I und § 9 Abs. 1 AO 1977 können wegen ihrer gänzlich anderen Zielrichtung nur bedingt herangezogen werden.

[664] Vgl. Art. 21, 5 Abs. 3 EGBGB.

[665] Art. 1, 3 MSA.

[666] OLG Hamm, NJW 1992, 636 (637); *Kropholler* in NJW 1971, 1721 (1724); *Motzer* in Schwab, Scheidungsrechts, Abschnitt G III, Art. 21, Rn. 315; *Meyer-Sparrenberg*, Staatsvertragliche Kollisionsnormen, S. 193.

[667] *Holl*, Gewöhnlicher Aufenthalt, S. 117; BGH, NJW 1975, 1068: einheitliche Auslegung des Begriffs des „gewöhnlichen Aufenthalts" im MSA und im Haager Übereinkommen über das auf Unterhaltsverpflichtungen gegenüber Kindern anzuwendende Recht vom 24. Oktober 1956, BGBl. 1961 II, S. 1013, abgedruckt bei *Jayme/Hausmann* Nr. 40.

(3) Keine gesetzliche Definition des Begriffs des gewöhnlichen Aufenthalts

Eine klare Festlegung des gewöhnlichen Aufenthalts findet sich, obwohl der gewöhnliche Aufenthalt in zahlreichen Konventionen als Anknüpfungsmerkmal verwendet wird, weder in staatsvertraglichen Regelungen noch im autonomen deutschen Kollisionsrecht.[668] Das EGBGB hat im Zuge der Neuregelung auf eine Definition des Begriffs verzichtet, um eine einheitliche Auslegung des Begriffs, soweit er in bestimmten Bereichen des staatsvertraglichen und des autonomen internationalen Privatrechts übereinstimmend verwendet wird,[669] nicht zu gefährden.[670] Eine nähere Umschreibung geht bisher lediglich aus einer Empfehlung des Europarates zur Vereinheitlichung der Rechtsbegriffe „Wohnsitz" und „Aufenthalt" aus dem Jahre 1972 hervor.[671] Diese Stellungnahme hat jedoch rein

---

[668] *Kropholler*, IPR, § 39 II, S. 275 f.; *Baetge*, Gewöhnlicher Aufenthalt, S. 18 ff., 33 ff.; LG Kiel, DAVorm 1991, 960 (961); vgl. zwar Arbeitspapier der Kommission der Europäischen Gemeinschaften vom 27. März 2001 zur ersten Phase des Maßnahmenprogramms zur Umsetzung des Grundsatzes der gegenseitigen Anerkennung von Entscheidungen über die elterliche Verantwortung, S. 17: Überlegung, ob in die geplante Verordnung eine, an die Rechtsprechung des Gerichtshofs angelehnte, Definition des „gewöhnlichen Aufenthalts" aufgenommen werden soll; der daraufhin erfolgte Kommissionsvorschlag vom 17. Mai 2002 enthält jedoch keine Definition des gewöhnlichen Aufenthalts.

[669] BGH, NJW 1975, 1068; OLG Hamm, IPRax 1993, 104 (105); OLG Hamm, NJW 1992, 636 (637); OLG Hamm, NJW 1990, 651; *Holl*, Gewöhnlicher Aufenthalt, S. 94; Erman-*Hohloch*, Art. 5 EGBGB, Rn. 46; *Ferid* in RabelsZ 27 (1962), 411 (434); MüKo-*Siehr*, Vorbem zu Art. 18 EGBGB, Rn. 39 (MSA); Palandt-*Heldrich*, Anh zu Art. 24 EGBGB, Rn. 10 (MSA); Soergel-*Kegel*, Vor Art. 19 EGBGB, Rn. 15 (MSA) m.w.N.; Stein/Jonas/*Schlosser*, ZPO, § 606 Rn. 7; Wieczorek/Schütze/*Becker-Eberhard*, ZPO, § 606 Rn. 44.

[670] Siehe BT-Drucksache 10/504, S. 41.

[671] Resolution des Ministerrates 72 (1) vom 18. Januar 1972, nicht amtliche deutsche Übersetzung abgedruckt in ÖJZ 1974, 144 ff. mit Einleitung von *Loewe*: eine teilweise Begriffsbestimmung geben die Nr. 7-11 der Resolution des Europarates wieder:

Nr. 7: „Der Aufenthalt einer Person bestimmt sich ausschließlich nach tatsächlichen Umständen; er hängt nicht von einer Aufenthaltserlaubnis ab."

Nr. 8: „Eine Person hat einen Aufenthalt in einem Land, in dem eine bestimmte Rechtsordnung gilt, oder an einem Ort, der in einem solchen Land liegt, wenn sie dort während eines gewissen Zeitraums wohnt. Die Anwesenheit muss nicht notwendigerweise ununterbrochen andauern."

Nr. 9: „Für die Frage, ob ein Aufenthalt als gewöhnlicher Aufenthalt anzusehen ist, sind die Dauer und die Beständigkeit des Aufenthalts sowie andere Umstände persönlicher oder beruflicher Art zu berücksichtigen, die dauerhafte Beziehungen zwischen einer Person und ihrem Aufenthalt anzeigen."

Nr. 10: „Die freiwillige Begründung eines Aufenthalts und die Absicht des Betreffenden, diesen Aufenthalt beizubehalten, sind keine Voraussetzungen für das Bestehen eines Aufenthalts oder eines gewöhnlichen Aufenthalts. Die Absichten der Person können aber bei der Bestimmung, ob sie einen Aufenthalt hat und welcher Art dieser Aufenthalt ist, berücksichtigt werden."

Nr. 11: „Der Aufenthalt oder der gewöhnliche Aufenthalt einer Person hängt nicht von einer anderen Person ab.".

empfehlenden Charakter und begründet für die Europaratsmitglieder keine bindende Verpflichtung zur Umsetzung in innerstaatliches Recht.[672]

(4) Deutsche Rechtsprechung und Lehre: objektive Kriterien

An diesen Aussagen der Empfehlung des Europarates hat sich die deutsche Rechtsprechung orientiert, wobei sich der Bundesgerichtshof jedoch mit einer „Annäherungsformel" begnügt.[673] Der gewöhnliche Aufenthaltsort des Kindes soll der Ort sein, an dem der Schwerpunkt der Bindungen des Kindes, sein so genannter Daseinsmittelpunkt, liegt.[674] Dazu sind neben einem Aufenthalt von nicht geringer Dauer weitere Beziehungen erforderlich, aus denen sich der Schwerpunkt der Bindungen der betreffenden Person ableiten lässt.[675] Der Daseinsmittelpunkt tritt nach außen durch objektive Merkmale eines längeren Aufenthalts zutage.[676] Wesentliches Kriterium ist das Maß der sozialen Integration.
Den folgenden Ausführungen liegt die Ausgangsüberlegung zugrunde, dass es sich bei den genannten Kriterien immer nur um Hilfsindizien handeln kann, denen je nach Einzelfall unterschiedlich starke Gewichtung zukommen kann und die sich gegenseitig in unterschiedlichem Maße beeinflussen können.

(a) Aufenthaltsdauer

Die Aufenthaltsdauer ist meist der Anhaltspunkt, der sich in der gerichtlichen und behördlichen Praxis am einfachsten feststellen lässt. Er zählt deshalb zu den wichtigsten und häufig an erster Stelle genannten Indizien.[677] Grund dafür ist, dass sich die für die soziale Eingliederung erforderlichen sozialen Bindungen erst im Laufe der Zeit herausbilden können. Je länger sich eine Person an einem bestimmten Ort aufhält, desto wahrscheinlicher ist es, dass sie dort soziale Bindungen entwickelt.
Zum Teil wird die Frage aufgeworfen, ob für die Bestimmung der ausreichenden Dauer auf eine starre Frist zurückgegriffen werden darf oder soll. Hierbei kann jedoch, auch wenn grundsätzlich von einem einheitlichen Begriff des gewöhnlichen Aufenthalts im internationalen Privatrecht auszugehen ist, nicht auf die verbindlichen, in Art. 8 Abs. 1 ESÜ und Art. 12 HKÜ festgelegten Fristen zur Begründung eines neuen Aufenthaltsortes zurückgegriffen werden, da diese lediglich verfahrensrechtlichen Charakter haben und nicht unbesehen ins auto-

---

[672] *Baetge*, Gewöhnlicher Aufenthalt, S. 30; Erwähnungen der Empfehlung des Europarates finden sich vereinzelt in der deutschen Rechtsprechung, zum Beispiel BGH, NJW 1993, 2047 (2049) = BGH, FamRZ 1993, 798 (800) = BGH, IPRax 1994, 131 (133).
[673] So *Kropholler*, IPR, § 39 II 2, S. 276.
[674] BGH, NJW 1975, 1068; BGH, FamRZ 1997, 1070 m.w.N. (zu Art. 4, 1 MSA).
[675] BGHZ 78, 293 (295).
[676] BT-Drucksache 10/504, S. 41; Erman-*Hohloch*, Art. 5 EGBGB, Rn. 48.
[677] *Baetge*, Gewöhnlicher Aufenthalt, S. 108 m.w.N. aus der Rechtsprechung.

nome Kollisionsrecht übernommen werden können[678]. Rechtsprechung und Literatur gehen dennoch häufig davon aus, dass jedenfalls der Aufenthalt eines Minderjährigen nach sechs Monaten zum gewöhnlichen Aufenthalt geworden ist.[679] Dahinter steht die nachvollziehbare Überlegung, dass bei Kindern und Jugendlichen die Begründung eines gewöhnlichen Aufenthalts in der Regel schneller erfolgt als bei Erwachsenen.

(b) Familiäre Bindungen

Das Kriterium der familiären Bindung spielt bei Kleinkindern und Minderjährigen eine hervorgehobene Rolle, denn sie sind aufgrund ihres Alters noch nicht in der Lage, über das familiäre Umfeld hinaus Beziehungen zu entwickeln[680] bzw. ihren Willen zu bekunden.[681] Zumindest für Kleinkinder gilt, dass sie in der Regel den gewöhnlichen Aufenthalt ihrer Eltern teilen.[682] Dies heißt jedoch nicht, dass man für Kleinkinder einen von den Eltern oder Sorgeberechtigten abgeleiteten Aufenthalt annehmen dürfte.[683] Bei Minderjährigen leitet sich der gewöhnliche Aufenthalt nicht vom Aufenthalt oder Wohnsitz des Sorgeberechtigten ab.[684] Er muss stets selbständig bestimmt werden, auch wenn sich der Daseinsmittelpunkt des Kindes rein faktisch häufig dort befinden wird, wo die Eltern leben.[685]

---

678 MüKo-*Sonnenberger*, Art. 5 EGBGB, Rn. 41.

679 BGH, FamRZ 1997, 1070; OLG Hamm, FamRZ 1991, 1346 (1347) zu Art. 1 MSA: 5 Monate bei Hinzutreten verstärkter sozialer Komponente ausreichend bei 7jährigen Kind; OLG Celle, FamRZ 1991, 1221 (1222); OLG Düsseldorf, FamRZ 1984, 194 (195); OLG Düsseldorf, FamRZ 1998, 1318; Palandt-*Heldrich*, Art. 5 EGBGB, Rn. 10 (sechs Monate); *Kropholler*, IPR, § 39 II 4 a), S. 261; *Holl*, Gewöhnlicher Aufenthalt, S. 97; *Dörner* in IPRax 1993, 83 (85); *Rauscher* in IPRax 1985, 214; Staudinger-*Kropholler*, Vorbem zu Art. 19, Rn. 130 (MSA); für starre Fristen: *Baetge*, Gewöhnlicher Aufenthalt, S. 109 ff.; *ders.* in IPRax 2001, 573 (575); ablehnend *Siehr* in IPRax 1982, 85 (86); ablehnend auch OLG Stuttgart, FamRZ 1997, 51 (51): Faustregel von 6 Monaten alleine genügt nicht, es müssen weitere Indizien geprüft werden; ähnlich OLG Bamberg, NJW-RR 1990, 774; *Motzer* in Schwab, Scheidungsrechts, Abschnitt G III, Art. 21, Rn. 303.

680 *Holl*, Gewöhnlicher Aufenthalt, S. 121; OLG Hamm, FamRZ 1988, 1198 (1199); OLG Düsseldorf, FamRZ 1994, 644.

681 LG Kiel, DAVorm 1991, 960 (961).

682 *Baetge*, Gewöhnlicher Aufenthalt, S. 114; *Holl*, Gewöhnlicher Aufenthalt, S. 121; OLG Stuttgart, FamRZ 1998, 1321; OLG Düsseldorf, FamRZ 1998, 1318; LG Kiel, DA-Vorm 1991, 960 = LG Kiel, IPRspr. 1991, Nr. 139; *Baetge/Baetge* in IPRax 1995, 191 (192); LG Berlin, IPRax 1990, 336 mit Anm. *Henrich*; *Siehr* in DAVorm 1973, 254 (259); Erman-*Hohloch*, Art. 5 EGBGB, Rn. 54; Palandt-*Heldrich*, Art. 5, Rn. 10.

683 BGHZ 78, 293 (295) = BGH, FamRZ 1981, 135 (136) = BGH, NJW 1981, 520 (521); BGH, FamRZ 1997, 1070; OLG Köln, FamRZ 1991, 363 (364); LG Kassel, StAZ 1996, 118 (zu Art. 20 EGBGB: Kind einer Asylbewerberin); KG, FamRZ 1998, 441.

684 OLG Hamm, FamRZ 1999, 1519.

685 Erman-*Hohloch*, Art. 5 EGBGB, Rn. 54; zum Beispiel OLG Bremen, FamRZ 1992, 963 (Schulort).

Problematisch kann die Bestimmung des gewöhnlichen Aufenthalts eines Kindes sein, wenn es nach der Trennung der Eltern einen Doppelwohnsitz bei beiden Elternteilen hat. Der gewöhnliche Aufenthalt ist auch hier nur an dem Ort zu sehen, an dem der Schwerpunkt der dem Alter des Kindes entsprechenden Bindungen, d.h. sein faktischer Daseinsmittelpunkt, liegt.[686]
Mit wachsendem Alter und zunehmender Selbständigkeit verliert die Beziehung des Kindes zu den Eltern an Bedeutung. Dies wird dadurch bestätigt, dass dann ein etwaiger entgegenstehender Wille der Eltern auch rein faktisch keinen Einfluss mehr auf die Bestimmung des gewöhnlichen Aufenthalts des Kindes hat.[687]

(c) Kindergarten- und Schulbesuch

Bei Kindern und Jugendlichen kommt als oft genanntes Indiz für die soziale Integration neben den familiären Bindungen der Besuch des Kindergartens[688] oder der Schule[689] in Betracht. Vergleichbar mit den beruflichen Bindungen von Erwachsenen[690] sind schulische neben familiären Bindungen regelmäßig verlässliches Indiz für die soziale Integration eines Kindes. Der Schulbesuch stellt einen wesentlichen Bestandteil seiner Beziehungen zur Umwelt dar.[691] Eine vorsichtigere Beurteilung ist bei Internatsaufenthalten von Kinder geboten. Hier soll danach unterschieden werden, ob der Internatsaufenthalt nur eine „Notlösung auf Zeit“[692] oder eine dauerhafte Einrichtung[693] ist. Lediglich im zweiten Fall sei von der Begründung eines gewöhnlichen Aufenthalts im Internat auszugehen.[694] Denn durch nur zeitweilige Abwesenheit, auch von längerer Dauer, werde der gewöhnliche Aufenthalt normalerweise nicht unterbrochen, sofern die Absicht bestehe, an den früheren Aufenthaltsort zurückzukehren.[695]

---

[686] OLG Bremen, FamRZ 1992, 963: lebt das Kind während der Woche beim Vater und besucht dort die Schule, so haben die Wochenenden bei der mitsorgeberechtigten Mutter lediglich Besuchscharakter mit der Folge, dass das Kind nur einen gewöhnlichen Aufenthalt beim Vater hat.
[687] Dazu auch unten Art. 5 Abs. 3 EGBGB: Teil C III: 3. b (4) (f).
[688] Vgl. KG, FamRZ 1998, 440 (441); OLG Koblenz, NJW 1989, 2201; OLG Hamm, FamRZ 1988, 1198 (1199); OLG Düsseldorf, FamRZ 1984, 194 (195); *Baetge*, Gewöhnlicher Aufenthalt, S. 116; *Holl*, Gewöhnlicher Aufenthalt, S. 124; *Siehr* in IPRax 1982, 85 (86).
[689] Vgl. OLG Hamm, FamRZ 1999, 1519; BGHZ 78, 293 (300) = BGH, IPRax 1981, 139 (141); OLG Bremen, FamRZ 1992, 963; OLG Bamberg, NJW-RR 1990, 774; OLG Celle, FamRZ 1991, 1221; OLG Hamm, NJW 1992, 636 (637) = OLG Hamm, FamRZ 1991, 1466 mit Anm. *Henrich*; AG Einbeck, NJW-RR 1992, 6 (7).
[690] Palandt-*Heldrich*, Art. 5 EGBGB, Rn. 10; *Siehr* in DAVorm 1973, 259 f.
[691] *Holl*, Gewöhnlicher Aufenthalt, S. 124.
[692] So im spanischen Internatsfall: BGH, NJW 1975, 1068 = BGH, FamRZ 1975, 272; *Stoll* in RabelsZ 22 (1957), 187 (192).
[693] *Baetge*, Gewöhnlicher Aufenthalt, S. 116; *Holl*, Gewöhnlicher Aufenthalt, S. 124.
[694] *Baetge*, Gewöhnlicher Aufenthalt, S. 116.
[695] Nach BGH, FamRZ 1975, 272 (273) soll dies regelmäßig dann der Fall sein, wenn eine Ausbildung nicht am Wohnort der Eltern absolviert wird; dagegen wohl zutreffend Wieczo-

(d) Sprachkenntnisse

In engem Zusammenhang mit dem Kriterium des Kindergarten- bzw. Schulbesuchs stehen Sprachkenntnisse. Ihr Indizwert ergibt sich daraus, dass sie wesentliche Voraussetzung für eine soziale Integration sind.[696] Erst wenn sich das Kind in der Landessprache verständigen kann, wird es die für die Begründung eines gewöhnlichen Aufenthalts erforderlichen sozialen Kontakte und schulischen Bindungen knüpfen können.[697]

(e) Staatsangehörigkeit

Als Indiz ungeeignet – und soweit ersichtlich auch nicht als Kriterium herangezogen – ist die Staatsangehörigkeit der betroffenen Person.[698] Dies ergibt sich jedoch nicht bereits daraus, dass der gewöhnliche Aufenthalt gerade eine Alternativanknüpfung zu der ursprünglich im Bereich des Personalstatuts maßgebenden Anknüpfung an die Staatsangehörigkeit darstellt, zum Beispiel für Staatenlose gemäß Art. 5 Abs. 2 EGBGB.[699] Entscheidend ist vielmehr, dass die Staatsangehörigkeit einen bestimmten Status der Person kennzeichnet, ohne einen Hinweis auf den Umfang der sozialen Bindungen zu geben. Ein Festhalten an einer durch Geburt vermittelten Staatsangehörigkeit muss bei weitem noch kein Anzeichen für eine noch fortdauernde Beziehung zu diesem Staat und seiner Gesellschaft sein.[700] Ein weiterer Hinweis dafür, dass der Staatsangehörigkeit keine ausschlaggebende Bedeutung zukommt, ergibt sich aus der Tatsache, dass auch die Regelungen des MSA die Staatsangehörigkeit nicht berücksichtigen.[701]

(f) Beachtlichkeit des Willens, insbesondere bei unfreiwilligem Ortswechsel des Kindes

Bei der Frage der Beachtlichkeit des Willens müssen zwei Konstellationen unterschieden werden.[702] Bei langem Verweilen wird überwiegend kein Wille ge-

---

rek/Schütz/*Becker-Eberhard*, ZPO, § 606, Rn. 52, der in Frage stellt, ob diese Aussage in der heutigen Zeit der zunehmenden Mobilität und Selbständigkeit junger Leute noch so gelten kann.

696 OLG Stuttgart, FamRZ 1997, 51 (52); OLG Braunschweig, IPRax 1997, 191 (192); OLG Celle, FamRZ 1991, 1221 (1222); OLG Hamm, FamRZ 1988, 1198 (1199); OLG Koblenz, NJW 1989, 2201; *Holl*, Gewöhnlicher Aufenthalt, S. 120; *Baetge*, Gewöhnlicher Aufenthalt, S. 117; *Siehr* in IPRax 1982, 85 (86).

697 OLG Stuttgart, FamRZ 1997, 51 (52): privater Türkischunterricht für ein deutsches Kind in der Türkei; AG Einbeck, NJW-RR 1992, 6 (7): gute schulische Leistungen in Syrien; OLG Braunschweig, IPRax 1997, 191 (192); OLG Koblenz, NJW 1989, 2201: Kind hat sich auch sprachlich gut eingefügt.

698 *Baetge*, Gewöhnlicher Aufenthalt, S. 119.

699 *Baetge*, Gewöhnlicher Aufenthalt, S. 119.

700 *Baetge*, Gewöhnlicher Aufenthalt, S. 119.

701 *Andrae*, Internationales Familienrecht, Rn. 487.

702 Ausführlich zum Willenselement: *Baetge*, Gewöhnlicher Aufenthalt, S. 121 ff.

fordert, den Aufenthaltsort zum Mittelpunkt oder Schwerpunkt der Lebensverhältnisse zu machen.[703] Der Wille wird jedoch dann zum ausschlaggebenden Indiz, wenn bei kurzer Verweildauer das Kriterium der Zeitspanne noch nicht eindeutig ersichtlich ist, der Wille aber darauf gerichtet ist, an dem neuen Ort dauerhaft zu bleiben. Der Wille kann in diesem Fall die voraussichtliche Dauer und die dadurch zu erwartende Integration verdeutlichen. Ergibt sich insbesondere aus dem Willen, dass ein Aufenthalt auf eine längere Zeitspanne angelegt ist und künftig an die Stelle des bisherigen Daseinsmittelpunkts treten soll, so wird der neue gewöhnliche Aufenthalt auch ohne Ablauf einer entsprechenden Zeitspanne begründet.[704]

Ebenso wie demzufolge der Wille des Kindes für die Bestimmung seines gewöhnlichen Aufenthalts regelmäßig keine Bedeutung hat, ist auch der elterliche Wille für die Bestimmung des Aufenthalts des Kindes grundsätzlich unbeachtlich. Denn es gibt gerade keinen abgeleiteten Aufenthalt des Kindes von dem der Eltern bzw. des sorgeberechtigten Elternteils.[705] In einem in Art. 5 Abs. 3 EGBGB gesetzlich geregelten Sonderfall, der den unfreiwilligen Ortswechsel des Kindes betrifft, gilt jedoch eine Ausnahme vom Grundsatz der Unbeachtlichkeit des Willens des gesetzlichen Vertreters. Art. 5 Abs. 3 EGBGB umfasst in erster Linie – auch wenn vom Wortlaut auch Volljährige unter Vormundschaft erfasst sind – Minderjährige unter elterlicher Sorge.[706] Wer gesetzlicher Vertreter ist, beurteilt sich gemäß Art. 21 EGBGB nach dem Recht des gewöhnlichen Aufenthalts des Kindes; maßgebend sind dabei die tatsächlichen Verhältnisse vor dem Aufenthaltswechsel.[707] Aus Sicht des deutschen Rechts ist gesetzlicher Vertreter die Person, der (kraft Sorgerechts) das Recht zur Aufenthaltsbestimmung zusteht. Nur der gesetzliche Vertreter kann eine berechtigte Aufenthaltsbestimmung für das Kind vornehmen.[708] Gesetzlicher Vertreter des Kindes kann nur ein zumindest mitsorgeberechtigter Elternteil sein. Eine Umgangsberechtigung allein - unter Ausschluss des Sorgerechts - erlaubt keine berechtigte Aufenthaltsbestimmung für das Kind im Sinn des Art. 5 Abs. 3 EGBGB.

Praktisch relevant wird die Regelung des Art. 5 Abs. 3 EGBGB in den so genannten Kindesentführungsfällen durch einen Elternteil ins Ausland. Diesen gleichgestellt sind Fälle, in denen der Minderjährige nach der Ausübung des

---

[703] BGH, NJW 1975, 1068; *Kropholler*, IPR, § 39 II 4 a), S. 278; *Kegel/Schurig*, IPR, § 13 III 3 a), S. 413.

[704] BGHZ 78, 293 (295); OLG Hamm, FamRZ 1991, 1346 (1347).

[705] BGH, FamRZ 1997, 1970 (1070); BGHZ 78, 293 (296); OLG Düsseldorf, FamRZ 1998, 1318; AG Würzburg, FamRZ 1998, 1319; *Baetge/Baetge* in IPRax 1995, 191 (192); Erman-*Hohloch*, Art. 5 EGBGB, Rn. 54; Palandt-*Heldrich*, Art. 5 EGBGB, Rn. 10; Staudinger-*Kropholler*, Vorbem zu Art. 19 EGBGB, Rn. 143 (MSA).

[706] BT-Drucksache 10/504, S. 42.

[707] Vgl. BT-Drucksache 10/504, S. 42.

[708] BGH, FamRZ 1998, 440 (441).

Umgangsrechts nicht wieder ins Ausland zurückkehrt.[709] Wie diese Sachverhalte kollisionsrechtlich zu behandeln sind, ist in Art. 5 Abs. 3 EGBGB nur bruchstückhaft geregelt. Die Vorschrift besagt zunächst nicht, dass an dem Ort, an dem sich das Kind befindet, ein kollisionsrechtlich relevanter Aufenthalt nicht begründet werden könnte.[710] Ausgeschlossen ist nur, dass dies allein durch die Aufenthaltsortsveränderung in der Person des Minderjährigen erfolgt. Mit der Entführung ins Ausland verliert der Minderjährige mithin nicht automatisch seinen inländischen gewöhnlichen Aufenthalt.[711] Die Begründung des neuen gewöhnlichen Aufenthalts des Kindes bestimmt sich vielmehr nach den allgemeinen Kriterien. Erforderlich ist demnach auch in Entführungsfällen eine ausreichende Verweildauer und die Eingliederung des Kindes in die soziale Umwelt, welche vom rechtsgeschäftlichen Willen und einer etwaigen Bestimmung des Sorgeberechtigten unabhängig ist.[712] Nach den allgemeinen Kriterien kann somit ein neuer Aufenthalt des Minderjährigen auch gegen den Willen eines Sorgeberechtigten begründet werden,[713] jedoch ist in den Fällen des unfreiwilligen Ortswechsels des Minderjährigen ein strenger Maßstab bei der Beurteilung der allgemeinen Indizien zugrunde zulegen.[714]
Anhaltspunkte dafür, wann trotz entgegenstehenden Willens des sorgeberechtigten Elternteils ein Statutenwechsel eintritt, enthält Art. 5 Abs. 3 EGBGB selbst nicht. Der entgegenstehende Wille des anderen Sorgeberechtigten wird sich allerdings regelmäßig rein tatsächlich dahingehend auswirken, dass der Aufenthalt noch nicht als von vornherein auf Dauer angelegt angesehen werden kann und ein Wechsel des Aufenthalts solange nicht eintritt, wie die Möglichkeit besteht, dass der mitsorgeberechtigte Elternteil die Rückführung des Kindes durchsetzen kann, ehe es zu dessen sozialer Eingliederung in seine neue Umwelt kommen kann.[715] Andererseits kann das Nachlassen der Rückführungsbemühungen des Bestimmungsberechtigten als Indiz gegen den Fortbestand des bisherigen Aufenthaltsorts und für die Begründung eines gewöhnlichen Aufenthalts gewertet werden.[716]

---

709 AG Würzburg, FamRZ 1998, 1319; OLG Hamm, NJW 1992, 636 (637).
710 *Lüderitz*, IPR, Rn. 119.
711 OLG Hamm, FamRZ 1999, 1519; OLG Hamm, FamRZ 1991, 1466 (1467): die gleichen Grundsätze des Art. 5 Abs. 3 EGBGB gelten im Rahmen des MSA.
712 OLG Düsseldorf, FamRZ 1998, 1318; BGH, FamRZ 1981, 135 (136) = BGH, NJW 1981, 520 (521); OLG Köln, FamRZ 1991, 363 (364); OLG Hamm, NJW 1992, 636 (637); OLG Hamm, FamRZ 1991, 1346 (1347).
713 OLG Koblenz, NJW 1989, 2201.
714 OLG Celle, FamRZ 1991, 1221 (1222).
715 BGH, FamRZ 1981, 135 (136) = BGH, NJW 1981, 520 (521); AG Würzburg, FamRZ 1998, 1319; OLG Stuttgart, FamRZ 1997, 51 (52); OLG Hamm, IPRax 1993, 104 (105); OLG Hamm, NJW 1989, 672.
716 MüKo-*Sonnenberger*, Art. 5 EGBGB, Rn. 40; BGH, NJW 1981, 520 m.w.N.; OLG Hamm, NJW 1989, 672; OLG Hamm, FamRZ 1999, 1519, vorläufig der Mutter übertragenes

c. Wandelbarkeit des Kindschaftsstatuts

Entscheidend ist der jeweilige gewöhnliche Aufenthalt des Kindes. Das Kindschaftsstatut ist durch Verlegung des Aufenthaltsortes ex nunc wandelbar.[717] Ausnahmsweise bleiben Rechtswirkungen, die durch individuelle Ereignisse oder im Hinblick auf besondere Einzelfallumstände herbeigeführt wurden,[718] auch über einen Statutenwandel hinaus bestehen. Dasselbe gilt, wenn aufgrund des Verfahrensrechts Wirkungen eingetreten sind, die durch rechtskräftige, endgültige Entscheidungen herbeigeführt werden.[719] Auf der anderen Seite kann der Wandel zum Verlust einer bereits innegehabten Sorgerechtsposition eines Elternteils führen, wenn das Recht des neuen Aufenthaltsortes diese nicht kennt.[720]

d. Beachtlichkeit einer Rück- oder Weiterverweisung im Rahmen des Art. 21 EGBGB

Der deutsche Gesetzgeber hat sich auch im Rahmen von Art. 21 EGBGB für den Grundsatz der Gesamtverweisung und damit für die Zulässigkeit einer Weiter- oder Rückverweisung entschieden.[721] Im internationalen Familienrecht ist die Anerkennung der Rück- und Weiterverweisung - wie in anderen Rechtsgebieten auch - auf das Bestreben nach Förderung des internationalen Entscheidungseinklangs zurückzuführen.[722] Gemäß Art. 4 Abs. 1 Satz 1 EGBGB erfasst die Verweisung auf das ausländische Recht auch dessen internationales Privatrecht, „sofern dies nicht dem Sinn der Verweisung widerspricht". Mit der Beachtung des ausländischen internationalen Privatrechts soll erreicht werden, dass das ausländische Recht von deutschen Gerichten genauso angewendet wird wie durch einen ausländischen Richter.[723]

Es ist deshalb stets zu prüfen, ob das internationale Kindschaftsrecht des Aufenthaltsorts selbst einen Renvoi ausspricht. Dies ist der Fall, wenn es - anders als

---

Aufenthaltsbestimmungsrecht hindert nicht die Begründung eines neuen gewöhnlichen Aufenthalt des Kindes.

[717] Palandt-*Heldrich*, Art. 21 EGBGB, Rn. 3; *Kropholler*, IPR, § 48 IV 4 c), S. 396.

[718] *Klinkhardt* in IPRax 1994, 285 (286) nennt die Verwirkung des Sorgerechts; *Kropholler*, IPR, § 48 IV 4 c), S. 396 mit dem Beispiel der gemeinsamen Sorgerechtserklärung der Eltern, die im Interesse des Vertrauensschutzes und der Kontinuität dem Recht unterworfen bleiben sollte, das im Zeitpunkt ihres Wirksamwerdens maßgebend war, so wie es ausdrücklich Art. 16 Abs. 2 KSÜ vorsieht; *Looschelders* in IPRax 1999, 420 (424 ff.) für eine teleologische Reduktion der Wandelbarkeit des Kindschaftsstatuts im Fall einer Sorgerechtserklärung der Eltern nach § 1626 a BGB; *Sturm/Sturm* in StAZ 1998, 305 (313 ff.) mit Beispielen zur Frage des Fortbestehens der Sorgerechtserklärung.

[719] MüKo-*Klinkhardt*, Art. 21 EGBGB, Rn. 3.

[720] *Henrich* in FamRZ 1998, 1401 (1404).

[721] BT-Drucksache 10/504, S. 38; *Kropholler*, IPR, § 48 IV 4 c), S. 396; zu Art. 21 EGBGB vgl. Johannsen/Henrich/*Henrich*, Eherecht, Art. 21 EGBGB, Rn. 26.

[722] BT-Drucksache 10/504, S. 38.

[723] *Von Hoffmann*, IPR, § 6 II 1, Rn. 87, S. 224.

das deutsche Recht - nicht an das Recht des gewöhnlichen Aufenthalts anknüpft, sondern zum Beispiel an die Staatsangehörigkeit[724], das Ehewirkungsstatut der Eltern oder das materielle Recht des Gerichtsortes[725]. Ergebnis kann auch sein, dass dann möglicherweise - wegen der grundsätzlichen Annahme der Rückverweisung durch Art. 4 Abs. 1 Satz 2 EGBGB - doch wieder deutsches Recht anzuwenden ist. Denn die Rückverweisung des ausländischen internationalen Privatrechts auf deutsches Recht wird als Sachnormverweisung verstanden, um die Verweisungskette abzubrechen.[726]

In der Beachtlichkeit eines Renvoi liegt der Unterschied des Art. 21 EGBGB zu Art. 2 MSA. Die Kollisionsnorm des Art. 2 MSA verweist unmittelbar auf das innerstaatliche Sachrecht des Aufenthaltsstaates und ignoriert damit eine Rück- oder Weiterverweisung.[727] Bei der in Art. 2 Abs. 1 i.V.m. Art. 1 des MSA vorgesehenen Aufenthaltsanknüpfung handelt es sich somit um eine Sachnormverweisung.[728] Der Unterschied zwischen Gesamtnormverweisung im nationalen deutschen internationalen Privatrecht und Sachnormverweisung im staatsvertraglichen MSA erklärt sich aus der Notwendigkeit, einen Staatsvertrag im Sinn einer Rechtsvereinheitlichung autonom auszulegen.[729] Kollisionsnormen in Staatsverträgen sind in der Regel renvoifeindlich.[730] Soweit einheitliche Kollisionsnormen das Recht eines Vertragsstaates für maßgeblich erklären, ist der Ausschluss des Renvoi ohne weiteres einleuchtend. Denn einheitliche Kollisionsnormen sollen das autonome internationale Privatrecht der Vertragsstaaten verdrängen, so dass dieses im Rahmen eines Renvoi grundsätzlich unbeachtlich ist.[731] Das Ideal des internationalen Entscheidungseinklangs, der grundsätzlich durch den Renvoi erreicht werden soll, ist unter den Vertragsstaaten durch die

[724] Für Griechenland, Art. 18 ZGB, abgedruckt bei *Bergmann/Ferid*, Länderteil Griechenland, S. 12b.

[725] So überwiegend im anglo-amerikanischen Rechtskreis; die Rückverweisung kann auch eine versteckte sein, vgl. OLG Stuttgart, FamRZ 1997, 958 (959) mit Anm. zweifelnd *Henrich* (Kalifornien).

[726] *Von Hoffmann*, IPR, § 6 IV 2, Rn. 108, S. 230; *Kropholler*, IPR, § 24 II 3, S. 167 f.

[727] OLG Zweibrücken, FamRZ 1974, 153 (154); OLG Karlsruhe, NJW 1976, 485 (486) – beide zu Art. 1, 2 MSA; *Kropholler*, in: Festschrift für Henrich (2000), S. 393: der grundsätzliche Ausschluss des Renvoi gehört zu einer besonders fest verankerten Tradition der Haager Übereinkommen; *Motzer* in Schwab, Scheidungsrecht, Abschnitt G, Teil III, Rn. 317; *Kropholler* in NJW 1972, 371 (zu Art. 3 MSA); MüKo-*Siehr*, Art. 19 EGBGB Anh I Rn. 166 (zu Art. 3 MSA), Rn. 127 (zu Art. 2 I MSA); *Jayme* in JR 1973, 181 f.; *Henrich*, in: Festschrift für Schwind (1978), S. 79 (85).

[728] MüKo-*Klinkhardt*, Art. 21 EGBGB, Rn. 4.

[729] *Kropholler*, IPR, § 9 V 1, S. 67 ff.; zum EuGVÜ *von Hoffmann*, IPR, § 3, Rn. 192.

[730] *Kropholler*, IPR, § 24 III, S. 172; umfassend dazu auch *ders.*, Der Renvoi im vereinheitlichten Kollisionsrecht, in: Festschrift für Henrich (2000), S. 393 ff.: Ausnahmen gelten jedoch unter anderem für das HKÜ, S. 397, sowie für das KSÜ, S. 400 ff.; zur Verweisung auf Drittstaaten durch vereinheitliche Kollisionsnormen vgl. *Kropholler*, IPR, § 24 III 2, S. 172 f.

[731] *Kropholler*, IPR, § 24 III 1, S. 172.

Vereinheitlichung der Kollisionsnormen bereits erreicht.[732] Die Verweisung auf das internationale Privatrecht der anderen Vertragsstaaten im Rahmen eines Staatsvertrags widerspräche dem Sinn der Verweisung. In diesem Fall ist der Vorschrift des Art. 4 Abs. 1 Satz 1 EGBGB zu entnehmen, dass es sich um eine Sachnormverweisung handeln muss.
Der mit jedem Staatsvertrag angestrebten Einheitlichkeit der Normgeltung in den Vertragsstaaten[733] entspricht der für die richterliche Tätigkeit aufgestellte „Grundsatz der Harmonie der Rechtsanwendung“ [734]. Da in der Regel kein inter- oder supranationales Gericht zur Wahrung der Rechtseinheit berufen ist, obliegt diese Aufgabe vorwiegend den staatlichen Gerichten.[735]

e. Korrektur der kollisionsrechtlichen Verweisung: Art. 6 EGBGB

Die inländische öffentliche Ordnung (ordre public[736]) im Bereich der Eltern-Kind-Beziehungen wird durch das Kindeswohl bestimmt.[737] So ist eine Geltendmachung von Ansprüchen auf Herausgabe des Kindes, die gegen das Kindeswohl verstoßen, nach Art. 6 EGBGB nicht zulässig.[738] Am häufigsten findet die Vorbehaltsklausel im Familienrecht Anwendung, jedoch vornehmlich auf die Ehe- und Scheidungsvoraussetzungen. Bei der Personensorge für die gemeinsamen Kinder sind es der islamische und auch der romanische Rechtskreis, die unter Gleichberechtigungsgesichtspunkten aus Sicht der deutschen Rechtsordnung untragbare Lösungen bieten.[739]
Die Vorbehaltsklausel des Art. 6 EGBGB erfüllt in erster Linie Abwehrfunktionen. Fälle, in denen die Rechtsprechung einen Verstoß gegen den deutschen ordre public bejaht hat, beziehen sich jedoch - soweit ersichtlich - überwiegend auf die der Umgangsrechtsregelung zumeist vorgelagerte Entscheidung über die Verteilung der elterlichen Sorge und weniger auf die Ausgestaltung des Umgangsrechts durch das ausländische Recht selbst.
Im Folgenden soll zunächst die Vereinbarkeit von ausländischen Sorgerechtsentscheidungen mit Art. 6 EGBGB dargestellt werden. Zur Frage des Verstoßes gegen den ordre public-Vorbehalt des Art. 6 EGBGB durch ausländische Umgangsrechtsentscheidungen soll der Versuch unternommen werden, die zur Ver-

---

[732] *Kropholler*, IPR, § 24 III 1, S. 172.
[733] *Meyer-Sparrenberg*, Staatsvertragliche Kollisionsnormen, S. 101.
[734] Vgl. BGHZ 52, 216 (220) = BGH, NJW 1969, 2083 (2084); BGH, WM 1976, 566 (567).
[735] *Kropholler*, IPR, § 9 V, S. 67 f.
[736] Der Begriff des ordre public stammt aus Art. 6 des französischen Code civil von 1804. Dort heißt es: „On ne peut déroger, par des conventions particulières, aux lois qui intéressent l'ordre public et les bonnes moeurs.“; ausführliche Darstellung zur Geschichte bei *Spickhoff*, Ordre Public, S. 25 ff.; *Lüderitz*, IPR[1], Rn. 202.
[737] MüKo-*Klinkhardt*, Art. 19 EGBGB, Rn. 72.
[738] BGH, FamRZ 1970, 547 (549); BGH, FamRZ 1975, 273 (276).
[739] Staudinger-*Blumenwitz*, Art. 6 EGBGB, Rn. 96.

teilung des Sorgerechts gefundenen Ergebnisse auf Umgangsrechtsentscheidungen zu übertragen.

(1) Art. 6 EGBGB als Abwehrklausel

Nach einem Wort von Leo Raape zwingt der kollisionsrechtliche Befehl, ausländisches Recht anzuwenden, oft zu einem „Sprung ins Dunkle".[740] Damit inländische Gerichte durch die kollisionsrechtliche Verweisung nicht zu einer Entscheidung genötigt werden, deren Ergebnis grundlegenden deutschen Rechtsanschauungen widerspricht, steht die Anwendung des nach deutschen Kollisionsnormen ermittelten ausländischen Rechts unter dem Vorbehalt des Art. 6 EGBGB.[741] Art. 6 EGBGB hat somit in erster Linie den Charakter einer Abwehrklausel.[742]

Von der Anwendung eines ausländischen Rechtssatzes ist aber nicht schon dann abzusehen, wenn dieser abstrakt mit der inländischen öffentlichen Ordnung nicht in Einklang zu bringen ist.[743] Gegenstand der Prüfung am Maßstab des ordre public ist vielmehr das konkrete Ergebnis der Anwendung der vom deutschen internationalen Privatrecht berufenen ausländischen Rechtsnorm.[744] Dieses Anwendungsergebnis[745] darf „wesentlichen Grundsätzen des deutschen Rechts" (Art. 6 Satz 1 EGBGB) nicht widersprechen. Art. 6 Satz 2 EGBGB[746] präzisiert einen wichtigen Bereich des Inhalts dieser „wesentlichen Grundsätze des deutschen Rechts" durch den Verweis auf die Grundrechte als Prüfungsmaßstab.

(2) Anwendung des Art. 6 EGBGB auf ausländische Sorgerechtsentscheidungen

Die ordre public-Kontrolle ausländischer Sorgerechtsentscheidungen kommt zum einen im Hinblick auf eine Verletzung der Elternrechte, zum anderen auf-

---

740 *Raape*, IPR, S. 90.

741 Zur heutigen französischen Sicht: *Batiffol/Lagarde*, DIP, I, Rn. 354 m.w.N.

742 So die h.M.; statt vieler MüKo-*Sonnenberger*, Art. 6 EGBGB, Rn. 7; Palandt-*Heldrich*, Art. 6 EGBGB, Rn. 3; Staudinger-*Blumenwitz*, Art. 6 EGBGB, Rn. 25; *Kropholler*, IPR, § 36 I, S. 240.

743 *Spickhoff* in JZ 1991, 323 (324).

744 H.M.: BGHZ 35, 329 (337) – zu Art. 30 EGBGB a.F.; BGHZ 39, 173 (177); BGHZ 48, 327 (333); BGHZ 51, 290 (292); BGHZ 120, 29; BGH, FamRZ 1993, 1053 (1054) - Iran; OLG Bremen, FamRZ 1992, 343 (344) - Iran; einschränkend OLG Düsseldorf, FamRZ 1994, 644 - Jordanien; BayObLGZ 1969, 70 (73); *Dölle*, IPR, S. 103; *Jayme* in StAZ 1980, 301 (302); *Kühne*, IPR-Gesetz-Entwurf, S. 61 (§ 7: „Anwendung im Einzelfall"); *Spickhoff*, Ordre Public, S. 79 ff.; MüKo-*Sonnenberger*, Art. 6 EGBGB, Rn. 47; Erman-*Hohloch*, Art. 6 EGBGB, Rn. 14; Palandt-*Heldrich*, Art. 6 EGBGB, Rn. 5; *Kropholler*, IPR, § 36 II 1, S. 240; *Ehringfeld*, Ausländerfamilien, S. 317; *Stern*, Staatsrecht III/1 § 72 V 6 d; BGHZ 118, 312 (331): zum ordre public-Vorbehalt des § 328 Abs. 1 Nr. 4 ZPO; OLG Saarbrücken, FamRZ 1992, 848 (849) - Iran; *Henrich* in IPRax 1993, 81 (82).

745 Art. 6 Satz 1 EGBGB verdeutlicht diesen Prüfungsmaßstab durch das Wort „Anwendung".

746 Eingefügt durch das IPR-Neuregelungsgesetz vom 1. September 1986, BGBl. 1986 I, S. 1142.

grund einer mangelhaften Beachtung des Kindeswohls in Betracht. Die deutsche Rechtsprechung hat hier einen Wandel durchgemacht, der heute eindeutig das Kindeswohl in den Vordergrund hat treten lassen.

(a) Berücksichtigung der Elternrechte

Eine Sorgerechtsverteilung nach ausländischem Recht kann gegen Art. 6 EGBGB i.V.m. Art. 3 Grundgesetz verstoßen, wenn ohne weitere Abwägung einem Elternteil der Vorzug gegeben wird und das Ergebnis im Einzelfall nicht dem Kindeswohl entspricht.[747] Dies wurde bejaht für die Sorgerechtsverteilung nach jordanischem Recht. Dort sah Art. 155 des jordanischen Zivilgesetzbuches vor, dass eine Frau, die das Sorgerecht ausübt, dem Islam angehören muss. Diese Zurücksetzung nicht dem Islam angehöriger Frauen verletze deren Gleichheit mit anderen Frauen und den Männern, schränke die Glaubensfreiheit ein, beeinträchtige das Elternrecht und verstoße damit gegen die Grundrechte aus Art. 3 Abs. 2 und 3, Art. 4 und 6 Abs. 2 Grundgesetz.[748]
Eine mögliche Ungleichbehandlung der Eltern bleibt jedoch unbeachtlich, wenn dennoch das Ergebnis der Sorgerechtsverteilung dem Kindeswohl entspricht. Keinen Verstoß gegen Art. 6 EGBGB stellt demnach die Regelung des Art. 70 syrisches Personalstatut dar, demzufolge das Recht der persönlichen Fürsorge der Mutter bei Mädchen im Alter von 11 Jahren erlischt.[749] Der Regelung sei nicht zu entnehmen, dass sie an die Religionszugehörigkeit der Mutter anknüpfe. Außerdem sehe das syrische Recht detaillierte Regelungen der Sorgerechtsbestimmung vor, zum Beispiel werde die Einhaltung der Schulpflicht und der Schutz des persönlichen Vermögens des Kindes garantiert.[750]

(b) Korrektur durch das Kriterium des Kindeswohls

Abgesehen von der Frage einer Ungleichbehandlung beider Elternteile, die heute immer mehr in den Hintergrund gerückt ist, stellt sich das Problem der Anwendung des ordre public-Vorbehalts in erster Linie hinsichtlich des Kindeswohls.[751] Das Kriterium des Kindeswohls hat in der international privatrechtlichen Rechtsprechung von Bundesverfassungsgericht und Bundesgerichtshof eine Aufwertung erfahren: während die Rechtsprechung zunächst mit dem Argument, man wolle den ausländischen Beteiligten keine ihnen fremde Rechtsordnung aufdrängen, sondern habe vielmehr die fremde Rechtsordnung zu respektieren, von einer zurückhaltenden Anwendung des ordre public-Korrektivs ausging,

---

[747] Zur Gleichbehandlung beider Elternteile bei Anwendung islamischen Rechts, *Jones* in DRiZ 1996, 322 (326 f.).
[748] OLG Düsseldorf, FamRZ 1994, 644 (645).
[749] AG Einbeck, NJW-RR 1992, 6 (7).
[750] AG Einbeck, NJW-RR 1992, 6 (7).
[751] Unter anderem BGH, IPRax 1993, 102 (103), sowie OLG Saarbrücken, IPRax 1993, 100 zum deutsch-iranischen Niederlassungsabkommen; OLG Karlsruhe, IPRax 1993, 97 (99).

rückte später der verfassungsrechtlich anerkannte Aspekt des Kindeswohls[752] ganz in den Vordergrund.
Eine Korrektur durch Art. 6 EGBGB erfahren Sorgerechtsentscheidungen, die das Kindeswohl außer Betracht lassen und nicht berücksichtigen, bei welchem Elternteil das Kind am meisten Förderung erwarten kann.[753] Die Tatsache, dass Kinder aufgrund ihres Geschlechts eine andere Behandlung durch ihre Umwelt erfahren, als dies in der Bundesrepublik Deutschland der Fall wäre, reicht aber nicht aus, um eine Gefährdung des Kindeswohls anzunehmen. Die Anlegung westlicher Wertmaßstäbe sei insoweit nicht gerechtfertigt.[754] Somit widerspricht das Ergebnis der Anwendung ausländischen Rechts nicht deutschen Rechtsanschauungen.[755] Die Berücksichtigung eines eventuellen Verstoßes gegen den Gleichheitssatz und eine damit verbundene Verletzung von Grundrechten der Eltern würde eine abstrakte Bewertung des ausländischen Rechtssatzes bedeuten, welche Art. 6 EGBGB ausdrücklich nicht erlaubt.

(3) Anwendung des Art. 6 EGBGB auf ausländische Umgangsrechtsentscheidungen

Anwendungsfälle, in denen die Rechtsprechung sich mit der Vereinbarkeit von ausländischen Umgangsrechtsregelungen mit dem deutschen ordre public auseinandersetzen musste, sind - soweit ersichtlich - rar geblieben. In einer Entscheidung aus dem Jahre 1931 bejahte das Kammergericht die Anwendung der Vorbehaltsklausel der Art. 30 EGBGB a.F. gegenüber einem ausländischen Recht, das einen wirksamen Verzicht auf das Recht zum persönlichen Umgang mit dem Kind anerkannte.[756]
Die aktuellere Rechtsprechung beschäftigt sich fast ausschließlich mit Fragen der Sorgerechtsverteilung. Die dazu entwickelten Grundsätze lassen sich jedoch auf Fragen der Umgangsrechtsregelung übertragen. Nach der Rechtsprechung des Bundesverfassungsgerichts ist das Kind Träger eines eigenen Grundrechts auf Entfaltung seiner Persönlichkeit im Sinn der Art. 1 Abs. 1, 2 Abs. 1 Grundgesetz hat.[757] Die Elternverantwortung ist auf das Wohl des Kindes ausgerichtet und muss das Kind in seiner Individualität als Grundrechtsträger berücksichtigen. Die Vorbehaltsklausel des Art. 6 EGBGB stellt ihrerseits ganz entschieden darauf ab, dass ein Verstoß gegen Grundrechte eine „offensichtliche Unvereinbarkeit" mit wesentlichen Grundsätzen des deutschen Rechts darstellt.[758] Hinsichtlich der Einräumung und der Ausgestaltung eines Umgangsrechts wäre

[752] BVerfGE 24, 119 (144) = BVerfG, NJW 1968, 2233.
[753] Vgl. Erman-*Hohloch*, Art. 21 EGBGB, Rn. 5 m.w.N.
[754] AG Einbeck, FamRZ 1991, 590 (592).
[755] AG Einbeck, FamRZ 1991, 590 (592).
[756] KG, DJZ 1931, 365.
[757] BVerfGE 24, 119 (144).
[758] Staudinger-*Blumenwitz*, Art. 6 EGBGB, Rn. 8.

demnach wohl ein Verstoß gegen Art. 6 EGBGB zu bejahen, wenn ausländisches Recht dabei gegen Grundrechte - vornehmlich des Kindes - verstöße. Denkbar ist auch eine ungenügende Berücksichtigung des Kindeswohls, zum Beispiel im Hinblick auf den aus Sicht des deutschen Rechts nicht gerechtfertigten Ausschluss des Umgangsrechts, oder auf der anderen Seite eine ungenügende Berücksichtigung des Kindeswohls bei der Versagung eines Umgangsrechts, sei es zu Gunsten eines Elternteils oder auch zu Gunsten einer dritten Person.

(4) Rechtsfolge bei Anwendung der Vorbehaltsklausel

Wenn feststeht, dass die Vorbehaltsklausel des Art. 6 EGBGB einschlägig ist und im Einzelfall die Anwendung ausländischen Rechts ausgeschlossen wird, stellt sich die Frage, wie die so entstandene Lücke im ausländischen Recht zu schließen ist. Art. 6 EGBGB erschöpft sich in der negativen Anordnung, die ordre public-widrige ausländische Rechtsnorm nicht anzuwenden.[759] Er weist aber keinen positiven Ersatzweg.[760] Seine Wirkung besteht zunächst nur in der Nichtanwendung einer fremden Norm, soweit das Anwendungsergebnis im Einzelfall mit dem ordre public unvereinbar ist.[761] Im Übrigen bleibt nach herrschender Ansicht das vom deutschen internationalen Privatrecht berufene ausländische Recht maßgeblich.[762] Denn die Nichtanwendung der fremden lex causae darf nur so weit gehen, wie dies zur Berichtigung des Anwendungsergebnisses erforderlich ist.[763] Erst wenn auch eine modifizierte Anwendung des ausländischen Rechts nicht möglich oder nicht befriedigend ist, muss auf ein Ersatzrecht zurückgegriffen werden. Ersatzrecht ist im Grundsatz, aber nicht ausnahmslos, die lex fori.[764] Es sind - notfalls mit einer gewissen Anpassung an das maßgebende Recht - jene Bestimmungen des eigenen Sachrechts anzuwenden, die dem ausgeschalteten fremden Rechtssatz am nächsten kommen. Bei dieser Abwägung zwischen der modifizierten Anwendung des ausländischen

---

[759] Palandt-*Heldrich*, Art. 6 EGBGB, Rn. 3; *Ehringfeld*, Ausländerfamilien, S. 352; *Kropholler*, IPR, § 36 I, S. 239; *Simitis*, Vorbehalsklausel, S. 274.

[760] *Spickhoff*, Ordre public, S. 103; *Simitis*, Vorbehaltsklausel, S. 267 (274); *Wuppermann*, Vorbehalt des ordre public, S. 26.

[761] *Kropholler*, IPR, § 36 V, S. 248.

[762] *Kropholler*, IPR, § 36 V, S. 238; BGHZ 120, 29 (37).

[763] MüKo-*Sonnenberger*, Art. 6 EGBGB, Rn. 90 (Prinzip des geringstmöglichen Eingriffs).

[764] *Kropholler*, IPR, § 36 V, S. 249; *Simitis*, Vorbehaltsklausel, S. 274; *Stern*, Staatsrecht III/1 § 72 V 6 d); ausdrücklich für die lex fori als Ersatzrecht § 6 Satz 2 österreichisches IPR-Gesetz von 1978, abgedruckt bei *Bergmann/Ferid*, Länderteil Österreich, S. 79; ebenso § 5 türkisches IPR-Gesetz von 1982, abgedruckt bei *Bergmann/Ferid*, Länderteil Türkei, S. 14; BT-Drucksache 10/504, S. 44: der deutsche Gesetzgeber hat bewusst auf eine Normierung verzichtet, „um der Praxis flexible und differenzierte Lösungen offenzuhalten"; kritisch zur lex fori als Ersatzrecht: *Schwung* in RabelsZ 49 (1985), 407 (417 ff.).

Rechts und der Heranziehung eines Ersatzrechts ist auch der Inhalt der beteiligten Rechtsordnungen zu berücksichtigen.[765]

IV. Das Umgangsrecht im deutschen internationalen Verfahrensrecht

Das internationale Verfahrensrecht regelt zum einen die internationale Zuständigkeit, zum anderen das Erfordernis der Anerkennung und Vollstreckung ausländischer Entscheidungen, sowie deren Abänderung durch deutsche Gerichte.

1. Internationale Zuständigkeit

Die Auslandsberührung eines Sachverhalts ergibt sich bereits dann, wenn einer oder beide Beteiligte an einem Sorgerechtsverfahren eine ausländische Staatsangehörigkeit besitzen. In diesen Fällen stellt sich die Frage, ob die Angelegenheit vor ein deutsches Gericht oder das Gericht eines anderen Staates gehört.[766] Die internationale Zuständigkeit zur gerichtlichen Regelung des Umgangsrechts richtet sich vorrangig nach staatsvertraglichen Regelungen, soweit deren Anwendungsbereich geht.[767]

Außerhalb des Anwendungsbereichs des MSA ist die internationale Zuständigkeit deutscher Gerichte für Angelegenheiten, die die Gestaltung und Kontrolle der elterlichen Sorge betreffen, nach dem autonomen deutschen internationalen Zivilverfahrensrecht zu bestimmen.[768] Danach sind § 35 b Abs. 1 i.V.m. § 43 Abs. 1 FGG bzw. bei Regelungen im Scheidungsverbund die Vorschriften der §§ 621, 606 ZPO § 606 a ZPO maßgebend.[769] Ist das Kind Deutscher oder hat es seinen gewöhnlichen Aufenthalt im Inland oder bedarf es der Fürsorge durch ein deutsches Gericht, so ergibt sich die internationale Zuständigkeit deutscher Gerichte aus §§ 43 Abs. 1, 35 a Abs. 1 FGG. Ist das Kind nicht Deutscher, so folgt die internationale Zuständigkeit der deutschen Familiengerichte aus dem Verbund von Scheidungs- und Folgesachen (§ 621 Abs. 2 Nr. 2 ZPO).

a. Zuständigkeit deutscher Gerichte nach § 35 b i.V.m. § 43 Abs. 1 FGG

Die gerichtliche Entscheidung hinsichtlich Umgangsregelungen ergeht im Verfahren der Freiwilligen Gerichtsbarkeit.[770] Anders als im deutschen internationalen Zivilprozessrecht ist die internationale Zuständigkeit deutscher Gerichte für die Verrichtungen der Freiwilligen Gerichtsbarkeit überwiegend ausdrücklich geregelt. Bestimmungen zu den einzelnen sachlichen Zuständigkeiten der

---

[765] *Kropholler*, IPR, § 36 V, S. 249 f.
[766] *Von Hoffmann*, IPR, 1. Teil § 3, Rn. 28.
[767] Dazu Teil B III.
[768] *Andrae*, Internationales Familienrecht, Rn. 525.
[769] MüKo-*Klinkhardt*, Art. 21 EGBGB n.F., Rn. 12.
[770] *Schmidt*, Handbuch FG, S. 448.

freiwilligen Gerichtsbarkeit finden sich im Zweiten Abschnitt („Besonderer Teil") des FGG.[771]

Nach alter Regelung bestand nach deutschem Recht für Umgangsrechtsentscheidungen die sachliche Zuständigkeit des Vormundschaftsgerichts (§ 1632 Abs. 3 BGB a.F.). Seit Inkrafttreten des KindRG zum 1. Juli 1998 ist die gerichtliche Regelung der elterlichen Sorge und des Umgangs gemäß § 621 Abs. 1 Nr. 1 und 2 ZPO einheitlich dem Familiengericht zugewiesen.

Nach § 35 b Abs. 1 FGG sind deutsche Familiengerichte international zuständig, wenn das Kind Deutscher ist oder seinen gewöhnlichen Aufenthalt in Deutschland hat. Ist der Betroffene nicht Deutscher und hat auch keinen gewöhnlichen Aufenthalt im Inland, kommt eine internationale Zuständigkeit deutscher Gerichte nur unter der Voraussetzung in Betracht, dass für ihn ein besonderes Fürsorgebedürfnis durch ein deutsches Gericht besteht (§ 35 b Abs. 2 FGG).[772] Die danach begründete internationale Zuständigkeit ist gemäß § 35 b Abs. 3 FGG nicht ausschließlich.

b. Zuständigkeit für Umgangsrechtsregelungen im Scheidungsverbund gemäß § 621 Abs. 2 Nr. 2 ZPO

Die internationale Zuständigkeit für die Scheidungssache erstreckt sich auf Folgesachen, worunter auch das Umgangsrecht als Sorgerechtsentscheidung[773] fallen kann.[774] Seit dem 1. Juli 1998 ergibt sich dies aus § 623 Abs. 2 Nr. 2 ZPO, der auf § 621 Abs. 2 Satz 1 Nr. 2 ZPO verweist. Unter Folgesachen sind gemäß § 623 Abs. 2 Satz 1 Nr. 2 ZPO auch solche Familiensachen zu verstehen, deren Gegenstand der Umgang eines Ehegatten mit einem gemeinsamen Kind oder einem anderen Kind des Ehegatten ist. Die Folgesache muss gemäß § 632 Abs. 2 Satz 1 ZPO „rechtzeitig" anhängig gemacht werden. Ist dies geschehen, kann das Gericht auf Antrag wiederum eines der Ehegatten die das Umgangsrecht betreffende Folgesache auch wieder abtrennen. Damit liegt es, vom Fall der Kindeswohlgefährdung abgesehen, in den Händen der Eltern, wann bzw. ob überhaupt anlässlich der Scheidung eine gerichtliche Entscheidung zur elterlichen Sorge ergeht.[775]

---

[771] *Rauscher*, IZPR, S. 90.

[772] *Bassenge/Herbst*, FGG, § 35 b, Rn. 3.

[773] Sorgerechtsentscheidung als Folgesache: BGH, NJW 1984, 1302 (1304); OLG München, FamRZ 1982, 315; OLG Hamm, FamRZ, 1990, 781; OLG Karlsruhe, FamRZ 1992, 1465 (1466); Schwab/*Motzer*, III, Rn. 316; Johannsen/Henrich/*Jaeger*, Eherecht, Art. 21 EGBGB, Rn. 23.

[774] Zum Beispiel sind Umgangssachen, die das Kind selbst anstrengt, keine Verbundsachen, vgl. *Rauscher*, Familienrecht, § 34, Rn. 1138.

[775] Dazu kritisch *Büttner* in FamRZ 1998, 585 (592); *Walter* in FamRZ 1995, 1538 (1544).

Zu beachten sind jedoch vorrangige Regelungen zur internationalen Zuständigkeit nach dem MSA und der EheVO, so dass die internationale Zuständigkeit für Verbundsachen nicht ohne weiteres dem Verbund folgt.

2. Anerkennung und Vollstreckung ausländischer Entscheidungen der Freiwilligen Gerichtsbarkeit, § 16 a und § 33 FGG

Das förmliche Anerkennungsverfahren nach Art. 7 § 1 FamRÄndG für im Ausland ergangene Scheidungsurteile findet auf Umgangsrechtsregelungen, auch wenn sie im Zuge eines Scheidungsverfahrens ergangen sind, keine Anwendung. Im autonomen deutschen Recht enthält § 16 a FFG einen Katalog von Gründen, welche die Anerkennung einer ausländischen Entscheidung auf dem Gebiet der Freiwilligen Gerichtsbarkeit ausschließen. Die Vollstreckung von Umgangsrechtsentscheidungen richtet sich nach § 33 FGG.

a. Anerkennungsverfahren für Entscheidungen in Ehesachen

War eine ausländische Sorgerechtsregelung im Zusammenhang mit einer ausländischen Entscheidung über die Auflösung einer Ehe ergangen, so bedurfte es bis zum Inkrafttreten der EheVO am 1. März 2001, sofern keine „Heimatstaatsentscheidung" vorlag, der vorherigen Durchführung des in Art. 7 § 1 FamRÄndG 1961 vorgesehenen förmlichen Anerkennungsverfahrens der Eheauflösungsentscheidung durch die Landesjustizverwaltungen.[776] Ziel dieses förmlichen Verfahren war es, für alle Behörden und Gerichte bindend die Feststellung zu treffen, ob die Anerkennungsvoraussetzungen im Sinn des § 328 ZPO vorliegen oder nicht.[777] Entscheidungen, die nicht die Scheidung selbst, also die Trennung der Ehegatten, betreffen, sondern deren Folgen, unterlagen jedoch nicht unmittelbar dem Feststellungsmonopol der Landesjustizverwaltungen.[778] Dies galt auch dann, wenn das ausländische Gericht über die Scheidungsfolgen, insbesondere Sorge- und Umgangsrechtsregelungen, in einem einzigen Urteil zusammen entscheiden hat.[779] Das förmliche Anerkennungsverfahren fand somit keine direkte Anwendung auf die Anerkennung der im ausländischen Scheidungsurteil enthaltenen Nebenentscheidungen, die häufig Sorge- und Umgangsrechtsregelungen betreffen.[780] Jedoch gab und gibt es keine Anerkennung der Scheidungsfolgen ohne Anerkennung der Scheidung.[781] Die Frage der Wirksam-

[776] Erman-*Hohloch*, Art. 21 EGBGB, Rn. 15.

[777] *Von Hofmann*, IPR, § 8, Rn. 67, 68.

[778] *Geimer* in NJW 1975, 2141; zur streitigen Frage, ob dieser Grundsatz auch auf den staatsvertraglichen Bereich, zum Beispiel auf Schutzmaßnahmen nach dem MSA, übertragen werden kann: *Hausmann* in IPRax 1981, 5 (6 mit Fn. 11 bis 15).

[779] *Geimer*, IZPR, Rn. 3018.

[780] *Geimer*, IZPR, Rn. 3023; BayObLG, IPRspr 1978, Nr. 175; Staudinger-*Spellenberg*[12], § 328 ZPO, Rn. 573.

[781] BGHZ 64, 19 = BGH, NJW 1975, 1072 mit Anm. *Geimer* in NJW 1975, 2141; BGH, FamRZ 1982, 1203 (1205); OLG München, IPRspr 1982, Nr. 173; OLG Hamm,

keit der Scheidung der Eltern stellte sich jedoch als Vorfrage zur Umgangsrechtsregelung.
Die am 1. März 2001 in Kraft getretene EheVO bringt in dieser Hinsicht für Deutschland eine bedeutende Neuerung, da das Anerkennungsmonopol der Landesjustizverwaltungen nunmehr entfällt, soweit es sich um ein Scheidungsurteil aus einem Mitgliedstaat der Europäischen Union handelt.[782] Die Behörden und Gerichte entscheiden somit nunmehr selbständig über das Vorliegen einer wirksamen, im Ausland ausgesprochenen Scheidung, soweit diese im Rahmen einer Umgangsrechtsentscheidung relevant ist.

b. Anerkennung, § 16 FGG

Die Anerkennung von ausländischen Entscheidungen der Freiwilligen Gerichtsbarkeit ist seit dem Inkrafttreten des Gesetzes zur Neuregelung des IPR[783] am 1. September 1986 in § 16 a FGG in Anlehnung an § 328 ZPO geregelt.[784] Das autonome deutsche internationale Zivilverfahrensrecht kommt zur Anwendung, wenn weder das MSA, noch das HKÜ, noch das ESÜ oder die EheVO einschlägig sind, weil etwa die Entscheidung in einem Staat ergangen ist, der keinem der Abkommen beigetreten oder der nicht Mitgliedstaat der Europäischen Union ist. Außerdem richtet sich die Anerkennung und Vollstreckung aufgrund des Günstigkeitsprinzips nach deutschem Recht, wenn nach den an sich einschlägigen Abkommen die Voraussetzungen nicht vorliegen. Denn Ziel der Übereinkommen ist es, die Anerkennung und Vollstreckung zu erleichtern. Dem widerspräche es, in einem derart gelagerten Fall die Anwendung günstigerer nationaler Regelungen auszuschließen.[785]

(1) Begriff der „Entscheidung" in § 16 a FGG

Gegenstand der Anerkennung nach § 16 a FGG sind alle nach dem Recht des Entscheidungsstaates wirksamen Entscheidungen einschließlich einstweiliger Anordnungen[786], die bestimmt und geeignet sind, eine rechtliche Wirkung für die Beteiligten, insbesondere durch Begründung, Aufhebung, Anordnung oder Feststellung von Rechten, zu äußern und die nicht dem streitigen Verfahren zuzurechnen sind, für die § 328 ZPO gilt.[787] Umgangsrechtsregelungen sind damit

---

FamRZ 1989, 785 (Kindesunterhalt als Folgesache); *Baumann* in IPRax 1990, 28 (29); *Schack*, IZVR, Rn. 892; Staudinger-*Kropholler*[12], Art. 19 EGBGB, Rn. 365; Staudinger-*Spellenberg*[12], § 328 ZPO, Rn. 196; *Basedow* in IPRax 1983, 278 (279); *Martiny*, Handbuch IZVR III 1, Kap. 1, Rn. 1667; *Geimer*/Schütze, Internationale Urteilsanerkennung, Band I/2, § 234 IV, S. 1723 mit Fn. 22; Staudinger-*Henrich*[13], Art. 19 EGBGB, Rn. 533.

[782] *Kohler/Pintens* in FamRZ 2000, 1140 (1141); vgl. oben Teil B I: 4. b.

[783] BGBl. 1986 I, S. 1142.

[784] *Rauscher*, IZPR, S. 114 ff.; *Bumiller/Winkler*, FGG, § 16 a, Rn. 1.

[785] *Andrae*, Internationales Familienrecht, Rn. 555.

[786] BGH, NJW 1992, 3108; *Bassenge/Herbst*, FGG, § 16 a, Rn. 2.

[787] *Bassenge/Herbst*, FGG, § 16 a, Rn. 2; *Bumiller/Winkler*, FGG, § 16 a, Rn. 2.

Gegenstand einer Entscheidung im Sinn des § 16 a FGG.[788] Auf Ehesachen ist § 16 a FGG hingegen nicht anwendbar.[789]
§ 16 a FFG - und nicht etwa § 328 ZPO - ist auch dann maßgebend, wenn der Herkunftsstaat der Entscheidung diese als eine der streitigen Gerichtsbarkeit qualifizieren würde.[790] Hintergrund dafür ist, dass die Abgrenzung der Anwendungsbereiche von § 328 ZPO und § 16 a FFG aus der Sicht des deutschen Rechts erfolgt. Eine ausländische Entscheidung ist danach als eine Entscheidung der Freiwilligen Gerichtsbarkeit anzusehen, wenn sie nach deutschem Recht im Verfahren der Freiwilligen Gerichtsbarkeit ergehen müsste. Selbst Entscheidungen von Verwaltungsbehörden, die nach deutschem Recht durch ein Gericht der Freiwilligen Gerichtsbarkeit erlassen würden, sind nach § 16 a FFG anerkennungsfähig,[791] wenn die Stellung der ausländischen Behörde der eines deutschen Gerichts entspricht.[792]

(2) Verfahren im Rahmen des § 16 a FGG

Ausländische Entscheidungen der freiwilligen Gerichtsbarkeit sind grundsätzlich anzuerkennen, sofern sie nach ausländischem Recht wirksam sind. § 16 a FGG bestimmt nur die Voraussetzungen für einen Ausschluss der Anerkennung in Anlehnung an § 328 ZPO.[793] § 16 a FGG sieht ein besonderes Anerkennungsverfahren nicht vor, so dass die Anerkennung bei Vorliegen der Anerkennungsvoraussetzungen inzident im Rahmen eines ansonsten im Inland anhängig gemachten Verfahrens erfolgen kann.[794]

(3) Wirkung der Anerkennung

Die Anerkennung einer ausländischen Umgangsrechtsentscheidung hat zur Folge, dass die Entscheidung im Inland in allen Rechtsbereichen ohne besonderen Ausspruch die Wirkung entfaltet, die ihr der Entscheidungsstaat beigelegt hat.[795]

(4) Versagungsgründe

Die Versagungsgründe des § 16 a FGG entsprechen denen des § 328 ZPO. Gemäß § 16 a Nr. 1 FGG ist die Anerkennung einer ausländischen Entscheidung zu versagen, wenn das ausländische Gericht nach deutschem Recht im Zeitpunkt der Erstentscheidung nicht zumindest auch international zuständig war (so ge-

---

788 *Bassenge/Herbst*, FGG, § 16 a, Rn. 2.
789 *Bumiller/Winkler*, FGG, § 16 a, Rn. 2.
790 MüKo-*Klinkhardt*, Art. 21 EGBGB n.F., Rn. 13.
791 *Rauscher*, IZPR, S. 115; *Bassenge/Herbst*, FGG, § 16 a, Rn. 1; LG Frankfurt, FamRZ 1995, 637 (für eine Adoption).
792 *Bumiller/Winkler*, FGG, § 16 a, Rn. 2.
793 *Bumiller/Winkler*, FGG, § 16 a, Rn. 2.
794 Erman-*Hohloch*, Art. 21 EGBGB, Rn. 15.
795 *Bassenge/Herbst*, FGG, § 16 a, Rn. 3 m.w.N.

nanntes Spiegelbildprinzip).[796] Keine Rolle spielt dabei die Frage, ob das erstentscheidende Gericht nach seinen Zuständigkeitsvorschriften zuständig war.[797]
§ 16 a Nr. 2 FGG schützt die am ausländischen Verfahren Beteiligten vor der Unkenntnis des Verfahrensausgangs. Wurde ihnen keine ausreichende Möglichkeit gegeben, Erklärungen tatsächlichen und rechtlichen Inhalts zum Verfahrensgegenstand abzugeben, so ist der ausländischen Entscheidung in Deutschland die Anerkennung zu versagen. Erforderlich ist die Wahrung einer dem deutschen Recht entsprechenden Einlassungsfrist und objektiv ausreichend Zeit für eine Rechtswahrnehmung vor dem Gericht des Entscheidungsstaates.[798] Diese Voraussetzung ist jedoch nicht von Amts wegen zu beachten, sondern setzt den Antrag des Beteiligten voraus („und sich hierauf beruft").
Eine entgegenstehende - im Inland ergangene oder im Ausland ergangene und im Inland anerkannte - Entscheidung stellt ebenso einen Anerkennungsversagungsgrund (§ 16 a Nr. 3 FGG) dar wie die frühere Rechtshängigkeit desselben Verfahrensgegenstandes.[799]
§ 16 a ZPO übernimmt die ordre public-Klausel des Art. 6 EGBGB. Die Unvereinbarkeit mit Grundrechten ist insbesondere bei Verletzung des rechtlichen Gehörs und bei der Durchsetzung einer Herausgabeanordnung gegenüber Kindern zu prüfen.[800]

c. Vollstreckung nach § 33 FGG

Nach dem deutschen Recht unterliegt die Vollstreckung von Umgangsregelungen den Vorschriften des FGG.[801] Anders als im Zivilprozessrecht stellen jedoch im durch die Rechtsfürsorge des Staates geprägten Bereich des FGG Vollstreckungshandlungen, die eine Rechtsgestaltung bewirken, die Ausnahme dar.[802] So ist die Vollstreckung einer deutschen Umgangsrechtsregelung nur in dem schmalen Bereich des § 33 FGG zulässig.[803] Nach § 33 Abs. 2 Satz 2 FGG ist eine Gewaltanwendung gegen das Kind im Rahmen der Ausübung von Umgangsrechten ausdrücklich nicht zulässig.
Nach § 33 Abs. 1 FGG kann jemandem, dem durch gerichtliche Verfügung auferlegt wurde, eine Handlung vorzunehmen, die ausschließlich von seinem Willen abhängt, oder eine Handlung zu unterlassen oder die Vornahme einer Hand-

---

796 BayObLG, NJW 1988, 2178 (2178); BayObLGZ 1987, 439 (441); OLG Hamm, NJW 1988, 653; a.A. *Bumiller/Winkler*, FGG, § 16 a, Rn. 4, die vom Zeitpunkt der Anerkennung ausgehen; ebenso Keidel/*Zimmermann*, FGG, § 16 a, Rn. 5.
797 KG, OLGZ 1987, 311 (314).
798 Am Beispiel des Art. 27 Nr. 2 EuGVÜ: BGH, NJW 1986, 2197.
799 *Bassenge/Herbst*, FGG, § 16 a, Rn. 7.
800 *Bassenge/Herbst*, FGG, § 16 a, Rn. 8; *Bumiller/Winkler*, FGG, § 16 a, Rn. 8 m.w.N.
801 *Schmidt*, Handbuch FG, S. 448.
802 *Roth* in IPRax 1988, 75.
803 *Von Hoffmann*, IPR, § 3, Rn. 299.

lung zu dulden, zur Befolgung dieser Anordnung durch Festsetzung von Zwangsgeld anhalten. Ist - wie in Umgangsrechtsstreitigkeiten häufig der Fall - eine Person, nämlich das Kind, herauszugeben, kann das Gericht unabhängig von der Festsetzung des Zwangsgeldes die Zwangshaft anordnen. Die Herausgabe des Kindes wird vom Gerichtsvollzieher vollstreckt, § 231 a Nr. 7 a GVGA.
Gemäß § 33 Abs. 2 S. 1 FGG kann zur Durchsetzung dieser Anordnung - nach Erlass einer gesonderten gerichtlichen Verfügung - grundsätzlich auch Gewalt angewandt werden. § 33 Abs. 2 S. 2 FGG sieht jedoch für Umgangsrechtsstreitigkeiten ausdrücklich vor, dass eine Gewaltanwendung zur Ausübung des Umgangsrechts gegen das Kind nicht in Betracht kommt. Wird die Person, die herauszugeben ist, nicht vorgefunden, kann der Verpflichtete zur Abgabe einer eidesstattlichen Versicherung über ihren Verbleib angehalten werden, § 33 Abs. 2 Satz 5 FGG.
Für eine Zwangsvollstreckung aus ausländischen Entscheidungen im Bereich der Freiwilligen Gerichtsbarkeit sieht das FGG ein besonderes Vollstreckbarerklärungsverfahren nicht vor. § 16 a FGG regelt allein die Anerkennung einer ausländischen Entscheidung, § 33 FGG lediglich die Vollstreckung selbst. Einigkeit besteht jedoch darin, dass ausländische Entscheidungen aus dem Bereich der Freiwilligen Gerichtsbarkeit trotz dieser fehlenden Regelung im FGG einer Vollstreckbarerklärung bedürfen, damit sie im Inland vollzogen werden können. Umstritten war, ob es zur Vollstreckbarerklärung eines Vollstreckungsurteils gemäß § 722 ZPO bedurfte oder ob insoweit von einem Exequaturverfahren abgesehen werden konnte.[804] Seit 1976 ist jedoch höchstrichterlich gesichert, dass Entscheidungen auf dem Gebiet der Freiwilligen Gerichtsbarkeit nach § 33 FGG vollstreckt werden, soweit eine entsprechende Maßnahme auch bei einem Inlandsfall dem § 33 FGG unterfiele.[805] In dem Verfahren nach § 33 FGG ist inzident die Anerkennung nach § 16 a FGG zu überprüfen.[806] Ist die Entscheidung anerkennungsfähig, so wird sie für vollstreckbar erklärt und nach § 33 FGG vollzogen. Eine gesonderte Vollstreckungsklage entsprechend § 722 ZPO ist auf dem Gebiet der Freiwilligen Gerichtsbarkeit nicht vorgesehen.[807]

---

[804] Dazu ausführlich *Winkel*, Sorge- und Umgangsrecht, S. 171 ff.; *Roth* in IPRax 1988, 75 (76) m.w.N.

[805] BGHZ 67, 255 (257); bestätigt durch BGH, FamRZ 1979, 577 (578 f.); BGHZ 88, 113 (119 f.).

[806] Zur Gegenmeinung in der Literatur, die die BGH-Rechtsprechung zur inzidenten Vollstreckbarerklärung im Rahmen der Vollstreckung nach § 33 FGG als verfassungsrechtlich unzulässige Rechtsfortbildung ansieht: *Winkel*, Sorge- und Umgangsrecht, S. 171 ff. m.w.N.

[807] *Roth* in IPRax 1988, 75; *Kropholler*, IPR, § 60 V 1.; *Krefft*, Vollstreckung und Abänderung, 13 ff.

3. Abänderung ausländischer Umgangsrechtsentscheidungen durch deutsche Gerichte

Völkerrechtliche Bedenken stehen nach heute herrschender Ansicht der Abänderung ausländischer Gerichtsurteile und sonstiger Titel nicht entgegen, denn das deutsche abändernde Urteil beansprucht nur für den Hoheitsbereich der Bundesrepublik Deutschland Verbindlichkeit.[808] Die Anerkennung in dem Staat, in dem die abgeänderte Entscheidung erlassen wurde, ist Sache des dortigen Anerkennungsrechts.[809] Danach ist auch die frühere Auffassung überholt, welche die Abänderung einer ausländischen Entscheidung als Eingriff in die Souveränität des Erstentscheidungsstaates ablehnte.[810] Denn bei der Abänderung wird nicht die Entscheidung selbst in ihrem Bestand angetastet, sondern es werden nur die Wirkungen, die ihr das deutsche Recht im Wege der Anerkennung für seinen Geltungsbereich beigelegt hat, modifiziert, ganz oder teilweise zurückgenommen.[811]

Aus der Sicht deutscher Gerichte können ausländische Entscheidungen geändert werden, wenn das deutsche Gericht international zuständig ist und das anwendbare Recht die Abänderung zulässt.[812] Die Abänderung einer ausländischen Umgangsrechtsentscheidung setzt voraus, dass diese im Inland anerkannt ist.[813] Ist dies nicht der Fall, so kann das deutsche Gericht nur eine originäre Entscheidung treffen.[814] Nicht ausdrücklich geregelt ist die Frage, ob die Anerkennung einer nachträglichen abändernden deutschen Entscheidung entgegensteht.[815] Der Bundesgerichtshof verneint dies und sieht die Möglichkeit der Abänderung darin, dass vergleichbare inländische Entscheidungen, die im FGG-Verfahren ergehen, nicht in materielle Rechtskraft erwachsen.[816] Nach anderer Ansicht kann Entscheidungen, die im Verfahren der freiwilligen Gerichtsbarkeit ergangen sind, eine Bindungswirkung nicht gänzlich abgesprochen werden. Dies gelte insbesondere für den Fall, dass sich die Sach- und Rechtslage seit dem Vollstreckbarerklärungsverfahren nicht geändert hat. In beiden Verfahren werde die ausländische Entscheidung am Maßstab des Kindeswohls geprüft, weshalb die Gründe, die zur Vollstreckbarerklärung geführt haben, für die Frage einer späteren Abänderung verbindlich seien.[817]

---

[808] *Schack*, IZVR, Rn. 1004.

[809] *Geimer*, IZPR, Rn. 1573.

[810] *Schack*, IZVR, Rn. 1004.

[811] Dazu *Krefft*, Vollstreckung und Abänderung, S. 63.

[812] BGH, FamRZ 1983, 806 zur Abänderung einer Unterhaltsentscheidung; *Bumiller/Winkler*, FFG, § 16 a, Rn. 9.

[813] *Schack*, IZVR, Rn. 1007.

[814] *Mansel* in IPRax 1987, 298 (300).

[815] *Bumiller/Winker*, FGG, § 16 a , Rn. 9.

[816] BGH, IPRax 1987, 317 (318); zustimmend *Roth* in IPRax 1988, 75 (80).

[817] *Winkel*, Sorge- und Umgangsrecht, S. 255 f. m.w.N.

a. Internationale Abänderungszuständigkeit deutscher Gerichte, § 323 ZPO

Die internationale Zuständigkeit deutscher Gerichte für die Abänderung einer ausländischen Umgangsrechtsentscheidung ist zu bejahen, wenn sie in der Sache selbst gegeben ist.[818] Anders als § 767 ZPO regelt § 323 ZPO die Zuständigkeit für die Abänderungsklage selbst nicht. Es gelten deshalb die allgemeinen Regeln der internationalen Zuständigkeit.[819]

b. Abänderungsstatut

Auch für das Abänderungsstatut, d.h. die Bestimmung der Rechtsordnung, welcher die Normen zu entnehmen sind, die die Abänderung regeln, ist zu unterscheiden zwischen dem Anwendungsbereich des MSA und dem des autonomen Kollisionsrechts. Die Abänderung ist eine Schutzmaßnahme im Sinn des MSA. Für das anwendbare Recht gilt somit das Gleichlaufprinzip der Art. 1 und 2 MSA: das Gericht wendet die lex fori an.[820]

Außerhalb des MSA ist die Bestimmung des Abänderungsstatuts umstritten.[821] Die herrschende Lehre tritt dabei für das vom deutschen Kollisionsrecht (Art. 21 EGBGB) berufene Umgangsrechtsstatut ein[822], auch wenn dies nur selten wirklich begründet wird. Eine andere Ansicht qualifiziert verfahrensrechtlich und wendet das deutsche Recht als lex fori an.[823] Eine dritte Meinung, die Anwendung des Rechts des Entscheidungsstaates vorsieht, wird heute nicht mehr vertreten.[824]

Für die Streitentscheidung ist maßgebend, ob die Abänderung einer Umgangsrechtsentscheidung verfahrensrechtlich oder materiellrechtlich zu qualifizieren ist. Damit kommen - wie dargestellt - sowohl die lex fori des Entscheidungsstaates, als auch die lex fori des Abänderungsstaates als auch die jeweiligen materiellrechtlichen Statute in Betracht.

Gegen eine verfahrensrechtliche Qualifikation lässt sich jedoch grundsätzlich in Feld führen, dass der Abänderung eher eine materiell-rechtliche Qualifikation zu entnehmen ist. Im deutschen Recht ergibt sich dies aus den dazu ausdrücklich vorliegenden Regelungen wie § 1696 BGB. Ähnlich verhält es sich in ausländi-

---

[818] *Andrae*, Internationales Familienrecht, Rn. 565.

[819] *Schack*, IZVR, Rn. 1017; vgl. oben Teil C IV: 1.

[820] *Andrae*, Internationales Familienrecht, Rn. 568; zum MSA ausführlich oben Teil B II. 1. a.

[821] *Mansel* in IPRax 1987, 298 (298); *Roth* in IPRax 1988, 75 (79).

[822] BGH, Beschluss, IPRax 1987, 317; Staudinger-*Kropholler*, Art. 19 EGBGB a.F., Rn. 367; *Andrae*, Internationales Familienrecht, Rn. 568; *Mansel* in IPRax 1987, 298 (300); OLG Hamm, IPRax 1993, 104 (106); OLG Bamberg, NJW-RR 1990, 774 (774); OLG Karlsruhe, FamRZ 1995, 562 (563); OLG Düsseldorf, FamRZ 1982, 631 (633) - Unterhalt; Keidel/*Zimmermann*, FGG, § 16 a, Rn. 10; Palandt-*Heldrich*, Art. 21 EGBGB, Rn. 9.

[823] *Roth* in IPRax 1988, 75 (79) m.w.N. vgl. Fn. 62; *Krefft*, Vollstreckung und Abänderung, S. 66 f.

[824] So ausdrücklich BGH, NJW 1983, 1976 (1978) m.w.N.; dazu *Krefft*, Vollstreckung und Abänderung, S. 63 f.

schen Rechtsordnungen.[825] Gegen eine Abänderung nach der lex fori des Urteilsstaates spricht darüber hinaus, dass es Aufgabe der inländische Rechtsordnung sein muss, über die Abänderung zu entscheiden, weil dadurch die Grenzen der Anerkennung bestimmt werden.
Die Abänderung einer Umgangsrechtsentscheidung ist zudem mit der Erstentscheidung über ein Umgangsrecht vergleichbar; beide sollten daher demselben Recht zugeordnet werden, das aus der Sicht der Rechtsordnung des Abänderungsstaates berufen ist. Als Ergebnis ist somit festzuhalten, dass das Abänderungsstatut dem Umgangsrechtsstatut entspricht. Zum Teil wird die Frage diskutiert, ob zusätzlich erforderlich ist, dass das Recht des Entscheidungsstaates die Abänderung im konkreten Fall zulassen muss. Der Bundesgerichtshof neigt wohl dazu, diese Frage zu verneinen, wenn er davon ausgeht, dass ausländische Entscheidungen im Inland Wirkung entfalten, weil sie inländischen gleichgestellt werden. Insofern komme es dann auf die Wirkungen der Entscheidung im Entscheidungsstaat nicht mehr an. Außerdem sei eine Kumulation von Abänderungsstatuten abzulehnen, weil sie die Abänderung erschweren und damit das Kindeswohl beeinträchtigen können. Dieser Ansicht ist zuzustimmen. Auch im Bereich der Abänderung von Umgangsrechtsentscheidungen sollte sich die Wertung des deutschen materiellen Kindschaftsrechtes, welches mit § 1696 BGB abänderungsfreundlich ist, durchsetzen.

c. Voraussetzungen für den Erlass einer Abänderungsentscheidung

Im deutschen Recht folgen Aufhebungs- und Abänderungsmöglichkeiten aus §§ 1696 BGB, 18 Abs. 1 FGG. Darüber hinaus kann der Antragsteller eine gemäß § 16 a FGG anerkennungsfähige ausländische Herausgabeentscheidung entweder im FGG-Verfahren für vollstreckbar erklären lassen oder aber eine - inhaltlich mit der ausländischen Entscheidung übereinstimmende - Sachentscheidung eines deutschen Gerichts erwirken. Der ausländische Beteiligte kann seinerseits ebenfalls Einwendungen entweder im Vollstreckbarverfahren vortragen oder in einem isolierten Abänderungsverfahren vor einem deutschen Gericht, eine Abänderung der ausländischen Entscheidung zu seinen Gunsten zu erreichen.[826] Der Sache nach sind damit Vollstreckbarerklärungs- und Abänderungsverfahren funktionell weitgehend austauschbar. Beide Verfahren können zeitlich parallel betrieben werden.

(1) Prozessuale Voraussetzungen nach § 18 FGG

§ 18 FGG bietet dem Familiengericht die Möglichkeit, seine Anordnungen auch wegen anfänglicher Unrichtigkeit, also wegen Rechtsfehlern, zu ändern.[827] § 18 Abs. 1 FGG ist als Ausnahme zu § 308 ZPO zu verstehen, denn er stellt das Fa-

---

[825] *Mansel* in IPRax 1987, 298 (299).
[826] *Roth* in IPRax 1988, 75 (79).
[827] *Krefft*, Vollstreckung und Abänderung, S. 71.

miliengericht von der Bindung an eigene Entscheidungen frei, um deren Anpassung an die nachträglich erkannte Sach- und Rechtslage zu ermöglichen.[828]
§ 18 FGG findet auch Anwendung auf Auslandsfälle, soweit es sich um erstinstanzliche Entscheidungen handelt. Dagegen spricht auch nicht, dass das Gericht sich bei Auslandsfällen nicht mit der „von ihm erlassenen Anordnung" befasst.[829]

(2) Materielle Voraussetzungen nach § 1696 BGB

Nach deutschem Recht kommt eine Abänderung unter den Voraussetzungen des § 1696 BGB in Betracht. § 1696 BGB enthält eine materielle Änderungsbefugnis, wobei auch Tatsachen berücksichtigt werden können, die bei der Erstanordnung schon vorlagen, dem Gericht aber nicht bekannt waren. Ein Wiederaufrollen des Verfahrens durch das Familiengericht kommt demnach in Betracht, wenn sich die der Entscheidung zugrunde liegenden Tatsachen geändert haben oder erst nachträglich bekannt geworden sind und die Änderung wegen Vorliegens triftiger, das Wohl des Kindes nachhaltig berührenden Gründen angezeigt ist. Darunter ist eine Steigerung des Kindeswohlerfordernisses zu verstehen,[830] d.h. die Vorteile der neuen Regelung müssen die mit der Änderung verbundenen Nachteile deutlich überwiegen.
Nach der Rechtsprechung können sich triftige Gründe im Sinn des § 1696 BGB grundsätzlich zum einen aus einer Veränderung der für die ursprüngliche Entscheidung maßgebenden Umstände ergeben oder aus einer Änderung von Gesetzen und der Rechtsprechung. Die Frage jedoch, ob für eine Abänderung schon genügt, dass das Gericht nunmehr - bei gleich gebliebener Sach- und Rechtslage - eine andere rechtliche Auffassung vertritt, wird indes unterschiedlich beantwortet.[831] Die herrschende Ansicht lehnt dies ab. Dafür spricht, dass § 1696 BGB dem Kindeswohl im Wandel der Verhältnisse dient, nicht aber dem Interesse der von der elterlichen Sorge ausgeschlossenen Elternteile an ständiger Überprüfung der einmal gegen sie getroffenen Entscheidung. Sinn des § 1696 BGB ist es aber nicht, sorgerechtliche Regelungen generell nach Ausschöpfung des Rechtswegs noch einmal überprüfen lassen zu können.[832] Zum anderen bestände die Gefahr, dass bei Verfahren mit Auslandsbezug Wertvorstellungen anderer Kulturkreise zum Gegenstand des Abänderungsverfahrens gemacht würden und somit eine Berufung auf lediglich unterschiedliche Vorstellungen möglich wäre.[833] Eine derart ausgedehnte Abänderungsmöglichkeit ausländischer Entscheidungen liefe zudem dem im internationalen Recht anerkannten

---

[828] Palandt-*Diederichsen*, § 1696, Rn 6.
[829] *Krefft*, Vollstreckung und Abänderung, S. 71.
[830] Palandt-*Diederichsen*, § 1696, Rn. 21.
[831] Dazu *Jorzig*, Kindesentführungsrecht, S. 201 m.w.N.
[832] OLG Bamberg, NJW-RR 1990, 774; Palandt-*Diederichsen*, § 1696, Rn. 27.
[833] *Jorzig*, Kindesentführungsrecht, S. 202.

Grundsatz des Verbotes einer révision au fond, einer Nachprüfung der inhaltlichen Richtigkeit der ausländischen Entscheidung, zuwider.
Weitere Gründe, die zu einer Abänderung der ausländischen Entscheidung berechtigen, sind u.a. das Zuwiderhandeln gegen gerichtliche Anordnungen wie das Hintertreiben von Umgangsrechtsregelungen mit dem nichtsorgeberechtigten Elternteil.[834]

---

[834] Palandt-*Diederichsen*, § 1696, Rn. 27.

D. Umgangsrecht nach französischem materiellen und internationalen Privat- und Verfahrensrecht

I. Das Besuchs- und Beherbergungsrecht im französischen materiellen Recht

1. Entwicklung des Umgangsrechts in Gesetzgebung und Rechtsprechung

Die rechtlichen Folgen, die eine Scheidung der Eltern für die Kinder herbeiführt, sind in den Art. 286 bis 295 des französischen Code civil geregelt. Die Frage der Zuteilung der elterlichen Sorge und des Umgangrechts nach der Scheidung stellt sich nur bei minderjährigen Kindern. Volljährige Kinder, die noch bei ihren Eltern wohnen, entscheiden selbst, bei welchem Elternteil sie in Zukunft leben.[835]
Erstmals gesetzlich normiert wurde das Recht auf Umgang mit dem ehelichen Kind nach der Trennung oder Scheidung durch das Gesetz vom 4. Juni 1970. Nach der damaligen Fassung des Art. 373-2 Code civil wurde die zu dieser Zeit noch so genannte „elterliche Gewalt" unter dem Vorbehalt des Umgangs- und Überwachungsrechts ausgeübt. Das Gesetz vom 11. Juli 1975 schrieb dann den Grundsatz fest, dass das Recht auf Umgang mit dem ehelichen Kind nach der Scheidung dem Elternteil nur aus schwerwiegenden Gründen versagt werden dürfe, was im heute insofern unverändert gebliebenen Art. 288 Abs. 2 Code civil zum Ausdruck kommt.
Durch das Reformgesetz vom 8. Januar 1993 über den Zivilstand, die Familie, das Recht des Kindes und die Einführung des Familienrichters[836] wurden die Bestimmungen über die elterliche Sorge erneut abgeändert. Art. 373-2 Code civil in der aktuellen Fassung[837] verweist für den Fall, dass die Eltern geschieden sind, für die Ausübung der elterlichen Sorge auf Art. 287 Code civil[838], der wie-

---

[835] *Bénabent*, La Famille, n° 331.

[836] Gesetz n° 93-22 vom 8. Januar 1993 „modifiant le Code civil relative à l'état civil, à la famille et aux droits de l'enfant et instituant le juge aux affaires familiales", J.O. vom 9. Januar 1993, S. 495 ff., dazu *Furkel* in FamRZ 1994, 1084 ff.; zur Einführung des Familienrichters *Steindorff* in FuR 1993, 319 (323 f.); ebenso *Battes/Meixner* in FuR 1993, 219 (221).

[837] Art. 373-2 Code civil lautet: „Wenn die Eltern geschieden oder von Tisch und Bett getrennt sind, so wird die elterliche Gewalt gemäß den Bedingungen des Art. 287 ausgeübt.", Übersetzung bei *Bergmann/Ferid*, Länderteil Frankreich, S. 103.

[838] Art. 287 Code civil lautet: „(1) Die elterliche Gewalt wird von den beiden Eltern gemeinsam ausgeübt. Bei Fehlen einer Vereinbarung oder wenn diese dem Wohl des Kindes zuwiderlaufend zu sein scheint, bestimmt der Richter den Elternteil, bei dem die Kinder ihren gewöhnlichen Aufenthalt haben. (2) Wenn das Wohl des Kindes es verlangt, kann der Richter die Ausübung der elterlichen Gewalt einem der Elternteile übertragen. (3) Die Eltern können aus eigenem Antrieb oder auf Forderung des Richters ihre Bedenken gegen Einzelheiten der Ausübung der elterlichen Gewalt vorbringen.", Übersetzung bei *Bergmann/Ferid*, Länderteil Frankreich, S. 84 f.

derum vom Grundsatz der gemeinsamen Sorgerechtsausübung nach der Scheidung ausgeht.
Die Gleichwertigkeit von Alleinsorge und gemeinsamer Sorgerechtsausübung nach der Scheidung hatte schon das Gesetz vom 2. Juli 1987[839] als Prinzip festgelegt.[840] Damit wurden die Ergebnisse der Rechtsprechung übernommen, die eine Zulässigkeit der gemeinsamen Sorgerechtsausübung nach der Scheidung entgegen dem damaligen Gesetzeswortlaut[841] bereits zugelassen hatte.[842] Art. 287 Code civil i.d.F. von 1987 bestimmte, dass der Richter - je nach Interesse der minderjährigen Kinder und nach Anhörung der Eltern - die Ausübung des Sorgerechts einem Elternteil oder beiden Elternteilen gemeinsam übertragen konnte. In der gerichtlichen Praxis ist folgende Entwicklung zu verzeichnen: zunächst wurde trotz des Gesetzeswortlautes die Alleinsorge als vorrangig im Interesse des Kindes liegend angesehen mit der Folge, dass für die Gerichte ein erhöhter Begründungsbedarf bei der Entscheidung für die gemeinsame Sorge bestand[843]. Ab dem Jahre 1991 ist dann die gemeinsame Ausübung des Sorgerechts zur Regel geworden.[844]
Gesetz wurde der Grundsatz der gemeinsamen Sorge, wie er in der heutigen Fassung des Art. 287 Code civil zum Ausdruck kommt, jedoch erst durch das

---

[839] Gesetz n° 87-570 vom 2. Juli 1987, J.O. vom 24. Juli 1987, S. 8253 ff., so genannte „Loi Malhuret".

[840] J. Cl. Civil, art. 286 à 295, fasc. 280, n° 67 f.; zum Gesetz von 1987: vgl. *Normann* in FamRZ 1988, 568 f.; *Schwab* in FamRZ 1987, 1004; *Furkel* in FamRZ 1994, 1084 (1087); *Dekeuwer-Défossez/Vauvillé* in D. 1988, chron. 137 ff.; *Raymond* in JCP 1987, éd. G, I, doctr. 3299; *Morançais-Demeester* in D. 1988, chron. 7 ff.; *Nicolas-Maguin* in D. 1988, chron. 307 ff.

[841] Art. 287 Code civil i.d.F. von 1975 lautete: „das Sorgerecht (wird) dem einen oder dem anderen Elternteil zugesprochen» und Art. 373-2 Code civil i.d.F. von 1975 sah vor, dass „die elterliche Sorge von demjenigen (Elternteil) ausgeübt (wird), dem das Gericht das Sorgerecht für das Kind anvertraut hat"; zu den Scheidungsfolgen für die Kinder nach dem Gesetz n° 75-617 vom 11. Juli 1975: *Hein*, Recht der Scheidungsfolgen in Frankreich, S. 308 ff.

[842] Ablehnend gegenüber der „garde conjointe" noch: C. Cass., civ. 2e, 21 mars 1983, JCP 1984, II, 20163, note *Dekeuwer*; *Nerson/Rubellin-Devichi* in RTD civ. 1984, 91 (96 f.) - für die Zulässigkeit der "garde conjointe"; dafür dann auch: C. Cass., civ. 2e, 2 mai 1984, JCP 1985, II, 20412, note *Dekeuwer*; *Grimaldi* in Gaz. Pal. 1985, I, pan. 69; *J. M.* in Gaz. Pal. 1985, I, 59; *Massip* in Defrénois 1985, 320 (328 ff.); *Bénabent* in D. 1985, inf. rap. 171; *Rubellin-Devichi* in RTD civ. 1984, 691-696; C. Cass., civ. 2e, 20 nov. 1985, JCP 1986, IV, 47; *Rubbelin-Devichi* in RTD civ. 1987, 287 (301); *Nicolas-Maguin* in D. 1983, chron. 111 ff.; zuvor schon für die „garde conjointe" *Feydeau/Robineau/Claux* in Gaz. Pal. 1981, 2.

[843] Anders aber CA Poitiers, 20 avr. 1988, Juris-Data n° 042885 : „il y a lieu de décider d'une autorité parentale conjointe lorsqu'aucun motif n'y fait obstacle", zitiert in J. Cl. Civil, art. 286 bis 295, fasc. 280, n° 69.

[844] *Furkel* in FamRZ 1994, 1084 (1087); *Fulchiron* in D. 1993, chron. 117 (118) mit genauen Zahlen.

Gesetz vom 8. Januar 1993,[845] das die Rechtsprechungsentwicklung seit 1987[846] und die gesellschaftliche Wirklichkeit in Frankreich[847] übernahm. Die neue Fassung des Art. 287 Code civil beinhaltet eine Vermutung dafür, dass die gemeinsame Sorge a priori dem Kindesinteresse entspricht.[848] Die französische Rechtsprechung geht heute sogar davon aus, dass es sich bei der gemeinsamen Sorgerechtsausübung nach der Scheidung um ein Recht handelt, das den Eltern kraft Gesetz zusteht.[849]
Das Umgangsrecht soll unter den Aspekten der Regelungen des französischen Sachrechts und internationalen Privatrechts, sowie Vorschriften des internationalen Verfahrensrechts zur Anerkennung und Vollstreckung von ausländischen Umgangsrechtsentscheidungen in Frankreich dargestellt werden.

2. Aktuelle Rechtslage

Art. 372-2 Code civil, der die Sorgerechtsausübung während des Bestehens der Ehe regelt, verweist für die Sorgerechtsverteilung im Fall der Trennung und Scheidung der Eltern auf das Scheidungsrecht, dessen Bestimmungen sich in den Art. 286 ff. Code civil unter dem Abschnitt „Folgen der Scheidung für die Kinder“ finden.
Art. 286 Code civil bestimmt, dass die Scheidung die Rechte und Pflichten der Eltern gegenüber ihren Kindern grundsätzlich so fortbestehen lässt wie während der Ehe. Für die Zeit nach der Scheidung ist jedoch gemäß Art. 287 Abs. 1 und 2 Code civil danach zu unterscheiden, ob die elterliche Sorge weiterhin gemeinsam ausgeübt wird oder ob ein Elternteil alleiniger Sorgerechtsinhaber ist.[850] Hieraus ergeben sich Unterschiede in der Rechtsstellung der Elternteile gegenüber ihren Kindern.

a. Gemeinsames Sorgerecht nach der Scheidung

Im französischen Recht soll die elterliche Sorge seit dem Gesetz vom 8. Januar 1993 nach der elterlichen Scheidung unter denselben Bedingungen ausgeübt

---

[845] *Bénabent*, La Famille, n° 330.
[846] *Fulchiron*, in D. 1993, chron. 117 (118); *Furkel* in FamRZ 1994, 1084 (1087).
[847] *Wirz*, S. 146; *Dekeuwer-Défossez/Vauvillé*, in D. 1988, chron. 137 (140).
[848] Nachweise aus der Rechtsprechung in J. Cl. Civil, art. 286 à 295, fasc. 280, n° 63: so C. Cass., civ. 2e, 24 févr. 1993, Bull. civ. 1993 II, n° 76, p. 40 s. = JCP 1993, IV, n° 1079, 125; C. Cass., civ. 2e, 31 mai 1995, JCP 1995, IV, 1788, 228 = D. 1995. inf. rap. 158; C. Cass., civ. 1re, 7 juin 1995, JCP 1995, IV, 1853, 235 = D. 1995, inf. rap. 185; C. Cass., civ. 2e, 2 avril 1996, D. 1997, jur. 146, note *Massip* = JCP 1996, IV, 1249, 161; C. Cass., civ. 2e, 18 juin 1997, JCP 1997, IV, 1734.
[849] J. Cl. Civil, art. 286 à 295, fasc. 280, n° 71 unter Hinweis auf: CA Paris, civ. 24e, sect. A, 7 juin 1993, Juris-Data n° 02028; CA Reims, civ. 2e sect., 2 nov. 1995, Juris-Data n° 051931; CA Nancy, 3e ch., 16 oct. 1995, Juris-Data n° 051929.
[850] *Rubellin-Devichi*, Droit de la Famille, n° 1905 und 1911; *Carbonnier*, Droit Civil, n° 184.

werden wie vor der Scheidung (Art. 286 Code civil).[851] Die gemeinsame Ausübung der Sorge verlangt jedoch selbstverständlich von den geschiedenen Eltern nicht, weiterhin einen gemeinsamen Haushalt zu führen. Die tatsächlichen Gegebenheiten erfordern eine Anpassungen der elterlichen Pflichten und Rechte gegenüber den Kindern. Im Interesse des Kindes, das eine gewisse Stabilität und Kontinuität in seinen täglichen Abläufen benötigt, muss in erster Linie festgelegt werden, bei welchem Elternteil das Kind seinen gewöhnlichen Aufenthalt hat. Dies verlangt das Gesetz ausdrücklich in Art. 287 Abs. 1 Code civil, legt die Entscheidung jedoch vorrangig in die Hände der Eltern.

(1) Festlegung des gewöhnlichen Aufenthaltsortes des Kindes

Die Festlegung des gewöhnlichen Aufenthaltsortes des Kindes liegt grundsätzlich in den Händen der Eltern. Nur wenn diese keine einverständliche Regelung finden, wird das Gericht tätig und bestimmt den gewöhnlichen Aufenthalt des Kindes bei einem Elternteil. Art. 287 Code civil lässt allerdings mit dem Begriff „résidence habituelle" die Möglichkeit offen, mehr oder weniger lange Aufenthalte bei dem anderen mitsorgeberechtigten Elternteil, dem „parent non-résidant", vorzusehen.

(a) Zulässigkeit der „garde alternative"

Da die Ausgestaltung des gemeinsamen Sorgerechts schon im Gesetz von 1987 den Eltern überlassen blieb, entwickelte die Praxis recht schnell das Institut eines ständig wechselnden Wohnortes des Kindes - die so genannte „garde alternative" oder auch „garde alternée" - , um beiden Elternteilen möglichst gleichmäßig viel Zeiten mit dem Kind einzuräumen. Die Lösung eines ständig wechselnden Wohnsitzes mal bei dem einen, mal bei dem anderen Elternteil, wurde jedoch von der Rechtsprechung abgelehnt und ist in der Lehre mit Blick auf das Kindeswohl bis heute umstritten.[852]

Die Zulässigkeit der „garde alternative" oder „garde alternée" betrifft die Regelung der tatsächlichen Obhut. Diese soll dergestalt zwischen den Eltern aufgeteilt werden können, dass die Inhaberschaft der tatsächlichen Sorge von beiden Eltern nacheinander ausgeübt wird, zum Beispiel im Wechsel von einem oder zwei Jahren oder aber auch von kürzeren Abständen. Jeder Elternteil ist dann sukzessive Inhaber des umfassenden Sorgerechts, während der andere in dieser Zeit lediglich über ein Überwachungs- und Besuchsrecht verfügt.[853]

---

[851] *Carbonnier*, Droit Civil, n° 184; *Cornu*, La Famille, n° 418-1°.

[852] C. Cass, civ. 2e, 2 mai 1984, Bull. civ. II, n° 78; *Dekeuwer* in JCP 1985, II, 20412; C. Cass., civ. 2e, 21 mars 1983, JCP 1984, II, 20163, note *Dekeuwer*; *Nerson/Rubellin-Devichi* in RTD civ. 1984, 91; CA Lyon, 5 oct. 1993, JCP 1994, II, 22231, note *Fulchiron*; dazu auch *Hauser* in RTD civ. 1993, 803 (818); *Carbonnier*, Droit civil, n° 193.

[853] C. Cass., civ. 2e, 2 mai 1984, D. 1985, inf. rap. 171, note *Bénabent*; JCP 1985, II, 20412, note *Dekeuwer; Nerson/Rubellin-Devichi* in RTD civ. 1984, 91 (93 f.).

Gegen die Zulässigkeit der „garde alternée“ wird angeführt, der wechselnde Aufenthalt bei dem einen oder dem anderen Elternteil entspreche nicht dem Kindesinteresse, einen geregelten und stabilen Zeitablauf zu schaffen. Das Kind sei nicht nur zwischen zwei Orten, sondern zugleich auch zwischen seinen beiden Elternteilen hin- und hergerissen.[854] Ein doppelter Wohnsitz könne schon begrifflich kein gewöhnlicher Wohnsitz sein. Eine Lösung solle sich deshalb an den Umständen des Einzelfalls und dem konkreten Kindeswohl orientieren.[855] Als gewichtigstes Argument gegen die „garde alternée“ wird damit ins Feld geführt, dass sie für das Kind einen Faktor der Instabilität darstelle. Das Kind werde zum Objekt der elterlichen Regelung. Ein anderes Ergebnis, das diese Bedenken zum Teil entkräftet, geht hingegen aus zwei Studien aus dem Jahre 1993[856] hervor. Sie zeigen, dass bei Vorhandensein bestimmter stabiler Rahmenbedingung - wie räumlicher Nähe der Wohnungen der Eltern, entsprechender finanzieller Möglichkeiten und grundsätzlicher Übereinstimmung der Eltern in Fragen der Erziehung - die „garde alternée“ für alle Beteiligten zufriedenstellend und gewinnbringend sein kann. Für das Kind wird die Möglichkeit geschaffen, zu beiden Eltern regelmäßige Kontakte zu unterhalten, ja sogar den Alltag mit zu teilen. Die soziale Kontinuität des Kindes wird gewährleistet, wenn es weiterhin dieselbe Schule besuchen und seinen Freundeskreis aufrechterhalten kann. Väter bzw. Mütter sind außerdem nicht mehr nur „Freizeit-Väter/Mütter“, was vom jeweils anderen Elternteil nicht gerne gesehen wird und für Spannungen sorgt. Auf der anderen Seite verfügen beide Elternteile in den Zeiten, in denen das Kind nicht bei ihnen ist, über mehr Freiheiten für eigene zum Beispiel berufliche Wege. Auch dieser letzte Aspekt ist im Zuge einer Scheidung nicht zu vernachlässigen, wenn auch bei allen Regelungen das Kindesinteresse im Vordergrund stehen muss.[857]

(b) Streitverlagerung auf die Frage der Festlegung des gewöhnlichen Aufenthalts

Das Gesetz macht für den Fall der gemeinsamen Sorgerechtsausübung nach der Scheidung keine Vorgaben zu einer gerichtlichen Regelung des Umgangsrechts, sondern sieht lediglich vor, dass der gewöhnliche Wohnort des Kindes festgelegt werden muss. Ergebnis dieser verfahrensrechtlichen Vorgaben ist, dass sich heute in der Praxis hinsichtlich der Festlegung des gewöhnlichen Aufenthalts des

---

[854] Dazu *Fulchiron* in D. 1993, chron. 117 (121).

[855] Vgl. dazu J. Cl. Civil, art. 286 à 295, fasc. 280, n° 103 f. und 105-110.

[856] *Neyrand/Mekboul*, Résidence alternée de l'enfant et exercice en commun de l'autorité parentale chez les parents séparés, Caisse Nationale des Allocations Familiales (1993); *Prieto*, La résidence alternée comme modalité d'exercice de l'autorité parentale lors du divorce, approche socio-médical (1993), beide zitiert bei: *Fulchiron* in JCP 1994, II, 2231 und *Wirz*, S. 148.

[857] *Fulchiron* in D. 1993, chron. 117 (121); *Wirz*, S. 148 ff.

Kindes beim Fehlen einer gütlichen Einigung der Eltern die gleichen Streitigkeiten ergeben wie nach alter Rechtslage für die Verteilung der Sorge.[858] Genauso wie es früher bei der Sorgerechtsverteilung einen „Gewinner“ und einen „Verlierer“ gab, so kann auch die Festlegung des gewöhnlichen Aufenthalts des Kindes durch das Gericht von dem Elternteil, bei dem das Kind letztendlich nicht wohnen wird, als Zurücksetzung empfunden werden. Zudem ergeben sich aus dieser Festlegung weitere rechtliche Konsequenzen: Der juristische Wohnsitz des Kindes wird durch den gewöhnlichen Aufenthalt bestimmt; derjenige Elternteil, bei dem das Kind nicht wohnt, muss einen Mietkostenbeitrag für das Kind leisten; sonstige Unterhaltszahlungen müssen erfüllt werden; strafrechtliche Sanktionen drohen, wenn das Kind nicht rechtzeitig zurückgebracht wird.[859] Insofern sind Zweifel angebracht, ob die Neuregelung durch das Gesetz von 1993 zur gemeinsamen Sorgerechtsausübung nach der Scheidung tatsächlich die erwünschten Vereinfachungen gebracht hat.

(2) Rechte des „parent non-résidant“

Dem mitsorgeberechtigte Elternteil, bei dem das Kind nicht seinen gewöhnlichen Aufenthalt hat, wird weiterhin die Möglichkeit eingeräumt, mit dem Kind Umgang zu pflegen. Dies soll durch ein umfassendes Besuchs- und Beherbergungsrecht („droit de visite et d’hébergement“) sichergestellt werden. Schwierigkeiten bereitet indessen die Ausgestaltung dieses Umgangsrechts angesichts einer Gesetzeslage, die sich nicht klar zu den Befugnissen des mit der Scheidung befassten Gerichtes äußert. Die französische Rechtsprechung hat hier den pragmatischen Weg gewählt.

(a) Begriffe „droit de visite“ et „droit d’hébergement“

Dem Mitsorgeberechtigten steht neben dem allgemeinen Überwachungsrecht („droit de surveillance“) als Teil der elterlichen Mitsorge ein Besuchs- und Beherbergungsrecht („droit de visite et d’hébergement“) zu.

Der Begriff des Besuchsrechts wurde von der Rechtsprechung entwickelt, im Code civil von 1804 war er nicht enthalten. Allgemeine Ansicht war jedoch schon immer, dass das Besuchsrecht in einem weiten Sinne zu verstehen sei. Es erlaubt nicht nur, das Kind zu besuchen, sondern auch seinerseits Besuche des Kindes zu empfangen. So entstand der Ausdruck „Besuchs- und Beherbergungsrecht“, der jedoch erst im Gesetz vom 11. Juli 1975 über die Scheidung seinen Niederschlag fand.[860]

Das Besuchsrecht („droit de visite“) beinhaltet das Recht, das Kind zu treffen und mit ihm einen Tag oder auch ein Wochenende zu verbringen und dies - ent-

---

[858] Dalloz, n° 1907.

[859] Eine Zusammenstellung der rechtlichen Folgen der Festlegung des gewöhnlichen Aufenthalts des Kindes ist in J. Cl. Civil, art. 286 à 295, fasc. 280, n° 151 zu finden.

[860] *Massip* in D. 1986, 496 (497).

gegen dem allgemeinen Verständnis des Verbs „besuchen" - nicht notwendigerweise am gewöhnlichen Wohnort des Kindes. Das Beherbergungsrecht oder Unterbringungsrecht („droit d'hébergement") erlaubt es dem berechtigten Elternteil, das Kind in der eigenen Wohnung für einen längeren Zeitraum in Empfang zu nehmen, zum Beispiel während der Ferien.[861] Der Begriff hat sich erst im Laufe der Zeit entwickelt, vornehmlich, um weiten räumlichen Entfernungen Rechnung zu tragen.[862] Beide Rechte sind nicht stets untrennbar miteinander verbunden. Das Beherbergungsrecht stellt nur eine Ausprägung des Besuchsrechts dar.[863] Folglich kann das Besuchsrecht zugestanden und das Beherbergungsrecht verweigert werden[864] oder umgekehrt.

In Ausweitung des Besuchsrechts haben Rechtsprechung und Lehre ein Kommunikationsrecht in Form des Briefkontakts anerkannt, das grundsätzlich unbeschränkt ausgeübt wird[865], aber hinsichtlich Dauer und Häufigkeit einer gerichtlichen Regelung unterliegen kann, wenn das Kindeswohl es erfordert.[866] Dabei darf allerdings dem Sorgeberechtigten kein persönliches Kontrollrecht über den Briefverkehr eingeräumt werden, denn es wäre angesichts der Tatsache, dass der Sorgeberechtigte auch während der Besuche des anderen Elternteils nicht anwesend sein darf, inkonsequent, ihm dann aber zu erlauben, die an das Kind adressierten Briefe zu lesen.[867]

In noch weiterer Ausdehnung der Rechtsprechung wurde die gleiche Freiheit für die Ausübung eines Kommunikationsrechts per Telefon zugelassen. Unumschränkt zugelassen kann dieses Recht jedoch mit Art. 9 Code civil kollidieren, der das Persönlichkeitsrecht des anderen Mitsorgerechtsinhabers schützt, und muss dann zurücktreten.[868] Bei der Ausübung eines telefonischen Kommunikationsrechts muss also einerseits der Schutz des Persönlichkeitsrechts des einen Elternteils und andererseits die Ausübung des elterlichen Sorgerechts des anderen Elternteils gewährleistet werden. Dazu ist es ratsam, die Modalitäten der Telefonate zwischen dem mitsorgeberechtigten, aber nur umgangsberechtigten Elternteil und dem Kind festzulegen, beispielsweise nach Vereinbarung der Beteiligten oder jedenfalls an dem Tag, an dem kein Besuchsrecht

---

[861] *Carbonnier*, Droit civil, n° 184.
[862] Zur Rechtsnatur des Besuchsrechts: *Guiho* in JCP 1952, I, 963, n° 6 ff.
[863] C. Cass., civ. 1re, 5 mai 1986, D. 1986, 496, note *Massip*.
[864] Zum Beispiel: Vater lebt in dauerhafter homosexueller Lebensgemeinschaft, die für das Kind belastend ist, J. Cl. Civil, art. 286 à 295, fasc. 280, n° 180 unter Hinweis auf: CA Paris, 24e ch., sect. A, 20 mai 1996, Juris-Data n° 021705.
[865] CA Rouen, 7 juin 1899, DP 1900, 287.
[866] CA Paris, 9 juillet 1913, D. 1914, 48 = DP 1915, II, 54.
[867] *Viney* in RTD civ. 1965, 225 (251).
[868] Vgl. J. Cl. Civil, art. 286 à 295, fasc. 280, n° 181 unter Hinweis auf: CA Bordeaux, 6e ch., 1er avril 1991, Juris-Data, n° 043591.

eingeräumt wurde. Nur bei Fehlen jeglichen Besuchsrechts soll dem Umgangsberechtigten seinerseits das Recht zustehen, das Kind von sich aus anzurufen.[869]

(b) Regelungsbefugnisse des Gerichts

Welche Regelungsbefugnisse dem Gericht hinsichtlich der Scheidungsfolgen für die Kinder zustehen, bestimmt Art. 287 Code civil. Die Vorschrift geht davon aus, dass die Eltern auch nach der Scheidung die Sorge für ihre Kinder weiterhin gemeinsam ausüben. Die Vorschrift sieht lediglich vor, dass das Gericht den gewöhnlichen Wohnort des Kindes festlegen kann. Zu der Frage, welche Rechte dem anderen mitsorgeberechtigten Elternteil, der das Kind gewöhnlich nicht bei sich hat, zustehen, schweigt das Gesetz. Dies wirft das in der französischen Literatur diskutierte Problem auf, ob das Gericht zu einer Regelung des Umgangsrechts des mitsorgeberechtigten Elternteils überhaupt befugt ist.

(i) Gesetzgeberisches Schweigen

Zum Teil wurde aus dem Schweigen des Gesetzes schlicht geschlossen, dass das Gericht im Fall der gemeinsamen Ausübung der elterlichen Sorge bei Fragen der Ausübungsmodalitäten des Besuchsrechts nicht zum Eingreifen befugt sei und die Eltern diese Frage alleine gütlich regeln müssten. Bestätigt werde diese Annahme durch Art. 288 Code civil, der gerade nur für den Fall, dass das Sorgerecht einem Elternteil allein übertragen wird, eine Intervention des Gerichts zur Umgangsrechtsregelung vorsehe. Aus den Vorarbeiten zum Gesetz von 1987 geht hingegen eindeutig hervor, dass dem Gericht trotzdem die Möglichkeiten einer Regelung des Umgangsrechts offen steht.[870] Zum Teil wurde der gesetzlichen Formulierung („statuer sur les modalités de l'exercice de l'autorité parentale") des Art. 289 Code civil eine so weitgehende Bedeutung gegeben, dass das Gericht auch im Fall der gemeinsamen Ausübung der elterlichen Sorge nach der Scheidung eingreifen darf.[871]

Richtig ist, dass im Fall der gemeinsamen Ausübung der elterlichen Sorge weder das Gesetz vom 8. Januar 1993 noch das Gesetz vom 22. Juli 1987 Vorschriften über die Rechte des Elternteils vorsieht, bei dem das Kind nicht seinen gewöhnlichen Aufenthalt hat. Eine Regelung des Umgangs des Kindes mit dem mitsorgeberechtigten Elternteil, bei dem es nicht wohnt, fehlt.[872] Besagt doch der Grundsatz, dass die elterliche Sorge gemeinsam ausgeübt wird. Als Begründung

---

[869] J. Cl. Civil, art. 286 à 295, fasc. 280, n° 156 unter Hinweis auf: CA Bordeaux, 6e ch., 14 déc. 1995, Juris-Data, n° 050527.

[870] *Joilbois*, J.O. Sénat 8 juillet 1987, p. 2958. – Déclaration de *M. Malhuret* dans le même sens et même référence, zitiert in J. Cl. Civil, art. 286 à 295, fasc. 280, n° 154: „Mir ist kein Gericht bekannt, das auf den Antrag eines Elternteils die Frage des Besuchsrechts nicht regeln würde, wenn sich aus der Situation eine derartige Notwendigkeit ergibt.".

[871] Dalloz, n° 1909 m.w.N.

[872] *Furkel* in FamRZ 1994, 1084 (1087).

für diese Lücke im Gesetz wird angeführt, dass der Begriff eines Besuchs- oder Überwachungsrechts seine Berechtigung nur in einem System habe, in dem ein Elternteil (fast) alle Rechte alleine ausübe, also im Fall der Alleinsorge eines Elternteils, und gerade nicht bei gemeinsamer Sorgerechtsausübung.[873]
Diese Überlegung trifft indessen nicht völlig zu, denn auch wenn Eltern die Sorge für das Kind gemeinsam ausüben, befinden sie sich zwangsläufig gegenüber dem Kind nicht in derselben Situation. Dies ergibt sich schon aus der rein tatsächlichen Festlegung des gewöhnlichen Aufenthalts des Kindes, die die Forderung nach einem Gegengewicht oder Gegenrecht des anderen Elternteils auslöst. Und wie obige Ausführungen zeigen, nötigen die tatsächlichen Verhältnisse nach der Scheidung in den allermeisten Fällen dazu, den gewöhnlichen Wohnort des Kindes bei einem Elternteil festzulegen. Als Ausgleich für die Einräumung des gewöhnlichen Aufenthalts bei dem einen Elternteil soll dem anderen Elternteil wenigstens das Recht zustehen, das Kind zu sehen und mit ihm Umgang zu pflegen.

(ii) Vorläufige Maßnahmen nach Art. 256 Code civil

Für die Bejahung einer Regelungsbefugnis des Gerichts könnte Art. 256 Code civil[874] herangezogen werden, der vorsieht, dass der Familienrichter im Laufe des Scheidungsverfahrens eine vorläufige Besuchsregelung treffen muss, ohne dahingehend zu differenzieren, ob die elterliche Sorge später gemeinsam ausgeübt wird oder nicht.[875] Auf den ersten Blick erscheint diese Verpflichtung des Gerichts hinsichtlich des gesetzgeberischen Schweigens in Art. 287 Code civil zur Umgangsrechtsregelung widersprüchlich. Dies ist sie jedoch weniger, wenn man sich vor Augen führt, dass der Gesetzgeber dem mitsorgeberechtigten Elternteil, bei dem das Kind nicht wohnt, keinesfalls den Kontakt zu seinem Kind untersagen wollte. Die Fälle der vorübergehenden Regelung des Art. 256 Code civil stehen dem nicht entgegen, sondern bestätigen diese Überlegung. Wird letztendlich die gemeinsame Sorgerechtsausübung festgelegt, erhält der von der vorübergehenden Umgangsrechtsregelung betroffene Elternteil sogar mehr als ein schlichtes Umgangsrecht. Er hat ein Recht auf freien Zugang zum Kind, ein „droit de résidence".[876] Wird hingegen einem Elternteil die Alleinsorge zugesprochen, so kann die vorläufige Umgangsrechtsregelung aufrechterhalten bzw. angepasst werden.

---

[873] J. Cl. Civil, art. 286 à 295, fasc. 280, n° 152.
[874] Art. 256 Code civil lautet: „Sind minderjährige Kinder vorhanden, so erkennt der Richter über die Art und Weise der Ausübung der elterlichen Gewalt. Er kann sie auch einem Dritten anvertrauen. Er entscheidet auch über das Besuchs- und Unterbringungsrecht....", Übersetzung bei *Bergmann/Ferid*, Länderteil Frankreich, S. 80.
[875] J. Cl. Civil, art. 286 à 295, fasc. 280, n° 152.
[876] *Schulze*, Umgangsrecht, S. 232; *Bénabent*, La Famille, n° 337.

(iii) Pragmatische Vorgehensweise der Rechtsprechung

Ohne Rücksicht auf diesen Meinungsstreit der Lehre hat die gerichtliche Praxis in Frankreich dieses Problem von Anfang gar nicht als solches wahrgenommen und sich – ähnlich wie bei der Festlegung des gewöhnlichen Aufenthalts[877] – eingeschaltet, wenn keine Einigung der Eltern vorlag oder diese nicht dem Wohl des Kindes entsprach. Dabei werden teilweise beinahe stereotype Formulierungen zu Umfang und Dauer des Besuchs- und Unterbringungsrechts verwendet, andererseits aber auch Regelungen getroffen, die den Einzelfallumständen Rechnung tragen.[878] Zahlreiche Entscheidungen zeigen, dass sich eine gerichtliche Praxis gebildet hat, die nicht zögert, die Modalitäten der Ausübung des Besuchs- und Beherbergungsrechts des Elternteils, bei dem das Kind nicht wohnt, manchmal mit überschwänglich vielen Details zu regeln.[879]

(iv) Zusammenfassung

Das Gericht muss nach den Vorstellungen des französischen Gesetzgebers im Fall der gemeinsamen Sorgerechtsausübung nach der Scheidung nicht zwingend über das Besuchs- und Beherbergungsrecht des mitsorgeberechtigten Elternteils entscheiden. Überwiegende Gründe sprechen jedoch dafür, dass es ihm auch bei Fehlen eines ausdrücklichen Antrags eines oder beider Elternteile, wenn es einen entsprechenden Regelungsbedarf feststellt, freisteht, zumindest eine Rahmenregelung des Besuchs- und Beherbergungsrechts, zu treffen. Eine solche Vorkehrung ist vor allem dann wünschenswert, wenn die Ausübung der gemeinsamen Sorge gegen den Willen eines Elternteils ausgesprochen wurde.[880] Dann ist nämlich zu befürchten, dass die Forderung nach einer einvernehmlichen Regelung der Details zwischen den Eltern zu Schwierigkeiten und Streitigkeiten führen wird.

Eine gerichtliche Regelung des Besuchsrechts dürfte somit in den allermeisten Fällen eine Entscheidung „de bon sens" sein. Hinzuzufügen ist nicht zuletzt,

---

[877] Vgl. oben Teil D I: 2. a. (1) (b).

[878] Dalloz, n° 1909.

[879] Bsp. dazu in J. Cl. Civil, art. 286 à 295, fasc. 280, n° 155: CA Toulouse, 1re ch., 28 mars 1994 : Das Besuchs- und Beherbergungsrecht des homosexuellen Vaters wird suspendiert, solange es in dessen Wohnung im Beisein seines Lebensgefährten ausgeübt werden soll, und darf in Zukunft nur in der Wohnung der Großmutter väterlicherseits wahrgenommen werden, sowie während der Schulferien, unter der Bedingung, dass der Lebensgefährte nicht zugegen ist; CA Rennes, 6e ch., sect. A, 20 juin 1995: der inhaftierte Vater verfügt über ein Besuchsrecht, das gemäß den Regelungen der Gefängnisleitung, aber grundsätzlich unumschränkt ausgeübt wird; CA Bordeaux, 6e ch., 21 mars 1996: aufgrund des Alkoholismus des Vaters, seiner Gewalttätigkeit, seiner psychischen Labilität und der Weigerung der Kinder, ihn zu sehen, kann das Besuchsrecht nur alle zwei Monate, ohne die Möglichkeit der Beherbergung und nur in Anwesenheit einer dritten Person, die allerdings auch eine Freundin des Vaters sein kann, ausgeübt werden.

[880] Vgl. J. Cl. Civil, art. 286 à 295, fasc. 280, n° 154.

dass auch bei einer von den Eltern untereinander getroffenen Regelung über das Besuchs- und Beherbungsrecht eine gerichtliche Zustimmung sinnvoll erscheint. Dadurch wird eine verbindliche Vereinbarung geschaffen, die von allen Beteiligten zu beachten ist.[881]

b. Alleiniges Sorgerecht eines Elternteils

Seit dem Gesetz vom 8. Januar 1993 soll die alleinige Sorgerechtsausübung nach der Scheidung durch einen Elternteil die Ausnahme sein. Maßstab für die Entscheidung des Gerichts, einem Elternteil allein das Sorgerecht zuzusprechen, ist ausschließlich das Kindesinteresse (Art. 287 Abs. 2 Code civil).
Der andere Elternteil, der sein Sorgerecht aufgrund der gerichtlichen Entscheidung nicht mehr ausübt, bleibt jedoch Inhaber dieses Rechts. Dies folgt aus Art. 286 Code civil, demzufolge die Scheidung die Rechte und Pflichten der Eltern gegenüber ihren Kindern unberührt lässt.[882] Fortbestand und insbesondere Ausübung dieser elterlichen Rechte können jedoch nicht identisch mit der Ausübung während des Bestehens der Ehe sein.
Auch in Frankreich werden Sorge- und dem Umgangsrecht als zwei sich gegenüberstehende Rechte angesehen, die nur nebeneinander existieren können, wenn sie sich gegenseitig Grenzen setzen.[883] Das Sorgerecht des alleinsorgeberechtigten Elternteils wird begrenzt durch die Rechte und Pflichten des anderen Elternteils. Eine explizite Wohlverhaltensklausel nach dem Vorbild des deutschen Rechts[884], die die Ausübung von Umgangs- und Sorgerecht unter das Prinzip der gegenseitigen Rücksichtnahme stellt, kennt das französische Recht jedoch nicht.[885]

(1) Informationspflicht des Alleinsorgeberechtigten, Art. 288 Abs. 1 Code civil

Schon das Gesetz von 1987 hat in Art. 288 Abs. 1 Code civil eine Informationspflicht des alleinsorgeberechtigte Elternteils gegenüber dem anderen Elternteil vorgesehen. Diese Informationspflicht ist das Gegenstück zum Überwachungsrecht des nichtsorgeberechtigten anderen Elternteils.[886] Bei Nichtbeachtung dieser Verpflichtung kann sich der Sorgeberechtigte nach Art. 227-7 Nouveau Code pénal[887] strafbar machen.[888]

---

[881] Dalloz, n° 1909.
[882] So schon zum Gesetz von 1987: *Raymond* in JCP 1987, doctr. 3299.
[883] *Guiho* in JCP 1952, 963, n° 19.
[884] Vgl. § 1684 Abs. 2 BGB.
[885] *Schulze*, Umgangsrecht, S. 374.
[886] J. Cl. Civil, art. 286 à 295, fasc. 280, n° 164 ff. m.w.N. aus der Rechtsprechung; dazu auch *Dekeuwer-Défossez/Vauvillé* in D. 1988, chron. 137 (142).
[887] Art. 227-7 Nouveau Code pénal lautet: „Le fait, pour une personne qui tranfère son domicile en un autre lieu après un divorce, une séparation de corps ou une annulation de mariage, alors que ses enfants résident habituellement chez elle, de ne pas notifier son changement de domicile, dans un délai d'un mois à compter de ce changement, à ceux qui peuvent exercer à

(2) Rechte des nichtsorgeberechtigten Elternteils

Der nichtsorgeberechtigte Elternteil nimmt auf zweierlei Art am Leben des Kindes, das nicht bei ihm wohnt, teil: er verfügt über ein Überwachungsrecht, das es ihm ermöglicht, Einfluss auf die Erziehung des Kindes zu nehmen, und ihm steht ein Umgangsrecht des Inhalts zu, das Kind zu sehen und bei sich zu empfangen.

(a) Überwachungsrecht, Art. 288 Abs. 1 Code civil

Das Überwachungsrecht bezieht sich auf die Nachprüfung der körperlichen Verfassung des Kindes, seiner Versorgung, seiner materiellen Lebensumstände, seines Gesundheitszustands und seiner Erziehung in Form des Schulbesuchs, aber auch auf die moralischen, intellektuellen und religiösen Aspekte seiner Bildung. Das Überwachungsrecht kann im Gegensatz zum Besuchs- und Beherbergungsrecht, dessen Entziehung in Art. 288 Abs. 2 Code civil ausdrücklich vorgesehen ist, nicht versagt werden.[889]

(b) Besuchs- und Beherbergungsrecht, Art. 288 Abs. 2 Code civil

Bei der Ausgestaltung des Besuchs- und Beherbergungsrechts steht das Kindesinteresse im Mittelpunkt. Eine Versagung dieses Rechts ist nur bei Vorliegen schwerwiegender Gründe möglich.

(i) Ausgestaltung des Besuchs- und Beherbergungsrechts

Entscheidend für die Ausgestaltung des Umgangs ist in Frankreich ebenso wie in Deutschland das Kindeswohl,[890] auch wenn das Gesetz als einzige Richtlinie zur Ausgestaltung des Besuchs- und Beherbergungsrechts den Ausschluss des Umgangsrechts das Vorliegen schwerwiegender Gründe im Sinn des Art. 288 Abs. 2 Code civil vorsieht.[891]
Heutzutage ist aus diesem Besuchs- und Beherbergungsrecht vielfach das Recht geworden, die Ferien mit dem Kind zu verbringen.[892] Ansonsten umfasst es das Recht, das Kind zu den von den Eltern oder durch das Gericht festgelegten Zeiten bei sich zu haben. Die klassische Formel dafür lautet: jedes zweite Wochenende und während der Hälfte der Ferien.[893]

---

l'égard des enfants un droit de visite ou d'hébergement en vertu d'un jugement ou d'une convention judiciairement homologuée, est puni de six mois d'emprisonnement et de 50 000 F d'amende."; zum strafrechtlichen Schutz des Umgangsrechts vgl. auch unten Teil D I 3. c. (1).

[888] Kritisch zu dem Straftatbestand des Art. 227-7 Nouveau Code pénal (= Art. 356-1 Ancien Code pénal): *Dekeuwer-Défossez/Vauvillé* in D. 1988, chron. 137 (142).

[889] So schon C. Cass., req., 14 mars 1938, Gaz. Pal. 1938, I, 865.

[890] *Sutton* in JCP 1972, doctr. 2504, n° 18; *Guiho* in JCP 1952, doctr. 936, n° 40.

[891] Beispiele dazu bei Dalloz, n° 1914 f.

[892] *Malaurie/Aynès*, Droit Civil, n° 775.

[893] *Fulchiron*, Autorité parentale, n° 46.

Die Ausgestaltung des Besuchsrechts kann durch Einigung der Eltern oder durch gerichtliche Entscheidung erfolgen. Sie muss sich an den Gegebenheiten des Einzelfalls wie dem Alter des Kindes, der Entfernung der Wohnorte, der finanziellen Möglichkeiten der Eltern, deren eventueller Berufstätigkeit oder der Anwesenheit neuer Lebenspartner ausrichten.[894]

Bei der Festlegung der Modalitäten des Besuchs- und Beherbergungsrechts, das dem nicht-sorgeberechtigten Elternteil eingeräumt wird, muss das Gericht seine Regelungen präzise formulieren. So genügt es nicht, wenn die Ausübung des Umgangsrechts von Vereinbarungen mit dem Kind abhängen sollen, die dieses nach freiem Willen trifft.[895] Früher hatten vor allem Untergerichte die Ausgestaltung des öfteren vom Kindeswillen abhängig gemacht und dies damit begründet, dass ältere Kinder nicht gegen ihren Willen zum Umgang mit dem Elternteil gezwungen werden könnten.[896] Seit einem Urteil der Cour de Cassation vom 7. Oktober 1987[897] hat die Rechtsprechung jedoch in der Frage der Ausgestaltung des Besuchs- und Beherbergungsrechts eine Kehrtwende vollzogen und lässt Vereinbarungen, die allein vom Willen des Kindes abhängen sollen, nicht mehr zu.

(ii)Gründe für die Versagung eines Besuchs- und Beherbergungsrechts, Art. 288 Abs. 2 Code civil

Grundsätzlich steht dem nichtsorgeberechtigten Elternteil ein Besuchs- und Beherbergungsrecht zu. Nur der Ausschluss des Rechts bedarf einer richterlichen Entscheidung und einer besonderen Begründung.

Die Versagungsgründe - die schwerwiegenden Gründe („motifs graves") im Sinn des Art. 288 Abs. 2 Code civil - müssen ihre Ursache im Kindeswohl haben. Der Kontakt zum nichtsorgeberechtigten Elternteil muss für das Kind mit Sicherheit eine Gefahr für sein seelisches Gleichgewicht darstellen. Das Gericht kann zu dieser Frage auch Sachverständige hören. Als schwerwiegende Gründe, die die Versagung oder Entziehung des Besuchsrechts rechtfertigen, wurden beispielsweise[898] angesehen die Feindseligkeit eines Elternteils, seine Gewalttätigkeit, Alkoholismus oder Desinteresse gegenüber dem Kind, die Unfähigkeit, sich um das Kind zu kümmern, Homosexualität, extreme durch einen Psycho-

---

[894] Beispiele dazu: vgl. J. Cl. Civil, Art. 286 à 295, fasc. 280, n° 199.

[895] C. Cass., civ. 2e, 22 oct. 1997, JCP 1998, II, 10014, note *Garé*; *Massip* in Defrénois 1998, 1014 (1020); J. Cl. Civil, art. 286 à 295, fasc. 280, n° 182 bis 185 unter Hinweis auf: CA Rennes, 6 sept. 1999, Juris-Data n° 105367.

[896] *Garé*, JCP 1998, II, 10014; bestätigend C. Cass., civ. 2e, 23 mai 1984, Gaz. Pal. 1985, I, pan. 69.

[897] C. Cass., civ. 2e, 7 oct. 1987, Bull. civ. II, n° 190; dazu *Rubellin-Devichi* in RTD civ. 1988, 319 (321); so nachfolgend auch C. Cass., civ. 2e, 11 oct. 1995, JCP 1995, IV, 2486; *Hauser* in RTD civ. 1996, 129 (141 f.)

[898] Beispiele in J. Cl. Civil, art. 286 à 295, fasc. 280, n° 186 mit Nachweisen aus der Rechtsprechung.

logen attestierte Schüchternheit des Minderjährigen, das Verhalten des Vaters, der der sorgeberechtigten Mutter während des gerichtlichen Verfahrens das sechsjährige Kind entzogen hatte, während des Prozesses wiederholt geäußerte Zweifel an der Vaterschaft, sowie die Gefahr der Kindesentführung oder -entziehung. Die Einordnung einer Inhaftierung des nichtsorgeberechtigten Elternteils als „motif grave" im Sinn des Art. 288 Abs. 2 Code civil ist problematisch. Es ergeben sich jedoch insbesondere logistische Schwierigkeiten bei der Wahrnehmung des Besuchsrechts.[899] Auch wenn diese an sich keine Verweigerung weiterer Beziehungen zwischen Eltern und Kindern begründen, so stellt sich die Situation anders dar, wenn die Kinder selbst Opfer der Straftaten sind, aufgrund derer der Vater inhaftiert ist.[900]
Die Rechtsprechung hat einem algerischen Vater das Besuchs- und Beherbergungsrecht gänzlich entzogen, der die Beschneidung seiner Kleinkinder nach algerischem Recht durchsetzen wollte. Dies sah das französische Gericht als Gefahr für das seelische Gleichgewicht der Kinder an. Zudem hatte die sorgeberechtigte Mutter nach Ansicht des Gerichts berechtigte Befürchtungen, dass der Vater die Ausübung seines Besuchs- und Beherbergungsrechts dazu ausnutzen könnte, ihr die Kinder zu entziehen.[901]
Auch wenn die Einräumung eines Besuchsrechts des nichtsorgeberechtigten Elternteils sich stets am wohlverstandenen Kindeswohl orientieren muss, geht die französische Rechtsprechung nach Abwägung aller Interessen so weit, auch einem Vater, dem das Sorgerecht wegen sexueller Übergriffe auf seine eigenen Kinder entzogen wurde, ein Besuchsrecht an einem neutralen Ort einräumen. Dieses Besuchsrecht kann dann auch dem alleinigen Ziel der Stabilisierung des psychologischen Zustands des Vaters dienen.[902]
Nicht zulässig ist es, ein Besuchsrecht zu verweigern, wenn das Vorliegen schwerwiegender Gründe nicht ausdrücklich feststeht, sondern lediglich festgestellt wird, dass die Kinder den Vater nicht sehen möchte, weil die Treffen nur neue Auseinandersetzungen und Traumata auslösten. Unzulässig ist auch, die Einräumung eines Umgangsrechts vom Nachweis der Erfüllung der Unterhaltspflichten gegenüber den Kindern abhängig zu machen.[903]
Ein Besuchsrecht ist hingegen zu verweigern, wenn der Vater es ablehnt, sein Recht in Gegenwart eines Dritten auszuüben, dessen Anwesenheit aber un-

---

[899] Dazu *Moine Dupuis* in D. 1999, 251 ff.
[900] J. Cl. Civil, art. 286 à 295, fasc. 280, n° 186 unter Hinweis auf: CA Douai, 25 févr. 1999, Juris-Data n° 040478.
[901] C. Cass., civ. 1re, 26 janv. 1994, JCP 1994, n° 836, dazu *Choain* in D. 1995, 226 ff.
[902] J. Cl. Civil, art. 286 à 295, fasc. 280, n° 182 bis 185 unter Hinweis auf: CA Angers, 13 janv. 1999, Juris-Data n° 102603.
[903] C. Cass., civ. 2e, 29 avril 1998: RTD civ. 1998, 896, obs. *Hauser* in JCP 1998, 1998, IV, 2322.

erlässlich ist, um die Kinder, die durch die krankhafte Eifersucht und die exzessive Gewalttätigkeit des Vaters traumatisiert sind, zu beruhigen.[904]
Die „schwerwiegenden Gründe“ müssen ihre Ursache stets im Kindeswohl haben. Ihr Vorliegen muss vom Inhaber der elterlichen Sorge, der den Umgang des anderen nichtsorgeberechtigten Elternteils mit dem Kind unterbinden will, nachgewiesen werden. Der Ausschluss des Umgangs für den nichtsorgeberechtigten Elternteil stellt jedoch - wie die Zurückhaltung der Rechtsprechung zeigt - die Ausnahme dar.

c. Durchsetzung des Umgangsrechts

Durchgesetzt wird das Umgangsrecht vornehmlich mittels strafrechtlicher Sanktionen.[905] Die Nichtbefolgung der Besuchs- und sonstigen Umgangsregelungen erfüllt den Straftatbestand der „non-représentation d'enfant“, der Nicht-Aushändigung eines Kindes (Art. 227-5 ff. Nouveau Code pénal).[906] Weiterhin kommt die „astreinte“ als zivilprozessuales Zwangsmittel in Betracht.[907]

(1) Strafrechtliche Sanktion

Die Durchsetzung des Besuchsrechts wird durch strafrechtliche Normen gewährleistet. So erfüllt der Sorgerechtsinhaber den Straftatbestand der „non-présentation d'enfant“ gemäß Art. 227-5 Nouveau Code pénal, wenn er dem Umgangsberechtigten das Kind nicht rechtzeitig aushändigt. Ihm droht eine Freiheitsstrafe von bis zu einem Jahr und eine Geldstrafe bis in Höhe von umgerechnet 15.000 Euro. Die französische Rechtsprechung hat hierzu jedoch präzisiert, dass, wenn die Ausübung des Umgangsrechts am Widerstand des Kindes scheitert, der sorgeberechtigte Elternteil auch in diesem Fall auf das Kind einwirken muss, um den Widerstand zu überwinden. Nur in außergewöhnlichen Fällen, in denen der Widerstand des Kindes tatsächlich unüberwindbar ist, ist eine Strafbarkeit des Sorgeberechtigten aus Art. 227-5 Nouveau Code pénal zu verneinen.[908]
Art. 277-5 Nouveau Code pénal hat gegenüber der Regelung des Art. 357 Ancien Code pénal einen erweiterten Anwendungsbereich. Der frühere Straftatbestand sanktionierte den Verstoß gegen eine gerichtliche Entscheidung oder Vereinbarung[909], für die Tatbestandserfüllung des Art. 277-5 Nouveau Code

---

[904] J. Cl. Civil, art. 286 à 295, fasc. 280, n° 186 unter Hinweis auf: CA Paris, 2 juin 1999, Juris-Data n° 024885.
[905] *Malaurie/Aynès*, Droit Civil, n° 330.
[906] *Bénabent*, La Famille, n° 338.
[907] *Dopffler*, Länderberichte, S. 165.
[908] C. Cass., crim., 23 janv. 1968, D. 1968, 364, note *Demichel*; *Marmier* in Rev. sc. crim. 1970, 569 ; *Bonnard*, RTD civ. 1991, 49 (63); dazu auch *Kamdem* in Gaz. Pal. 1996, doctr. 886, n° 24 ff. m.w.N.
[909] „Décision de justice ou convention judiciarement homologuée“.

pénal genügt schon die Nichtbeachtung eines sich aus dem Gesetz ergebenden „Rechtes“[910].
Art. 227-6 Nouveau Code pénal stellt darüber hinaus die Nichtbeachtung der Informationspflicht des Alleinsorgeberechtigten gemäß Art. 288 Abs. 1 Code civil unter Strafe: der Wohnsitzwechsel ist jedem, der aufgrund eines gerichtlichen Urteils oder einer gerichtlich bestätigten Vereinbarung gegenüber dem Kind zur Ausübung eines Besuchs- und Beherbergungsrechts berechtigt ist, innerhalb einer Frist von einem Monat anzuzeigen.
Zusätzlich dazu enthalten Art. 227-9 und 227-10 Nouveau Code pénal strafschärfende Gründe für die genannten Delikte: die Freiheitsstrafe erhöht sich auf zwei Jahre, wenn der Minderjährige länger als fünf Tage oder außerhalb des französischen Staatsgebietes zurückgehalten wird. Die Strafbewährung beträgt drei Jahre Freiheitsentziehung, wenn dem Täter zuvor das Sorgerecht entzogen worden war.[911]

(2) Zivilrechtliche Zwangsmittel

Vollstreckungsfähig sind in Frankreich entweder Verpflichtungen aus einem Vertrag oder aus einem Gerichtsurteil. Der Titel muss vollstreckbar sein („titre exécutoire“), d.h. mit der Vollstreckungsklausel („formule exécutoire“, Art. 502 Nouveau Code de Procédure Civile) versehen. Der Schuldner kann zu einem Handeln oder Unterlassen verpflichtet sein („obligation de faire ou de ne pas faire“, Art. 1143 Code Civil). Die Durchsetzung von Umgangstiteln richtet sich nach den Vorschriften zur Vollstreckung unvertretbarer Handlungen. Eine solche kann auch mittels der Verhängung eines Zwangsgeldes erzwungen werden. Das französische Recht sieht hier die so genannte „astreinte“ (Art. 31 bis 37 Nouveau Code de Procédure Civile) vor, die den Schuldner bei Nichtbefolgung zur Zahlung einer bestimmten Geldsumme verpflichtet. Die „astreinte“ hat grundsätzlich nur vorläufigen Charakter, sie kann aber durch ausdrücklichen Ausspruch des Gerichts auch endgültig verhängt werden. Eine endgültige „astreinte“ kann jedoch nur verhängt werden, wenn sie zuvor als vorläufiges Zwangsmittel angeordnet wurde und auch nur für eine bestimmte Dauer. Jedes französische Gericht kann eine „astreinte“ auch von Amts wegen verhängen, wenn es die Beachtung seiner Entscheidung gefährdet sieht. Daneben kann auch das Vollstreckungsgericht eine „astreinte“ verhängen.
Ob eine „astreinte“ zur Durchsetzung einer Umgangsrechtsentscheidung in Betracht kommt, hängt davon ab, welche Seite zur Umgangsrechtsausübung gezwungen werden soll. Die Verpflichtung des Sorgeberechtigten, den Umgang des Kindes mit dem anderen Elternteil zu ermöglichen, wird in Frankreich als zivilrechtliche Verpflichtung angesehen, die mit zivilrechtlichen Zwangsmitteln

---

[910] „Droit“.
[911] Dazu *Rubellin-Devichi*, Droit de la Famille, n° 1992.

erzwungen werden kann.[912] Andererseits stellt das Besuchsrecht keine zivilrechtliche Verpflichtung des umgangsberechtigten Elternteils dar, so dass der Sorgeberechtigte vom ihm nicht verlangen kann, die Kinder zu den vereinbarten Zeiten zu sich zu nehmen.
Neben der Verhängung eines Zwangsgeldes sieht das französische Recht zu Lasten des den Umgang verweigernden Elternteil weitere zivilrechtliche Sanktion vor. Zum einen wird davon ausgegangen, dass der Umgangsberechtigte verpflichtet ist, seinen Umgang zuverlässig auszuüben. Zur zuverlässigen Ausübung des Umgangsrechts gehört die auch die Beachtung des festgelegten zeitlichen Rahmens. Wenn der Umgangsberechtigte sein Recht nicht pünktlich ausübt, zum Beispiel nicht am ersten Tag des Ferienumgangs oder in der ersten Stunde des Tagesumgangs, wird unterstellt, dass er gänzlich auf diesen Umgangszeitraum verzichtet hat. Wenn er andererseits das Kind nicht am vorgesehenen Tag zur vereinbarten Uhrzeit zurückbringt, kann sein Recht auf Umgang auf der Grundlage von Art. 383 Nr. 3 Code civil[913] für sechs Monate ausgesetzt werden.[914]

d. Umgangsrecht für andere Personen als die Eltern?

Das Umgangsrecht ist nach dem Verständnis des französischen Code civil ein Recht, das zwar dem Berechtigten und nicht etwa dem Kind zusteht, aber in erster Linie im Interesse des Kindes wahrgenommen werden soll. Die Tatsache, dass das Umgangsrecht die Interessen des Kindes wahren soll, wirft die Frage auf, ob auch anderen Personen als den in Art. 288 Code civil ausdrücklich genannten Eltern ein Umgangsrecht mit dem Kind zusteht bzw. gerichtlich eingeräumt werden kann. Zu denken ist dabei vornehmlich an Großeltern, an Geschwister und sonstige, dem Kind nahestehende Dritte.

(1) Großeltern, Art. 371-4 Abs. 1 Code civil

Art. 288 Code civil gewährt nur Müttern und Vätern, nicht auch Großeltern, ein Besuchsrecht.[915] Das Gesetz vom 4. Juni 1970[916], das eine vorangegangene Rechtsprechung festschreibt,[917] hat jedoch auch eheliche und nichteheliche

---

[912] Rennes, 6e ch., 18 mars 1982, D. 1983, inf. rap. 449, note *Bénabent*; C. Cass., civ. 2e, 29 avril 1998, JCP 1998, IV, 2322; *Carbonnier*, Droit civil, n° 187.

[913] Art. 373 Code civil lautet: „Ein Elternteil verliert das Recht auf Ausübung der elterlichen Gewalt oder diese wird ihm vorläufig entzogen, ...Nr. 3, wenn er wegen einer der Tatbestände der Vernachlässigung der Familie verurteilt worden ist, und seine Verpflichtungen nicht während der Dauer von mindestens sechs Monaten wieder ausgenommen hat."

[914] Vgl. J. Cl. Civil, art. 286 à 295, fasc. 70, n° 168.

[915] J. Cl. Civil, art. 286 à 295, fasc. 280, n° 187 unter Hinweis auf: CA Metz, ch. civ., 23 nov. 1993, Juris-Data, n° 050351; CA Paris, 24e ch., sect. C, 20 juin 1996, Juris-Data, n° 023030.

[916] Loi du 4 juin 1970 relative à l'autorité parentale.

[917] C. Cass., civ. 1re, 8 juin 1963, Gaz. Pal. 1963, II, 306 spricht von einem „droit naturel" zunächst nur der ehelichen Großeltern; *Bosse-Platière* in JCP 1997, doctr. 4030, n° 2.

Großeltern in den Kreis der Umgangsberechtigten einbezogen.[918] Heute enthält Art. 371-4 Abs. 1 Code civil[919] i.d.F. vom 8. Januar 1993 ausdrücklich ein subjektives Recht der Großeltern.[920] Auch wenn die Vorschrift nur vage von persönlichen Beziehung („relations personnelles") spricht, steht außer Zweifel, dass hiermit ein umfassendes Besuchs- und Beherbergungsrecht gemeint ist.[921] Dieses Besuchsrecht darf nur bei Vorliegen schwerwiegender Gründe, die im Kindesinteresse begründet sein müssen, verweigert werden.[922] Schon das Gesetz von 1970 hatte eine Beweislastumkehr zugunsten der Großeltern eingeführt: die Großeltern müssen nicht mehr einen Rechtsmissbrauch der Eltern, die ihnen das Umgangsrecht mit ihren Enkelkindern verweigern, nachweisen, sondern umgekehrt müssen die Eltern Tatsachen für das Vorliegen von „schwerwiegenden Gründen" vorbringen, die ein Hindernis für das großelterliche Umgangsrecht darstellen.[923]
Hervorzuheben ist hinsichtlich der Regelung des Art. 371-4 Code civil, dass es sich hierbei um die einzige Vorschrift handelt, die das Umgangsrecht als ein Recht des Kindes formuliert, nämlich als ein Recht des Kindes auf Umgang mit seinen Großeltern. Davon abgesehen besteht in Frankreich auch nach dem Gesetz von 1993 keine ausdrückliche Regelung eines Rechtes des Kindes auf Umgang.[924]

(2) Geschwister, Art. 371-5 Code civil

Ein eigenes Recht auf Umgang nach der Scheidung der Eltern wird Geschwistern untereinander nicht eingeräumt.[925] Der 1997 eingeführte Art. 371-5 Code

---

918 *Schulze*, Umgangsrecht, S. 149; *Garé*, Grands-parents, S. 205 f.; ein Umgangsrecht für Großeltern forderte schon vor Einführung des Art. 371-4 Code civil *Sayag* in RTD civ. 1969, 40 (55 ff., 68 f.).

919 Art. 371-4 Code civil lautet: „(1) Die Eltern können außer im Fall schwerwiegender Gründe die persönlichen Beziehungen des Kindes mit seinen Großeltern nicht behindern. Herrscht keine Übereinstimmung zwischen den Parteien, so werden die Einzelheiten dieser Beziehungen vom Familienrichter geregelt. (2) Im Hinblick auf außergewöhnliche Umstände kann der Familienrichter anderen Personen, die nicht verwandt sein müssen, ein Verkehrs- und Besuchsrecht zubilligen.", Übersetzung bei *Bergmann/Ferid*, Länderteil Frankreich, S. 102.

920 *Bosse-Platière* in JCP 1997, doctr. 4030, n° 4.

921 *Sutton* in JCP 1972, doctr. 2504; *Rubbelin-Devichi* in RTD civ. 1988, 319; zur Entwicklung der Rechtsprechung *Garé*, Grands-parents, n° 295 ff., S. 215 ff.; ebenso *Goubau*, Droit des grands-parents, S. 626 f.

922 *Garé*, Grands-parents, n° 305 ff., S. 220 ff.; Beispiele bei *Neirinck*, Protection de l'enfant, S. 256; *Schulze*, Umgangsrecht, S. 305 f.; Beispiele nennt auch *Bosse-Platière* in JCP 1997, doctr. 4030, n° 6 f.

923 *Bosse-Platière* in JCP 1997, doctr. 4030, n° 5.

924 *Schulze*, Umgangsrecht, S. 86; anders z. T. die Lehre, so *Kamdem* in Gaz. Pal. 1996, doctr. 886, n° 28, der von einem „droit propre" des Kindes spricht.

925 *Schulze*, Umgangsrecht, S. 152; ein Umgangsrecht auch für Geschwister forderten hingegen schon *Viney* in RTD civ. 1965, 225 (237) und *Guiho* in JCP 1952, doctr. 963, n° 30 -

civil[926] sieht allerdings vor, dass das Kind grundsätzlich nicht von seinen Geschwistern getrennt werden darf. Muss dennoch eine Trennung erfolgen, so entscheidet der Richter über die persönlichen Beziehungen zwischen den Geschwistern. Problematisch ist dabei die Ausnahme in Art. 371-5 Code civil, die eine Trennung der Geschwister erlaubt, wenn ein Zusammenbleiben „nicht möglich" ist. Es wurde - wie aus den Vorarbeiten des Gesetzes hervorgeht - ausdrücklich auf die Technik der „schwerwiegenden Gründe" als Ausnahmefall verzichtet. Die Rechtfertigung ist wohl darin zu sehen, dass hierbei insbesondere an die Anwendung in Scheidungsfällen gedacht ist, in denen sich die Eltern gütlich über die Sorgerechtsaufteilung einigen.[927]

(3) Sonstige „privilegierte Dritte", Art. 371-4 Abs. 2 Code civil

Art. 371-4 Abs. 2 Code civil sieht für „privilegierte Dritte" die Möglichkeit vor, bei Vorliegen einer außergewöhnlichen Situation, die gerichtliche Einräumung eines „droit de correspondance ou de visite" zu verlangen. Das Besuchsrecht („droit de visite") ist hier ebenfalls in einem weiten Sinn zu verstehen und umfasst auch ein Beherbergungsrecht.[928] Die in Art. 371-4 Abs. 1 Code civil aufgestellt Beweisregel für die Großeltern wird hier umgekehrt: während die Großeltern grundsätzlich über ein Umgangsrecht mit ihren Enkeln verfügen und die Eltern, lehnen sie diesen Umgang ab, das Vorliegen von schwerwiegenden Gründen zu beweisen haben, müssen Dritte im Sinn des Art. 371-4 Abs. 2 Code civil ihrerseits darlegen, dass sie zu dem Kind bereits in der Vergangenheit in einer besonderen emotionalen Beziehung standen und auch in Zukunft stehen werden.[929] Gelingt ihnen dieser Beweis nicht, können die Eltern ohne weiteres den Kontakt zu ihrem Kind verbieten.[930]

e. Fazit: Sinn des Umgangsrechts

Das Umgangsrecht soll sowohl im Fall der gemeinsamen als auch der alleinigen Sorge der Aufrechterhaltung der familiären Bindungen dienen, die nicht nur zwischen dem Kind und seinen Eltern, sondern auch zu Großeltern oder anderen

---

anders dagegen § 1685 BGB, der ein Umgangsrecht für Geschwister ausdrücklich festschreibt, dazu auch oben Teil C I: 4. b. (5).

[926] Gesetz n° 96-1238 vom 30. Dezember 1996, J.O. vom 1. Januar 1997, JCP 1997 texte 68282, Art. 371-5 Code civil lautet: „L'enfant ne doit par être séparé de ses frères et sœurs, sauf si cela n'est possible ou si son intérêt commande une autre solution. S'il y a lieu, le juge statue sur les relations personnelles entre les frères et sœurs."; kritisch zur Regelung des Art. 371-5 Code civil: *Massip* in Defrénois 1997, 897.

[927] Kritisch zu diesem Vorgehen, ansonsten zustimmend zum Gesetz vom 30. Dezember 1996: *Revet* in RTD civ. 1997, 229 (230).

[928] C. Cass., civ. 1re, 5 mai 1986, D. 1986, 496, note *Massip*; *Rubellin-Devichi* in RTD civ. 1986, 729 (737).

[929] *Schulze*, Umgangsrecht, S. 202.

[930] *Neirinck*, Protection de l'enfant, S. 258 ff.

nahestehenden Personen bestehen können, denen ebenfalls ein umfassendes Umgangsrecht eingeräumt werden kann.[931] Diese Möglichkeit, einer Vielzahl von dem Kind nahestehenden Personen ein Umgangsrecht zu gewähren, ist grundsätzlich zu begrüßen, jedoch muss bei der Ausübung dieser zahlreichen Rechte auch insgesamt dem Kindeswohl in der Weise Rechnung getragen werden, dass sie aufeinander abgestimmt werden und die Zeit des Kindes nicht gänzlich in Anspruch nehmen.[932]

Im - heute vom Gesetz als Ausnahme angesehenen - Fall der Alleinsorge kompensieren die verschiedenen weitgehenden Rechte des nichtsorgeberechtigten Elternteils wie Überwachung, Besuche, Beherbergung, Brief- und Telefonkontakt das Fehlen des gemeinsamen Lebens im Alltag. Sie erlauben dem Berechtigten, die emotionale Beziehung zu dem Kind aufrechtzuerhalten, seine Entwicklung zu verfolgen und das Überwachungsrecht somit direkter und effizienter auszuüben.[933]

In Art. 371-2 Code civil wird neben dem Recht der elterlichen Sorge ausdrücklich die Pflicht zu dieser Sorge erwähnt, [934] das Gesetz spricht jedoch an keiner Stelle von einer Pflicht des Umgangsberechtigten, sein Recht auch auszuüben. Dennoch wird es als „droit-fonction“, als Pflichtrecht, angesehen. [935]

II. Anwendbares Recht (Statut) nach autonomem französischen Kollisionsrecht

Ausgehend von diesen materiell-rechtlichen Vorgaben zum Umgangs- und Besuchsrecht wird nach herrschender Ansicht im Wege der Qualifikation lex fori[936] das auf den internationalen Sachverhalt anwendbare Recht bestimmt.

Soweit keine vorrangigen europarechtlichen oder staatsvertraglichen Regelungen bestehen, richtet sich die Bestimmung des anwendbaren Rechts nach nationalem französischen Kollisionsrecht, das jedoch die Frage nach dem auf Umgangsrechtsregelungen anwendbaren Recht auch mit der Neuregelung im Gesetz von 1972[937] nicht abschließend geklärt hat.

---

931 *Fulchiron*, Autorité parentale, n° 46; zur rechtlichen Begründung des Umgangsrechts: *Garola-Giuglaris* in D. 1965, chron. 1 ff.

932 Darauf weist *Bosse-Platière* in JCP 1997, doctr. 4030, n° 11 hin.

933 J. Cl. Civil, art. 286 à 295, fasc. 280, n° 181.

934 Art. 371-2 Code civil lautet: „(1) Diese Gewalt steht dem Vater und der Mutter zu, um das Kind in seiner Sicherheit, seiner Gesundheit und Sittlichkeit zu schützen. (2) Dem Kind gegenüber sind ihnen die Sorge für die Person des Kindes, die Beaufsichtigung und Erziehung zugleich Recht und Pflicht.“ Übersetzung bei *Bergmann/Ferid*, Länderteil Frankreich, S. 102.

935 *Schulze*, Umgangsrecht, S. 218; dazu auch *Pousson-Petit* in Rev. int. dr. comp. 1992, 795 (844).

936 Zu den anderen Qualifikationsmethoden vgl. für Deutschland oben Teil C II; für Frankreich vgl. *Audit*, DIP, n° 191; *Mayer*, DIP, n° 148 ff.; *Loussouarn/Bourel*, DIP, n° 185 ff.; *Batiffol/Lagarde*, DIP, n° 291 ff.

937 Gesetz n° 72-3 vom 3. Januar 1972, J.O. vom 5. Januar 1972, S. 145 ff.

1. Keine einheitliche Kollisionsregelung für eheliche und nichteheliche Kinder

Die Verteilung der elterlichen Sorge und das damit verbundene Umgangsrecht wird in Frankreich als eine der wichtigsten *Wirkungen* der Abstammung angesehen.[938] Die erstmalige gesetzliche Regelung der Abstammung in Art. 311-14 ff. Code civil[939] unter dem Titel „établissement de la filiation" hat jedoch den gesamten Inhalt des Kindschaftsverhältnisses ausgespart, obwohl dieser schon vor der Reform des Kindschaftsrechts im Jahr 1972 kollisionsrechtlich umstritten war. Art. 311-14 Code civil bestimmt daher lediglich, dass die *Feststellung* der Abstammung durch das Personalstatut der Mutter am Tag der Geburt des Kindes erfolgt, falls die Mutter unbekannt ist, durch das Personalstatut des Kindes. Eine ausdrückliche Kollisionsnorm für die *Wirkungen* der Abstammung, also die Kindschaft und die sich daraus ergebenden Konsequenzen, insbesondere die Verteilung der elterlichen Sorge, enthält der Code civil nicht. Eine umfassende Kollisionsnorm, die das Eltern-Kind-Verhältnis regelt, wie in Deutschland Art. 21 EGBGB, fehlt.
Die schon vor der gesetzlichen Regelung von 1972 umstrittene kollisionsrechtliche Anknüpfung wirft seit der Kodifizierung die Frage auf, ob Art. 311-14 Code civil auch die im Titel „établissement de la filiation" nicht ausdrücklich enthaltenen Wirkungen der Abstammung umfassen soll oder ob es bei den von Lehre und Rechtsprechung vor 1972 entwickelten Lösungen bleiben soll.

a. Lehre und Rechtsprechung vor 1972

Sowohl Lehre als auch Rechtsprechung unterschieden vor der gesetzlichen Regelung im Jahre 1972 für die Frage des auf die Kindschaft anwendbaren Rechts zwischen ehelichen und nichtehelichen Kindern. Für den Fall der Scheidung wurde von diesem Grundsatz abgewichen.

(1) Unterscheidung zwischen ehelicher und nichtehelicher Kindschaft

Die Lehre differenzierte für die Frage des auf die Verteilung der elterlichen Sorge anwendbaren Rechts zunächst zwischen der ehelichen und der nichtehelichen Kindschaft. Erstere unterlag seit dem Urteil „Rivière" der Cour de Cassation aus dem Jahre 1958[940] dem Ehewirkungsstatut („loi des effets du mariage"). Begründet wurde dies mit dem Kindesinteresse, das am besten durch die Familie und durch ein einheitliches Statut für die rechtlichen Beziehungen ihrer Mitglieder untereinander gewährleistet werden könne.[941] Für die nichteheliche Kindschaft wurde in der Lehre einstimmig die Anwendung des Personalstatuts des

[938] Vgl. *Mayer*, DIP, n° 621.
[939] Deutsche Übersetzung abgedruckt bei *Bergmann/Ferid*, Länderteil Frankreich, S. 32.
[940] C. Cass., civ. 1re, 17 avril 1953, Rivière, Grands arrêts DIP, S. 204 ff.; dazu *Francescakis* in RabelsZ 20 (1955), 520; *Plaisant* in JDI 1953, 860; *Batiffol* in Rev. crit. DIP 1953, 412.
[941] *Topor*, n° 52; a.A. *Foyer*, n° 456; *Francescakis* in JDI 1956, 254 (286 ff.), die die Anwendung des Personalstatuts des Kindes befürworten.

Kindes vertreten.[942] Diese Lösung für die nichteheliche Kindschaft vertrat auch die französische Rechtsprechung vor 1972.[943] Allgemein anerkannt war, dass das Statut jeweils sowohl die Feststellung als auch die Wirkungen der Abstammung bestimmen sollte.[944]

(2) Ausnahme: Scheidung

Eine Ausnahme von der grundsätzlichen Unterscheidung zwischen ehelichen und nichtehelichen Kindern und zwischen Ehewirkungsstatut und Personalstatut des Kindes galt allerdings im Fall der Scheidung. Da sich mit der Ehescheidung der Eltern die Familienbeziehungen auflösen, die während der Ehe die Anwendung eines einheitlichen Statuts rechtfertigten, wurde auch die Anwendung des Ehewirkungsstatuts auf die Verteilung der elterlichen Sorge als nicht mehr wünschenswert empfunden. Zunächst wurde auf die Sorgerechtsverteilung bei ehelichen Kindern lange Zeit das Scheidungsstatut angewendet, da die Verteilung der elterlichen Sorge als Nebenfolge der Scheidung („effet personnel du divorce") selbst angesehen wurde.[945] Diese Lösung fand ihre Rechtfertigung in der damals im französischen Sachrecht vorherrschenden Auffassung, dass die Verteilung des Sorgerechts eng verbunden sei mit der Schuldfrage bei der Scheidung.[946] Dem schuldig geschiedenen Elternteil wurde die Fähigkeit zur Erziehung und Betreuung des Kindes abgesprochen. Nachdem dieser Aspekt des Scheidungsrechts nach und nach in der Rechtsprechung und letztendlich im Gesetz von 1975[947] durch das des Kindeswohls ersetzt worden war, rückte auch im internationalen Privatrecht die Überlegung in den Vordergrund, das Kindschaftsstatut nach den Kindesinteressen zu bestimmen. Das Personalstatut des Kindes wurde im Fall der Aufteilung der elterlichen Sorge infolge der Scheidung zum Prinzip der Anknüpfung.[948]

---

942 J. Cl. Droit international, fasc. 548-20, n° 112; *Audinet* in S. 1911, 385; *Bischoff* in Rev. crit. DIP 1969, 273.

943 J. Cl. Droit international, fasc. 548-20, n° 113; C. Cass., civ., 2 juin 1908, DP 1912, I, 457; CA Paris, 28 nov. 1968, JCP 1969, II, 16010, note *Gaudemet-Tallon*; dazu *Gutmann*, DIP, n° 177.

944 *Gutmann*, DIP, n° 177.

945 *Audit*, DIP, n° 677; CA Paris, 23 nov. 1954, D. 1955, 245 ; CA Paris, 25 juin 1986, D. 1987, somm. 348, 1re espèce.

946 *Audit*, DIP, n° 677.

947 Gesetz vom 11. Juli 1975, das die Frage des Kindeswohls bei der Sorgerechtsverteilung in den Vordergrund rückte, dazu: *Marty/Raynaud*, Droit civil, Les Personnes, n° 335; *Carbonnier*, Droit civil, n° 185

948 *Audit*, DIP, n° 677; *Lequette*, n° 113 et s.; *Fadlallah*, Famille légitime, n° 362; TGI Dunkerque, 26 et 28 oct. 1987, JDI 1988, 766, note *Mezghani*; eine Aussage zugunsten der Anwendung des Personalstatuts des Kindes lässt sich auch dem Urteil der C. Cass., civ. 1re, 3 févr. 1982, entnehmen, so *Lagarde*, Rev. crit. DIP 1982, 558 (561).

b. Das Gesetz vom 3. Januar 1972

Der mit dem Gesetz vom 3. Januar 1972 eingeführte Art. 311-14 Code civil regelt nach seinem Wortlaut ausschließlich die Frage der Feststellung der Abstammung, nicht auch seine Wirkungen. Diese Nichteinbeziehung des Kindschaftsstatuts in die gesetzliche Regelung hatte eine neue Kontroverse zur Folge, die sich auf die Frage reduziert, ob eine analoge Anwendung des Art. 311-14 Code civil auf die Wirkungen der Abstammung zu befürworten ist oder nicht.

(1) Analoge Anwendung des Art. 311-14 Code civil auf die Wirkungen der Abstammung

Zum Teil wird vorgeschlagen, die gesetzliche Regelung des Art. 311-14 Code civil, die wörtlich nur von der *Begründung* der Abstammung („établissement de la filiation") spricht, auch auf die *Wirkungen* („effets") derselben auszudehnen.[949]

Hierfür wird angeführt, das Schweigen des Gesetzgebers dürfe nicht so gedeutet werden, dass die Rechtsprechung in Anpassung an die tatsächlichen Umstände die gesetzlichen Regelungen nicht ganz oder zum Teil auf andere Bereiche ausdehnen könne.[950]

Für die nichteheliche Kindschaft wurde diese Lösung der erweiterten Anwendung des Art. 311-14 Code civil von einigen Untergerichten bereits herangezogen.[951] Deutlicher noch ist die Aussage der Pariser Cour d'appel in einem Urteil vom 3. März 1981, die zunächst für die nichteheliche Kindschaft das Personalstatut des Kindes anwendet und dann in einem obiter dictum hinzufügt, dass - wenn das Statut der elterlichen Sorge harmonisiert werden sollte - auch in diesem Fall auf den vorliegenden Sachverhalt (nichteheliches Kind einer Französin und eines Tunesiers) französisches Recht anzuwenden sei, da die Mutter Französin sei.[952] Damit wird Bezug genommen auf die Regelung des Art. 311-14 Code civil, der grundsätzlich vom Personalstatut der Mutter am Tag der Geburt des Kindes ausgeht. Ein Urteil der Cour d'appel Grenoble geht explizit davon aus, dass Art. 311-14 Code civil nicht nur auf die Feststellung der Abstammung, sondern auch auf die daraus folgenden Konsequenzen, darunter auch auf die Frage der elterlichen Sorge, Anwendung findet.[953]

Diese Tendenz der Rechtsprechung, den Anwendungsbereich des Art 311-14 Code civil auf die Wirkungen der Abstammungen, insbesondere der Sorge- und Umgangsrechtsverteilung, auszudehnen, findet Zustimmung bei einem Teil der

---

[949] Vgl. Darstellung bei *Mayer*, DIP, n° 619.

[950] J. Cl. Droit international, fasc. 548-20, n° 97; *Légier* in JDI 1986, 1014 (1022).

[951] So ausdrücklich TGI Grenoble, 18 mars 1985, JDI 1986, 1014.

[952] CA Paris, 3 mars 1981, Rev. crit. DIP 1981, 496 (497), note *Lequette*: „que si les solutions de conflits de lois relatives à l'autorité parentale devaient être harmonisées, la loi francaise serait encore applicable dans la présente affaire puisque la mère est francaise.".

[953] CA Grenoble, 23 févr. 1987, Rev. crit. DIP 1990, 784.

französischen Autoren.[954] Der Grund ist in dem Bestreben zu sehen, die eheliche und die nichteheliche Kindschaft einheitlich zu behandeln. Zudem soll ein Gleichlauf des Abstammungsstatuts erreicht werden, indem Begründung und Wirkungen der Abstammung demselben Statut unterliegen.

(2) Keine analoge Anwendung des Art. 311-14 Code civil

Der überwiegende Teil der französischen Lehre lehnt hingegen eine mögliche Ausdehnung der Regelung des Art. 311-14 Code civil auf die Wirkungen der Abstammung ab.[955] Argumentiert wird zunächst mit dem Wortlaut des Art. 311-14 Code civil sowie mit dem Titel („établissement") des Abschnitts im Code civil.[956] Zudem habe der Gesetzgeber von 1972 gerade keine Gleichheit zwischen ehelichen und nichtehelichen Kindern herstellen wollen.[957] Anhaltspunkt dafür sei, dass auch das interne Recht weiterhin von dieser Ungleichbehandlung ausgehe, zum Beispiel im Namens- oder im Erbrecht. Auch bei anderen Statuten werde zwischen deren Begründung und deren Wirkungen unterschieden. So unterliegen die Wirkungen der Erbfolge nicht vollständig dem Personalstatut, das die Begründung der Erbfolge regelt. Weiter werden praktische Schwierigkeiten bei der Anwendung des Art. 311-14 Code civil auf die Wirkungen der Abstammung ins Feld geführt. Die Transposition der Vorschrift des Art. 311-14 Code civil bereite wegen der alternativen Anknüpfungen Schwierigkeiten, auch wenn einige Autoren diesen Einwand damit abtun, dass es genüge, diese Alternativität bei der analogen Anwendung außer Betracht zu lassen [958]. Die Anwendung des Personalstatuts der Mutter am Tag der Geburt des Kindes unterwerfe zudem die eheliche Abstammung einem nicht mehr wandelbaren Statut, welches eventuell späteren Familiengegebenheiten nicht mehr angepasst sei.

(3) Autonome einzelfallbezogene Anknüpfung

Eine neuere Strömung in der Literatur will einen dritten Weg gehen, der sich von den Vorgaben der Rechtsprechung vor 1972 und denen des Gesetzes von 1972 löst, und schlägt vor, im Sinne einer autonomen Anknüpfung auf jede Wirkung der Abstammung das am besten geeignete Recht anzuwenden.[959] Begründet wird diese Überlegung mit der heutigen Autonomie der Abstammungswirkungen im nationalen Recht und bestehenden internationalen Vorschriften,

---

[954] Insbesondere *Simon-Depitre*, n° 156; *Loussouarn/Bourel*, DIP, n° 353; *Rubbelin-Devichi*, Droit de la Famille, n° 1298.

[955] *Fadlallah*, Famille légitime, n° 350 ff.

[956] *Sutton*, Travaux du comité français de droit international privé, Années 1982-1984, S. 193 (202); *Courbe*, DIP, S. 250.

[957] *Légier* in JDI 1986, 1014 (1022) mit Hinweis auf Déclaration de *M. Jean Foyer* in J.O. Débat Ass. Nat. 7 oct. 1971, p. 4301.

[958] Simon Depitre/Foyer, n° 157.

[959] *Alexandre*, S. 66 ff.

die zugleich eine gewisse Vereinheitlichung bewirken und dem dargestellten Streit an Bedeutung nehmen.[960]

(4) Fazit: keine Anwendung des Art. 311-14 Code civil auf die Wirkungen der Abstammung

Die überwiegende Meinung in Lehre und Rechtsprechung geht angesichts der dargestellten Schwierigkeiten einer Transposition des Art. 311-14 Code civil auf die Wirkungen der Abstammung davon aus, dass sich am bisherigen Rechtszustand durch die Einführung des Art. 311-14 Code civil nichts geändert hat. Es gilt damit weiterhin das Ehewirkungsstatut für eheliche Kinder und das Personalstatut des Kindes bei Nichtehelichkeit, letzteres nach herrschender Ansicht auch bei Sorge- und Umgangsrechtsverteilung infolge der Scheidung, wie es die Rechtsprechung in der Zeit vor 1972 entwickelt hatte. Das auf Umgangsrechtsregelungen anzuwendende Recht bestimmt sich somit nach dem Personalstatut des Kindes, mithin nach seinem Heimatrecht.[961] Für den Fall der Trennung unverheirateter bzw. für den Fall der Scheidung verheirateter Eltern ergibt sich somit ein Gleichlauf des anwendbaren Statuts für Scheidung und Scheidungsfolgen. Trennen sich hingegen verheiratete Eltern nur, ohne dass zugleich die Ehe geschieden wird, finden unterschiedliche Statute Anwendung. Dies ist sachlich nicht gerechtfertigt. Wünschenswert wäre eine Anpassung an das materielle Recht, das auch keine Unterscheidung zwischen ehelichen und nichtehelichen Kindern mehr macht.

2. Korrektur durch den ordre public-Vorbehalt

Der ordre public-Vorbehalt soll ausnahmsweise die Anwendung des durch die Kollisionsnorm bestimmten ausländischen Rechte verhindern, wenn das konkrete Ergebnis der Anwendung des ausländischen Rechts mit fundamentalen Grundwerten der französischen Rechtsordnung nicht vereinbar ist.

a. Inhaltliche Bedeutung

Die den Eltern durch französische Gesetze auferlegten Pflichten gegenüber ihren Kindern werden als das Minimum an Rechten und Pflichten angesehen, das auch ein ausländisches Recht zu beachten hat.[962] Wird dieser Standard nicht gewährleistet, findet die ordre public-Klausel Anwendung mit der Rechtsfolge, dass das durch die Kollisionsnorm bestimmte ausländische Recht ausnahmsweise nicht zum Zuge kommt. So kann der ordre public-Vorbehalt im konkreten Fall die Anwendung eines ausländischen Rechts verhindern, das die elterliche Sorge nicht nach einer Einzelfallentscheidung, sondern nach bereits im Vorhinein fest-

---

960 J. Cl. Droit international, fasc. 548-20, n° 105.

961 Vgl. Art. 3 Abs. 3 Code civil: „Les lois conçernant l'état et la capacité des personnes régissent les Français. même résidant en pays étranger." und die dazu ergangene Rechtsprechung.

962 *Mayer*, DIP, n° 625.

gelegten Kriterien verteilt. Als Beispiel seien islamische Rechtsordnungen genannt, die das elterliche Sorgerecht entsprechend dem Alter und Geschlecht des Kindes automatisch einem Elternteil zuordnen, ohne sich konkret am Kindeswohl zu orientieren.

b. Zeitliche Variabilität des ordre public

Die Konzeption des ordre public ist abhängig von Veränderung im Laufe der Zeit. Diese können sich ergeben aus Änderungen des ausländischen Rechts oder der lex fori selbst.[963] Das Gericht wendet den im Zeitpunkt der Entscheidung aktuellen ordre public-Begriff an.[964] Im Hinblick auf das eheliche und nichteheliche Kindschaftsrecht sind in der französischen Rechtsprechung unterschiedliche Entwicklungen zu verzeichnen.

(1) Feststellung der Abstammung bei nichtehelichen Kindern

Im französischen Recht war die Möglichkeit der Feststellung der Abstammung eines nichtehelichen Kindes lange Zeit umstritten und wurde abgelehnt.[965] Die Gesetzesreformen vom 3. Januar 1972 und vom 11. Juli 1975 zur Abstammung sowie zur Scheidung und der Trennung von Tisch und Bett haben jedoch zu einem signifikanten Wandel und einer Liberalisierung der Rechtsprechung geführt.[966] Die mit den gesetzlichen Regelungen geschaffenen Vergünstigungen für das nichteheliche Kind bewirken, dass heute genau die gegensätzliche Position eingenommen wird und ausländische Rechte, die die Feststellung der Vaterschaft einschränken oder ganz verbieten, wegen Verstoßes gegen den ordre public nicht mehr angewendet werden.

(2) Wirkungen der Abstammung bei ehelichen Kindern

Bei ehelichen Kindern stellte sich im Rahmen des ordre public-Vorbehalts nicht die Frage der Feststellung der Abstammung, sondern vielmehr die ihrer Wirkungen. Aufgeworfen ist damit das Problem, ob und wann eine Korrektur durch die ordre public-Klausel zu erfolgen hat, wenn ein ausländisches Recht Umgangsrechte der Eltern gegenüber ihren Kindern in anderer Weise festlegt als das französische Recht. Der Verstoß gegen fundamentale Wertvorstellungen des französischen Rechts kann sich dabei zum einen aus einer Ungleichbehandlung der Elternteile, aus der Nichtbeachtung des Kindeswohls, sowie aus der Tatsache ergeben, dass eine Abänderung der Sorgerechtsentscheidung nach diesem Kriterium nicht mehr möglich ist.[967]

---

963 *Loussouarn/Bourel*, DIP, n° 254-1.
964 *Audit*, DIP, n° 310.
965 *Loussouarn/Bourel*, DIP, n° 253 und 350; *Mayer*, DIP, n° 618.
966 *Loussouarn/Bourel*, DIP, n° 254-1.
967 Vgl. CA Paris, 13 juill. 1951, JCP 1952, II, 6975, note *Sialelli*.

Die französische Rechtsordnung nimmt es nicht hin, dass eine ausländische Rechtsordnung das Kindeswohl ausschließlich nach formellen Kriterien bestimmt.[968] So wurde ein Verstoß gegen den ordre public für den Fall bejaht, dass das anwendbare Recht dem Vater oder der Mutter jegliches Recht gegenüber dem Kind verweigert oder dass die Sorgerechtsverteilung ohne Berücksichtigung des Kindesinteresses vorgenommen wird.[969] So verstößt eine ägyptische Regelung, die die Sorgerechtsverteilung ausschließlich von Alter und Geschlecht des Kindes abhängig macht, ohne bei der Organisation der elterlichen Sorge das Kindeswohl zu berücksichtigen, gegen den ordre public.[970]
Ein Verstoß gegen den ordre public liegt auch vor bei einem tunesischen Scheidungsurteil, welches das Sorgerecht für die seit zehn Jahren mit ihrer Mutter in Frankreich lebenden Kinder dem Vater zuspricht und zwar im Urteil erklärt wird, dass diese Entscheidung dem Kindesinteresse entspreche, es sich jedoch bei der Entscheidung für den Vater als Sorgerechtsinhaber um eine rein schematische Entscheidung handelt, die das Kindesinteresse im konkreten Fall nicht berücksichtigt, sondern eine einseitige Bevorzugung des Vaters vorsieht.[971]
Weiterhin kann von der Anwendung einer ausländischen Norm wegen Verstoßes gegen den ordre public abgesehen werden, wenn sie – nach einer ihr eigenen Konzeption des Kindeswohls – keine Möglichkeit vorsieht, dem nichtsorgeberechtigten Elternteil bis zum Eintritt der Volljährigkeit des Kindes ein Besuchsrecht einzuräumen.[972]
Ein Beispiel für die zeitliche Wandelbarkeit des ordre public stellt der in den letzten Jahren in der französischen Rechtsprechung zu vermerkende liberalere Umgang mit der Anerkennung der so genannten „répudiation" im islamischen Recht, der einseitigen Verstoßung der Ehefrau durch den Ehemann, in ausländischen Scheidungsurteilen dar.[973] So wurde die Verstoßung einer marokkanischen Frau durch ihren Ehemann in Marokko entsprechend den dortigen Gesetzen in Frankreich ohne weiteres anerkannt. Als problematisch angesehen wurde jedoch, dass das marokkanische Urteil keine Regelung über die Verteilung der elterlichen Sorge enthielt. Das französische Gericht sprach in Anwendung marokkanischen Rechts der Mutter das Sorgerecht zu, so wie es im Fall der Ver-

---

968 *Audit*, DIP, n° 678.

969 Mayer, DIP, n° 625 m.w.N.; CA Paris, 18 déc. 1973, *Foyer* in Rev. crit. DIP 1975, 243; *Lequette* in JDI 1975, 525.

970 CA Paris, 1er juill. 1974, JDI 1975, 525, 2e espèce, note *Lequette*; *Foyer* in Rev. crit. DIP 1975, 266.

971 C. Cass., civ. 1re, 30 janv. 1979, *Lequette* in Rev. crit. DIP 1979, 629 (630); *Mayer* in JDI 1979, 393.

972 Beispiel erwähnt bei *Audit*, DIP, n° 678.

973 Vgl. C. Cass., civ. 1re, 3 nov. 1983, Rohbi, und Cour d'appel Paris, 6 juill. 1982, Bairouk, beide in Rev. crit. DIP 1984, 325, note *Fadlallah*; C. Cass., civ. 1er, 3 nov. 1983, JDI 1984, note *Kahn*.

stoßung der Ehefrau und damit der Auflösung der Ehe auch das marokkanische Recht vorsieht.[974]

c. Wachsender Einfluss internationaler Abkommen

Zunehmenden Einfluss auf den Inhalt des ordre public-Vorbehalts gewinnen in der französischen Rechtsprechung internationale Abkommen. Zu nennen sind hier in erster Linie das UN-Kinderschutzabkommen vom 26. Januar 1990 und die Europäische Konvention zum Schutz der Rechte des Kindes vom 4. November 1950. Sie statuieren unter anderem das Recht des Kindes auf Feststellung seiner Abstammung und Kenntnis seiner Herkunft sowie das Prinzip der Nicht-Diskriminierung zwischen ehelicher und nichtehelicher Kindschaft. Sie können, unabhängig von einer direkten Anwendbarkeit, Leitlinien für die Definition und den Gehalt des ordre public im internationalen Privatrecht vorgeben. Diese internationalen Konventionen betreffen - anders als die französische Rechtsprechung zum ordre public - überwiegend die Wirkungen der Abstammung und weniger ihre Feststellung.[975] So enthält Art. 8 EMRK das Recht, auch nach der Scheidung mit dem Kind das Familienleben in Form eines Besuchsrechts fortzuführen.[976]

d. Fazit zum ordre public-Vorbehalt

Zu der Frage der Vereinbarkeit einer ausländischen Umgangsrechtsentscheidung betreffend eheliche Kinder findet sich kaum französische Rechtsprechung. Der Schwerpunkt der gerichtlichen Entscheidungen liegt beim Umgangsrecht für nichtehelichen Kinder. Dass Umgangsrechte im Hinblick auf den ordre public in Frankreich weit weniger problematisch sind, dürfte nicht zuletzt daran liegen, dass mit den problemträchtigsten - insbesondere islamischen Staaten - Staatsverträge bestehen, die diesbezügliche Frage regeln.[977]

III. Das Umgangsrecht im französischen internationalen Verfahrensrecht

Das internationale Verfahrensrecht regelt zum einen die internationale Zuständigkeit, zum anderen das Erfordernis der Anerkennung und die Vollstreckung ausländischer Entscheidungen. Mit Blick auf die geplante EG-Verordnung zum „europäischen Besuchstitel“ soll der Schwerpunkt der folgenden Darstellung auf französischen bilateralen Abkommen zur Anerkennung und Vollstreckung von

---

974 Cour d'appel Paris, 18 déc. 1973, Rev. crit. DIP 1975, 243, note *Foyer*; JDI 1975, 525, 2e espèce, note *Lequette*.

975 J. Cl. Civil, art. 311-14 à 311-18, fasc. 20, n° 31; zur Beachtung internationaler Normen im Rahmen des ordre public: *Hammje* in Rev. crit. DIP 1997, 1.

976 *Fahrenhorst*, EMRK, S. 342 ff. m.w.N. aus der Rechtsprechung der Kommission und des EGMR; zu Art. 8 EMRK vgl. oben Teil C I 2.

977 Vgl. dazu die Ausführungen zum französisch-algerischen Staatsvertrag von 1988, unten Teil D III 2. a.

ausländischen Umgangstiteln liegen. Diese Übereinkommen dürften den Verordnungsvorschlag der französischen Ratspräsidentschaft vom 26. Juni 2000 inspiriert haben.

1. Internationale Zuständigkeit

Die internationale Zuständigkeit französischer Gerichte ergibt sich in erster Linie aus staatsvertraglichen Regelungen, subsidiär aus autonomem französischen Recht.

a. Staatsvertragliche Regelungen zur internationalen Zuständigkeit französischer Gerichte

Frankreich ist ebenso wie Deutschland Vertragsstaat des Haager Minderjährigenschutzabkommens von 1961 (MSA) und des Haager Kindesentführungsübereinkommens von 1980 (HKÜ). Insoweit wird auf die Ausführungen zu den internationalen Abkommen verwiesen.[978]

b. Internationale Zuständigkeit nach autonomem französischen Recht

Das französische internationale Verfahrensrecht unterscheidet zwischen allgemeinen und so genannten exorbitanten Gerichtsständen. Letztere spielen im Bereich der internationalen Zuständigkeit eine weitaus größere Rolle.

(1) Transposition der Vorschriften über die örtliche Zuständigkeit

Grundsätzlich folgt auch in Frankreich die internationale Zuständigkeit aus den Vorschriften über die örtliche Zuständigkeit.[979]

(2) Exorbitante Gerichtsstände: Art. 14 und 15 Code civil

Daneben ergibt sich die internationale Zuständigkeit französischer Gerichte aus den exorbitanten Gerichtsständen der Art. 14 und 15 Code civil.[980] Die internationale Zuständigkeit französischer Gerichte ist in Angelegenheiten französischer Staatsbürger immer gegeben, auch bei Auslandsaufenthalt der an dem Rechtsverhältnis beteiligten Franzosen[981] und Ausländern[982]. Ein französischer Kläger oder Beklagter kann sich stets an französische Gerichte wenden.

---

[978] Siehe oben Teil B II.

[979] *Audit*, DIP, n° 335 m.w.N.; unter anderem C. Cass., civ. 1re, 30 oct. 1962, Scheffel, D. 1963, 109; zur Rechtslage in Deutschland, vgl. *Kropholler*, IPR, § 58 II, S. 567 ff.

[980] *Bergmann/Ferid*, Länderteil Frankreich, S. 38.

[981] Art. 14 Code civil lautet: „L'étranger, même non résidant en France, pourra être cité devant les tribunaux français, pour l'exécution des obligations par lui contractées en France avec un Français; il pourra être traduit devant les tribunaux de France, pour les obligations par lui contractées en pays étranger envers des Français.“.

[982] Art. 15 Code civil lautet: „Un Français pourra être traduit devant un tribunal de France pour des obligations par lui contractées en pays étranger, même avec un étranger.“.

Die Rechtsprechung hat den Wortlaut der Art. 14 und 15 Code civil extensiv ausgelegt und den Anwendungsbereich weit über die dort genannten vertraglichen Verpflichtungen („obligations contractuelles") auf alle nicht-vertraglichen, sowie vermögensrechtlichen und nicht-vermögensrechtlichen Streitigkeiten ausgedehnt.[983] Sie hat dem französischen Kläger bzw. Beklagten damit einen ihn begünstigenden Gerichtsstand an die Hand gegeben. Solche exorbitanten Gerichtsstände sind international unerwünscht, denn sie behindern den internationalen Entscheidungsgleichklang[984], begünstigen das „forum shopping"[985] und stellen ein Anerkennungshindernis dar, wenn die internationale Zuständigkeit des erstentscheidenden Gerichts vom anerkennenden Staat verneint wird[986]. Die Vorschriften der Art. 14 und 15 Code civil harmonieren ferner nicht mit der Bestimmung des Art. 42 Abs. 1 Nouveau Code de procédure civile[987], die von der grundsätzlichen Zuständigkeit des Gerichts am Beklagtenwohnsitz ausgeht.[988] An Grenzen stößt die Anwendbarkeit der Art. 14 und 15 Code civil nur dort, wo hoheitliche Belange anderer Staaten berührt werden, wie bei Streitigkeiten hinsichtlich Immobilien auf fremdem Staatsgebiet oder der Zwangsvollstreckung im Ausland.[989]

2. Anerkennung und Vollstreckung ausländischer Umgangsrechtsentscheidungen

Folgt die Anerkennung und Vollstreckung ausländischer Entscheidungen zum Umgangsrecht nicht aus vorrangigen unmittelbar in den Mitgliedsstaaten anwendbaren EG-Verordnungen[990], kann sie sich aus staatsvertraglichen Regelungen ergeben. Mit Blick auf die Einführung des geplanten „europäischen Besuchstitels" ist der französisch-algerische Staatsvertrag von 1988 von besonderem Interesse. Er weist Regelungen zum grenzüberschreitenden Umgangsrecht und Mechanismen seiner Durchsetzung auf, die den Verordnungsvorschlag der französischen Ratspräsidentschaft inspiriert haben dürften.

---

983 *Audit*, DIP, n° 352; *Loussouarn/Bourel*, DIP, n° 464; aus der Rechtsprechung: C. Cass., civ. 1re, 27 mai 1970, Weiss, Grands Arrêts DIP, S. 390 ff.; *Batiffol* in Rev. crit. DIP 1971, 113; C. Cass., civ. 1re, 17 nov. 1981, JDI 1982, 926 note *Wiederkehr*; C. Cass., civ. 1re, 21 juin 1988, D. 1988, somm. 344.

984 *Kropholler*, IPR, § 6 I, S. 36.

985 *Kropholler*, IPR, § 58 VI 1, S. 593.

986 *Kropholler*, IPR, § 60 IV 5 a) und d), S. 626 und 629: die EheVO verbietet eine Nachprüfung der Zuständigkeit des Erstgerichts im Gegensatz zu EuGVÜ und zur EuGVO ausnahmslos, vgl. Art. 17 EheVO; zur EheVO oben Teil B I.

987 Art. 42 Abs. 1 Nouveau Code de procédure civile lautet: „La juridiction territorialement compétente est, sauf disposition contraire, celle du lieu où demeure le défendeur."

988 *Loussouarn/Bourel*, DIP, n° 46.1

989 *Audit*, DIP, n° 353.

990 Zur EheVO oben Teil B I.

a. Staatsvertragliche Regelungen am Beispiel des französisch-algerischen Staatsvertrags vom 21. Juni 1988[991]

Das am 1. August 1988 in Kraft getretene französisch-algerische Abkommen verknüpft materiell- und verfahrensrechtliche Regeln, sowie Vorschriften über die internationale Zuständigkeit. Es handelt sich um eine so genannte „convention double".

Vor dem Hintergrund divergierender familienrechtlicher Vorschriften, auf algerischer Seite gestützt auf religiös verwurzelte Traditionen, in Frankreich basierend auf einem großen Misstrauen der Rechtsprechung gegenüber religiös fundierten familienrechtlichen Regelungen, soll das bilaterale Übereinkommen in einem zwar eng abgesteckten, aber effizient funktionierenden Bereich die tatsächliche Wahrnehmung von Umgangsrechten für die betroffenen Eltern und deren Kinder erleichtern. Das Übereinkommen beschreitet mit den zur Sicherung des Sorge- und Umgangsrechts geschaffenen Mechanismen neue Wege, deren zentrale Regelung in der Gewährung, Anerkennung und Vollstreckung eines grenzüberschreitendes Besuchsrechts besteht.

(1) Sonstige bilaterale Abkommen Frankreichs als Vorläufer des französisch-algerischen Abkommens von 1988

Vor Inkrafttreten des französisch-algerischen Abkommens vom 21. Juni 1988 bestanden bilaterale Übereinkommen Frankreichs, die sich jedoch zumeist auf die Regelung einer allgemeinen Zusammenarbeit der Staaten in grenzüberschreitenden Sorgerechts- und Umgangsrechtskonflikten auf der Ebene der Justizministerien beschränkten.[992] So verpflichteten sich die Staaten gegenseitig, beim Auffinden des momentanen Aufenthalts des Kindes behilflich zu sein, Informationen über seine Lebensumstände und eventuell getroffene Schutz-

---

[991] Convention entre le Gouvernement de la République française et le Gouvernement de la République algérienne démocratique et populaire relative aux enfants issus de couples mixtes séparés franco-algériens du 21 juin 1988, abgedruckt in Rev. crit. DIP 1988, 797 ff.; in Kraft seit dem 1. August 1988.

[992] So der französisch-algerische Briefwechsel vom 18. September 1980 über die Zusammenarbeit und die gegenseitige Rechtshilfe; das Übereinkommen über die Zusammenarbeit in Zivilsachen vom 27. Februar 1975 zwischen Frankreich und dem Benin; das Abkommen über die französisch-kongolesische Zusammenarbeit vom 1. Januar 1974; das Abkommen über die französisch-nigerianische Zusammenarbeit vom 19. Februar 1977; das Abkommen über die französisch-senegalesische Zusammenarbeit vom 19. März 1974; das französisch-tschechoslowakische Abkommen vom 10. Mai 1984 über die gegenseitige Rechtshilfe, die Anerkennung und Vollstreckung in Zivil-, Familien- und Handelssachen (heute gegenüber der Slowakischen Republik und der Tschechischen Republik jeweils als Nachfolgestaaten in Kraft); das Abkommen zwischen Frankreich und dem Tschad vom 6. März 1978; das Abkommen zwischen Frankreich und Togo vom 23. März 1975.

maßnahmen weiterzugeben und auf eine freiwillige Rückführung hinzuarbeiten.[993]
Die Abkommen enthielten jedoch stets Klauseln, die die grenzüberschreitende Zusammenarbeit unter Vorbehalte stellten. Am deutlichsten geschah dies durch die Zulassung der ordre public-Kontrolle. So sieht der französisch-algerische Briefwechsel vom 18. September 1980, der ausdrücklich in Erwartung des Abschlusses eines spezifischen Abkommens auf dem Gebiet der Anerkennung und Vollstreckung von Sorge- und Umgangsrechtsentscheidungen unterzeichnet wurde, in seinem Teil II über die gerichtliche Rechtshilfe, insbesondere Anfragen im Rahmen von laufenden Zivil-, Verwaltungs- oder sonstigen Verfahren über das Personenstandswesen, einen ordre public-Vorbehalt vor[994]. Zudem waren die Regelungen über Exequatur und Auslieferung sehr allgemein gehalten.[995]
Neben dem französisch-algerischen Abkommen von 1964 und dem französisch-algerischen Briefwechsel von 1980 bestanden in der Zeit vor 1988 zwischen Frankreich und Brasilien[996], Djibouti[997], Ägypten[998], Ungarn[999], Marokko[1000], Portugal[1001] und Tunesien[1002] bilaterale Abkommen, die sich am Europäischen Sorgerechtsübereinkommen[1003] und am Haager Kindesentführungsübereinkommen[1004] orientierten. Sie regeln Maßnahmen des Minderjährigenschutzes

---

[993] *Monéger* in JCP 1992, doctr. 3605, 353 (354 f.).
[994] Abgedruckt in JDI 1981, 195 (196).
[995] So das französisch-algerische Abkommen vom 27. August 1964, abgedruckt in J. O. vom 17. August 1965.
[996] Abkommen vom 30. Januar 1981 über die Zusammenarbeit in Zivil-, Handels- und Verwaltungssachen.
[997] Abkommen vom 27. September 1986 über die Zusammenarbeit in Zivil-, Handels- und Verwaltungssachen.
[998] Abkommen vom 15. März 1982 über die Zusammenarbeit auf dem Gebieten des Zivil-, Sozial-, Handels- und Verwaltungsrechts.
[999] Französisch-ungarisches Abkommen vom 31. Juli 1980 über die gegenseitige Rechtshilfe in den Bereichen Zivil- und Familienrecht, über die Anerkennung und Vollstreckung sowie die rechtliche Zusammenarbeit auf dem Gebiet des Strafrechts und der Ausweisungen.
[1000] Französisch-marokkanisches Abkommen vom 10. August 1981 über das Personalstatut und das Familienstatut und über die rechtliche Zusammenarbeit.
[1001] Abkommen vom 20. Juli 1983 über die rechtliche Zusammenarbeit auf dem Gebiet des Minderjährigenschutzes.
[1002] Französisch-tunesisches Abkommen vom 18. März 1982 über die gegenseitige Rechtshilfe auf den Gebiet des Sorgerechts für Kinder, des Umgangsrechts und des Unterhaltsrechts.
[1003] Übereinkommen über die Anerkennung und Vollstreckung von Entscheidungen über das Sorgerecht für Kinder und die Wiederherstellung des Sorgeverhältnisses vom 20. Mai 1980, BGBl. 1990 II, S. 220, abgedruckt in *Jayme/Hausmann*, Nr. 184.
[1004] Haager Übereinkommen über die zivilrechtlichen Aspekte internationaler Kindesentführung vom 25. Oktober 1980, BGBl. 1990 II, S. 207, abgedruckt in *Jayme/Hausmann*, Nr. 222.

sowie die Anerkennung und Vollstreckung von Sorge- und Umgangsrechtsentscheidungen.[1005]

(2) Personaler Anwendungsbereich des französisch-algerischen Abkommens

Bevor die einzelnen Regelungen des Abkommens näher dargestellt werden, sollen eingangs Anwendungsbereich und Regelungsziel aufgezeigt werden, um den eng begrenzten Bereich, in dem die Mechanismen des Abkommens funktionieren sollen, zu verdeutlichen.
Der persönliche Anwendungsbereich des französisch-algerischen Abkommens wirft Fragen in zwei Richtungen auf: zum einen in Bezug auf die Kinder, zum anderen im Hinblick auf die Eltern. Das Abkommen spricht insofern von „enfants de couples mixtes séparés“, also von Kindern gemischt-nationaler Ehepaare, die sich getrennt haben. Es stellt sich die Frage, ob der Begriff „Kinder“, wie ihn das Abkommen verwendet, auch nichteheliche und adoptierte Kinder erfasst, ferner ob das Abkommen auf Doppelstaatler und Paare Anwendung finden kann, von denen nur einer die französische oder die algerische Staatsangehörigkeit besitzt, der andere Drittstaatenangehöriger ist.

(a) Eheliche Kinder

Auch wenn der Wortlaut des Abkommens dies auf den ersten Blick nicht eindeutig erkennen lässt, ist das französisch-algerische Abkommen nur auf eheliche Kinder anwendbar. Eine Anwendung auf nichteheliche Kinder ist ausgeschlossen.[1006] Dies erschließt sich aus den Formulierungen der Art. 5 und 6 des Abkommens, die von „domicile conjugal“ als ehelichem Wohnsitz und „conjoints séparés“ als getrennt lebenden Ehegatten sprechen und somit davon ausgehen, dass die Kinder in die Ehe hineingeboren wurden.
Hintergrund des Ausschlusses nichtehelicher Kinder aus dem Anwendungsbereich des Staatsvertrags ist die islamische Rechtstradition, die weder die nichteheliche Vaterschaft noch das Rechtsinstitut der Adoption kennt. Vaterschaft im Sinn der „Sharia“, des göttlichen Rechts, ist immer und ausschließlich die legitime Vaterschaft.[1007] Auch das neue algerische Familiengesetzbuch von 1984 hat keine davon abweichende Regelung eingeführt[1008]; die Vorschriften des algerischen Familiengesetzbuches betreffen nur eheliche Kinder.[1009] Die nichteheliche Kindschaft ist nicht geregelt, weil nach dem islamischen Recht das

---

[1005] Kurze Darstellung der einzelnen Abkommen in J. Cl. Droit international, n° 74-115, fasc. 549.

[1006] *Monéger* in JDI 1989, 41 (44); TGI Dunkerque, 20 juin 1989, JCP 1989, II, 21379, note *Monéger*; C. Cass., civ. 1re, 26 janv. 1994, JCP 1994, IV, 836 = Bull. civ. 1994 I, n° 31 = D. 1994, inf. rap. 53; *Choain* in D. 1995, 226.

[1007] *Rauscher*, Islamisches Familienrecht, S. 121.

[1008] *Dennerlein*, Islamrecht, S. 169 f.

[1009] *Bergmann/Ferid*, Länderteil Algerien, S. 11.

nichteheliche Kind als „Frucht der Unzucht“ gilt.[1010] Das algerische Recht bestimmt die Abstammung allein als Abstammung vom Vater, welche sich ausschließlich aus der Gültigkeit der Ehe mit der Mutter ergibt. Anders als im französischen Recht gibt es keine Vaterschaftsanerkennung außerhalb einer bestehenden Ehe.[1011] Dies hat zur Folge, dass eine Vaterschaftsanerkennung eines Kindes einer französischen Mutter durch einen algerischen Mann nach französischem Recht in Frankreich nach algerischem Recht keinerlei Wirkungen hat, wenn zwischen den Eltern keine gültige Ehe besteht.[1012]
Der Ausschluss nichtehelicher Kinder aus dem Anwendungsbereich des französisch-algerischen Abkommens wird ferner damit begründet, dass das algerische Recht auch das Institut der Volladoption nicht kennt. Die Situation dieser Kinder wird dadurch nur verschlimmert, denn so behalten sie den Makel der Nichtehelichkeit ihrer Geburt ein Leben lang.[1013]
Für Kinder, die nicht die Voraussetzung der Ehelichkeit erfüllen, bleibt das französisch-algerische Abkommen anwendbar, das aus dem Briefwechsel vom 21. Juni 1980 resultiert und nur einen sehr beschränkten Anwendungsbereich besitzt.[1014] Zudem können französische Gerichte auf das Umgangsrecht mit nichtehelichen Kindern weiterhin die restriktive Rechtsprechung anwenden, wie sie im Urteil der Cour de Cassation vom 3. Februar 1982 zum Ausdruck kommt.[1015]
Problematisch ist im personalen Anwendungsbereich des Abkommens ferner, dass das französisch-algerische Abkommen das Alter der Kinder, auf die es Anwendung finden soll, nicht präzisiert.[1016] In Frankreich wird das Kind mit Vollendung des 18. Lebensjahres volljährig[1017], in Algerien erst mit Ende des 19. Lebensjahres[1018]. Daraus entstehen Unklarheiten bei der Rechtsanwendung.

(b) „Conjoints franco-algériens séparés“

Auch der Begriff der „conjoints franco-algériens séparés“, der getrennten französisch-algerischen Ehegatten, bedarf der Auslegung.

1010 *Bergmann/Ferid*, Länderteil Algerien, S. 11.
1011 *Borrmans* in Rev. int. dr. comp. 1986, 133 (136); *Kohler*, Vaterschaftsanerkenntnis im Islamrecht, S. 57 ff.; dazu auch *Dennerlein*, Islamisches Recht, S. 159.
1012 *Monéger* in JDI 1989, 41 (45).
1013 Dazu *Monéger* in JCP 1989, II, 21379.
1014 J.Cl. Droit international, n° 119, fasc. 549.
1015 *Monéger* in JCP 1989, II, 21379; zum Urteil C. Cass., civ., 3 févr. 1982 unten Teil D III: 2. (7) (a).
1016 *Monéger* in JCP 1992, doctr. 3605, 354 (357); anders dagegen internationale Abkommen wie das Haager Minderjährigenschutzabkommen, das Haager Kindesentführungsübereinkommen, vgl. dazu oben Teil B II.
1017 Art. 488 Abs. 1 Code civil.
1018 Vgl. Art 40 Abs. 2 algerisches Zivilgesetzbuch, Übersetzung bei *Bergmann/Ferid*, Länderteil Algerien, S. 16.

Nach dem Verständnis des französisch-algerischen Abkommens trifft er nicht zu auf französische Paare, die in Algerien oder algerische Paare, die in Frankreich leben[1019], denn sie gelten nicht als „gemischt" im Sinn des Abkommens.
Offen bleibt das Problem der doppelten Staatsangehörigkeit, das im französisch-algerischen Abkommen nicht angesprochen wird.[1020] Das Problem stellt sich insbesondere dann, wenn einer der Eheleute sowohl die französische als auch die algerische Staatsangehörigkeit besitzt: in diesem Fall verweigern die algerischen Behörden die Anerkennung der doppelten Staatsangehörigkeit und gehen von der Nichtanwendbarkeit des Abkommens aus, da die Ehe nicht „gemischt" im Sinn der Konvention ist.[1021]
Mit „séparés" (getrennt) ist nicht nur „divorcés" (geschieden) gemeint. Der Grund dafür dürfte nicht so sehr darin zu sehen sein, dass zwar keine Einbeziehung der französischen Trennung von Tisch und Bett (séparation des corps, Art. 296 ff. Code civil), aber die des tatsächlichen Getrenntlebens (séparation de fait) gewollt war.[1022] Nur erstere kennt das algerische Recht.[1023] Das französische Recht hingegen hat sich in jüngster Zeit zunehmend mit dem sozialen Phänomen des tatsächlichen Getrenntlebens und des häufig damit verbundenen Auseinanderlebens der Ehegatten angenommen.[1024] So stellt die „séparation de fait" heute einen Scheidungsgrund dar und ermöglicht es den Ehegatten, durch Eingreifen des Gerichts scheidungsähnliche rechtliche Folgen unter anderem im Hinblick auf die Verteilung der elterlichen Sorge herbeizuführen.[1025] Dies ergibt sich aus der Verweisungsnorm des Art. 304 Code civil.
Anwendung soll das französisch-algerische Abkommen jedoch finden, wenn der algerische Vater in Frankreich lebt.[1026] Der Begriff der „résidence" in der Präambel des Abkommens umfasse auch den Fall, dass der algerische Vater seinen Erstwohnsitz in Frankreich und nur einen Zweitwohnsitz in Algerien hat. Dies ergibt sich bereits aus dem Wortlaut des Abkommens, aber auch aus einem Erst-recht-Schluss: das Kind, dessen Eltern zwei verschiedenen Kulturen entstammen, hat ein Interesse - und das Kindesinteresse steht im Mittelpunkt des Abkommens - , zu beiden Elternteilen Kontakt zu pflegen, ebenso wie zu den

---

[1019] Dazu *Monéger* in JDI 1989, 41 (46).
[1020] Zu diesem Problem im Rahmen des französisch-polnischen Übereinkommens, C. Cass., civ. 1re, 22 juillet 1987, Rev. crit. DIP 1988, 85 und *Lagarde* in Rev. crit. DIP 1988, 29 ; CA Paris, 18 juin 1985, JDI 1986, 726, note *Laborde*; Kommentar zum französisch-portugiesischen Übereinkommen: *Jodlowski/Ponsard* in JDI 1970, 545 und *Bottini* in Rev. crit. DIP 1970, 1.
[1021] *Choain* in D. 1992, 67 (68).
[1022] Zu „séparation de corps" und „séparation de fait": *Rubellin-Devichi*, Droit de la Famille, 1999, n° 982 ff.
[1023] *Monéger* in JDI 1989, 41 (48).
[1024] Vgl. *Rubellin-Devichi*, Droit de la Famille, n° 1006.
[1025] Vgl. *Rubellin-Devichi*, Droit de la Famille, n° 1003 ff., insbesondere n° 1029.
[1026] Dazu *Choain* in D. 1992, 67 (68).

Großeltern und der weiteren Familie mütterlicher- und väterlicherseits. Verstärkt wird diese Überlegung dadurch, dass beim Tod des sorgeberechtigten Elternteils das Sorgerecht dem anderen, bisher nur umgangsberechtigten Elternteil, zufällt und das Kind aus diesem Grund auch mit einem Blick in die Zukunft Beziehungen zu beiden Eltern pflegen und aufrechterhalten sollte.
Die Beantwortung der Frage, ob das Abkommen auch Anwendung findet, wenn der algerische Vater weder in Frankreich noch in Algerien lebt, muss sich an dem Gedanken des Abkommens orientieren, dass der Sorgerechtsinhaber geschützt werden soll - und wie sollte Algerien gegenüber einem Drittstaat die Rückführung des Kindes sicherstellen? Demnach dürfte eine Anwendung zu verneinen sein.[1027]

(3) Regelungsziel

Das französisch-algerische Abkommen von 1988 besitzt im Vergleich zu früheren bilateralen Abkommen, die Frankreich unter anderem mit Marokko (1981)[1028] und mit Portugal (1982)[1029] abgeschlossen hat, nur einen sehr begrenzten Anwendungsbereich.[1030] Das französisch-marokkanische Abkommen hingegen enthält Kollisionsregeln auf dem Gebiet des Personalstatuts; das französisch-portugiesische Übereinkommen seinerseits regelt sehr umfassend den Schutz Minderjähriger und war Vorbild für die Revision des Haager Minderjährigenschutzabkommens von 1961.
Wie ausdrücklich aus der Präambel hervorgeht, ist Ziel des französisch-algerischen Abkommens, dass das Kind in seinem eigenen Interesse friedliche Beziehungen zu seinen Eltern beibehalten kann und dies unabhängig davon, wo diese ihren gewöhnlichen Wohnort haben.[1031] Das Abkommen regelt somit ausschließlich das Sorgerecht für das Kind und das damit notwendigerweise korrespondierende Besuchsrecht.[1032] Ausgeschlossen sind, im Gegensatz zu den oben genannten Abkommen, die diesbezüglich Regelungen enthalten, Fragen des nachehelichen Unterhalts für das Kind.
Auch wenn ein Hauptanliegen bei der Ausarbeitung des französisch-algerischen Staatsvertrags war, französischen Müttern, deren Kinder von algerischen Vätern mit in deren Heimatland genommen worden waren, ein Wiedersehen mit ihren Kindern zu ermöglichen[1033], wird das Besuchsrecht nicht vornehmlich als ein Vorrecht des betreffenden Elternteils, sondern vielmehr als ein *Recht des Kindes selbst* angesehen, als das Recht, zu beiden Eltern nach deren Trennung oder

[1027] So *Choain* in D. 1992, 67 (68).
[1028] Vgl. oben Teil D III 2. a. (1).
[1029] Zum KSÜ von 1996, vgl. oben Teil B II. 1. b.
[1030] *Monéger* in JDI 1989, 41 (48).
[1031] „...des relations paisibles avec ses parents séparés, où qu'ils résident."
[1032] *Monéger* in JDI 1989, 41 (48).
[1033] *Monéger* in JDI 1989, 41 (48).

Scheidung die Beziehung aufrechtzuerhalten.[1034] Der Konventionstext stellt die Kindesinteressen in den Vordergrund. Die besondere Betonung des Kindeswohls hatte vor der Ausarbeitung des Übereinkommens bereits in der nationalen Gesetzgebung sowohl Frankreichs als auch Algeriens ihren Niederschlag gefunden. So sieht das algerische Familiengesetzbuch von 1984 die „hâdhana", die Personensorge im engeren Sinn, die grundsätzlich der Mutter zusteht[1035], nicht mehr in erster Linie als ein Recht der Mutter, sondern als ein Recht des Kindes an.[1036] Der französische Gesetzgeber hat schon mit dem Gesetz von 1987 zur Neuregelung der elterlichen Sorge nach einer Scheidung[1037] den Grundsatz der gemeinsamen Ausübung der elterlichen Sorge nach der Scheidung aus Gründen des Kindesinteresses festgeschrieben[1038], auch wenn im Code civil, anders als im deutschen BGB, nicht ausdrücklich von einem „Recht des Kindes" gesprochen wird.

(4) Staatsvertragliche Instrumente zur Aufrechterhaltung der Eltern-Kind-Beziehung

Im französisch-algerischen Abkommen von 1988 wurden vollkommen neue Mechanismen zur Aufrechterhaltung der Eltern-Kind-Beziehung und zur tatsächlichen Wahrnehmung von Besuchsrechten geschaffen. Zum einen soll die Festlegung einer einzigen Vorschrift zur internationalen Zuständigkeit im Bereich der elterlichen Sorge Rechtsklarheit schaffen, zum anderen sind die erstentscheidenden Gerichte angehalten, in die Entscheidung über die elterliche Sorge auch diejenige über das Besuchsrecht einbeziehen, damit diese beiden Rechte als Korrelate untrennbar verbunden sind, was drittens die Durchführung eines vereinfachten Vollstreckungsverfahrens ermöglicht.

(a) Rechte des umgangsberechtigten Elternteils

Auch dem nichtsorgeberechtigten Elternteil wird grundsätzlich ein grenzüberschreitendes Besuchsrecht eingeräumt, dessen tatsächliche Ausübung durch strafrechtliche Sanktionen gewährleistet werden soll. Eine Versagung des grenzüberschreitenden Besuchsrechts kommt nur bei Vorliegen außergewöhnlicher Umstände in Betracht.

[1034] *Monéger* in JDI 1989, 41 (49).
[1035] Dazu unten ausführlich Teil D III. 2. a. (7) (b).
[1036] *Borrmans* in Rev. int. dr. comp. 1986, 133 (136).
[1037] Loi n° 87-570, 22 juillet 1987 sur l'exercice de l'autorité d parentale et décret d'application n° 87-578, 22 juillet 1987; dazu Kommentar von *Raymond* in JCP 1987, I, doctr. 3299; *Rubellin-Devichi* in RTD civ. 1987, 725 (730 ff.); *Dekeuwer-Défossez/Vauvillé* in D. 1988, chron. 137.
[1038] *Rubbelin-Devichi* in JCP 1994, doctr. 3739, 87 (89).

(i) Grenzüberschreitendes Besuchsrecht

Die Vorschrift des Art. 6 Abs. 2 des französisch-algerischen Abkommens enthält die eigentliche materiell-rechtliche Neuerung des Abkommens, indem sie auch dem nichtsorgeberechtigten Elternteil nicht nur ein internes, d.h. ausschließlich innerhalb des Hoheitsgebiets des Staates, dessen Gerichte als Erstgerichte entscheiden, auszuübendes, sondern grundsätzlich ein grenzüberschreitendes Besuchsrecht einräumt.[1039] Dieses grenzüberschreitende Besuchsrecht darf nur bei Vorliegen außergewöhnlicher Umstände verweigert werden. Dies bedeutet, dass das Gericht, welches nach Art. 5 des französisch-algerischen Abkommens international zuständig ist, dem nichtsorgeberechtigten Elternteil zwingend ein Besuchsrecht einräumen muss.[1040] Die Regelung zur internationalen Zuständigkeit in Art. 5 des französisch-algerischen Abkommens soll verhindern, dass ein Urteil wegen fehlender internationaler Zuständigkeit des erstentscheidenden Gerichts nicht anerkannt wird. Daraus ist zu schließen, dass es sich um eine ausschließliche internationale Zuständigkeit handelt.[1041] Aus französischer Sicht begünstigt diese Zuständigkeit französische Mütter in Frankreich, deren ehemalige Ehemänner die Kinder mit nach Algerien genommen haben.[1042]

Beabsichtigt wird mit der Bestimmung, zwingend ein grenzüberschreitendes Besuchsrecht gerichtlich zuzusprechen, zum einen der französischen Rechtsprechung, die das Besuchsrecht des ausländischen, nichtsorgeberechtigten Elternteils auf das französische Staatsgebiet beschränkt, die Grundlagen zu entziehen und zum anderen aus der Sicht der algerischen Gerichte auch der nicht hadâna-berechtigten Mutter ein Besuchsrecht einzuräumen.[1043] Neu an der Regelung ist nicht die Zuerkennung eines Besuchsrechts, denn ein solches war theoretisch sowohl in der französischen als auch in der algerischen Rechtsordnung[1044] bereits vorgesehen. Neu ist vielmehr, dass dieses Besuchsrecht nun auch tatsächlich das Recht beinhaltet, dass Kind in das andere Land mitzunehmen.[1045]

1039 Art. 6 Abs. 2 lautet: „Toute décision judiciaire rendue par les juridictions des parties contractants et statuant sur la garde de l'enfant attribue un droit de visite y compris transfrontière à l'autre parent, sauf circonstances exceptionnelles.".

1040 *Monéger* in JDI 1989, 41 (53).

1041 *Monéger* in JCP 1992, doctr. 3605, 353 (356).

1042 *Monéger* in JCP 1992, doctr. 3605, 353 (356).

1043 Ausführlich zu den Hintergründen des Abkommens, unten Teil D III. 2. a. (7).

1044 Vgl. Art. 288 Code civil und Art. 64 algerisches FamGB.

1045 *Monéger* in JDI 1989, 41 (54); *Monin-Hersant/Sturlèse* in Gaz. Pal. 1982, IV, doctr. 523 (524).

(ii) Gewährleistung einer effektiven Ausübung des Besuchsrechts

Zum Schutz des Besuchsrechts sieht Art. 7 Abs. 1 des französisch-algerischen Abkommens eine strafrechtliche Sanktion vor: die Weigerung des Sorgeberechtigten, dem Umgangsberechtigten das Kind zu den vereinbarten Zeiten auszuhändigen, verwirklicht den Straftatbestand der „non-représentation d'enfant“, welcher sowohl im französischen als auch im algerischen Strafrecht vorgesehen ist.[1046] Art. 7 Abs. 1 des französisch-algerischen Abkommens hat damit zwar keinen normativen, aber doch symbolischen Charakter. Bedeutsamer ist hingegen sein Abs. 2, der die Staatsanwaltschaft zur Aufnahme von Ermittlungen verpflichtet und somit eine Ausnahme vom Opportunitätsgrundsatz der französischen Strafprozessordnung (Art. 40 Abs. 1 Code de procédure pénale)[1047] darstellt.

(iii) Ausnahmen beim Vorliegen außergewöhnlicher Umstände

Den einzigen Fall, in dem ein grenzüberschreitendes Besuchsrecht nicht ausgesprochen wird, nennt Art. 6 Abs. 3 des französisch-algerischen Abkommens. Bei Vorliegen außergewöhnlicher Umstände („circonstances exceptionnelles“), welche die körperliche oder seelische Gesundheit des Kindes einer direkten Gefahr aussetzen, darf das Gericht ein Besuchsrecht verweigern. Fraglich ist, wann vom Vorliegen solcher außergewöhnlichen Umstände, die ausnahmsweise eine Versagung begründen können, auszugehen ist.

Zum Teil wird vertreten, dass es sich dabei um Gründe handeln muss, die den „schwerwiegenden Gründen“ des Art. 288 Abs. 2 Code civil („motifs graves“) entsprechen. Art. 6 Abs. 3 des französisch-algerischen Abkommens müsse deshalb sehr restriktiv ausgelegt werden.[1048] Andere sehen einen Unterschied in der Intensität zwischen „außergewöhnlichen Umständen“ im Sinn des französisch-algerischen Abkommens und „schwerwiegenden Gründen“ wie sie Art. 288 Code civil vorsieht.[1049] Art. 6 Abs. 3 des französisch-algerischen Abkommens sei vielmehr mit der Regelung des Art. 375 Code civil zu vergleichen, der auf dem Gebiet der „assistance éducative“[1050] eine Ausnahmeklausel für Extremfälle vorsieht.[1051] Die Rechtsprechung der Cour de Cassation geht indessen von einer re-

---

[1046] Vgl. nur Art. 227-5 Nouveau Code pénal.

[1047] Zum Opportunitätsgrundsatz im französischen Strafprozessrecht: *Stefani/Levasseur/Bouloc*, Procédure pénale, n° 466.

[1048] *Monéger* in JDI 1989, 41 (54); J. Cl. Civil, art. 286 à 295, fasc. 280, n° 132.

[1049] *Gebler* in JCP 1992, II, 21928, p. 345 (346); J.Cl. Droit international, n° 126, fasc. 549.

[1050] Zu Maßnahmen der „assistance éducative“: *Hauser/Huet-Weiller*, Traité de droit civil, La famille, n° 1237 ff.

[1051] So *Monéger* in D. 1992, éd. G., 25 (26); *Choain* in D. 1992, 67; *Gebler* in JCP 1992, II, 21928, 345 (346); zu Art. 375 ff. Code civil: *Gebler* in J. Cl. Civ., art. 371 à 387, fasc. 20, n° 70 ff.: wenn im Fall von Maßnahmen der „assistance éducative“ die Eltern gerichtlich die Herausgabe des Kindes vom Dritten an sich selbst zurück verlangen, stellt sich nicht die Fra-

striktiven Interpretation des Art. 6 Abs. 3 des französisch-algerischen Abkommens aus. Außergewöhnliche Umstände liegen nur dann vor, wenn die Schwierigkeiten, die bei der Ausübung des Umgangsrechts zu Tage treten, eine extreme Schwere aufweisen und die Gefahr für das körperliche und seelische Wohlergehen des Kindes direkt, reell und sicher ist.[1052] Der Richter muss dabei Überlegungen in zwei Schritten anstellen. Zum ersten muss die Frage beantwortet werden, ob eine Gefahr vorliegt, welche Kriterium für eine Intervention des Gerichts nach Art. 6 Abs. 3 des französisch-algerischen Abkommen ist. Erst an zweiter Stelle kommt die Frage des Kindeswohls ins Spiel, wenn eine der Situation angepasste Lösung gefunden werden muss.[1053] Der Begriff der Gefahr bezieht sich ausschließlich auf die Gesundheit des Kindes, beispielsweise das Erfordernis einer medizinischen Behandlung, die in Algerien nicht fortgesetzt werden kann oder die Tatsache, dass das Kind gewalttätigen Handlungen seitens des umgangsberechtigten Elternteils ausgesetzt war.[1054]
Liegen die Voraussetzungen des Art. 6 Abs. 3 des französisch-algerischen Abkommens vor, kann das Gericht die Modalitäten des Umgangsrechts entsprechend dem Kindeswohl anpassen. Die Bandbreite der Maßnahmen reicht dabei von einer leichten Modifikation bis hin zum völligen Entzug des Umgangsrechts.[1055] Die Tatrichter müssen das Vorliegen von „außergewöhnlichen Umständen" substantiiert darlegen. So genügt es nicht, wenn lediglich auf „Schwierigkeiten in der Vergangenheit"[1056] hingewiesen wird, um die Versagung des Besuchs- und Beherbergungsrechts des Vaters zu begründen. Leider präzisiert die Cour de Cassation nicht, welche genauen Anforderungen sie an die Charakterisierung der „außergewöhnlichen Umstände" stellt. Teilweise werden Vergleiche mit Art. 13 Abs. 1 lit. b) HKÜ vorgeschlagen, der eine Ausnahme von der Rückführung des Kindes vorsieht, wenn die schwerwiegende Gefahr eines seelischen oder körperlichen Schadens für das Kind besteht oder das Kind auf andere Weise in eine unzumutbare Lage gebracht wird.[1057]

---

ge, ob es dem Kind bei dem Dritten gut geht, sondern ob es bei den Eltern gut aufgehoben wäre.

[1052] C. Cass., civ. 1re, 16 avril 1991, Defrénois 1991, 941 (951), obs. *Massip*; *Moneger* in D. 1992, 25; *Choain* in D. 1992, somm. 67; *Ancel* in Rev. crit. DIP 1992, 329; *Gebler* in JCP 1992, II, 21928, 345.

[1053] So *Gebler* in JCP 1992, II, 21928, 345.

[1054] *Gebler* in JCP 1992, II, 21928, 345 (346).

[1055] So die französische Rechtsprechung: C. Cass., civ. 1re, 26 janv. 1994, D. 1994, inf. rap. 53; streitig in der Literatur: für einen völligen Entzug *Monin-Hersant/Sturlèse* in Gaz. Pal. 1982, II, doctr. 523 (524); anders dagegen *Choain* in D. 1992, 67, die die Möglichkeit des völligen Entzugs des Besuchs- und Beherbergungsrechts ablehnt; ebenso *Gebler* in JCP 1992, II, 21928, 345 (346).

[1056] C. Cass., civ. 1re, 16 avril 1991, D. 1992, éd. G, 25: „les difficultés passées".

[1057] So *Ancel* in Rev. crit. DIP 1992, 329 (330) m.w.N.

(iv) Keine Kontrolle des ordre public

Zu der Vorschrift des Art. 6 Abs. 3 des französisch-algerischen Abkommens wird angemerkt, dass sie insofern außergewöhnlich sei, als sie nicht auf eine ordre public-Klausel hinauslaufe. Eine solche Kontrolle sei zu erwarten gewesen, wenn es um das Wohl eines Kindes gehe, dessen Eltern zwei sehr unterschiedlichen Kulturkreisen angehören. Stattdessen stellt das Abkommen ausschließlich auf die Gesundheit und das Interesse des Kindes ab.[1058] Dem kann jedoch entgegengehalten werden, dass gerade bei Kindern, deren Eltern zwei verschiedenen Religionen und Kulturen angehören und die zu beiden auch nach deren Scheidung weiterhin Kontakt pflegen sollen, ein ordre public-Vorbehalt systemwidrig wäre. Geht es doch gerade darum, für zwei in vielen Aspekten gegensätzliche Rechtsauffassungen einen gemeinsamen Nenner zu finden.[1059]

Neu ist die Regelung allerdings im Vergleich zu bestehenden internationalen Abkommen. Sowohl das Haager Kindesentführungsübereinkommen als auch das Europäische Sorgerechtsübereinkommen enthalten ordre public-Klauseln. Art. 20 HKÜ legt dabei allerdings einen sehr hohen Maßstab an und verlangt einen Verstoß gegen Menschenrechte bzw. Grundrechte, wie sie sich zum Beispiel aus der EMRK ergeben können. Das ESÜ dagegen erlaubt eine herkömmliche ordre public-Kontrolle in Art. 10. Auch bilaterale Abkommen Frankreichs wie mit Marokko schließen eine ordre public-Kontrolle nicht aus.[1060] Das französisch-algerische Abkommen stellt hingegen ausschließlich auf das Kindesinteresse ab - bleibt die Frage, ob sich die Staaten auf einen gemeinsamen Standard dessen einigen können, was unter diesem „Kindesinteresse" zu verstehen ist. Und es ist zu hoffen, dass sich nicht unter dem Deckmantel des Begriffs des „Kindeswohls" in der Praxis der Rechtsanwendung erneut eine ordre public-Kontrolle einschleicht. Eine restriktive Anwendung des Art. 6 Abs. 3 des französisch-algerischen Abkommens drängt sich somit geradezu auf. Sonst würde das beabsichtigte Regelungsziel des Abkommens, ein möglichst umfassendes Umgangsrecht zu gewährleisten, ausgehöhlt.

(b) Absicherung des Sorgeberechtigten: teilweise Exequatur der Sorgerechtsentscheidung

Die verfahrensrechtliche Absicherung der Regelungen der Art. 5 und 6 des französisch-algerischen Abkommens, die einerseits die internationale Zuständigkeit für Sorgerechtsentscheidungen festlegen und andererseits materiell-rechtlich regeln, dass das Gericht Sorge- und Umgangsrechtsentscheidung miteinander verbinden muss, soll Art. 8 des Abkommens gewährleisten. Danach garantieren die Vertragsparteien sowohl im Fall der Rückbehaltung des Kindes am Ende der

---

[1058] *Monéger* in JDI 1989, 41 (54).
[1059] So *Monéger* in D. 1992, 2 (26).
[1060] Dazu *Monéger* in JCP 1992, doctr. 3605, 354 (358).

Besuchszeit als auch im Fall der Entführung des Kindes außerhalb der Besuchszeiten eine effektive Rückführung durch die sofortige Anerkennung und Vollstreckung der gerichtlichen Umgangsrechtsentscheidung.[1061] Eine völkerrechtliche Besonderheit dieser Regelung besteht in der Formulierung, die zum Ausdruck bringt, dass die Garantien des Abkommens gegenüber den Parteien und nicht nur im Verhältnis der vertragschließenden Staaten untereinander Geltung haben sollen.[1062] Französische Autoren haben vor diesem Hintergrund die Überlegung angestellt, dass im Falle einer Entführung des Kindes der betroffene Elternteil Schadenersatz vom französischen Staat wegen Nichtanwendung eines internationalen Abkommens verlangen könne.[1063]
Verfahrensrechtlich wird der Sorgerechtsinhaber gegen einen Missbrauch des Besuchsrechts dadurch abgesichert, dass die Anerkennung und Vollstreckung der Sorgerechtsentscheidung in dem Land, in dem das Besuchsrecht ausgeübt und überschritten wurde, im Wege einer so genannten teilweisen Exequatur („exequature partiel") erfolgt. Hervorzuheben ist, dass nur der das Besuchsrecht betreffende Teil des Urteils für vollstreckbar erklärt wird. Die Durchführung dieser vereinfachten Exequatur kann der sorgeberechtigte Elternteil verlangen, wenn der andere Elternteil sein Besuchsrecht überschreitet.[1064]
Zwei Voraussetzungen muss die Sorgerechtsentscheidung für die Durchführung der vereinfachten Exequatur nach Art. 8 des Abkommens erfüllen. Sie muss im Erstentscheidungsstaat vollstreckbar sein und das erstentscheidende Gericht muss nach Art. 5 des Abkommens international zuständig gewesen sein.[1065] Das erste Erfordernis bereitet im Allgemeinen keine Probleme, denn französische Urteile zum Umgangsrecht genießen als Statusurteile auch im Ausland zunächst vorläufige Vollstreckbarkeit bis ein Gericht im Streitfall entscheidet.[1066] Mit Art. 5 hat das französisch-algerische Abkommen für die Regelung der Verteilung der Personensorge und des Umgangsrechts eine besondere Zuständigkeit der Gerichte des Staates geschaffen, in dem die Familie ihren ehelichen Wohnsitz („lieu de la vie familiale") hat. Auch wenn die Konvention selbst dazu schweigt und die Frage auch während der Verhandlungen nicht erörtert wurde, kann doch davon ausgegangen werden, dass die Art. 14 und 15 des Code civil,

---

[1061] *Menhofer* in IPRax 1991, 353 (355).
[1062] *Monéger* in JCP 1992, doctr. 3605, 354 (357).
[1063] *Monéger* in D. 1992, 25 (26); so auch *Monin-Hersant/Sturlèse* in Gaz. Pal. 1988, II, doctr. 523 (524).
[1064] *Mébroukine* in Rev. crit. DIP 1991, 1 (28).
[1065] *Menhofer* in IPRax 1991, 353 (355).
[1066] *Monin-Hersant/Sturlèse* in Gaz. Pal. 1988, IV, doctr. 523 (525); *Issad*, DIP, tome II - les règles matérielles, S. 84 f.; zur vorläufigen Vollstreckbarkeit von familienrechtlichen Urteilen siehe auch unten Teil D III 2. b. (2).

welche die Zuständigkeit französischer Gerichte allein auf die französische Staatsangehörigkeit gründen, durch Art. 5 der Konvention verdrängt werden.[1067] Mit der teilweisen Exequatur, die nach Art. 11 des französisch-algerischen Abkommens auch mit Zwangsmitteln durchgesetzt werden kann, wird erreicht, dass das Kind zu dem sorgeberechtigten Elternteil zurückkehren kann. Gemäß Art. 9 des Abkommens beinhaltet die Exequatur zugleich die Ausreiseerlaubnis für das Kind. Dies ist insofern bedeutsam, als das nach Algerien verbrachte Kind nach algerischem Recht ohne die Zustimmung seines algerischen Vaters das Land nicht verlassen darf.[1068]
Eine Absicherung des Sorgeberechtigten durch strafrechtliche Vorschriften wie in Art. 7 Abs. 1 des französisch-algerischen Abkommens zum Schutz des Besuchsrechts, ist zugunsten des Sorgeberechtigten nicht vorgesehen.

(c) Fazit

Aus dem Zusammenspiel dieser Regelung folgt, dass die Sorgerechtsentscheidung nur dann gegen eventuelle Abänderungen im Ausland immun ist und im Wege des oben beschriebenen vereinfachten Exequaturverfahrens durchgesetzt werden kann, wenn das ursprünglich zuständige Gericht über das grenzüberschreitende Besuchsrecht mitentschieden hat. Ist dies unterblieben, kann auch die Sorgerechtsentscheidung nicht im Wege des Art. 8 des französisch-algerischen Abkommens durchgesetzt werden und verliert ihre gesamte Effektivität.[1069]
Die Neuerung des französisch-algerischen Abkommens besteht somit darin, Sorgerechtentscheidung und Entscheidung über das grenzüberschreitende Besuchsrecht untrennbar zu verbinden und damit die Sorgerechtsentscheidung gegen spätere Abänderungen durch ein ausländisches Gericht immun zu machen. Damit geht der französisch-algerische Staatsvertrag weiter als andere französische Staatsverträge, die stets Gründe nennen, aus denen Sorgerechtsentscheidungen nach einer Entführung des Kindes ins Ausland abgeändert werden dürfen.[1070]

(5) Institutionalisierte internationale Zusammenarbeit

Das französisch-algerische Abkommen sieht neben der gerichtlichen Zusammenarbeit in Form der oben dargestellten gegenseitigen Anerkennung und Vollstreckung von Umgangsrechtsurteilen auch eine Kooperation auf behördlicher Ebene vor. In Art. 1 bis 4 des Abkommens ist die Einrichtung zentraler Behör-

---

[1067] *Monéger* in JDI 1989, 41 (51).
[1068] *Monin-Hersant/Sturlèse*, Gaz. Pal. 1982, 523 (524).
[1069] *Mébroukine* in Rev. crit. DIP 1991, 1 (29).
[1070] Zum Beispiel Art. 20 der Convention franco-portugaise du 20 juillet 1983 abgedruckt in Rev. crit. DIP 1984, 723; Art. 25 der Convention franco-marocaine du 10 août 1981, abgedruckt in Rev. crit. DIP 1983, 532.

den geregelt, deren Aufgaben überwiegend konsultativer Art sind. Daneben kommt die Einschaltung der diplomatischen Konsulate in Betracht, wenn es um den Erlass von Maßnahmen zum Schutz des Kindes geht. Eine Besonderheit weist das Abkommen mit der Einrichtung einer nur vorübergehend eingesetzten paritätischen Kommission auf, die anhängige Fälle binnen eines Jahres erledigen sollte.

(a) Kooperation der zentralen Behörden, Art. 1 bis 4 des französisch-algerischen Abkommens

Art. 1 des französisch-algerischen Abkommens sieht eine Zusammenarbeit zwischen zentralen Behörden vor. Als zentrale Behörden werden die Justizministerien bestimmt. In Frankreich übernimmt das „Bureau de droit international et d'entraide judiciaire internationale en matière civile et commerciale" diese Funktion.[1071] Art. 2 a) bis f) des Abkommens benennen als Aufgaben der zentralen Behörden die Suche nach dem Kind, Weiterleitung von Informationen über seine soziale und rechtliche Situation, Unterstützung einer gütlichen Streitbeilegung, Erleichterung der tatsächlichen Ausübung des Umgangsrechts, sowie Gewährleistung der Rückgabe des Kindes. Die im Abkommen vorgesehene Rechtshilfe wird den Beteiligten gemäß Art. 3 des Abkommens kostenfrei gewährt.

Die Einschaltung der Konsulate nach Art. 4 des Abkommens ist ungewöhnlich und betrifft deren Information über Maßnahmen zum Schutz des Minderjährigen. Handelt es sich um einen Minderjährigen, der entweder französischer oder algerischer Staatsbürger ist, muss vor dem Erlass einer Schutzmaßnahme das zuständige Konsulat befragt werden. Handelt es sich dagegen um einen Doppelstaatler, genügt die spätere Kenntnisnahme des Konsulats. Unklar bleibt allerdings bei der Vorschrift des Art. 4 des Abkommens, welche gerichtlichen oder behördlichen Maßnahmen gemeint sind. Es drängt sich jedoch eine Ähnlichkeit mit den „Schutzmaßnahmen" im Sinn des Haager Minderjährigenschutzabkommens von 1961 (MSA) auf.[1072] Weiterhin bleibt offen, welches Gericht zuständig sein soll, welche Verfahrensvorschriften und welches Recht anwendbar sein sollen.[1073]

Eine vergleichbare Regelung zur Einbeziehung von Konsulaten findet sich in Art. 22 des französisch-portugiesischen Abkommens vom 20. Juli 1983[1074]. Hier geschieht die Information des Konsulats zur Absicherung einer Sorgerechtsentscheidung dergestalt, dass eine Passausgabe an den umgangsberechtigten Elternteil nur erfolgen darf, wenn überprüft wurde, dass der Sorgeberechtigte seine Zustimmung zum Aufenthaltswechsel des Kindes gegeben hat. Im französisch-

[1071] *Monéger* in JDI 1989, 41 (59).
[1072] *Monéger* in JDI 1989, 41 (60).
[1073] *Monéger* in JDI 1989, 41 (61).
[1074] Abgedruckt in Rev. crit. DIP 1984, 723 ff.

algerischen Abkommen kann dieser Aspekt jedoch gerade keine Rolle spielen, denn die Ausübung des Umgangsrechts erfolgt stets grenzüberschreitend.

(b) Paritätische Kommission, Art. 12 des französisch-algerischen Abkommens

In Kapitel III sieht das französisch-algerische Abkommen die Einrichtung einer „commission paritaire" zur raschen Erledigung damals - bei Schaffung des Übereinkommens - anhängiger Fälle vor (Art. 12 des Abkommens). Die Kommission trat mit der Unterzeichung des Abkommens zusammen. Ihr Mandat endete nach einem Jahr - eine Frist die angesichts der Vielzahl der damals offenen Fälle kurz bemessen erscheint.[1075]

Die Kommission konnte von jedem betroffenen Elternteil angerufen werden. Sie fällte eine Entscheidung zu Fragen des Sorge- und Umgangsrechts sowie zu den Modalitäten ihrer Wahrnehmung. Die Entscheidung der Kommission war nicht bindend, jedoch kann jeder Elternteil auf die Entscheidung hin eine gerichtliche Abänderung bestehender Sorge- und Umgangsrechtsregelungen verlangen, die allerdings den Vorgaben des Abkommens entsprechen muss (Art. 12 Abs. 3 des Abkommens).

(6) Fazit: Unterschiede zum nationalen französischen Recht

Die staatsvertraglichen Regelungen weisen bedeutende Unterschiede zum nationalen französischen Recht auf.[1076] Im Anwendungsbereich des Abkommens sollen Sorge- und Umgangsrecht in der gerichtlichen Entscheidung stets untrennbar miteinander verbunden, was das französische Recht nicht zwingend vorsieht. So verlangt Art. 373-2 Code civil über die Verweisung auf Art. 288 Code civil grundsätzlich nur eine Entscheidung des Gerichts über das Umgangsrecht für denjenigen Elternteil, der nicht sorgeberechtigt ist. Wird die elterliche Sorge nach der Scheidung hingegen gemeinsam ausgeübt, sollen nach den Vorstellungen des Gesetzgebers Fragen zur Ausübung des Besuchs- und Beherbergungsrechts einvernehmlich unter den Eltern gelöst werden.[1077] Im Anwendungsbereich des französisch-algerischen Staatsvertrags hingegen ist das Gericht verpflichtet, eine Regelung des Umgangsrechts auch dann zu treffen, wenn ein entsprechender Antrag gar nicht gestellt wird, wenn die Scheidung auf gemeinsamen Antrag erfolgt und wenn das Sorgerecht weiterhin gemeinsam ausgeübt werden soll.[1078] Der Grund für diesen Mechanismus ist darin zu sehen, dass die Regelungen des Abkommens den Sorgeberechtigten vor einer Kindesentziehung im Rahmen der Ausübung des Umgangsrechts schützen sollen. Dieses Sorgerecht wird jedoch auch durch eine Kindesentziehung durch den mitsorge-

---

[1075] So *Monéger* in JDI 1989, 41 (61).

[1076] Zum französischen Sachrecht, vgl. Teil D I.

[1077] Zu der umstrittenen Frage des Eingreifens des Gerichts im Fall der gemeinsamen Ausübung des Sorgerechts nach der Scheidung, vgl. oben Teil D I 2. a. (2) (b).

[1078] *Gebler* in JCP 1992, II, 21982, 345.

berechtigten Elternteil missachtet. Insoweit besteht für ihn ebenfalls ein Schutzbedürfnis.
Das Gericht muss weiterhin nicht nur grundsätzlich über ein Umgangsrecht entscheiden, sondern darüber hinaus auch präzise Daten für Beginn und Ende der Besuchszeiten, sowie Zwangsmaßnahmen für den Fall der Nichtbeachtung festlegen. Diese Regelung liegt sowohl im Interesse des Umgangsberechtigten als auch des Sorgeberechtigten. Der Umgangsrechtsinhaber kann zu den gerichtlich bestimmten Zeiten die Herausgabe des Kindes verlangen. Sonst droht dem Sorgeberechtigten strafrechtliche Verfolgung wegen „non-représentation d'enfant" gemäß Art. 227-5 Nouveau Code pénal[1079]. Auf der anderen Seite wird der Sorgeberechtigte dadurch geschützt, dass die Rückkehr des Kindes zeitlich fixiert ist und bei Überschreiten dieser Frist das vereinfachte Vollstreckungsverfahren nach Art. 8 des Abkommens in Gang gesetzt werden kann, um die Durchsetzung der Sorgerechtsentscheidung und die Rückkehr des Kindes zu erreichen.[1080]

(7) Hintergrund: divergierende familienrechtliche Standpunkte

Die Frage, warum der französisch-algerische Staatsvertrag mit seinen Regelungen soviel weiter geht als vergleichbare Abkommen mit anderen Staaten, lässt sich mit Blick auf die rechtlichen und tatsächlichen Verhältnisse in Frankreich und Algerien im Jahre 1988 beantworten. Der Abschluss des französisch-algerischen Staatsvertrags von 1988 stand unter dem Eindruck sich häufender Fälle von Kindesentführungen oder -zurückbehaltungen, über die französische Gerichte zu entscheiden hatten, in denen die beteiligten Elternteile einerseits dem europäischen Rechtssystem, welches das Kindeswohl in Sorgerechtsentscheidungen in den Vordergrund stellt, und andererseits der islamischen Rechtsordnung angehörten, welche bei der Verteilung der Personensorge einseitig dem Vater den Vorzug gibt.
Eine Anwendung der existierenden Übereinkommen auf europäischer Ebene (MSA, HKÜ, ESÜ) war im Jahr 1988 gegenüber Algerien, das nicht Vertragsstaat war, ausgeschlossen. Bis dato war kein einziger islamischer Staat diesen Abkommen beigetreten war.[1081] Heute ist als einziger dem islamischen Rechtskreis zugehöriger Staat Marokko am 1. Juli 1993 Vertragsstaat des Haager Kindesentführungsübereinkommens von 1980 geworden.[1082] Vor Abschluss des französisch-algerischen Abkommens im Jahre 1988 scheiterte die gegenseitige Anerkennung und Vollstreckung deshalb allzu oft am nationalen ordre public-Vorbehalt, dessen Anwendung die gegensätzlichen familienrechtlichen Auffassungen besonders deutlich zutage treten ließ. Angesichts dieser Blockade-

[1079] Vgl. Art. 7 Abs. 2 des französisch-algerischen Abkommens.
[1080] *Gebler* in JCP 1992, II, 21928, 345 (346).
[1081] *Menhofer* in IPRax 1991, 353.
[1082] Vgl. *Jayme/Hausmann*, Nr. 222 mit Fn. 1; Algerien ist bis heute keinem der europäischen Übereinkommen beigetreten.

situation versucht das algerisch-französische Abkommen, durch die Schaffung einer international verbindlich zuständigen Instanz und die Einräumung eines transnationalen Besuchsrechts einen Brückenschlag zwischen den diametral entgegengesetzten familienrechtlichen Ansichten herzustellen, die im Folgenden dargestellt werden sollen.

(a) Ablehnende französische Rechtsprechung gegenüber einem grenzüberschreitenden Besuchsrecht: das Urteil der Cour de Cassation vom 3. Februar 1982

In grenzüberschreitenden Sachverhalten schränkte die französische Rechtsprechung das Besuchsrecht im Falle ernsthafter Bedenken hinsichtlich der Rückführung des Kindes nach Frankreich zu dem sorgeberechtigten Elternteil dahingehend ein, dass die Ausübung auf das französische Territorium begrenzt blieb. Dies geschah insbesondere dann, wenn mit dem Heimatstaat des ausländischen Elternteils kein Rechtshilfeabkommen bestand.[1083] Auf der anderen Seite stellte sich der französische ordre public-Vorbehalt als Anerkennungs- und Vollstreckungshindernis dar, wenn eine ausländische Sorgerechtsentscheidung sich nicht am Kindeswohl orientiert hatte.[1084]
Diese restriktive Haltung der französischen Rechtsprechung, die sich ohne konkrete Anhaltspunkte im Gesetzeswortlaut entwickelt hat, ist im Urteil der Cour de Cassation vom 3. Februar 1982 zusammengefasst. Da Sachverhalt und Gründe den Stand der damaligen französischen Rechtsprechung verdeutlichen, soll auf das Urteil im Folgenden näher eingegangen werden.

(i) Sachverhalt

Im Revisionsverfahren gegen ein Urteil des Pariser Berufungsgerichts standen sich eine französische Sorgerechtsinhaberin mit Wohnsitz in Frankreich und ein marokkanischer Vater, dem ein „droit de visite et d'hébergement" eingeräumt worden war, gegenüber. Die Mutter verlangte gerichtliche Sicherungsmaßnahmen zum Schutze ihres Sorgerechts. Sie befürchtete, dass die unbeschränkte Ausübung vor allem des Beherbergungsrechts in Marokko durch den Vater die Durchsetzung ihres Sorgerechts gefährdeten und das Risiko einer Kindesentführung oder -zurückhaltung bestand.

[1083] C. Cass., civ., 3 fév. 1982, Rev. crit. DIP 1982, 558, note *Lagarde*; *Chatin* in Gaz. Pal. 1982, I, doctr. 342 ff.

[1084] *Menhofer* in IPRax 1991, 353 (354) m.w.N.; C. Cass., civ. 1re, 30 janv. 1979, Rev. crit. DIP 1979, 629, note *Lequette*; vgl. aber C. Cass., civ., 6 janv. 1986, Rev. crit. DIP 1988, 337 zur Sorgerechtsverteilung nach dem französisch-algerischen Abkommen vom 27. August 1964, note *Lequette*.

(ii) Entscheidung

Die Cour de Cassation bestätigt in ihrem Urteil die Entscheidung des Pariser Berufungsgerichts von 2. Juli 1980 zugunsten der Mutter und verschärft den Schutz von Kindern vor Entführungen und Zurückhaltungen im Ausland. Den Untergerichten wird ein Beurteilungsspielraum bei der Festlegung der Modalitäten der Ausübung des Besuchs- und Umgangsrechts zugestanden, der lediglich unter dem Vorbehalt des Kindeswohls steht. Der Beurteilungsspielraum reicht von der Festlegung der Bedingungen der Ausübung des Besuchsrechts bis hin zum völligen Entzug des Beherbergungsrechts im Ausland. Letzteres darf zwar grundsätzlich nur bei der Feststellung einer ernsten Gefahr der rechtsmissbräuchlichen Ausübung durch den Umgangsrechtsinhaber angenommen werden, d.h. wenn zu befürchten ist, dass das Kind am Ende der Beherbergungszeit nicht wieder dem Sorgerechtsinhaber übergeben wird. An diesem Punkt ergaben sich stets Beweisschwierigkeiten für den Sorgerechtsinhaber. Die Cour de Cassation schafft insofern Abhilfe, als für das Vorliegen der ernsten Gefahr eines Rechtsmissbrauchs durch den Umgangsrechtsinhaber nach dem Urteil vom 3. Februar 1982 alleine die Tatsache genügt, dass zwischen den betroffenen Staaten – hier Frankreich und Marokko – keine zwischenstaatlichen Rechtshilfeabkommen auf dem Gebiet des Kindesschutzes bestehen.

(iii) Würdigung

Die Cour de Cassation stellt im Urteil von 3. Februar 1982 Kriterien für die Interpretation des Art. 288 Abs. 2 Code civil auf und nennt Voraussetzungen für seine Anwendung auf internationale Sachverhalte.

Die Vorschrift des Art. 288 Abs. 2 Code civil sieht vor, dass dem nichtsorgeberechtigten Elternteil ein Besuchs- und Beherbergungsrecht zusteht, dass nur bei Vorliegen „schwerwiegender Gründe" verweigert werden darf. Die Frage, ob ein Besuchs- und insbesondere ein Beherbergungsrecht auch im Ausland eingeräumt werden kann oder soll, hatte den französischen Gerichten stets Schwierigkeiten bereitet. Nach dem Wortlaut gestand die Norm dem Elternteil, der nicht das Sorgerecht innehatte, die Ausübung dieses Rechts auch im Ausland ohne Beschränkungsmöglichkeiten zu. Darin inbegriffen war auch ein Beherbergungsrecht, dessen tatsächliche Ausübung häufig bedeutete, dass der ausländische Elternteil, der oft nach der Trennung oder Scheidung von seinem französischen Ehepartner in sein Heimatland zurückging, das Kind während der Besuchszeiten dorthin mitnehmen durfte. In Fällen, in denen auf den guten Willen des Umgangsberechtigten kein Verlass zu sein drohte, stand dem Sorgeberechtigten nach dem Wortlaut des Gesetzes kein Mittel zur Verfügung, das Umgangsrecht zu begrenzen, d.h. sich dahin abzusichern, dass das Kind nach Beendigung der Besuchszeit nach Frankreich zurückkehrte. Diese Gefahr bestand rein faktisch insbesondere dann, wenn – was überwiegend der Fall war – zwischen den betroffenen Staaten keine internationalen Abkommen über die ge-

genseitige Rechtshilfe auf dem Gebiet des internationalen Kindesschutzes bestanden.
Zudem gab es auch im internen französischen Recht neben der strafrechtlichen Vorschrift des Art. 357 Code pénal a.F. (heute Art. 255-7 Nouveau Code pénal) keine weiteren Sanktionen gegen Rechtsmissbräuche bei der Ausübung des Besuchs- und Umgangsrechts.[1085] Auf internationaler Ebene erwies sich allerdings auch dieser strafrechtliche Schutz als illusorisch, denn er ermöglicht weder die Rückführung des Kindes, noch erlaubt er die Ausweisung des entführenden Elternteils, der oft in seinen Heimatstaat zurückgekehrt ist.[1086]
Der Umfang des gerichtlichen Beurteilungsraums bei der Festlegung von Beschränkungen des Besuchs- und Beherbergungsrechts, wie ihn die Rechtsprechung entwickelt hatte, wird im Urteil der Cour de Cassation bestätigt. Die Tatsacheninstanzen dürfen territoriale Beschränkungen des Besuchsrechts aussprechen und das Beherbergungsrecht auch gänzlich versagen. Bereits zuvor hatte die Rechtsprechung einen ganzen Katalog von Maßnahmen entwickelt, die sicherstellen sollten, dass die Ausübung des Besuchsrechts keine Gefährdung für das Sorgerecht des - in der überwiegenden Zahl der Fälle - französischen Elternteils darstellte. So wurde der Ort, an dem das Besuchsrecht auszuüben ist, in der Wohnung des Sorgeberechtigten, eines anderen Familienmitglieds oder eines Dritten festgelegt. Dem Umgangsberechtigten wurde die Auflage erteilt, Frankreich während der Besuchszeiten mit dem Kind nicht zu verlassen. Häufig wurde die Hinterlegung von Ausweispapieren oder der Nachweis anderer rechtlicher Garantien oder moralischer Verpflichtungen verlangt. War ein Elternteil französischer Staatsangehöriger, wurden die französischen Konsulate im Ausland über Sorge- und Umgangsrechtsentscheidungen französischer Gerichte unterrichtet.
Die meisten dieser Maßnahmen zeigten jedoch in der Praxis wenig oder keinen Erfolg. So hing die Auflage der geographischen Begrenzung des Umgangsrechts auf das französische Staatsgebiet von der Effektivität der Grenzkontrollen ab, die Hinterlegung von Pässen oder Garantien hatte keine Auswirkungen auf die Möglichkeiten, Sorgerechtsentscheidungen gegen den Umgangsberechtigten zu vollstrecken und die Hilfe französischer Konsulate im Ausland bedeutete auch bei Bestehen guter diplomatischer Beziehungen keine Vollstreckungsgarantie.
Es gab zudem Stimmen, die Zweifel daran äußerten, ob den Gerichten diese auf reinem Richterrecht beruhenden Befugnisse überhaupt zustanden.[1087] So wurde gegen die Rechtsprechung die Verletzung von Grundrechten des Besuchsrechtsinhabers, das Prinzip der Gleichbehandlung von In- und Ausländern, der Grundsatz der Personenverkehrsfreiheit, das Prinzip von Treu und Glauben so-

[1085] *Chatin* in Gaz. Pal. 1982, II, doctr. 342 (343); dazu oben Teil D I 2. c. (1).
[1086] *Chatin* in Gaz. Pal. 1982, II, doctr. 342 (343).
[1087] *Chatin* in Gaz. Pal. 1982, II, doctr. 342 (344).

wie des völkerrechtsfreundlichen Verhaltens der Staaten untereinander angeführt.[1088] Diese Bedenken wischt die radikale Lösung der Cour de Cassation beiseite, indem sie es für zulässig erachtet, das Besuchsrecht territorial zu begrenzen und in bestimmten Fällen ein Beherbergungsrecht erst gar nicht einzuräumen. Dies musste angesichts des Fehlens internationaler Abkommen in diesem Bereich als einzige praktisch durchsetzbare Lösung gesehen werden.

(b) Algerisches Personensorge- und Umgangsrecht

Auf algerischer Seite machten vor Inkrafttreten des französisch-algerischen Abkommens von 1988 familienrechtliche Regelungen eine Anerkennung und Vollstreckung von französischen Umgangsrechtsentscheidungen in Algerien unmöglich und verhinderten eine Kooperation bei der Lösung grenzüberschreitender Sachverhalte.

(i) Kodifizierung des algerischen Familienrechts im Familiengesetzbuch von 1984

Das algerische Personen- und Umgangsrecht ist geregelt im algerischen Familiengesetzbuch (FamGB) vom 9. Juni 1984, das auf dem islamischen Recht der malikitischen Schule beruht.[1089] Grundlegend neu war im Jahre 1984 bereits die Tatsache selbst der Kodifizierung. Zuvor wurde das stark durch den Koran geprägte islamische Familienrecht auf vielfältige Weise mittels mehr oder weniger weicher Methoden interpretiert, die die „igihtâd", die freie Entscheidungsbefugnis des Richters, nicht in Frage stellten.[1090] Mit der Kodifizierung einigte man sich auf präzise und verbindliche Interpretationsmöglichkeiten.

(ii) Hadâna" der Mutter

Während die elterliche Gewalt als Vormundschaft über Person und Vermögen des Kindes („walayā") grundsätzlich dem Vater zusteht, hat in der Regel die Mutter die Personensorge („hadâna") für ihre Kinder.[1091] Die „hadâna" als Sorge für das leibliche und seelische Wohl des Kindes korrespondiert mit der Zeitspanne bis zur Pubertät. Grundsätzlich bedarf der „hadâna", wer noch nicht mündig ist. Von der Gesamtdauer der „hadâna" sind einzelne Entwicklungsphasen des Kindes zu unterscheiden, in denen unterschiedliche Personen die „hadâna" ausüben.[1092] Für Kleinkinder ist die Frau, grundsätzlich die Mutter,

---

[1088] *Chatin* in Gaz. Pal. 1982, II, doctr. 342 (344).

[1089] *Forstner* in StAZ 1987, 197-221, 237-249; *Dennerlein*, Islamisches Recht, S. 61; zum Einfluss der malikitischen Rechtsschule auf das algerische Familiengesetzbuch: *Kuske*, Reislamisierung, S. 33 ff.

[1090] *Borrmans* in Rev. crit. dr. comp. 1986, 133; zur Bedeutung der „Sharia" bei der Rechtsanwendung und Rechtsauslegung: *Kuske*, Reislamisierung, S. 40 ff.

[1091] *Dennerlein*, Islamrecht, S. 160.

[1092] Dazu ausführlich, *Degand*, Geschlechterrollen, S. 91 ff.

anderenfalls weibliche Verwandte mütterlicher und väterlicherseits in einer festgelegten Reihenfolge zur Ausübung der Personensorge berufen (Art. 64 algerisches FamGB[1093]).[1094] Diese beinhaltet in den ersten Lebensjahren des Kindes das „schlichte Großziehen" des Kindes, danach die Einschulung und Erziehung des Kindes in der Religion des Vaters, der seinerseits stets Muselmane ist, da eine Muselmanin gemäß Art. 31 algerisches FamGB[1095] keinen Nicht-Muselmanen heiraten kann, sowie den Schutz des körperlichen und seelischen Wohlergehens. Für Jungen ist diese Phase der Entwicklung beendet, wenn sie selbst in der Lage sind zu essen, zu trinken, sich zu waschen und körperlich zu pflegen. Im malikistischen Recht haben sich für Jungen feste Altersgrenzen herausgebildet: sie unterstehen der Personensorge der Mutter bis zum Alter von 10 Jahren. Danach steht die „hadâna" dem Vater zu. Für Mädchen besteht die „hadâna" der Frau grundsätzlich bis zur Vollendung des 18. Lebensjahres, unabhängig von ihrer Verheiratung.[1096]

Der Vater behält während der Dauer der „hadâna" durch die Mutter (oder anderer weiblicher Verwandter) das Erziehungsrecht sowie die alleinige gesetzliche Vertretung der Kinder. Die „hadâna" der Mutter stellt keine Ausnahme zu der eigentlichen elterlichen Gewalt dar. Sie vollzieht sich vielmehr unter der Aufsicht des Vaters, der alleiniger Inhaber der umfassenden Personensorge bleibt.[1097] Dies wird daran deutlich, dass auch bei Ausfallen des Vaters, zum Beispiel bei dessen Tod, die umfassende väterliche Gewalt nicht auf die Mutter, sondern auf männliche Verwandte übergeht.[1098]

1093 Art. 64 algerisches FamGB lautet: „Das Sorgerecht wird in erster Linie auf die Mutter des Kindes, dann auf ihre Mutter, dann auf die mütterliche Tante, dann auf den Vater, dann auf die Mutter desselben und schließlich auf die Verwandten des nächsten Grades zum besten Wohl des Kindes übertragen. Bei Ausspruch der Anordnung der elterlichen Sorge hat der Richter der anderen Partei das Besuchsrecht einzuräumen.", Übersetzung bei *Bergmann/Ferid*, Länderteil Algerien, S. 22.

1094 Dazu *Bencheikh Hocine Dennouni* in Rev. int. dr. comp. 1986, 897 (912 ff.).

1095 Art. 31 algerisches FamGB lautet: „(1) Die moslemische Frau kann keinen Nichtmoslem heiraten. (2) Die Eheschließung von Algeriern und Algerierinnen mit Ausländern beiderlei Geschlechts folgt den üblichen Bestimmungen.", Übersetzung bei *Bergmann/Ferid*, Länderteil Algerien, S. 11.

1096 Vgl. Art. 65 algerisches FamGB: „(1) Das Sorgerecht für ein Kind männlichen Geschlechts endet mit der Vollendung des 10. Lebensjahres und das für ein Kind weiblichen Geschlechts mit Erreichung der Ehefähigkeit. (2) Der Richter verlängert diese Dauer bis zum vollendeten 16. Lebensjahr für das männliche Kind, das der Sorge seiner Mutter unterstellt wurde, wenn diese sich nicht wieder verheiratet hat." Übersetzung bei *Bergmann/Ferid*, Länderteil Algerien, S. 22; dazu *Dennerlein*, Islamrecht, S. 185; *Bencheikh Hocine Dennouni* in Rev. int. dr. comp. 1986, 897 (907).

1097 *Bencheikh Hocine Dennouni* in Rev. int. dr. comp. 1986, 897 (909).

1098 *Kohler*, Vaterschaftsanerkenntnis im Islamrecht, S. 56 mit Fn. 118.

(iii) Inhaber der Personensorge nach der Scheidung

Früher wurde durch die Auflösung der Ehe das Recht der Mutter zur „hadâna“ grundsätzlich nicht berührt.[1099] Heute steht gemäß Art. 67 Satz 1 algerisches FamGB die Personensorge auch im Fall der Scheidung fast immer dem Vater zu, auch wenn keine eigentliche Verteilung des Sorgerechts erfolgt.[1100] Diese Regelung der §§ 62 ff. algerisches FamGB[1101] zur Personensorge ist shari'atischen Ursprungs, d.h. ist „göttliches“ Recht, und gehört zum ordre public des sich zum Islam als Staatsreligion bekennenden Algerien.[1102]
Grundsätzlich kann zwar auch einer ausländischen Mutter - unabhängig von Staatsangehörigkeit und Religion - das Sorgerecht für ihre Kinder zugesprochen werden, jedoch nur unter der Bedingung, dass sie ihren Wohnsitz in Algerien hat.[1103] Nach malikitischem Recht ist es nicht erforderlich ist, dass Mutter und Kind der gleichen Konfession angehören, d.h. auch eine Nicht-Muselmanin kann Inhaberin der „hadâna“ sein.[1104] Sie steht allerdings unter der Überwachung eines aus Muselmanen bestehenden Rates, der sicherstellen soll, dass die Erziehung des Kindes durch eine Nicht-Muselmanin nicht dem Kindeswohl widerspricht. Diese Kontrolle soll Art. 69 des algerischen FamGB[1105] gewährleisten, der es erlaubt, der nicht-moslemischen Frau die „hadâna“ abzuerkennen, wenn sie ihren Wohnsitz ins Ausland verlegen möchte. In diesem Fall kann gerichtlich bestimmt werden, dass das Personensorgerecht automatisch dem Vater zufällt. Aus dieser Regelung folgt aber auch, dass eine Entscheidung eines französischen Gerichts, die das Umgangsrecht des Vaters beschränkt und der in Frankreich wohnenden Mutter die Personensorge zuspricht - deren Ausübung in Frankreich nicht kontrolliert werden könnte - , demnach in Algerien nicht anerkennungs- und vollstreckungsfähig ist.[1106]

[1099] *Rauscher*, Islamisches Familienrecht, S. 128.
[1100] Art. 67 algerisches FamGB lautet: „(1) Das Sorgerecht endet, wenn sein(e) Inhaber(in) nicht mehr die gesetzlichen Voraussetzungen erfüllt, die Art. 62 vorstehend vorsieht.“, Übersetzung bei *Bergmann/Ferid*, Länderteil Algerien, S. 22.
[1101] Abgedruckt bei *Bergmann/Ferid*, Länderteil Algerien, S. 22 ff.
[1102] Vgl. Art. 2 der Verfassung der Demokratischen Volksrepublik Algerien: „Der Islam ist Staatsreligion.“, Übersetzung bei *Bergmann/Ferid*, Länderteil Algerien, S. 13; zum islamischen Recht auch: *Zweigert/Kötz*, VI § 22, S. 296 ff.; zur Rolle der Scharia im Allgemeinen *Scholz* in JZ 2001, 525.
[1103] *Bergmann/Ferid*, Länderteil Algerien, S. 11.
[1104] *Charif Feller*, La garde (Hadana), S. 183; *Bencheikh Hocine Dennouni* in Rev. int. dr. comp. 1986, 897 (905).
[1105] Art. 69 algerisches FamGB lautet: „Wünscht der Inhaber des Sorgerechts einen Wohnsitz im Ausland zu nehmen, so kann der Richter, der dabei das Interesse des Kindes zu beachten hat, es bei dem Sorgerecht belassen oder aber dieses entziehen.“, Übersetzung bei *Bergmann/Ferid*, Länderteil Algerien, S. 22.
[1106] *Mébroukine* in Rev. crit. DIP 1991, 1 (6, 15); *Menhofer* in IPRax 1991, 353 (354); *Bencheikh Hocine Dennouni* in Rev. int. dr. comp. 1986, 897 (906).

(c) Fazit

Das französisch-algerische Abkommen von 1988 hat gezielt an den Streitpunkten angesetzt und auf den ersten Blick einen erstaunlichen Konsens zwischen zwei sehr verschiedenen Rechtssystemen gefunden. Der französischen Rechtsprechung, welche die Ausübung eines Besuchsrechts in einem Land, mit dem kein Rechtshilfeübereinkommen auf dem Gebiet des Kindesschutzes bestand, schlichtweg unmöglich machte, ist mit den Vorschriften zum transnationalen Besuchsrecht und vor allem zum Schutz des Sorgerechts der Wind aus den Segeln genommen. Mehr Zugeständnisse dürfte jedoch die algerische Seite gemacht haben - hat sie doch Regelungen zum Umgangsrecht akzeptiert, die im religiös fundierten algerischen Familienrecht unbekannt sind.
Zu bedenken bleibt jedoch, dass Dreh- und Angelpunkt des Abkommens immer noch der Begriff des „Kindeswohls" ist, wenn auch auf eine offene ordre public-Kontrolle bewusst verzichtet wurde. Eine Definition des „Kindeswohls" im Sinn des Abkommens gibt es nicht. Der Begriff ist damit ausfüllungsbedürftig und unterschiedlichen Verständnisweisen zugänglich. Es bleibt zu hoffen, dass sich an diesem Punkt nicht doch wieder eine verdeckte ordre public-Kontrolle einschleicht, die den Mechanismus des Abkommens lahm legen würde.

b. Anerkennung und Vollstreckung ausländischer Umgangsrechtsregelungen nach autonomem französischen Recht

Außerhalb des Anwendungsbereichs staatsvertraglicher Normen richtet sich die Anerkennung und Vollstreckung ausländischer Urteile in Frankreich nach den nationalen Regelungen. Der ursprünglich strenge Grundsatz des Erfordernisses einer Exequatur für die Anerkennung und Vollstreckung ausländischer Entscheidungen ist von der französischen Rechtsprechung teilweise abgemildert worden. Ausnahmen vom Prinzip des Erfordernisses der Anerkennung durch französische Gerichte bestehen für ausländische Statusurteile.

(1) Grundsatz des Erfordernisses einer Exequatur

Art. 2123 Code civil und Art. 509 des Nouveau Code de Procédure civile[1107] normieren das Prinzip, dass ausländische Urteile eine Exequatur durch ein französisches Gericht erfordern. Dies gilt prinzipiell auch für Urteile über das Sorge- und Besuchsrecht.[1108] Bei der Erteilung der gerichtlichen Exequatur werden je-

---

[1107] Art. 2123 Abs. 2 Code civil lautet: „....ainsi que des décisions judiciaires rendues en pays étranger et déclarées exécutoires par un tribunal français."; Art. 509 Nouveau Code de procédure civile lautet: „Les jugements rendus par les tribunaux étrangers et les actes reçus par les officiers étrangers sont exécutoires sur le territoire de la République de la manière et dans les cas prévus par la loi."

[1108] *Mébroukine* in Rev. crit. DIP 1991, 1 (28).

doch seit den Urteilen „Münzer“[1109] und „Bachir“[1110] des Kassationshofes aus den Jahren 1964 und 1967 ausländische Urteile nicht mehr materiell-rechtlich überprüft. Um dennoch die Einhaltung von verfahrensrechtlichen Mindestanforderungen sicherzustellen, muss das ausländische Urteil daraufhin geprüft werden, ob das ausländische erkennende Gericht international zuständig war und ob das ausländische Gericht das nach französischen Kollisionsregeln berufene Recht angewandt hat. Weiterhin darf das Ergebnis der Anwendung dieses Rechts nicht gegen die Prinzipien des internationalen ordre public verstoßen, und es darf keine Gesetzesumgehung („fraude à la loi“) vorliegen.[1111]
Das Verfahren unterliegt den Regeln der streitigen Gerichtsbarkeit.[1112] Zuständig ist das große Instanzgericht, das grundsätzlich durch den Einzelrichter entscheidet.[1113]

(2) Sonderfall: Statusurteile

Eine Besonderheit besteht für ausländische Statusurteile. Diese haben in Frankreich grundsätzlich auch ohne Exequatur solange vorläufige Rechtskraft, als über die Gültigkeit des Urteils kein Rechtsstreit anhängig ist und somit noch kein Gericht seine Kontrolle ausüben kann.[1114] Die Begründung dafür liegt darin, dass in Statusfragen keine unsicheren Rechtsverhältnisse geduldet werden können.[1115] Zu unterscheiden ist aber zwischen Wirkungen ausländischer Urteile, die keiner Vollstreckung bedürfen („état et capacité des personnes“, also Personenstand und Geschäftsfähigkeit einer Person), und Wirkungen, die mittels Zwang gegen Sachen oder Personen durchgesetzt werden müssen. Nur erstere werden ohne besonderes Verfahren in Frankreich anerkannt. Umgangsrechtsregelungen werden in Frankreich als ein Element der elterlichen Sorge angesehen, die wiederum den Personenstand regelt. In diesem Sinn sind Umgangsrechtsregelungen in Frankreich Statusurteile. Dies bedeutet, dass zwar die zugrundeliegende ausländische Entscheidung über die Regelung des Umgangsrechts, die eventuell bereits im Scheidungsurteil enthalten ist, zunächst in Frankreich anerkannt wird. Sobald jedoch eine ausländische Umgangsrechtsregelung eine Vollstreckungshandlung in Frankreich erforderlich macht, ist die Durchführung eines Exe-

---

[1109] C. Cass., civ. 1re, 7 janv. 1964, Munzer, Grands arrêts DIP, S. 312 ff.; *Batiffol* in Rev. crit. DIP 1964, 344; *Goldman* in JDI 1964, 302; übersetzt und besprochen von *Sonnenberger* in FamRZ 1965, 44 ff.
[1110] C. Cass., civ., 4 oct. 1967, Bachir, Grands arrêts DIP, S. 351 ff.; *Lagarde* in Rev. crit. 1968, 98; *Goldman* in JDI 1969, 102; *Mezger* in D. 1968, 95.
[1111] *Loussouarn/Bourel*, DIP, n° 501 ff.
[1112] *Audit*, DIP, n° 444.
[1113] *Loussouarn/Bourel*, DIP, n° 508.
[1114] Ständige Rechtsprechung seit 1860: C. Cass., civ., 28 févr. 1860, Bulkley, Grands arrêts DIP, S. 26 ff.; weitere Nachweise bei *Loussouarn/Bourel*, DIP, n° 512, die sogar von Gewohnheitsrecht sprechen; *Audit*, DIP, n° 471; dazu *Issad*, DIP, S. 84 ff.
[1115] *Audit*, DIP, n° 471; *Loussouarn/Bourel*, DIP, n° 512.

quaturverfahrens notwendig, da in diesem Fall zumeist Zwang gegen eine Person ausgeübt werden muss - sei es gegen den das Umgangsrecht vereitelnden Elternteil oder gegen den umgangsberechtigten Elternteil, der das Kind am Ende der Besuchszeit nicht zum Sorgeberechtigten zurückbringt. Dieses Verfahren erfolgt nach den allgemeinen Regeln der streitigen Gerichtsbarkeit. Das in der Hauptsache zuständige Gericht ist dann auch für die Entscheidung über die inzident aufgeworfene Frage der Gültigkeit der Ehescheidung zuständig.[1116]

[1116] *Cadiet*, Droit judiciare privé, n° 1147; *Loussouarn/Bourel*, DIP, n° 512.

E. Entwurf einer Verordnung des Rates über die gegenseitige Vollstreckung von Entscheidungen über das Umgangsrecht

Die französische Regierung hat am 26. Juni 2000 einen Verordnungsvorschlag[1117] (VO-E) zur erleichterten Vollstreckung von Umgangstiteln vorgelegt. Dieser Verordnungsvorschlag stellt einen ersten Anwendungsfall des geplanten „europäischen Vollstreckungstitels" für unbestrittene Forderungen dar. Umgangs- bzw. Besuchstitel definiert Art. 1 (1) VO-E als „Entscheidungen (...), mit denen einem Elternteil ein Recht auf persönlichen Umgang mit den gemeinsamen Kindern eingeräumt wird". Dies entspricht der inhaltlichen Ausgestaltung, wie sie in Deutschland und Frankreich üblich ist.[1118]

I. Inhaltliche Darstellung des VO-E

Der geplante „europäische Besuchstitel" baut auf der EheVO auf. Er soll für alle nach der EheVO ergangenen Entscheidungen gelten. Der VO-E sieht die gänzliche Abschaffung des Exequaturverfahrens vor wie es bisher vor der Vollstreckung einer ausländischen Entscheidung von den Gerichten der Mitgliedstaaten nach nationalem Verfahrensrecht durchgeführt wird. Umgangsrechtsentscheidungen aus anderen Mitgliedstaaten sollen ohne vorherige Anerkennung und Vollstreckbarerklärung sofort vollstreckbar sein.

1. VO-E als Ergänzung der EheVO

Der VO-E zum „europäischen Besuchstitel" versteht sich als Ergänzung der am 1. März 2001 in Kraft getretenen Verordnung des Rates über die Zuständigkeit und die Anerkennung und Vollstreckung von Entscheidungen in Ehesachen und in Verfahren betreffend die elterliche Verantwortung für die gemeinsamen Kinder der Ehegatten (EheVO)[1119].

2. Rechtsgrundlage für einen „europäischen Besuchstitel": Art. 65 EGV

Der Amsterdamer Vertrag hat die justitielle Zusammenarbeit auf die erste Säule der Union zurück übertragen und somit die bisher intergouvernementale Zusammenarbeit in Zivilsachen in eine Gemeinschaftspolitik überführt.[1120] Bereits für die EheVO ist umstritten, ob Art. 61 lit. c) i.V.m. Art. 65 EGV als eigenständiger Kompetenztitel für familienrechtliche Sachverhalte angesehen werden

---

[1117] Initiative der Französischen Republik betreffend einen Entwurf einer Verordnung (EG) des Rates über die gegenseitige Vollstreckung von Entscheidungen über das Umgangsrecht, abgedruckt in IPRax 2000, 444.

[1118] vgl. oben Teil C I. 3. und Teil D I. 2.

[1119] ABl. EG 2000 L 160/19 ff. und Kommissionsvorschlag vom 6. September 2001, KOM(2001) 505 endgültig, dazu oben Teil B I. 6.

[1120] *Heß* in NJW 2000, 23 (27); *Besse* in ZEuP 1999, 107 (109).

kann.[1121] Nach diesen Vorschriften wird die Europäische Gemeinschaft - im Rahmen des schrittweisen Aufbaus eines Raumes der Freiheit, der Sicherheit und des Rechts - zum Erlass von „Maßnahmen“ im Bereich der justitiellen Zusammenarbeit in Zivilsachen mit grenzüberschreitenden Bezügen ermächtigt, soweit sie für das Funktionieren des Binnenmarktes erforderlich sind.[1122] Soweit dies zu bejahen ist, eröffnet Art. 65 EGV der Gemeinschaft Handlungsbefugnisse zur Angleichung der internationalen Privat- und Verfahrensrechte der Mitgliedsstaaten.
In den ursprünglichen Anwendungsbereich der EheVO sind neben den Vorschriften über das Eheverfahren nach langer Uneinigkeit während der Ausarbeitung[1123] auch „zivilrechtliche Verfahren“ betreffend die „elterliche Verantwortung“ für gemeinsame Kinder aufgenommen worden. Diese waren zunächst beschränkt auf Umgangsrechtsentscheidungen, soweit sie sich „aus Anlass“ einer Ehesache ergaben, Art. 1 Abs. 1 lit. b) EheVO. Diese Begrenzung ist bereits mit dem Kommissionsvorschlag vom 9. September 2001 weggefallen.[1124] Nunmehr umfasst bereits der Anwendungsbereich der EheVO sämtliche Entscheidungen betreffend die elterliche Sorge. Hierbei muss in gleicher Weise wie für die geplante Verordnung über den „europäischen Besuchstitel“ die Frage gestellt werden, ob auch familienrechtliche Folgeentscheidungen vom Anwendungsbereich der Art. 61 lit. c) und Art. 65 EGV erfasst sind.
Dies ist im Ergebnis zu bejahen, denn eine unumschränkte Ausübung der Personenverkehrsfreiheit als Teil des Binnenmarkts kann nur dann gewährleistet werden, wenn ein Mitgliedstaat den nach dem Recht eines anderen Mitgliedstaates erworbenen Status oder eine statutsrechtliche Gerichtsentscheidung anerkennt. Insoweit ist die rechtliche Ausgestaltung des internationalen Familienrechts grundsätzlich geeignet, Auswirkungen auf den freien Personenverkehr, mithin auf die Funktionsfähigkeit des Binnenmarktes zu haben.[1125] Das Gleiche muss für Umgangsrechtsentscheidungen gelten. Auch hier ist die Grundfreiheit des freien Personenverkehrs betroffen, wenn der freie Verkehr von Entscheidungen über das Recht zum Umgang mit Kindern von geschiedenen oder getrennt lebenden Eltern in verschiedenen Mitgliedstaaten behindert wird. Hinkende Rechtsverhältnisse, die Folge nicht anerkannter Umgangsentscheidungen und nicht harmonisierten Privatrechts sein können, würden die Betroffenen davon abhalten, die Möglichkeiten der ihnen nach dem EGV eröffneten Personenfreizügigkeit zu nutzen.

[1121] Vgl. Teil B I. 1. b.
[1122] *Heß* in NJW 2000, 23 (27).
[1123] Zur Diskussion um diesen Aspekt während der Verhandlungen zum Brüssel II-Abkommen: *Sturlèse* in JCP 1998, 1145 (1147); *Pirrung* in ZEuP 1999, 834 (845 f.).
[1124] Zur Erweiterung des Anwendungsbereichs der EheVO durch den VO-Vorschlag der Kommission vom 9. September 2001, siehe oben Teil B I. 6. b.
[1125] *Drappatz*, Gemeinschaftskompetenz nach Art. 65 EGV, S. 99.

Ein weiteres Argument für die Anwendbarkeit des Art. 65 EGV auf familienrechtliche Sachverhalte und damit auch auf Umgangsrechtsentscheidungen liefert die neue Fassung des Art. 67 EGV, dem mit Inkrafttreten des Vertrages von Nizza[1126] ein Abs. 5 2. Spiegelstrich hinzugefügt wurde. Danach soll das Verfahren der Mitentscheidung gemäß Art. 251 EGV auf alle Verfahren Anwendung finden, die in Art. 65 EGV vorgesehen sind - dies jedoch mit Ausnahme von familienrechtlichen Sachverhalten. Daraus ergibt sich im Umkehrschluss, dass auch familienrechtliche Regelungen der Gemeinschaftskompetenz des Art. 65 EGV unterfallen.

3. Anwendungsbereich des VO-E

Für die Bestimmung des sachlichen und persönlichen Anwendungsbereichs nimmt Art. 1 VO-E Bezug auf die EheVO, fordert aber als weitere Voraussetzung die grenzüberschreitende Ausübung des Besuchsrechts. Hinsichtlich des räumlichen Anwendungsbereichs nehmen das Vereinigte Königreich und Irland, sowie auch Dänemark eine Sonderstellung ein.

a. Sachlicher und persönlicher Anwendungsbereich des VO-E: erweiterter Anwendungsbereich der EheVO

Der sachliche Anwendungsbereich des VO-E ergibt sich aus der Verweisung auf Entscheidungen, die in einem der in Art. 1 Abs. 1 lit. b) EheVO genannten Verfahren ergangen sind. Zu beachten ist jedoch, dass der sachliche Anwendungsbereich der EheVO seinerseits durch eine im Moment in Vorbereitung befindliche Verordnung des Rates über die Zuständigkeit und die Anerkennung und Vollstreckung von Entscheidungen über die elterliche Verantwortung[1127] dahingehend erweitert wird, dass nicht nur Entscheidungen betreffend die elterliche Sorge der Ehegatten für die gemeinsamen Kinder „aus Anlass“ einer Trennung oder Ehescheidung erfasst werden, sondern aus Gründen der Gleichbehandlung grundsätzlich alle Entscheidungen über die elterliche Verantwortung[1128]. Im Unterschied zur bisherigen Regelung in der EheVO muss das Verfahren im Bereich der elterlichen Verantwortung nicht mehr zwingend mit einem Verfahren in Ehesachen verknüpft sein. Vielmehr werde alle Entscheidungen über die elterliche Verantwortung unabhängig von der familiären Situation des Kindes erfasst.[1129] Art. 1 Nr. 1 der geplanten Verordnung sieht einen Anwendungsbereich für alle zivilgerichtlichen Verfahren vor, die die „elter-

[1126] Vertrag von Nizza zur Änderung des Vertrags über die Europäische Union, der Verträge zur Gründung der Europäischen Gemeinschaften sowie einiger damit zusammenhängender Rechtsakte, ABl. EG Nr. C 80, S. 1.

[1127] Kommissionsvorschlag vom 17. Mai 2003, KOM(2002) 555; der den Vorschlag der Kommission KOM(2001) 505 vom 6. September 2001 ersetzt, dazu oben Teil B I. 6.

[1128] Zum Begriff der „elterlichen Verantwortung“ *Busch* in IPRax 2003, 218 (220 f.).

[1129] Kommissionsvorschlag vom 17. Mai 2002, KOM(2002) 555.

liche Verantwortung“ zum Gegenstand haben. Träger dieser elterlichen Verantwortung ist nach Art. 2 der geplanten Verordnung jede natürliche oder juristische Person, der die elterliche Verantwortung für ein Kind durch Entscheidung oder kraft Gesetzes zusteht.
Die Kommission hat im Vorschlag vom 17. Mai 2003[1130] zugleich vorgesehen, dass die EheVO, die sie ergänzende Verordnung und der VO-E zum Umgangsrecht in einem Rechtsakt zusammengefasst werden sollen, um die Rechtsanwendung zu erleichtern.[1131] Art. 1 Abs. 1 1. Spiegelstrich des VO-E zum europäischen Besuchstitel verlangt gegenüber der bisherigen Regelung nach der EheVO zusätzlich die grenzüberschreitende Ausübung des Umgangsrechts, d.h. die Ausübung auf dem Hoheitsgebiet eines anderen Mitgliedstaates als desjenigen, dessen Gerichte die Entscheidung über das Umgangsrecht getroffen haben. Art. 1 Abs. 2 VO-E zum europäischen Besuchstitel präzisiert insofern, dass das Recht zum persönlichen Umgang auch das Recht umfasst, das Kind für eine begrenzte Zeit an einen anderen Ort als den seines gewöhnlichen Aufenthalts zu bringen.
Der VO-E zum europäischen Besuchstitel begrenzt den Anwendungsbereich auf Kinder bis 16 Jahren (Art. 1 Abs. 1 2. Spiegelstrich).

b. Räumlicher Anwendungsbereich des VO-E

Das Vereinigte Königreich, Irland und Dänemark wirken bei der geplanten Verordnung zum „europäischen Besuchstitel“ nicht mit. Die Verordnung ist für diese Staaten nicht verbindlich und ihnen gegenüber nicht anwendbar. Im Gegensatz zur EheVO, an der sich Großbritannien und Irland beteiligen wollen, liegt eine solche Erklärung hinsichtlich des VO-E bisher nicht vor.

4. Vollstreckbarkeit und Vollstreckung von Umgangsrechtsentscheidungen

Der VO-E geht von der automatischen Anerkennung und Vollstreckbarkeit von Umgangsrechtsregelungen aus anderen Mitgliedstaaten aus. Erst für die Phase der eigentlichen Vollstreckung, die sich aufgrund ihres hoheitsrechtlichen Charakters nach nationalem Verfahrensrecht richtet, sind Versagungsgründe vorgesehen.

a. Gegenseitige Anerkennung der Vollstreckbarkeit, Art. 2 VO-E

Gemäß Art. 2 VO-E können Umgangsrechtsentscheidungen im Sinn des Art. 1 VO-E, die in einem Mitgliedstaat erlassen wurden und dort vorläufig oder end-

---

[1130] Kommissionsvorschlag vom 17. Mai 2002, KOM(2002) 222 endgültig/2; vgl. dazu unten Teil E II.

[1131] So die Überlegung der Kommission in den Erläuterungen zu den Artikeln der geplanten Verordnung des Rates über die gegenseitige Zuständigkeit und die Anerkennung und Vollstreckung von Entscheidungen über die elterliche Verantwortung vom 6. September 2001, KOM(2001) 505 endgültig, S. 13.

gültig vollstreckbar sind, abweichend von Art. 21 EheVO in anderen Mitgliedstaaten ohne besonderes Verfahren vollstreckt werden. Art. 3 VO-E stellt insofern klar, dass damit den Mitgliedstaaten ermöglicht wird, dieselben Vollstreckungsmaßnahmen wie im Fall einer gleichgearteten Entscheidung der nationalen Gerichte zu treffen.
Dies stellt eine Erweiterung gegenüber der EheVO dar, die nur die automatische Anerkennung der Entscheidung in den Mitgliedstaaten vorsieht, die Vollstreckbarerklärung aber einem - wenn auch vereinfachten - Verfahren unterwirft. Mit anderen Worten: Entscheidungen nach der EheVO sind in einem anderen Mitgliedstaat nicht automatisch mit derselben Vollstreckbarkeit versehen wie in ihrem Ursprungsland.

b. Gründe für die Versagung der Vollstreckung, Art. 4 ff. VO-E

Die Gründe für die Versagung der Vollstreckung einer Umgangsrechtsentscheidung in einem anderen Mitgliedstaat ergeben sich aus Art. 4 ff. VO-E. Der VO-E zählt in Art. 4 und 5 abschließend drei Gründe auf, aus denen die Vollstreckung „ausgesetzt" werden kann: erstens beim Vorliegen neuer Umstände, die bewirken, dass die Ausübung des Umgangs- und Aufnahmerechts mit einer „schwerwiegenden und unmittelbaren Gefahr für das körperliche und seelische Wohlbefinden des Kindes" verbunden ist (Art. 4 1. Spiegelstrich VO-E); zweitens wenn im Hoheitsgebiet des Mitgliedstaates, der die Vollstreckung durchführen soll, bereits eine mit der neuen Entscheidung nicht zu vereinbarende frühere vollstreckbare Entscheidung vorliegt (Art. 4 2. Spiegelstrich VO-E) und drittens, wenn bereits eine oder mehrere rechtkräftige Entscheidungen vorliegen, mit denen festgestellt wird, dass ein Grund für die Nichtanerkennung oder die Nichtvollstreckung einer Entscheidung nach Art. 1 Abs. 1 EheVO vorliegt (Art. 5 Abs. 2 VO-E). Die Beweislast für das Vorliegen dieser die Versagung der Vollstreckung rechtfertigenden Gründe trägt der sorgeberechtigte Elternteil, der den Umgang des Kindes mit dem anderen Elternteil verhindern möchte.

c. Oppositionsklage, Art. 4 bis 8 VO-E

Die deutsche Textfassung ist insofern unklar, als die Überschrift von „Versagung", der Text jedoch von „ausgesetzt" spricht. So ist nicht geregelt ist, ob die Oppositionsklage gemäß Art. 6 VO-E generell die Vollstreckungsfähigkeit des Besuchstitels beseitigt oder eben nur aussetzt.
Aufschlüsse hierzu könnten sich aus einer Betrachtung der verfahrensrechtlichen Durchsetzung der Klage ergeben. Verfahrensrechtlich wird die Versagung der Vollstreckung dadurch erreicht, dass der sorgeberechtigte Elternteil gegen die Vollstreckung der Umgangsrechtsentscheidung gemäß Art. 4 bis 6 VO-E „Widerspruchsklage", die auch als „Oppositionsklage" bezeichnet wird, erhebt. Die Oppositionsklage gleicht ihrer Struktur demnach der Vollstreckungsgegenklage

nach § 767 ZPO: der sorgeberechtigte Elternteil muss die in Art. 4 ff. VO-E genannten Einwendungen geltend machen und diese auch beweisen. Mit der Vollstreckungsgegenklage im Sinn des § 767 ZPO wird erreicht, dass die Vollstreckung aus dem bestimmten, angegriffenen Titel dauernd für unzulässig erklärt wird. Dem Titel wird damit die Durchsetzbarkeit genommen. Es liegt damit näher, auch bei der „Oppositionsklage" nicht nur von der Aussetzung des Verfahrens, sondern vielmehr von der endgültigen Versagung der Vollstreckung aus dem Umgangstitel auszugehen.
Der Sorgeberechtigte, der Oppositionsklage erhebt, wird dabei nur mit folgenden Einwendungen gehört: dass wegen nachträglicher Änderungen die schwere und unmittelbare Gefahr einer körperlichen oder seelischen Beeinträchtigung für das Kindeswohl besteht (Art. 4 VO-E) oder dass eine frühere Umgangsentscheidung im Zweitstaat mit der anzuerkennenden Umgangsregelung unvereinbar ist (Art. 4 VO-E) oder dass die Hauptsacheentscheidung über das Sorgerecht rechtskräftig aufgehoben wurde (Art. 5 Abs. 2 VO-E). Hierüber wird in einem beschleunigten Verfahren am gewöhnlichen Aufenthaltsort des Kindes entschieden. Das Eilverfahren (Art. 7 Abs. 2 VO-E) ist innerhalb einer Frist von acht Tagen ab Antragstellung durchzuführen. Ihm muss gemäß Art. 7 Abs. 3 VO-E eine kontradiktorische Verhandlung und gegebenenfalls eine Anhörung des Kindes vorausgehen. Für die Modalitäten der Klageeinreichung und der Zustellung des Antrags verweist Art. 7 Abs. 1 VO-E auf die Vorschriften des innerstaatlichen Rechts.
Gegen die Entscheidung über den Antrag sind gemäß Art. 8 VO-E nur die im Anhang III des VO-E genannten Rechtsbehelfe statthaft.

5. Verfahrensgarantien

Als Gegengewicht zur unmittelbaren Vollstreckbarkeit der Umgangsrechtsentscheidung sieht der VO-E Verfahrensgarantien sowohl zum Schutz der Interessen beider Elternteile als auch des Kindes vor. Der ursprüngliche VO-E der französischen Ratspräsidentschaft ist in diesem Punkt zwischenzeitlich durch zwei weitere Verordnungsvorschläge der Kommission ergänzt worden.

a. Vorschlag der französischen Ratspräsidentschaft

(1) Keine Änderungszuständigkeit der Gerichte am gewöhnlichen Aufenthaltsort des Kindes, Art. 9 VO-E

Die Dauer des Aufenthalts des Kindes in einem anderen Mitgliedstaat führte gemäß Art. 9 VO-E - abgesehen von dringenden Maßnahmen zum Schutz des Kindes - grundsätzlich nicht zur Begründung einer Zuständigkeit der Gerichte des Aufenthaltsstaates. Ihnen war somit versagt, die einmal ergangene, in der Vollstreckung befindliche Umgangsrechtsentscheidung abzuändern. Damit sollte der (mit)sorgeberechtigte Elternteil davor geschützt werden, dass die zu seinen Gunsten ergangene Sorgerechtsregelung im Mitgliedstaat, in dem der andere Elternteil sein Besuchsrecht ausübt, abgeändert wird. Diese Unabänderlichkeit der Sorgerechtsentscheidung sollte auch dem Interesse des Kindes Rechnung tragen, für dessen Wohl eine gewisse Kontinuität in den täglichen Abläufen, insbesondere ein fester Wohnort bei einem Elternteil, erforderlich ist. Die Stabilität seines sozialen Umfeldes wäre gefährdet, wenn der umgangsberechtigte Elternteil an seinem Wohnort eine für ihn günstige Änderung der Sorgerechtsentscheidung durchsetzen könnte.

(2) Sofortige Rückgabe des Kindes, Art. 10 und 11 VO-E

Die Anordnung der sofortigen Rückgabe des Kindes in Art. 10 und 11 VO-E stellt eine Garantie der Verfahrensbeschleunigung dar. Auch sie ist als Gegengewicht zur Vollstreckbarkeit des Umgangstitels und damit als Sicherungsmechanismus für die Rechte des (mit)sorgeberechtigten Elternteils ausgestaltet. Wird das Kind nach Ablauf der Besuchszeit vom umgangsberechtigten Elternteil nicht zurückgebracht, kann der (Mit)Sorgeberechtigte mit Hilfe der zentralen Behörden die sofortige Rückführung des Kindes verlangen (Art. 10 VO-E).
Die Rückführung wird durch das Gericht am Aufenthaltsort des Kindes angeordnet. Gegen diese Entscheidung kann der umgangsberechtigte Elternteil keine Versagungsgründe geltend machen. Der Umgangsberechtigte wird nicht mit dem Einwand gehört, er habe Klage nach Art. 5 VO-E erhoben, um feststellen zu lassen, dass ein Grund für die vollständige oder teilweise Nichtanerkennung der Umgangsentscheidung vorliegt. Er kann auch nicht einwenden, dass zu seinen Gunsten eine Sorgerechtsentscheidung bestehe, die anerkannt werden könnte. Ganz entscheidend ist jedoch, dass er sich gemäß Art. 11 VO-E auch nicht auf die Ausnahmeklausel des Art. 13 HKÜ berufen kann, die eine Rückgabeverweigerung zulässt, wenn Gründe des Kindeswohls es erfordern. Die Ausnahmeklausel des HKÜ, aufgrund derer die sofortige Rückgabe des Kindes am Ende der Besuchszeit verhindert werden kann, ist dem Umgangsberechtigten damit abgeschnitten.
Dahinter stand die Absicht, der missbräuchlichen Anwendung des Art. 13 HKÜ durch die Gerichte einen Riegel vorzuschieben.[1132] Art. 13 HKÜ sieht vor, dass eine sofortige Rückgabe des Kindes ausscheidet, wenn diese im konkreten Fall dem Kindeswohl abträglich ist. Konkret bedeutet dies, dass der umgangsberechtigte Elternteil, der das Kind ins Ausland entführt oder es am Ende der Besuchszeit dort zurückhält, vor den Gerichten des Entführungsstaates die Anwendung der Ausnahmeklausel des Art. 13 HKÜ verlangen kann.[1133] Dabei ergeben sich zwei Probleme: einerseits verschiebt sich das HKÜ unausweichlich

---

[1132] Dazu *Arbeitsunterlage der Kommission* vom 27. März 2001, S. 9; zu der weiten Auslegung des Art. 13 HKÜ vgl. auch unten Teil E IV. 2. a. (Fallbeispiele aus der Praxis).
[1133] *Astarg* in DEuFamR 2000, 263 (264).

von einem internationalen Eilverfahren in Sachen Kindesentführung zu einem Sorgerechtsverfahren nach nationalem Recht, was aber nicht sein ursprüngliches Ziel ist. Das HKÜ soll allein den vorherigen Zustand, wie er nach der Sorgerechtsverteilung und vor der Entführung oder widerrechtlichen Zurückhaltung des Kindes bestand, wieder herstellen. Die Gerichte im Entführungsstaat sollen gerade keine materielle Sorgerechtsentscheidung treffen. Dies tun sie jedoch de facto, indem sie die Rückgabe verweigern und damit die im anderen Staat ergangene und bestehende Sorgerechtsentscheidung missachten. Dabei spielt der Faktor Zeit zu Gunsten des „Entführers", denn dauert das Verfahren länger als sechs Monate, ist in der Regel davon auszugehen, dass sich das Kind am neuen Aufenthaltsort eingelebt hatte, mithin dort seinen neuen Aufenthaltsort hat. Nach dem MSA wechselt aber mit Begründung des neuen Aufenthalts die internationale Zuständigkeit auf die Gerichte im „Entführungsstaat". Damit hat der entführende Elternteil in vielen Fällen sein Ziel erreicht, denn es zeigt sich die Tendenz der Gerichte, Entscheidungen nach Art. 13 HKÜ zu Gunsten der eigenen Staatsangehörigen zu treffen. Dies ist darauf zurückzuführen, dass das HKÜ eine einheitliche Definition des Kindeswohls selbst nicht vorsieht mit der Folge, dass Auslegung und Anwendung des Art. 13 HKÜ in den nationalen Rechtsprechungen voneinander abweichen.[1134]
Diese als unbefriedigend empfundene Situation sollte Art. 11 VO-E beseitigen, indem eine Berufung auf den umstrittenen Art. 13 HKÜ schlicht ausgeschlossen wurde. Stattdessen sollte der Umgangsberechtigte, der im Rahmen des VO-E eine Abänderung der Sorge- oder Umgangsrechtsregelung erreichen wollte, nach Rückgabe des Kindes bei dem Gericht am ständigen Aufenthaltsort des Kindes klagen, das nach dem künftigen KSÜ für die Abänderung zuständig ist.[1135] Der Umstand, dass die Entscheidung damit immer von dem in der Hauptsache zuständigen Gericht getroffen wird, soll einer Kindesentziehung entgegenwirken.

b. Der Kommissionsvorschlag vom 6. September 2001

Art. 5 Abs. 1 des Kommissionsvorschlags vom 9. September 2001 sah vor, dass die Gerichte ihre Zuständigkeit im Einklang mit dem HKÜ ausüben. Die gleiche Regelung ergibt sich aus Art. 4 EheVO. Danach steht den Gerichten des Staates, in den das Kind verbracht wurde oder in dem es zurückgehalten wird, keine Befugnis zur Abänderung der Umgangsrechtsentscheidung zu.
Nach Art. 5 Abs. 2 des Kommissionsvorschlags vom 9. September 2001 darf sich das Gericht am neuen gewöhnlichen Aufenthalt des Kindes jedoch unter bestimmten Voraussetzungen für zuständig erklären. Dies ist anzunehmen, wenn

[1134] Dazu *Astarg* in DEuFamR 2000, 263 (264).
[1135] Dazu *Roth* in JBl. 1999, 758 (761 ff.); zur internationalen Zuständigkeit im Rahmen des KSÜ von 1996, vgl. auch oben Teil B II. 1. b. (3).

alle Träger der elterlichen Verantwortung zugestimmt haben oder wenn sich das Kind in dem neuen Staat mindestens seit einem Jahr aufgehalten hat, nachdem der Sorgeberechtigte davon Kenntnis hatte oder haben musste, kein während dieser Zeit gestellter Rückgabeantrag mehr anhängig ist und sich das Kind in der neuen Umgebung eingelebt hat. Ist dies nicht der Fall, ist das Gericht am neuen gewöhnlichen Aufenthaltsort des Kindes nicht zuständig und muss nach Art. 5 Abs. 3 die sofortige Rückgabe des Kindes anordnen. Lediglich einstweilige Maßnahmen sind dann noch möglich. Art. 5 Abs. 4 definiert die Widerrechtlichkeit des Verbringens oder Zurückhaltens des Kindes im Sinn des HKÜ. Entführte oder zurückgehaltene Kinder sollen damit grundsätzlich sofort an den Herkunftsstaat zurückgegeben werden. Eine Ausnahme gilt nur gemäß Art. 5 Abs. 2 des Kommissionsvorschlags vom 9. September 2001, wenn die Träger der elterlichen Verantwortung zugestimmt haben. Dies entspricht der in Art. 13 Abs. 1 lit. a) HKÜ vorgesehenen Ausnahme. Keine Anwendung sollte hingegen - anders als im Entwurf der französischen Ratspräsidentschaft - die im Art. 13 Abs. 1 lit. b) und Art. 13 Abs. 2 HKÜ vorgesehenen Ausnahmeregelungen finden. Danach kommt eine Rückgabe des Kindes nicht in Betracht, wenn diese mit schwerwiegenden Gefahren eines körperlichen oder seelischen Schadens für das Kind verbunden ist oder das Kind auf andere Weise in eine unzumutbare Lage bringt. Ferner kann das Gericht es ablehnen, die Rückgabe anzuordnen, wenn festgestellt wird, dass sich das Kind der Rückgabe widersetzt und dass es Alter und Reife erreicht hat, angesichts dessen eine Berücksichtigung seiner Meinung angebracht erscheint.

Nach HKÜ und MSA geht die internationale Zuständigkeit auf die Behörden und Gerichte am neuen Aufenthaltsort über, wenn sich das Kind dort eingelebt hat. Dies wird nach allgemeiner Ansicht nach einer Dauer von sechs Monaten angenommen. Bis zu diesem Zeitpunkt bleiben die Gerichte im Herkunftsstaat zuständig. Insoweit bestanden zwischen dem Kommissionsvorschlag vom 9. September 2001, dem HKÜ sowie dem MSA Übereinstimmung. Problematisch war die Situation nach der Neuregelung dieses Kommissionsvorschlags jedoch dann, wenn der Rückführungsantrag nicht innerhalb dieser Sechs-Monatsfrist gestellt wird. Nach sechs Monaten spricht allein schon die Tatsache, dass sich das Kind eingelebt hat, häufig gegen die Rückführung in das Herkunftsland. In diesem Fall hätten allein die Ausnahmetatbestände des Art. 13 HKÜ die Rückgabe immer noch verhindern können. Die Rückgabe des Kindes ist bei Vorliegen der Voraussetzungen des Art. 13 HKÜ in das Ermessen des Gerichts gestellt und ermöglicht eine erneute Überprüfung der Rückgabeentscheidung am Maßstab des Kindeswohls.

Das Bundesverfassungsgericht sieht diese Prüfung des Kindeswohls für den Sonderfall gegenläufig gestellter Rückführungsanträge aus verfassungsrechtlicher Sicht ausdrücklich als geboten an. Dies wird darüber hinaus auch für einfache Entführungsfälle zu bejahen sein.[1136] Diese Prüfung entfiele mit der vorgeschlagenen Neuregelung. Die deutsche Delegation hat deshalb am 16. November 2001 einen Gegenvorschlag vorgelegt, der die Beibehaltung des Art. 13 Abs. 1 lit. b) HKÜ vorsah.[1137] Daraufhin zog die Kommission am 6. Juni 2002 ihren Vorschlags vom 9. September 2001 zurück, nachdem sie am 17. Mai 2002 einen neuen Vorschlag angenommen und am 17. Mai 2002 vorgelegt hatte.

c. Der Kommissionsvorschlag vom 17. Mai 2002

Der Vorschlag der Kommission vom 17. Mai 2002 sieht in Art. 23 Abs. 2 lit. a) und b) die Beibehaltung einer dem Art. 13 Abs. 1 lit. c) und Abs. 2 HKÜ entsprechenden Regelung vor. Damit sollen die gewünschten Änderungen auf Drängen der deutschen Seite in die EheVO integriert werden. Zugleich soll diese aufgehoben und in eine neue Verordnung, die auch den Verordnungsvorschlag zum „europäischen Besuchstitel" umfassen soll, überführt werden. Diese Änderung ist erst möglich geworden nach der politischen Einigung vom 28. und 29. November 2001.

Jedoch sollen die nach Art. 23 des Kommissionsvorschlags vom 17. Mai 2002 zutreffenden Entscheidungen, die zur Rückgabeverweigerung führen, nur vorläufiger Natur sein. Sie treten gemäß Art. 24 Abs. 3 des Vorschlags außer Kraft, sobald die Gerichte des Herkunftsstaates eine Sorgerechtsentscheidung getroffen haben. Damit werden die Gerichte des Zufluchtsstaates zunächst verpflichtet, wenn sie die Rückgabe des Kindes gemäß Art. 23 Abs. 2 lit. a) vorläufig ablehnen, die zentralen Behörden des Herkunftsstaates innerhalb von zwei Wochen hierüber zu informieren und sachdienliche Informationen, insbesondere die Niederschrift einer eventuell erfolgten Anhörung des Kindes zu übermitteln (Art. 24 Abs. 1). Die zentrale Behörde des Herkunftsstaates stellt daraufhin innerhalb eines Monats bei dem Gericht dieses Mitgliedstaates Antrag auf Erlass einer Sorgerechtsentscheidung. Diese Entscheidung soll das Gericht gemäß Art. 24 Abs. 3 „unverzüglich" erlassen. Mit dem Erlass dieser Entscheidung wird zugleich und zwingend die vorläufige Nichtrückführungsentscheidung des Gerichts des Zufluchtstaates aufgehoben (Art. 23 Abs. 3). Diese Sorgerechtsentscheidung ist ohne weiteres Verfahren im anderen Mitgliedstaat vollstreckbar.

Dieses Vorgehen stellt sicher, dass die Entscheidung über das Sorgerecht ausschließlich von den Gerichten des Herkunftsstaates getroffen werden. Der Unterschied zur bisherigen Regelung nach dem HKÜ besteht jedoch darin, dass das Kind vor dieser Entscheidung nicht in das Herkunftsland zurückgebracht werden muss. Die im Sorgerechtsverfahren erforderliche Anhörung des Kindes soll durch eine enge Zusammenarbeit der befassten Gerichte geschehen. Sie sollen

---

[1136] *Winkler von Mohrenfels* in IPRax 2002, 372 (374).

[1137] 2001/0204 (CNS), JUSTCIV 143.

während des Verfahrens über das Sorgerecht untereinander „in Verbindung bleiben“. Im Sorgerechtsverfahren soll von den Kooperationsbestimmungen der BeweisVO[1138] Gebrauch gemacht werden (Art. 24 Abs. 3). Wiederholte Hin- und Rückführungen des Kindes sollen vermieden werden bis eine endgültige Sorgerechtsentscheidung getroffen wurde.

6. Zusammenarbeit der zentralen nationalen Stellen, Art. 12 und 13 VO-E

Der Umgangsberechtigte, der bei der Ausübung seines Umgangsrechts auf Schwierigkeiten stößt, kann sich an die zentrale Stelle des Mitgliedstaates seines oder des Wohnsitzes des Kindes wenden (Art. 13 VO-E).
Mit der Zusammenarbeit der im Anhang I des VO-E bezeichneten nationalen zentralen Stellen wird in erster Linie das Ziel verfolgt, die wirksame Ausübung des Besuchsrechts sicherstellen und die Rückkehr des Kindes zum Sorgeberechtigten am Ende der Besuchszeit zu gewährleisten (Art. 12 Abs. 1 VO-E). Art. 12 Abs. 3 VO-E sieht dazu einen Informationsaustausch über die Situation des Kindes und die Erleichterung der freiwilligen Ausübung des Umgangsrechts, ein Hinwirken auf eine gütliche Einigung der Eltern, die Einleitung jedes nützlichen, im nationalen Recht vorgesehenen Verfahrens, einen Informationsaustausch über das anwendbare nationale Recht, sowie die gegenseitige Unterrichtung über Schwierigkeiten bei der Anwendung der Verordnung vor. Die Treffen der nationalen Stellen finden gemäß Art. 17 Abs. 3 VO-E auf einer adhoc-Basis statt.

7. Fazit zum VO-E

Die Regelungen des VO-E und die nachfolgenden Kommissionsvorschläge zielen vorrangig auf eine Verfahrensbeschleunigung ab. Zu begrüßen ist die Ausdehnung des Anwendungsbereichs auf alle Entscheidungen betreffend die elterliche Sorge. Damit werden Schwierigkeiten ausgeräumt, die der begrenzte Anwendungsbereich der EheVO im Hinblick auf Umgangsrechte von Dritten, insbesondere Geschwister, Großeltern und Pflegeeltern, aus Sicht des deutschen, aber auch des französischen Rechts bereitet hatte. Zudem spielt es aus der Sicht der Kinder, deren Interessen durch den VO-E gewahrt und gestärkt werden sollen, keine Rolle, ob die Eltern zuvor verheiratet waren oder nicht.
Die ursprünglich vorgesehene ausnahmsweise Untersagung der Berufung auf den durch die nationalen Gerichte unterschiedlich und zu weit ausgelegten Art. 13 HKÜ hätte auf den ersten Blick zwar eine verlockende Lösung geschaffen. Die Abschaffung der Ausnahmeklausel des HKÜ, deren extensive Anwendung letzten Endes dem Gesamtziel des HKÜ zuwiderläuft, hätte einen in der gerichtlichen Praxis bedeutsamen Streitpunkt beseitigt. Diesem Vorgehen

---

1138 Verordnung (EG) Nr. 1206/2001 des Rates vom 28. Mai 2001 über die Zusammenarbeit zwischen den Gerichten der Mitgliedstaaten auf dem Gebiet der Beweisaufnahme in Zivil- oder Handelssachen, ABl. EG L 174 vom 27. Juni 2001, S. 1 ff.

standen jedoch auf deutscher Seite berechtigte verfassungsrechtliche Bedenken entgegen. Durch den neuen Kommissionsvorschlag vom 17. Mai 2002 ist diese Kontroverse entschärft worden. Der neue Kommissionsvorschlag hat auf Wunsch der deutschen Delegation die Ausnahmeklausel des Art. 13 Abs. 1 lit. b) und Abs. 2 HKÜ in angeänderter Form wieder eingeführt. Hierauf soll im Folgenden näher eingegangen werden.

II. Der Verordnungsvorschlag der Kommission vom 17. Mai 2002[1139]

Am 17. Mai 2002 hat die Kommission einen neuen Verordnungsvorschlag angenommen, in den die EheVO und französische Initiative zum „europäischen Besuchstitel" eingearbeitet worden und in einem Rechtsakt verbunden worden sind. Der Anwendungsbereich ist in zwei Teile gegliedert: er umfasst zum einen die Bestimmungen über die Ehescheidung aus der EheVO, die unverändert übernommen wurden, und zum anderen die Bestimmungen der EheVO über die elterliche Verantwortung und die französische Initiative zum Umgangsrecht. Die EheVO, die damit gänzlich Eingang in den neuen Kommissionsvorschlag gefunden hat, soll anschließend aufgehoben werden. Zusätzlich ist ein besonderes Kapitel über Kindesentführungen vorgesehen.

1. Politische Einigung in Rat „Justiz und Inneres" vom 28. und 29. November 2001 als Voraussetzung

Dieser weitergehende Kommissionsvorschlag wurde erst möglicht nach der politischen Einigung des Rates „Justiz und Inneres" am 28. und 29. November 2001 über die Art und Weise der Ergänzung oder Ersetzung des HKÜ durch eine Gemeinschaftsregelung. Dabei war bis zuletzt insbesondere die Frage streitig gewesen, unter welchen Bedingungen die Zuständigkeit für Sorgerechtsentscheidungen auf den Entführungsstaat übergeht und wie sich das Verhältnis einer Nicht-Rückführungsentscheidung gemäß Art. 13 HKÜ zum Sorgerechtsverfahren in der Hauptsache gestaltet. Der Kompromiss besteht nun darin, dass einerseits das HKÜ innerhalb der Gemeinschaft Rechtsgrundlage für Rückführungsverfahren bleibt. Durch die Gemeinschaftsregelung wird aber zum einen die Möglichkeit, eine Rückgabe des Kindes zu verweigern, präzisiert und eingeschränkt. Zum anderen werden im Fall der Nichtrückführung Mitteilungs- und Informationspflichten der Gerichte und zentralen Behörden für die Durchführung eines neuen Sorgerechtsverfahrens im Ursprungsstaat eingeführt. Eine in diesem Verfahren ergangene Anordnung der Rückführung des Kindes wird im Entführungsstaat unmittelbar vollstreckt.

[1139] Vorschlag für eine Verordnung des Rates über die Zuständigkeit und die Anerkennung und die Vollstreckung von Entscheidungen in Ehesachen und in Verfahren betreffend die elterliche Verantwortung zur Aufhebung der Verordnung (EG) Nr. 1347/2000 und zur Änderung der Verordnung (EG) Nr. 44/2001 in Bezug auf Unterhaltssachen, KOM(2002) 222 endgültig/2.

2. Zielsetzung

Die Kommission hat sich dafür entschieden, Regelungen von Scheidungssachen und Fragen der elterlichen Verantwortung in einem einzigen Rechtsakt zusammenzufassen, um die Rechtsanwendung zu erleichtern.
Im Hinblick auf Umgangsentscheidungen ist es Ziel der Gemeinschaft, die Interessen des Kindes, insbesondere dem in Art. 24 der Grundrechte-Charta verankerten Recht des Kindes auf regelmäßige persönliche Beziehungen und direkte Kontakte zu beiden Elternteilen, zu schützen. Dazu soll der Grundsatz der gegenseitigen Anerkennung auf alle Entscheidungen der elterlichen Verantwortung ausgedehnt werden. Dies ist bereits im Kommissionsvorschlag vom 9. September 2001 angestrebt worden. Weiter soll das Exequaturverfahren für Entscheidungen über das Umgangsrechts abgeschafft werden. Dies entspricht dem VO-E der französischen Ratspräsidentschaft. Zusätzlich soll die Regelung der Rückgabe des Kindes im Falle einer Entführung in der Weise vorgenommen werden, dass der Mitgliedstaat, in den das Kind entführt wurde, zum Schutz des Kindes als vorläufige Maßnahme anordnen kann, dass das Kind nicht zurückgegeben wird. Diese einstweilige Maßnahme kann durch eine Sorgerechtsentscheidung der Gerichte des Mitgliedstaates des früheren gewöhnlichen Aufenthalts des Kindes aufgehoben werden. Sollte das Kind aufgrund dieser Sorgerechtsentscheidung zurückgegeben werden müssen, ist diese Entscheidung im Mitgliedstaat, in den das Kind entführt wurde, ohne besonderes Verfahren anzuerkennen und zu vollstrecken.

3. Anwendungsbereich

Der Anwendungsbereich des Kommissionsvorschlags vom 17. Mai 2002 entspricht dem der EheVO, deren Anwendungsbereich bereits mit dem Vorschlag der Kommission vom 9. September 2001 auf alle Entscheidungen betreffend die elterliche Verantwortung erweitert werden sollte.
Der Begriff der „elterlichen Verantwortung“ ist weit zu verstehen.[1140] Es soll keine Ungleichbehandlung von Kindern entstehen, weil bestimmte Maßnahmen vom Anwendungsbereich ausgeschlossen sind. Die diesbezüglichen Rechte und Pflichten der Eltern können sowohl durch gerichtliche Entscheidung, kraft Gesetzes oder durch eine sonstige rechtlich verbindliche Vereinbarung begründet worden sein. Es wird ausdrücklich präzisiert, dass der Begriff das Umgangsrecht einschließt. Die Definition des Umgangsrechts entspricht der des Art. 5 HKÜ. Das Recht des Kindes auf Kontakt zu beiden Elternteilen ist das Leitprinzip für alle Sorge- und Umgangsrechtsentscheidungen, es sei denn, dies entspricht nicht dem Wohl des Kindes (Art. 4 des Kommissionsvorschlags).

[1140] Dazu *Busch* in IPRax 2003, 218 (220 f.).

4. Internationale Zuständigkeit

Kapitel II Abschnitt 2 des Verordnungsvorschlags sieht als Neuerung eine vollständige Zuständigkeitsregelung über die elterliche Verantwortung vor, mit der Zuständigkeitskonflikte vermieden werden sollen. Als Vorbild dienen die Zuständigkeitsregeln des Kinderschutzübereinkommens (KSÜ) von 1996.[1141] Hauptanknüpfungspunkt ist der gewöhnliche Aufenthaltsort des Kindes (Art. 10).[1142] In bestimmten Fällen kann die Zuständigkeit der Gerichte im Ursprungsstaat fortbestehen, auch wenn das Kind seinen gewöhnlichen Aufenthalt in einen anderen Staat verlegt hat (Art. 11). Voraussetzung dafür ist, dass der Aufenthaltswechsel rechtmäßig erfolgte, dass die Gerichte im früheren Aufenthaltsstaat bereits eine Entscheidung über die elterliche Verantwortung erlassen haben, dass das Kind seinen neuen Aufenthaltsort erst vor kurzem begründet hat und dass die Träger der elterlichen Verantwortung im Mitgliedstaat des früheren Aufenthalts des Kindes wohnen bleiben. Damit wird erreicht, dass eine Änderung der früheren Entscheidung, die der neuen Wohnsituation des Kindes Rechnung trägt, durch das Gericht erfolgt, das dem Kind am nächsten ist.

5. Bescheinigung über die vollstreckbare Entscheidung

Das zuständige Gericht oder die zuständige Behörde eines Mitgliedstaates kann für eine Entscheidung, die einem Elternteil ein Umgangsrecht einräumt oder die im Rahmen einer Sorgerechtsentscheidung die Rückgabe des Kindes anordnet, auf Antrag einer berechtigten Partei eine Bescheinigung unter Verwendung eines Formblattes ausstellen (Art. 46). Einzige Voraussetzung für die Ausstellung der Bescheinigung ist, dass die Entscheidung nicht in einem Versäumnisverfahren ergangen ist und dass das Kind angehört werden konnte. Eine ordre public-Kontrolle findet somit im Vollstreckungsstaat nicht mehr statt. Eine vollstreckbare Entscheidung über das Umgangsrecht, für die eine Bescheinigung ausgestellt worden ist, wird in allen anderen Mitgliedstaaten anerkannt und vollstreckt, ohne dass es hierfür eines besonderen Verfahrens bedarf.

6. Regelung der Rückgabe des Kindes

Der Reformvorschlag der Kommission vom 17. Mai 2002 geht über den VO-E der französischen Ratspräsidentschaft hinaus und regelt - nach dem Vorbild des Art. 13 HKÜ - auch die Rückgabe des Kindes (Art. 45), die im Anschluss an ein widerrechtliches Verbringen oder Zurückhalten am Ende der Besuchszeit erfolgen muss. Die Rückgabe kann danach allerdings nur vorläufig verweigert werden, wenn eine schwerwiegende Gefahr für das Kind besteht oder wenn sich

---

[1141] Vgl. dazu oben Teil B II. 1. b. (3).

[1142] Auch der Kommissionsvorschlag vom 17. Mai 2002 definiert den Begriff des „gewöhnlichen Aufenthalts“ nicht.

das Kind der Rückgabe widersetzt. Der Unterschied zum bisherigen Verfahren nach dem HKÜ liegt darin, dass das Gericht des Herkunftsstaates über das Sorgerecht entscheidet, ohne dass das Kind jedoch zuvor in diesen Staat zurückgeführt worden sein muss. Das Gericht des Staates, in dem das Kind zurückgehalten wird, ist - anders als nach der Ausnahmeklausel des Art. 13 Abs. 1 lit. c) HKÜ - für eine Entscheidung über das Sorgerecht gerade nicht zuständig. Damit wird nicht nur verhindert, dass die Gerichte im Aufenthaltsstaat eine für ihre Staatsangehörigen günstige Entscheidung treffen und die ausländische Sorgerechtsentscheidung aufgrund vom Art. 13 HKÜ abändern, sondern es werden auch einander widersprechende Entscheidungen zum Sorge- bzw. Umgangsrecht verhindert. Letztere Gefahr besteht deshalb, weil sich nach dem HKÜ sowohl die Gerichte des Herkunftsstaates als auch die Gerichte des Staates, in dem das Kind zurückgehalten wird, für international zuständig erklären können. Widersprüchliche Urteile stehen meist am Anfang jahrelanger Umgangsrechtstreitigkeiten. Jeder Elternteil glaubt dann, das Recht auf seiner Seite zu haben. Die nationale Rechtsprechung, die bisher dazu tendierte, dem eigenen Staatsangehörigen mehr Sympathien entgegen zu bringen als dem ausländischen Elternteil, fördert diese Boykotthaltung.

Nach dem Kommissionsvorschlag vom 17. Mai 2002 sollen die Gerichte der beiden betroffenen Mitgliedsstaaten derart zusammenarbeiten, dass insbesondere auch eine Anhörung des Kindes im Verfahren erfolgen kann (Kapitel V). Dies vermeidet eine erneute Rückführung, wenn die Sorgerechtsentscheidung der Gerichte des Herkunftsstaates letztendlich dahin gehen sollte, dass das Kind im anderen Staat verbleiben kann.

Treffen die Gerichte des Herkunftsstaates eine Sorgerechtsentscheidung, wird damit zugleich die einstweilige Verweigerung der Rückgabe des Kindes zwingend aufgehoben. Diese Sorgerechtsentscheidung ist dann ohne weiteres Verfahren anzuerkennen und zu vollstrecken.

Daneben sind Umgangsrechtsentscheidungen, für die das erstentscheidende Gericht eine Bescheinigung nach Art. 46 des Kommissionsvorschlags vom Mai 2002 ausgestellt hat, ohne weitere Überprüfung zu vollstrecken. Die Bescheinigung stellt das Gericht im Ursprungsstaat aus, wenn das Kind im Verfahren angehört wurde und die Entscheidung nicht im Versäumnisverfahren ergangen ist. Eine ordre public-Kontrolle findet damit im Vollstreckungsstaat nicht statt.

III. VO-E im Kontext der Schaffung eines „europäischen Vollstreckungstitels"

Der VO-E der französischen Ratspräsidentschaft zum Umgangsrecht ist eine Maßnahme der Europäischen Union auf dem Weg hin zur mittelfristig angestrebten Schaffung eines „europäischen Vollstreckungstitels“[1143]. Dieser soll, einmal im Ursprungsland ausgefertigt, wie ein inländischer Titel in allen Mitgliedstaaten vollstreckt werden können. Das Verfahren der Urteilsanerkennung einschließlich des ordre public-Vorbehalts wird abgeschafft.[1144] Für Familiensachen sieht der Maßnahmenkatalog des Rates der Europäischen Union[1145] bereits in seiner ersten Phase die Abschaffung des Exequaturverfahrens für Umgangsrechtstitel vor.[1146]

1. Grundsatz der gegenseitigen Anerkennung im Prozessrecht

Der Europäische Rat hat auf seiner Tagung von Tampere am 15. und 16. Oktober 1999 erklärt, dass „eine verbesserte gegenseitige Anerkennung von gerichtlichen Entscheidungen und Urteilen und die notwendige Annäherung der Rechtsvorschriften die Zusammenarbeit zwischen den Behörden und den Schutz der Rechte des Einzelnen durch die Justiz erleichtern würden“. Im Bereich des Zivilrechts plädierte der Europäische Rat in Tampere dafür, „die Zwischenmaßnahmen, die nach wie vor notwendig sind, um die Anerkennung und die Vollstreckung einer Entscheidung oder eines Urteils im ersuchten Staat zu ermöglichen, weiter abzubauen.“ In einem ersten Schritt sollen die Zwischenverfahren unter anderem bei bestimmten familienrechtlichen Urteilen, wie Unterhaltsansprüchen und Besuchsrechten, abgeschafft werden. Derartige Entscheidungen sollen automatisch unionsweit anerkannt werden, ohne dass es Zwischenverfahren oder Gründe für die Versagung der Vollstreckung gibt.

Mit der Abschaffung des Exequaturverfahrens soll das „Herkunftslandsprinzip“ in das Zivilprozessrecht übertragen werden. Der Grundsatz der gegenseitigen Anerkennung wurde zuerst im Zusammenhang mit der Warenverkehrsfreiheit entwickelt. Es betraf so genannte Produktnormen, zum Beispiel Vorschriften zur Zulassung von Waren wie die Genehmigung von Lebensmitteln. Danach sind grenzüberschreitende Waren- und Dienstleistungen, die im Herkunftsland für den Verkehr zugelassen wurden, im „Empfangsstaat“ wie inländische Produkte und Dienstleistungen zu behandeln. Schutzmaßnahmen dürfen die Importstaaten nur nach der sogenannten „Cassis de Dijon“-Formel[1147] erlassen. In den harmo-

---

1143 Vgl. Vorschlag für eine Verordnung des Rates zur Einführung eines europäischen Vollstreckungstitels für unbestrittene Forderungen vom 18. April 2002, KOM(2001) 159 endgültig.

1144 *Heß* in IPRax 2000, 361.

1145 *Maßnahmenprogramm des Rates der EU* zur Umsetzung des Grundsatzes der gegenseitigen Anerkennung gerichtlicher Entscheidungen in Zivil- und Handelssachen vom 24. November 2000, Nr. 13658/00/JUSTICV 130, abgedruckt in IPRax 2001, 163.

1146 Vgl. *Arbeitsunterlage der Kommission* zur gegenseitigen Anerkennung von Entscheidungen über die elterliche Verantwortung vom 27. März 2001, KOM(2001) 166 endgültig.

1147 EuGH Rs. 120/78, Rewe/Bundesmonopolverwaltung (Cassis de Dijon), Slg. 1979, 649: danach müssen Kontrollverfahren zum Schutz anerkannter Rechtsgüter (Verbraucher- und

nisierten Bereichen des Binnenmarktes erlangt die gegenseitige Anerkennung noch weitreichendere Bedeutung. Hier sind Waren und Dienstleistungen aus anderen Mitgliedstaaten unbeschränkt zuzulassen. Zweitkontrollen sind ausgeschlossen. Da in diesem Bereich die materiellen Zulassungsvoraussetzungen gemeinschaftsweit angeglichen wurden, genügt die einmalige rechtsverbindliche Zulassung im Erststaat. Die Einhaltung der gemeinschaftsweit geltenden Standards stellt der Erststaat fest. Dieses Konzept der gegenseitigen Anerkennung soll mit der Abschaffung des Exequaturverfahrens auf das Zivilprozessrecht übertragen werden. Dem liegt die Überlegung zugrunde, dass die fortschreitende Harmonisierung der Privat- und Verfahrensrechte zur Aufhebung der Zweitkontrolle im Anerkennungsstaat führen muss. Wirkliche Urteilsfreizügigkeit sei erst dann anzunehmen, wenn alle Urteile im europäischen Justizraum frei, d.h. ohne vorheriges Anerkennungsverfahren im Vollstreckungsstaat, zirkulieren können.

2. Maßnahmenkatalog des Rates der Europäischen Union vom November 2000

Im November 2000 legte der Rat der Europäischen Union ein Maßnahmenprogramm zur Umsetzung des Grundsatzes der gegenseitigen Anerkennung[1148] vor, in dessen Rahmen auch Arbeiten in Bezug auf einen europäischen Vollstreckungstitel und auf verfahrensrechtliche Aspekte initiiert wurden, bei denen zur Erleichterung der Anwendung des Grundsatzes der gegenseitigen Anerkennung gemeinsame Mindeststandards für notwendig erachtet werden.
Der Maßnahmenkatalog listet zunächst bestehende Regelungen auf, die die gegenseitige Anerkennung bereits verwirklichen. So sieht die EheVO im Bereich des Familienrechts bereits eine automatische Anerkennung vor, sofern nicht Einspruch erhoben wird. Die Vollstreckbarerklärung erfolgt auf Antrag, wobei der Antrag nur aus einem der in der EheVO abschließend aufgeführten Gründen abgelehnt werden kann. Es handelt sich damit um ein gegenüber dem innerstaatlichen Verfahren vereinfachtes Exequaturverfahren.
Das erste Maßnahmenpaket des Programms geht von einem weiteren Abbau der derzeit anwendbaren Zwischenmaßnahmen und der Stärkung der Rechtsfolgen der im Herkunftsstaat ergangenen Entscheidungen im ersuchten Staat aus. Den ersten Schritt dazu verwirklicht der Vorschlag der Kommission vom 6. September 2001[1149]. Diese Verordnung soll - wie bereits erwähnt - den Anwendungsbereich der EheVO auf *alle* Entscheidungen betreffend die elterliche

Umweltschutz u.a.) durchgeführt werden; Vorschriften des Zweitstaates dürfen weder diskriminierend noch unverhältnismäßig angewandt werden.

1148 *Maßnahmenprogramm des Rates der EU* vom 24. November 2000, abgedruckt in IPRax 2001, 163 (164).

1149 Verordnung des Rates über die gegenseitige Zuständigkeit und die Anerkennung und Vollstreckung von Entscheidungen über die elterliche Verantwortung vom 6. September 2001, KOM(2001) 505 endgültig.

Verantwortung erweitern und umfasst demnach auch Umgangsrechtsentscheidungen unabhängig davon, ob sie im Zusammenhang mit einer Ehescheidung ergangen sind oder nicht.[1150]
Der ordre public-Vorbehalt als Beschränkungsgrund für die Anerkennung und Vollstreckung ausländischer Entscheidungen soll wegfallen. In einem zweiten Schritt soll das Exequaturverfahren ersatzlos gestrichen werden und dadurch ein echter europäischer Vollstreckungstitel geschaffen werden.[1151]

3. Schrittweise Einführung eines „europäischen Vollstreckungstitels"

Das Maßnahmenprogramm des Rates der Europäischen Union sieht auf der ersten Stufe die Schaffung eines „europäischen Besuchstitels" im Familienrecht vor, welcher Ausgangspunkt für eine weitere Entwicklung hin zur gänzlichen Abschaffung des Exequaturverfahrens für alle zivil- und handelsrechtlichen Entscheidungen aus anderen Mitgliedstaaten sein soll.

a. Stufenweises Vorgehen

Das Maßnahmenprogramm unterscheidet vier Aktionsbereiche: darunter finden sich neben den von der Brüssel I-Verordnung erfassten Bereichen des Zivil- und Handelsrechts, eheliche Güterstände und Folgen der Trennung von nicht verheirateten Paaren für das Vermögen, Testamente und Erbrechtssachen, die von der EheVO abgedeckten Bereiche des Familienrechts sowie außerehelich entstandene Familienstände. In jedem Bereich werden Stufen im Hinblick auf die schrittweise Erzielung von Fortschritten festgelegt. Eine Stufe läuft an, wenn die vorhergehende Stufe ihrem wesentlichen Inhalt nach abgeschlossen wurde.[1152]

b. Maßnahmen im Bereich des Familienrechts

Im Bereich des Familienrechts, gemeint sind damit die von der EheVO erfassten Gebieten, soll bereits auf der ersten Stufe das Exequaturverfahren für gerichtliche Umgangsrechtsentscheidungen abgeschafft werden. In einer zweiten und dritten Stufe sollte der Anwendungsbereich der EheVO ausgedehnt werden und auch hier das Exequaturverfahren abgeschafft werden.[1153] Von der ursprünglich vorgesehenen Reihenfolge wurde insofern abgewichen, als die Ausdehnung des Anwendungsbereichs der EheVO bereits in der geplanten Verordnung des Rates

---

[1150] Zur Erweiterung des Anwendungsbereichs der EheVO durch den Vorschlag der Kommission vom 6. September 2001, siehe auch oben Teil B I. 6.

[1151] *Maßnahmenprogramm des Rates der EU* vom 24. November 2000, abgedruckt in IPRax 2001, 163 (166); vgl. dazu auch den Kommissionsvorschlag vom 18. April 2002 KOM(2002) 159 endgültig, für eine Verordnung des Rates zur Einführung eines europäischen Vollstreckungstitels für unbestrittene Forderungen.

[1152] *Maßnahmenprogramm des Rates der EU* vom 24. November 2000, abgedruckt in IPRax 2001, 163 (167).

[1153] *Maßnahmenprogramm des Rates der EU* vom 24. November 2000, abgedruckt in IPRax 2001, 163 (168).

über die Zuständigkeit und die Anerkennung und Vollstreckung von Entscheidungen über die elterliche Verantwortung vom 6. September 2001[1154] erfolgen sollte, die mittlerweile ihrerseits durch den Kommissionsvorschlag vom 17. Mai 2002 ersetzt wurde. Die Stufen zwei und drei sind damit abgeschlossen, und es steht auf der ersten Stufe nur noch die Abschaffung des Exequaturverfahrens für Umgangsrechtsentscheidungen durch die Verordnung zum „europäischen Besuchstitel“ auf dem Plan.
Das Maßnahmenprogramm wird durch eine generelle Abschaffung des Exequaturverfahrens abgeschlossen.[1155] Der Grundsatz der gegenseitigen Anerkennung soll zum gemeinschaftsrechtlichen Prinzip des interlokalen Privatrechts werden.[1156] Der „europäische Besuchstitel“ stellt damit den Ausgangspunkt einer umfassenden Entwicklung des europäischen Zivilverfahrensrechts hin zu einer gemeinschaftsrechtlichen Harmonisierung dar.

c. Wegfall des ordre public-Vorbehalts

Der Wegfall der Exequatur hat kollisionsrechtlich die Abschaffung der ordre public-Kontrolle zur Folge. Urteile der Zivilgerichte der Mitgliedstaaten sollen gemeinschaftsweit ohne vorherige Exequatur automatisch vollstreckbar sein. Ob dies kollisionsrechtlich wünschenswert ist, wird von zahlreichen Autoren entscheidend von der vorherigen Angleichung der nationalen Verfahrenrechte abhängig gemacht.[1157]

(1) Folgen des Wegfalls der ordre public-Kontrolle

Das Exequaturverfahren erfüllt bislang zwei Zwecke: zum einen erfolgt die Feststellung der Anerkennungsfähigkeit der ausländischen gerichtlichen Entscheidung, zum anderen wird das ausländische Urteil in das inländische Verfahren implementiert.[1158] Damit wird eine Gleichstellung des ausländischen Verfahrensakts mit inländischen Verfahrensakten erreicht. Die Anerkennung vereinfacht die Gleichwertigkeitsprüfung, denn es ist lediglich zu untersuchen, ob enumerativ aufgeführte Anerkennungshindernisse vorliegen.[1159]
Die Abschaffung der ordre public-Kontrolle im Anerkennungsstaat hätte zur Folge, dass der Anerkennungsrichter die Anerkennung grundsätzlich nicht mehr verweigern könnte. Einwendungen gegen den Titel sind nach dem VO-E erst im Rechtsbehelfsverfahren möglich. Der ordre public schützt auch die Interessen

[1154] Dazu oben Teil B I. 6.
[1155] *Maßnahmenprogramm des Rates der EU* vom 24. November 2000, abgedruckt in IPRax 2001, 163 (168).
[1156] Vgl. Entschließung des Rates vom 28. Oktober 1999, ABl. EG 2000 C 141/5.
[1157] So zum Beispiel *Kohler*, in: Mansel (Hrsg.), Vergemeinschaftung des Europäischen Kollisionsrechts, S. 41 (52).
[1158] *Heß* in JZ 2001, 573 (582).
[1159] Vgl. die deutsche Regelung in § 328 ZPO.

der Mitgliedstaaten und der Konsistenz des jeweiligen nationalen Rechts in wesentlichen Grundzügen. Seine Abschaffung zerstört die Möglichkeit, diese staatlichen Interessen der Mitgliedstaaten zu schützen. Sie würde andere Mitgliedstaaten dazu nötigen, Rechtsentwicklungen Vorschub zu leisten, die von der nationalen Rechtsordnung als grob irrtümlich oder fehlerhaft eingestuft werden. Für Deutschland hat das Bundesverfassungsgericht klargestellt, dass es verfassungsrechtliche Grenzen für die Einführung der generellen Vollstreckungsmöglichkeit ausländischer Vollstreckungstitel gibt. Eine völkerrechtliche Verpflichtung zur Anerkennung und Vollstreckung ist danach verfassungsrechtlich nur zulässig, wenn die in der ausländischen Entscheidung zugrunde gelegten Sachnormen nicht dem verfassungsrechtlichen ordre public der Bundesrepublik zuwider laufen und das ausländische Verfahrensrecht einem rechtsstaatlichen Mindeststandard genügt.[1160]

(2) Vorherige Angleichung der Prozessordnungen?

Ein derartiges „Auseinanderklaffen" der den mitgliedstaatlichen Rechtsordnungen und Prozessrechten zugrundeliegenden Wertvorstellung, die mit dem ordre public-Vorbehalt korrigiert werden sollen, kann nur dann nicht mehr befürchtet werden, wenn diese weitgehend aneinander angeglichen sind und sich an gemeinschaftsweit einheitlichen Standards orientieren. Die Abschaffung des Exequaturverfahrens setzt folglich voraus, dass die Titel inhaltlich so weit angeglichen sind, dass die derzeit noch durch das Exequaturverfahren bewirkte Implementierung der ausländischen Entscheidung in das inländische Recht überflüssig wird.[1161] Die Abschaffung des ordre public-Vorbehalts als „Ausweg im Extremfall" wird nur möglich sein, wenn keine Gefahr mehr besteht, dass eine in einem Mitgliedstaat getroffene Entscheidung mit Grundprinzipien des Rechtes eines anderen Mitgliedstaates, in dem die Anerkennung und Vollstreckung vollzogen werden soll, unvereinbar ist.[1162]

Diesen Weg schlägt auch der Rat in seinem Maßnahmenprogramm vor und kombiniert die automatische Anerkennung mit einer schrittweisen Harmonisierung der betroffenen Rechtsgebiete. Der bisherige Misserfolg des von der französischen Ratspräsidentschaft im Juli 2000 vorgeschlagenen „europäischen Besuchstitels" kann auf die unzureichende parallele Harmonisierung der Kindschaftsverfahren, die fehlende Standardisierung der Titel sowie die mangelnde

---

1160 BVerfGE 63, 343 (366) betreffend das deutsch-österreichische Abkommen über Rechtshilfen in Abgabensachen vom 11. September 1970; die Erwägungen gelten aber in gleicher Weise für den internationalen Rechtsverkehr in Zivilsachen.

1161 *Heß* in JZ 2001, 573 (582).

1162 *Deutsch-britisch-schwedisches Diskussionspapier* zum „Europäischen Vollstreckungstitel" vom 12. Januar 2001, 5259/01 JUSTCIV 5, abgedruckt in IPRax 2001, 489 (490).

Abstimmung mit den nationalen Vollstreckungsorganen zurückgeführt werden.[1163]

(3) Erforderlichkeit der Abschaffung der ordre public-Kontrolle innerhalb der Europäischen Union

Fraglich ist jedoch, ob eine gänzliche Abschaffung der ordre public-Kontrolle, die momentan als derart störend für den freien Verkehr von Urteilen innerhalb der Europäischen Gemeinschaft angesehen wird, überhaupt erforderlich ist.

Dagegen spricht das Beispiel der USA. Es verdeutlicht, dass die unbesehene Durchsetzung fremder gerichtlicher Entscheidungen nicht zwingend sei muss, denn das US-amerikanische Verfassungsrecht sieht die sog. „full faith and credit-Klausel" vor, nach der die Überprüfung fremder Entscheidungen der Bundesstaaten keineswegs ausgeschlossen ist und die Einhaltung bestimmter Essentialia im Zweitstaat verfassungsrechtlich geboten sein kann.[1164]

Anerkennungsrechtliche Regelungen innerhalb der USA ist die „full faith and credit"-Klausel der Bundesverfassung[1165], die im Verhältnis der Bundesstaaten untereinander grundsätzlich auf Erstreckungswirkung ausgerichtet ist. Im Zusammenwirken mit der „supremacy"-Klausel der US-Verfassung (Art. VI Sect. 2), die den Vorrang von Bundesrecht vor Staatenrecht anordnet, verhindert die „full faith and credit"-Klausel grundsätzlich einzelstaatliche Umgehungen des Prinzips voller wechselseitiger Anerkennung einzelstaatlicher Entscheidungen. Obwohl die „full faith and credit"-Klausel ihrem Wortlaut nach nur die Anerkennung staatengerichtlicher Entscheidungen regelt, besteht seit langem weithin Einigkeit, dass bundesgerichtlichen Titeln prinzipiell gleiche Bedeutung zukommen soll.[1166]Ausnahmen gelten nur dann, wenn wichtige Interessen des Anerkennungsstaates entgegenstehen. Als Versagungsgründe innerhalb der USA kommen sowohl Verstöße gegen den verfahrens- und den materiellrechtlichen ordre public in Betracht.[1167]

Die Beibehaltung der anerkennungsrechtlichen ordre public-Kontrolle muss einer Rechtsangleichung und -vereinheitlichung somit nicht zwingend entgegenstehen. Für das Beispiel der USA ist jedoch hinzuzufügen, dass im amerikanischen Verfahrensrecht aufgrund der Vorgaben der Bundesverfassung zum Prozessrecht und der Vorbildfunktion der „Federal Rules of Civil Procedure"

1163 *Heß* in IPRax 2001, 389, (391); *ders.* in IPRax 2000, 361 ff.

1164 Dazu *Bruns* in JZ 1999, 278 ff.

1165 US. Const. Art. IV Sect. 1: „Full Faith and Credit shall be given in each State to the public Acts, Records and judicial Proceedings of every other State. And the Congress may by such general Laws prescribe the Manner in which such Acts, Records and Proceedings shall be proved, and the Effect therefor."; deutschsprachige Übersetzung bei *Schack*, US-amerikanisches Zivilprozessrecht, S. 72 ff.

1166 *Bruns* in JZ 1999, 278 (282) m.w.N.

1167 Dazu näher *Bruns* in JZ 1999, 278 (282 ff.).

eine stärkere Homogenität besteht als im materiellen Recht.[1168] Übertragen auf die europäische Gemeinschaft bestätigt dies den oben beschriebenen Befund, dass zumindest auf der Ebene des Prozessrechts eine weitergehende Anpassung der nationalen Prozessordnungen unabdingbare Voraussetzung für eine - allenfalls als Fernziel anzusehende - Abschaffung des anerkennungsrechtlichen ordre public sein muss.
Gegen die überhastete und unbesehene Umsetzung des Maßnahmenprogramms mit dem Kernziel der Abschaffung des anerkennungsrechtlichen ordre public spricht zudem die fehlende Vereinheitlichung der Kollisionsnormen, denn ein Konzept zur Rechtangleichung ist noch nicht ersichtlich. Zur Zeit wäre keine Gewähr gegeben, dass die Prämisse des gemeinsame Rechtsraumes auch in der Wirklichkeit erfüllt ist.[1169] Dagegen wird zwar eingewandt, die nationalen Gerichte seien jedenfalls über Art. 6 EMRK und die Grundfreiheiten gebunden, was einen gewissen Mindeststandard gewährleisten könne. Die Vorstellung der „Gerichtshoheit" sei überkommen angesichts der zwischenzeitlich vollzogenen Rechtsentwicklung. Zwar sei zu überlegen, ob eine übergeordnete Instanz wie EuGH oder EGMR die Einhaltung dieser Garantien überwachen könnte, indem sie zumindest in Extremfällen eine Kontrolle von Kompatibilität und Fehlerhaftigkeit durchführen. Hiergegen spricht jedoch, dass eine solche zentralisierte Überwachung wohl dem Subsidiaritätsgrundsatz widersprechen dürfte, denn eine ordre public-Kontrolle könnte effizienter und sachnäher durch die nationalen Gerichte durchgeführt werden.
Zum Teil wird weiter zu bedenken gegeben, dass auch bei Abschaffung des anerkennungsrechtlichen ordre public eine gewisse Missbrauchskontrolle im Zweitstaat jedenfalls im Vollstreckungsverfahren notwendig bleibe.[1170] Diese Prüfung werde sich damit lediglich vom Exequaturverfahren in die Rechtsbehelfsverfahren der Zwangsvollstreckung verschieben.[1171] Dagegen ist jedoch einzuwenden, dass zweifelhaft sein kann, ob diese - erst in der letzten Phase des gerichtlichen Tätigwerdens einsetzende - Kontrolle mit der Rechtsschutzgarantie des Art. 19 Abs. 4 Grundgesetz vereinbar ist.
Die Praxis zeigt auch, dass ordre public-Fälle eher selten sind. Das muss aber gerade nicht für die Notwendigkeit ihrer Abschaffung sprechen, sondern kann vielmehr ein Argument für ihre Beibehaltung sein. Wenn es nur noch wenige

---

1168 *Bruns* in JZ 1999, 278 (284).
1169 Vgl. *Dilger*, Diskussionsbericht zum Vortrag Kohler, in: Mansel/Baur (Hrsg.), Systemwechsel im europäischen Kollisionsrecht, S. 165 ff.
1170 So *Heß* in JZ 2001, 573 (582) unter Hinweis auf die ganz h.M.: *Jayme/Kohler* in IPRax 2000, 454 (456); gegen eine gänzliche Abschaffung des ordre public-Vorbehalts im Rahmen der Neuregelung des EuGVÜ *Bruns* in JZ 1999, 278 ff. m.w.N.; zur Beibehaltung der ordre public-Klausel im EuGVÜ: *Gundel* in EWS 2000, 442 (447 f.); *Muir-Watt* in Rev. crit. DIP 2000, 489 (491).
1171 *Heß* in JZ 2001, 573 (582); so auch die Regelung des Art. 4 VO-E, dazu unten Teil E I. 4.

Anwendungsfälle gibt, kann der ordre public - im Umkehrschluss - kein grundsätzliches Hindernis der Urteilsfreizügigkeit mehr darstellen.
Es bestehen damit durchgreifende Vorbehalte gegen eine Abschaffung des anerkennungsrechtlichen ordre public, solange nicht eine hinreichende Harmonisierung der mitgliedstaatlichen Verfahrensrechte erreicht ist. Es ist davon auszugehen, dass Letzteres zur Zeit innerhalb der Mitgliedstaaten der Europäischen Union noch nicht der Fall ist.

4. Flankierende Maßnahmen

Erforderlich für die Vorbereitung der Einführung eines „europäischen Vollstreckungstitels" ist somit die Durchführung so genannter allgemeiner flankierender Maßnahmen in drei Bereichen: für bestimmte Aspekte des Zivilverfahrens müssen unionsweite Mindeststandards geschaffen werden, die Wirksamkeit der Vollstreckung von Entscheidungen muss ebenso verbessert werden wie die gesamte justitielle Zusammenarbeit im Bereich der Zivilsachen.
Im Bereich des „europäischen Besuchstitels" wird dabei das Augenmerk in erster Linie auf den erstgenannten Punkt zu richten sein: die Ausgestaltung des dem Erlass des Umgangstitels vorangehenden zivilgerichtlichen Verfahrens. Der Befund in den Rechtsordnungen der Mitgliedstaaten bestätigt, dass die nationalen Prozessordnungen inhaltlich zum Teil erheblich voneinander abweichen. Für die Vereinheitlichung der Verfahrensrechte der Mitgliedstaaten könnte als Richtschnur für europäische Standards auf Garantien zurückgegriffen werden, die sich unmittelbar aus EMRK ergeben, wie zum Beispiel auf den Grundsatz des fairen Verfahrens in Art. 6 EMRK. Bei Umgangsrechtsentscheidungen ist dabei insbesondere an die Rechte des Kindes zu denken wie die Berücksichtigung des Kindeswohls und die Stellung des Kindes im Verfahren. Zudem muss eine Standardisierung der Prozesshandlungen gewährleistet sein, um langwierige und teure Übersetzungen zu ersparen.

a. Art. 6 EMRK als europaweiter verfahrensrechtlicher Mindeststandard

Alle Mitgliedstaaten sind zur Einhaltung der Europäischen Menschenrechtskonvention verpflichtet.[1172] Auch die europäische Union verpflichtet sich in Art. 6 Abs. 2 EUV zur Achtung der Grundrechte wie sie sich aus der EMRK ergeben. Die in Art. 6 EMRK garantierten Rechte können deshalb einen gemeinsamen Nenner bilden, auf den die Verfahrensordnungen der Mitgliedstaaten aufbauen. Auf diesem Wege könnte sichergestellt werden, dass Zivilverfahren, die dem Urteil vorausgehen, inter alia im Einklang mit Art. 6 Abs. 1 EMRK stehen.[1173]

1172 Für Deutschland vgl. oben Teil C I. 2.

1173 Vgl. deutsch-britisch-schwedisches Diskussionspapier zum „Europäischen Vollstreckungstitel" vom 12. Januar 2001, 5259/01 JUSTCIV 5, abgedruckt in IPRax 2001, 489 (490).

Um die Garantien des Art. 6 EMRK europaweit als verfahrensrechtlichen Mindeststandard heranziehen zu können, müssen die dort genannten Verfahrensrechte wie Fairness, rechtliches Gehör und Unparteilichkeit des Gerichts umfassend in den Prozessordnungen der Mitgliedstaaten verwirklicht sein.[1174] Als konkrete Angleichungsmaßnahmen ist die Vereinheitlichung der Einlassungsfristen und die amtswegige Kontrolle der ordnungsgemäßen Zustellung verfahrenseinleitender Schriftstücke zu nennen, die eine Harmonisierung der Zustellungsregeln erfordert.[1175]

b. Standardisierung von Prozesshandlungen

Eine Angleichung der nationalen Prozessordnungen als weitere Voraussetzung der Schaffung eines einheitlichen europäischen Vollstreckungstitels könnte zumindest für einen kleinen Bereich wie den der Umgangsrechtsentscheidungen dadurch erreicht werden, dass in sämtlichen Mitgliedstaaten durch die Gerichte eine einheitliche Tenorierung von Umgangsrechtsentscheidungen vorgenommen wird. Aber auch Prozesshandlungen müssen vereinheitlicht werden. Diese Vereinheitlichung könnte - auch um aufwendige Übersetzungen überflüssig zu machen - mittels standardisierter Formulare erfolgen.

(1) Einheitliche Tenorierung von Umgangsrechtsentscheidungen

Eine vorrangige Maßnahme betrifft die Abfassung des Titels selbst. Probleme können sich bei der Anpassung der Tenorierung dann ergeben, wenn - wie es in der Gerichtspraxis häufig vorkommt - ausländische Umgangsregelungen an vergleichbare inländische Titel angepasst werden müssen.[1176] Diese Umsetzung erfolgt zumeist im Klauselerteilungsverfahren.[1177]

Bereits im Rahmen des Haager Kindesentführungsübereinkommens von 1980 (HKÜ) wurde bisher bemängelt, dass die Anerkennung und Vollstreckung von Besuchsregelungen zumeist aus dem Grund scheiterte, dass die Modalitäten der Ausübung des Besuchsrechts nicht mit den im ersuchten Staat geltenden Standards übereinstimmen.[1178] Als praktisches Beispiel sei eine Umgangsrechtsregelung genannt, die dem Berechtigten ein Umgangsrecht während der Ferien einräumt. Die Ferienzeiten in Deutschland und Frankreich weichen jedoch erheblich voneinander ab. Mit Art. 11 Abs. 2 HKÜ oder auch Art. 15 Abs. 3 KSÜ soll die zuständige Behörde des Anerkennungsstaates die Entscheidung an-

---

[1174] *Heß* in IPRax 2001, 389 (392).

[1175] Zur Zustellung von Schriftstücken im Europäischen Justizraum: *Heß* in NJW 2001, 15 (19 ff.).

[1176] Beispiel dazu bei *Heß* in IPRax 2000, 361 (362).

[1177] Vgl. dazu die Entscheidung des AG Kitzingen, besprochen bei *Dörner* in IPRax 1987, 155 (157): Vollstreckbarkeitserklärung mangels Bestimmtheit des ausländischen Urteils abgelehnt.

[1178] *Jorzig*, Kindesentführungsrecht, S. 88.

passen können, d.h. zum Beispiel die ausländischen Ferienzeiten durch die deutschen ersetzen können. Eine solche Regelung sieht nun auch der Kommissionsvorschlag vom 17. Mai 2002 in Art. 51 vor. Danach können die Gerichte des Vollstreckungsstaates die praktischen Modalitäten für die Ausübung des Umgangsrechts regeln, wenn die notwendigen Vorkehrungen nicht bereits in der Entscheidung eines mitgliedstaatlichen Gerichts getroffen wurden, das für die Entscheidung in der Hauptsache zuständig ist. Die Entscheidung darf jedoch dabei in ihrem Wesensgehalt nicht verändert werden.

(2) Formularmäßige Abwicklung

Eng mit dem Problem der Anpassung der Tenorierung verbunden ist die Frage, ob und in welchem Umfang Übersetzungen gerichtlicher Entscheidungen notwendig sind. Bereits heute müssen zahlreiche Dokumente der Europäischen Gemeinschaft zum Teil in mehrere Sprachen übersetzt werden. Ein Unterschied zur Übersetzung von Texten der Gemeinschaft besteht bei Urteilen aber dahingehend, dass von den nationalen Gerichten diese Sachkunde und der dafür erforderliche personelle und finanzielle Aufwand kaum erwartet werden kann. Dies schafft einen Kosten- und Arbeitsfaktor, der die rasche Durchsetzung des Umgangstitels gefährden kann.

Einen ersten Ansatz für die formularmäßige Ausgestaltung des Verfahrens enthält bereits Art. 13 Abs. 2 VO-E. Nach dieser Vorschrift kann sich der Umgangsberechtigte, der bei der Ausübung seines Umgangsrechts auf Schwierigkeiten stößt, an die zentralen Behörden an seinem Wohnsitz oder am Wohnsitz des Kindes wenden, die ihrerseits die erforderlichen Maßnahmen ergreifen sollen. Zur Begründung seines Antrags muss der Umgangsberechtigte eine Ausfertigung der Entscheidung vorlegen, sowie ein ordnungsgemäß ausgefülltes Formblatt nach Anhang V des VO-E, mit dem bescheinigt wird, dass die Entscheidung nach dem Recht des Ursprungsstaates vollstreckbar ist und dass sie dem Elternteil, gegen den die Vollstreckung beantragt wird, zugestellt worden ist.

Auch Art. 33 EheVO in seiner ursprünglichen Fassung sieht bereits ein Anerkennungsverfahren vor, das allerdings zunächst auf Entscheidungen über die Scheidung, die Trennung von Tisch und Bett oder die Ehenichtigkeit beschränkt war und gerade für Umgangsrechtsentscheidungen ursprünglich nicht galt. Nach dem Kommissionsvorschlag vom 17. Mai 2002 wird der Anwendungsbereich der EheVO auf Entscheidungen über die elterliche Verantwortung ausgeweitet. Damit können Gerichte eines Mitgliedstaates, die über das Umgangsrecht entschieden haben, eine Bescheinigung über Art und Gegenstand der anzuerkennenden Entscheidung, wie bereits in Art. 33 i.V.m. Anhang IV EheVO vorgesehen, ausstellen.

Standardisierte Formulare können den grenzüberschreitenden Rechtsverkehr, insbesondere im Hinblick auf die Sprachenbarriere, deutlich erleichtern. Die Bescheinigung ist in allen Amtssprachen der Gemeinschaft identisch abgefasst, ihr Inhalt ergibt sich überwiegend aus schlichtem Ankreuzen. Anhand des einheitlichen Formulars können die Standesbeamten im Zweitstaat auch ohne Sprachkenntnisse erkennen, um welchen Typ von Entscheidung es sich handelt. Angesichts dieser Rechtslage stellt Art. 34 Abs. 2 EheVO die Übersetzung der vorzulegenden Urkunden in das Ermessen des Zweitgerichts. Das Erfordernis einer Übersetzung kommt jedoch bei Anerkennungshindernissen in Betracht (Art. 15, 17, 18 EheVO).[1179]

5. Fazit

Die Einführung eines gemeinschaftsweit automatisch anerkannten und vollstreckbaren Titels begegnet durchgreifenden Bedenken im Hinblick auf das vorrangige Anliegen des Maßnahmenprogramms des Rates der Europäischen Union, die ordre public-Kontrolle abzuschaffen.

Bevor eine weitergehende Harmonisierung der innerstaatlichen Prozessordnungen nicht erreicht ist, ist der Wegfall des anerkennungsrechtlichen ordre public nicht zu befürworten.

Auf der anderen Seite ist die Frage zu stellen, ob die Beseitigung dieser Kontrolle im Anerkennungs- und Vollstreckungsstaat überhaupt unabdingbare Voraussetzung für eine verbesserte Verkehrsfähigkeit von Urteilen innerhalb der Gemeinschaft ist. Das Beispiel der USA bestätigt das Gegenteil.

Die Gewichtung im Maßnahmenprogramm sollte in umgekehrter Reihenfolge erfolgen. Dies entspräche der natürlichen Entwicklung: ist erst einmal eine weitestgehende Harmonisierung der Prozessrechte gewährleistet, entfällt das Bedürfnis für eine Überprüfung ausländischer Urteile im Anerkennungs- und Vollstreckungsstaat. Dies kann dann zu der Überlegung führen, ob nun auf eine ordre public-Kontrolle gänzlich verzichtet werden sollte. Momentan soll in genau umgekehrter Folge vorgegangen werden. In erster Linie wird die Abschaffung des ordre public als Störfaktor bei der gegenseitigen Urteilsanerkennung und -vollstreckung angestrebt, dies jedoch nur unter der Voraussetzung einer Angleichung der Prozessrechte der Mitgliedstaaten. Welchen Bedenken der Wegfall der ordre public-Kontrolle begegnet, scheint erst nach und nach deutlich zu werden. Die so genannten „flankierenden Maßnahmen“ müssen nicht den Wegfall des ordre public begleiten, sondern sind dessen unabdingbare Voraussetzung.

Ergebnis dieses überstürzten Vorgehens des Rates der Europäischen Union ist, dass das Programm bisher weit hinter den - zugegebenermaßen hochgesteckten - Erwartungen zurückgeblieben ist und angesichts der Zurückhaltung der Mitgliedstaaten immer weitere Abstriche gemacht werden. Die hier vorgetragenen Bedenken hat indes auch der Rat der Europäischen Union nicht ignoriert. Seine Zurückhaltung an der raschen Umsetzung des Maßnahmenprogramms tritt da-

[1179] *Heß* in JZ 2001, 573 (576).

durch deutlich zutage, dass er - wie in der deutschen Ausgabe des Amtsblatts erst drei Monate nach der Veröffentlichung der Berichtigung deutlich gemacht wurde,[1180] sein Programm nunmehr selbst nur noch als „Entwurf" bezeichnet.

IV. Erforderlichkeit der Änderungen bestehender Regelungen durch den „europäischen Besuchstitel"

Durch die Einführung eines „europäischen Besuchstitels" sollen Umgangsentscheidungen schneller in anderen Mitgliedstaaten vollstreckt werden können. Umgangsrechtsentscheidungen aus einem anderen Mitgliedstaat werden nach dem VO-E nicht mehr nur automatisch anerkannt, sondern die Wirkungen ihrer Vollstreckbarkeit werden die gleichen sein wie im Ursprungsland. Gegenüber bestehenden staatsvertraglichen und nationalen Regelungen soll dadurch eine Verfahrensbeschleunigung bewirkt werden, dass das Exequaturverfahren, in dem die ausländische Entscheidung anerkannt und ihr die Vollstreckbarkeit verliehen wird, wegfällt. Damit entfällt auch die bisher im Exequaturverfahren stattfindenden Überprüfung der ausländischen Entscheidung am Maßstab der Wertvorstellungen der eigenen Rechtsordnung. Auf der Ebene der bestehenden internationalen Übereinkommen sieht bisher nur das neue KSÜ vom 1996 eine sofortige Anerkennung der ausländischen Entscheidung vor. Die Vollstreckbarkeit darf nach dem KSÜ nur aus bestimmten abschließend aufgezählten Gründen verweigert werden.

Im Folgenden sollen die sich ergebenden Änderungen in Bezug auf die bestehenden nationalen und internationalen Regelungen aufgezeigt werden. Im Anschluss daran stellt sich die Frage, inwieweit diese Änderungen die in der Praxis bei der grenzüberschreitenden Ausübung von Umgangsrechten auftretenden Probleme zu lösen vermögen.

1. Änderungen gegenüber bestehenden Regelungen

Mit dem VO-E soll der bisherige, auf eheliche Kinder begrenzte Anwendungsbereich der EheVO auf alle Kinder ausgeweitet werden. Diese Regelung ist im Grundsatz zu begrüßen. Zum anderen soll die ordre public-Kontrolle bei der Vollstreckung von Umgangsentscheidungen aus anderen Mitgliedstaaten wegfallen. Dabei stellt sich zum einen die Frage, ob diese Abänderung des bestehenden Normensystems angesichts des aktuellen Stands der Prozessrechtsangleichung in den Mitgliedstaaten hingenommen werden kann, zum anderen ist fraglich, ob damit die Probleme der Praxis gelöst werden.

a. Erweiterung der EheVO durch den VO-E

Seit dem 1. März 2001 kommt im deutsch-französischen Rechtsverkehr bei Umgangsstreitigkeiten vorrangig die EheVO zur Anwendung. Diese sieht be-

---

[1180] Vgl. ABl. EG Nr. C vom 20. April 2001, S. 4.

reits die automatische Anerkennung von Umgangsentscheidungen „aus Anlass" einer Scheidung der Eltern vor bzw. in ihrer erweiterten Form der in Vorbereitung befindlichen Verordnung des Rates[1181] für alle Entscheidungen „betreffend die elterliche Verantwortung". Für die Erlangung der Vollstreckbarerklärung der Umgangsrechtsentscheidung stellt die EheVO ein erleichtertes Verfahren zur Verfügung. Die eigentliche Vollstreckung erfolgt als Hoheitsakt nach nationalem Recht. Im Vergleich dazu drängt der VO-E zum Umgangsrecht den Anwendungsbereich des nationalen Verfahrensrechts noch weiter zurück. Auch die Vollstreckbarerklärung der Umgangsrechtsentscheidung erfolgt automatisch und muss nicht erst in einem gesonderten Verfahren in dem Mitgliedstaat, in dem das Umgangsrecht ausgeübt werden soll, erlangt werden. Erst in der Phase der eigentlichen Vollstreckung sieht der VO-E abschließende Versagungsgründe vor, die in einem eigenen Verfahren geltend gemacht werden können (Art. 4 ff. VO-E).

b. Wegfall der ordre public-Kontrolle bei Umgangsentscheidungen

Hauptziel der VO-E zum „europäischen Besuchstitel" ist die Abschaffung der Exequatur. Im deutschen und im französischen Recht unterliegt bisher sowohl die Anerkennung als auch die Vollstreckung einer ausländischen Entscheidung der ordre public-Kontrolle.[1182] Durch den Wegfall des Exequaturverfahrens und den Verzicht auf ein gesondertes Erkenntnisverfahren im ersuchten Staat soll in erster Linie eine Verfahrensbeschleunigung erreicht werden. Im ursprünglichen Verordnungsentwurf der französischen Ratspräsidentschaft war der Wegfall der ordre public-Kontrolle angesehen.

Diese ordre public-Kontrolle erfolgt zur Zeit über die Ausnahmeklausel des Art. 13 HKÜ. Eine vergleichbare Regelung sah der ursprüngliche VO-E nicht vor. Im Gegenteil war eine Berufung auf Art. 13 HKÜ gegen die Anordnung der Rückgabe des Kindes ausdrücklich untersagt. Dies wirft die grundsätzliche Frage auf, ob ein genereller Wegfall der ordre public-Kontrolle im Bereich von Umgangsrechtsregelungen angemessen und wünschenswert ist. Zum einen bestehen hier die grundsätzlichen Bedenken, die gegen den Wegfall des ordre public im Rahmen eines „europäischen Vollstreckungstitels" angeführt wurden.[1183] Daneben ist die Abschaffung des anerkennungsrechtlichen ordre public gerade für Umgangsrechtsentscheidungen insoweit als verfassungsrechtlich bedenklich anzusehen, als das Bundesverfassungsgericht wiederholt die besondere Schutzbedürftigkeit minderjähriger Kinder bei internationalen Rechtshilfeersuchen be-

---

1181 Vorschlag der Kommission vom 17. Mai 2002, KOM(2002), 555.

1182 Vgl. für Deutschland § 328 ZPO; für Frankreich C. Cass., civ. 1re, 7 janv. 1964, Munzer, Grands arrêts DIP, S. 312 ff. und C. Cass., civ., 4 oct. 1967, Bachir, Grands arrêts DIP, S. 351 ff.

1183 Vgl. Teil E III. 3. c.

tont hat.[1184] Dieser - verfassungsrechtlich gebotene - Schutz erfolgt derzeit über Art. 13 HKÜ.
Diese Kontroverse ist nun insoweit entschärft worden, als der Änderungsvorschlag der Kommission vom 17. Mai 2002 die Einführung einer dem Art. 13 Abs. 1 lit. b) HKÜ entsprechenden Regelung ausgeht. Allerdings kann danach die Rückgabe des Kindes nur vorläufig verweigert werden. Dies kann der Fall sein, wenn eine schwerwiegende Gefahr für das Kind besteht oder wenn sich das Kind der Rückgabe widersetzt. Der Unterschied zum bisherigen Verfahren des HKÜ liegt darin, dass das Gericht des Herkunftsstaates über das Sorgerecht entscheidet, jedoch ohne dass das Kind zuvor in diesen Staat zurückgeführt werden muss. Gerichte des Herkunftsstaates und des Staates, in den das Kind entführt wurde oder in dem es zurückgehalten wird, sollen derart zusammenarbeiten, dass zum Beispiel auch eine Anhörung der Kindes im Verfahren erfolgen kann. Damit wird erreicht, dass zwar nach wie vor das Gericht des Herkunftsstaates über das Sorgerecht entscheidet, das Kind aber dafür nicht in den Herkunftsstaat zurückgeführt werden muss. Dies vermeidet eine erneute Rückführung, wenn die Sorgerechtsentscheidung dahin gehen sollte, dass das Kind letztendlich im Entführungsstaat verbleiben kann. Durch diese Sorgerechtsentscheidung der Gerichte des Herkunftsstaates wird die einstweilige Maßnahme der Verweigerung der Rückgabe des Kindes durch die Gerichte im Entführungsstaat zwingend wieder aufgehoben.
Für die Anordnung der Rückführung durch das Gericht am früheren Aufenthaltsort des Kindes und andere Umgangsentscheidungen bleibt jedoch grundsätzlich die Frage zu beantworten, ob eine Abschaffung der ordre public-Kontrolle bei Umgangsentscheidungen angemessen und wünschenswert ist. Für diese Entscheidungen sehen Art. 46 und 47 des Kommissionsvorschlags vom 17. Mai 2002 ebenso wie die Initiative der französischen Ratspräsidentschaft für die Anerkennung und Vollstreckung kein besonderes Verfahren, insbesondere keine ordre public-Kontrolle mehr vor.
Der Verordnungsvorschlag sieht zwar als allgemeinen Anerkennungsversagungsgrund - wie die EheVO - den ordre public-Einwand vor (Art. 28). Für Umgangsrechtsentscheidungen, für die das erstentscheidende Gericht jedoch eine Bescheinigung nach Art. 46 des Kommissionsvorschlags vom 17. Mai 2002 erteilt hat, kommt dieser aber gerade nicht mehr zur Anwendung, denn das Gericht im Ursprungsstaat prüft nur, ob bestimmte Verfahrensgarantien eingehalten wurden. Ist dies der Fall, ist der Titel in allen anderen Mitgliedstaaten ohne weiteres Verfahren vollstreckbar.
Die Kommission geht hierbei davon aus, dass schon der ordre public als allgemeiner Anerkennungsversagungsgrund für andere Entscheidungen betreffend

1184 Vgl. zum HKÜ: BVerfG IPRax 2000, 216 (219 ff.), dazu *Staudinger* in IPRax 2000, 194 ff.; dazu *Coester-Waltjen* in JZ 1999, 462 ff.

die elterliche Sorge im Verhältnis der Mitgliedstaaten untereinander generell keine allzu große Rolle mehr spielen sollte. Zwar haben die Darstellungen sowohl der deutschen als auch der französischen - so weit ersichtlich - wenig ergiebigen Rechtsprechung zur Anwendung des ordre public-Vorbehalts auf Umgangsrechtsentscheidungen für eheliche Kinder nach einer Scheidung der Eltern gezeigt, dass der ordre public-Vorbehalt innerhalb der Mitgliedstaaten keine entscheidende Rolle mehr spielt und ein Wegfall dieser Kontrolle möglich sein sollte. Hintergrund dieser Feststellung ist, dass sich die familienrechtlichen Wertvorstellungen in Bezug auf die Scheidung und deren Folgen für eheliche Kinder in den letzten Jahrzehnten angenähert haben und ein derart hohes Maß an Übereinstimmung besteht, dass eine Kontrolle der ausländischen Entscheidung überflüssig erscheint. Dann kann zu Recht auf eine ordre public-Kontrolle verzichtet werden.
Nachdem der Anwendungsbereich der EheVO auf alle Entscheidungen betreffend die elterliche Sorge ausgeweitet werden soll und damit auch Entscheidungen zum Beispiel zum Umgangsrecht des nichtehelichen Vaters darunter fallen, könnten unterschiedliche familienrechtliche Anschauungen jedenfalls in den Mitgliedstaaten zutage treten, deren nationales Recht weiterhin eine Unterscheidungen zwischen der ehelichen und der nichtehelichen Kindschaft vornehmen.

Zusammenfassend ist der Schluss zu ziehen, dass ein vollständiger Wegfall der ordre public-Klausel im Anwendungsbereich des VO-E bedenklich erscheint. Ein Verzicht auf die Kontrolle der Anerkennungsfähigkeit einer mitgliedstaatlichen Umgangsrechtsentscheidung kommt nur dann in Betracht, wenn vorausgesetzt werden kann, dass die vorangegangene Verfahren und auch das angewendete Recht von annähernd gleichen Wertvorstellungen ausgeht. Allein die Darstellungen zum deutschen und französischen Familienrecht[1185] haben gezeigt, dass trotz eines zusammenwachsenden Europas und einer Entwicklung hin zu gemeinsamen Vorstellungen weiterhin bedeutsame Unterschiede bestehen, die sich im Bereich des Umgangsrechts insbesondere bei der Frage der Behandlung nichtehelicher Kinder und deren Eltern zeigen. Da sich der Anwendungsbereich der geplanten Verordnung zum „europäischen Besuchstitel" nicht mehr auf eheliche Kinder beschränken soll, sondern alle Entscheidungen betreffend die elterliche Sorge erfasst werden sollen, ist evident, dass bei der Frage der Behandlung von Umgangsrechten mit nichtehelichen Kindern verschiedene Rechtsansichten aufeinandertreffen werden. Diesen Unterschieden in den nationalen Rechtsordnungen trägt traditionell die ordre public-Kontrolle im Anerkennungsverfahren Rechnung. Seine Abschaffung würde dem Anerkennungsstaat Wertvorstellungen aufzwingen, die seiner Rechtsordnung widersprechen.

[1185] Siehe oben Teil C und D.

Die anfängliche Schnelligkeit, mit der das Maßnahmenprogramm umgesetzt werden sollte, hat sich verlangsamt. Auch der Rat der Europäischen Union geht in seinem Maßnahmenprogramm davon aus, dass vor einer Abschaffung des ordre public eine Harmonisierung der nationalen Rechtsordnungen erforderlich ist. Sie ist in Wirklichkeit unabdingbare Voraussetzung und als solche für Umgangsrechtsstreitigkeiten wie sie die geplante Verordnung erfassen soll, derzeit nicht gegeben.
Im Rahmen des Verordnungsentwurfs zum „europäischen Besuchstitel" zeigt sich diese Zurückhaltung im Kommissionsvorschlag vom 17. Mai 2002, der die Ausnahmeklausel des Art. 13 HKÜ, über den die ordre public-Kontrolle bei der Entscheidung über die Rückgabe des Kindes erfolgt, sowie eine allgemeine ordre public-Klausel aufgrund von nachhaltigem Widerstand vor allem Deutschlands wieder aufgenommen hat.

2. Erforderlichkeit solcher Änderungen?

Nach der Darstellung der Änderungen, die der VO-E gegenüber bestehenden nationalen und internationalen Regelungen herbeiführt, stellt sich die weitergehende Frage, ob - und wenn ja, inwieweit - diese mit dem VO-E zum „europäischen Besuchstitel" angestrebten Änderungen der bestehenden Normensituation erforderlich sind. Mit anderen Worten: ob der geplante „europäische Besuchstitel" geeignet ist, die in der Praxis bestehenden Probleme zu lösen.
Zur Beantwortung dieser Frage werden in einem ersten Schritt Fälle deutsch-französischer Umgangsrechtsstreitfälle dargestellt. Aus der Zusammenschau dieser Beispiele werden die Schwierigkeiten deutlich, die den Betroffenen bei der Ausübung gerichtlich eingeräumter Umgangsrechte im jeweils anderen Land begegnen. Dabei sind einerseits rein praktische und andererseits juristische Probleme zu unterscheiden.

a. Fallbeispiele aus der Praxis

Die nachfolgend ausgewählten Beispiele aus der Rechtspraxis deutsch-französischer Umgangsrechtsstreitfälle sollen einen Eindruck von der Anwendung der bestehenden nationalen, staatsvertraglichen und europäischen Normen durch deutsche und französische Gerichte vermitteln.[1186]

[1186] Sämtliche Darstellungen sind ausschließlich öffentlich zugänglichen Quellen wie Pressemitteilungen, Zeitungsartikeln oder Internetseiten der Interessenverbände entnommen.

(1) Olivier Karrer[1187]

Olivier Karrer, deutsch-französischer Staatsangehöriger, hatte seine deutsche Frau in Hamburg kennen gelernt. Bald nach der Heirat zog das Paar nach Frankreich um. Der gemeinsame Sohn Julian wächst zweisprachig auf, geht in Frankreich zur Vorschule und verbringt mit seiner Mutter regelmäßig mehrere Wochen bei der Großmutter in Hamburg. Als die Ehe in eine Krise gerät, entschloss sich die Ehefrau bei einem weiteren Besuch in Hamburg zur Trennung. Der Ehemann erhielt daraufhin eine „Wahrnehmungsanzeige" des Sozialamtes Hamburg, in der ihm auf Deutsch mitgeteilt wurde, dass er seiner Ehefrau und seinem Sohn zum Unterhalt verpflichtet sei. Es folgt ein Schreiben des Jugendamtes, wonach er Unterhaltszahlungen an die in Vorkasse getretene Behörde zu entrichten habe.

Er fährt nach Hamburg, trifft dort seine Frau, die ihm zusagt, das Kind bald zu ihm reisen zu lassen. Als das Kind nicht bei seinem Vater eintrifft, holt dieser es eigenmächtig zu sich nach Frankreich. Die Mutter schaltet Interpol ein. Dennoch verständigt man sich auf eine einverständliche Scheidung in Frankreich. Als die Mutter im Juni 1999 einen vereinbarten Besuch absagt, reicht Karrer im Juli 1999 in Frankreich die Scheidung „pour faute", nach dem Schuldprinzip, ein. Im August 1999 besucht Julian - der Mutter ist die französische Scheidungsklage nicht zugestellt worden - den Vater. Dieser lehnt am Ende der Besuchszeit die Rückgabe des Kindes ab, um das Sorgerecht in Frankreich regeln lassen zu können. Am nächsten Tag erscheinen zivile Kriminalbeamte und verhaften Karrer mit der Begründung, es läge eine Sorgerechtsentscheidung eines deutschen Gerichtes vor, die Karrer jedoch nie zu sehen bekommt. Karrer verbringt die Nacht zusammen mit seinem Sohn in Polizeigewahrsam und wird am nächsten Tag, bevor er einen Anwalt einschalten kann, von seinem Sohn getrennt. Die Mutter nimmt das Kind zu sich nach Deutschland. Sie hatte bei den deutschen Behörden Strafanzeige erstattet. Zehn Wochen später - im November 1999 - erfährt er, dass das Familiengericht Hamburg bereits im September 1998 seiner Frau tatsächlich vorläufig das alleinige Sorgerecht übertragen hatte.

Bis Mitte 2001 hat Karrer seinen inzwischen sieben Jahre alten Sohn nicht mehr gesehen. Das Kind lebt mit seiner Mutter in Hamburg, der Vater darf einmal pro Woche mit ihm telefonieren.

[1187] Quelle: *FAZ*, 13. Juli 2001, in 783 Tagen einmal - Väter und Mütter aus „binationalen Ehen" beginnen in Berlin einen Hungerstreik, um ihre Kinder wiederzusehen; *Tagesspiegel / Potsdamer Neueste Nachrichten*, 12. Juli 2001, Vater darf sein Kind nicht sehen - Sorgerecht - Ausländische Eltern protestieren gegen Rechtsprechung deutscher Gerichte; *France-Soir*, 13. Juli 2001, Les papas divorcés en grève de la faim; *Der Spiegel*, Nr. 32/2001, Sehnsucht nach Samuel - Väter und Mütter, die ihre vom Partner nach Deutschland entführten Kinder oft jahrelang nicht sehen konnten, protestieren in Berlin gegen deutsche Ämter und Gerichte; eine eigene Darstellung des Betroffenen ist zu finden unter: „www.vaeterinitiative.de/tageb.htm" (Tagebuch - Oliver aus Frankreich).

(2) Hervé Chapelliere[1188]

Hervé Chapelliere sollte nach der Entscheidung eines deutschen Familiengerichts an einem Wochenende pro Monat mit seinem in Deutschland lebenden Sohn Samuel zusammen sein können. Zweimal reiste der Franzose aus Paris an und traf sein Kind. Vor dem dritten Besuch sagte seine ehemalige Lebensgefährtin in einem Brief den Besuchstermin ab. Inzwischen hat Chapelliere seinen Sohn seit vier Jahren nicht mehr gesehen und weiß nicht einmal, wo er wohnt.

(3) Xavier Tinel[1189]

Nach zehn Jahren Ehe kehrte seine deutsche Frau im Juni 1999 mit den zwei damals sechs und neun Jahre alten Kindern nach Deutschland zurück. Xavier Tinel erstattet in Frankreich Anzeige wegen Kindesentführung und stellt beim Justizministerium einen Antrag auf Rückführung der Kinder nach dem Haager Kindesentführungsübereinkommen. Ebenfalls im Juli 1999 sprach ihm eine einstweilige Nichtversöhnungsverfügung eines französischen Gerichts das Sorgerecht (den „gewöhnlichen Aufenthalt") für seine Töchter sowie das alleinige Sorgerecht zu. Dieses Urteil wurde im Juli 1999 insoweit durch das Amtsgericht München bestätigt, als es den Antrag der Mutter auf Übertragung des Sorgerechts ablehnte, die Entführung durch die Mutter und die ausschließliche Zuständigkeit des französischen Gerichts anerkannte, es aber unterließ, die sofortige Rückkehr der Kinder nach dem Haager Kindesentführungsübereinkommen an ihren Wohnort zum Vater anzuordnen. Zwei Monate später sprach sich das Landgericht München gegen eine Rückkehr der Kinder nach Frankreich aus, da diese nicht mehr ihrem Wohl entsprechen würde. Die Situation fährt sich fest.
Im Januar 2000 wird Tinel bei dem Versuch, seine Töchter zu besuchen, in München in Polizeigewahrsam genommen. Seine Frau erklärt daraufhin dem deutschen Gericht, er sei gewalttätig. Eine Rückführung nach dem Haager Kindesentführungsübereinkommen kam daraufhin nicht mehr in Betracht. Zusätzlich schuf die Zeit Fakten: die Kinder hatten sich eingelebt. Seitdem soll er seine Kinder nur noch unter Aufsicht sehen dürfen. Einmal führte er ein dreiminütiges Telefongespräch mit seinen Töchtern. Ein anderes Mal wurde ihm ein eintägiger Besuch bei seinen Kindern erlaubt, allerdings unter der Bedingung,

---

[1188] Quelle: *Der Spiegel* Nr. 32/2001 - Sehnsucht nach Samuel - Väter und Mütter, die ihre vom Partner nach Deutschland entführten Kinder oft jahrelang nicht sehen konnten, protestieren in Berlin gegen deutsche Ämter und Gerichte.

[1189] Quelle: *L'Express*, 8. Juni 2000, L'imbroglio franco-allemand; *Die Welt*, 8. Juni 2000, Was Kinder brauchen - Das Trauma der Vaterentbehrung sollte in Deutschland ernster genommen werden; *Die Welt*, 29. Januar 2000, Élian ist überall - Deutschland, ein Entführungsparadies: Eltern kämpfen mit dubiosen Mitteln um ihre Kinder; *Le Monde*, 8. Juni 2000, L'imbroglio franco-allemand; *taz*, 16. Juni 2000, Entführungsparadies Deutschland?.

dass er einverstanden sei, beaufsichtigt zu werden. Dieses Angebot lehnte Tinel ab. Eine Scheidung wurde bisher nicht ausgesprochen.

(4) Thierry Ridel[1190]

Seit über einem Jahr hat Thierry Ridel keinerlei Nachricht von seiner vierjährigen Tochter. Seine geschiedene deutsche Frau hat das Kind mit nach Deutschland genommen, ohne eine Adresse zu hinterlassen. Der französische Familienrichter legte das vorläufige Sorgerecht am Wohnort des Vaters in Frankreich fest. Den Beschluss stützte das französische Gericht auf Zeugenaussagen der deutschen Familie, die Angst vor einem gewalttätigen Verhalten der Mutter gegenüber dem Kind äußerte. Zwei Tage nachdem die Eltern von dieser Verfügung erfahren entführt die Mutter das Kind bei einem Spaziergang im Saarland.
Ridel erstattet erfolglos Anzeige bei den deutschen Behörden. Die Staatsanwaltschaft in Frankreich lehnt ein Einschreiten mit der Begründung ab, der Fall spiele sich in Deutschland ab. Ridel weiß nicht, wo und unter welchen Bedingungen seine Tochter lebt.

(5) Jean Trillsam[1191]

Das letzte Mal hat Jean Trillsam seine Kinder vor sechs Jahren gesehen. Seither verweigert die deutsche Mutter ihrem früheren Mann das von einem französischen Familienrichter zugesprochenen Besuchsrecht. Demnach darf der Franzose eigentlich einen Teil der Ferien mit den heute 16 und 13 Jahre alten Kindern verbringen. Doch jedes Mal, wenn er sie an ihrem Wohnort in Deutschland abholen will, steht er vor verschlossener Tür.

(6) Guy Claude[1192]

Im August 1995 kehrt seine Frau nach Deutschland zurück und nimmt das Kind mit. Deutsche Gerichte sprechen der Mutter das Sorgerecht, dem Vater ein Besuchsrecht zu. Im März 1998 will Claude seine Tochter in Deutschland besuchen. Seine ehemalige Frau fängt ihn bereits am Bahnhof ab und erklärt ihm, die Tochter sei krank und bleibe deshalb zu Hause. Kaum hat sie sich abgewandt, treten zwei Polizisten in Zivil auf Claude zu, legen ihm Handschellen an und nehmen ihn mit auf das Kommissariat. Ein deutsches Gericht hat Claude rückwirkend zu Unterhaltszahlungen von monatlich 1.400,- DM verurteilt, obwohl das französische Gericht die schuldhafte Scheidung zu Lasten der Mutter ausgesprochen hatte. Claude verbringt 21 Stunden in Polizeigewahrsam bis ein

---

1190 Quelle: *Le Républicain Lorrain*, 6. Juli 2000, Die 4-jährige Céline von ihrer deutschen Mutter gekidnappt.
1191 Quelle: *Hamburger Abendblatt*, 28. Juli 2000, Grenzfälle des Sorgerechts.
1192 Quelle: *Libération*, 1. April 1998, L'imbroglio des divorces franco-allemands.

Richter feststellt, dass das deutsche Unterhaltsurteil vorläufig nicht vollstreckbar sei, da ein Revisionsverfahren anhängig sei.

(7) Pascal Holdry[1193]

Im Jahr 1999 verbringt seine deutsche Frau die Sommerferien mit den gemeinsamen Kindern in Deutschland. Am Ende der Ferien erhält Holdry einen Brief des Amtsgerichts Memmingen, in dem ihm eine Frist von einer Woche gesetzt wird, um auf seine Elternrechte zu verzichten. Holdry geht darauf nicht ein, sondern erreicht vielmehr, dass ihm ein französisches Gericht das Sorgerecht für die Kinder zuspricht. Im Februar 1993 ordnet das Amtsgericht Memmingen daraufhin die Rückkehr der Kinder nach Frankreich nach dem Haager Kindesentführungsübereinkommen von 1980 an. Diese Entscheidung wird nicht vollzogen. Vielmehr beruft sich 1993 das Landgericht Augsburg auf Art. 13 HKÜ, um die Rückkehr der Kinder nach Frankreich abzulehnen, und überträgt das Sorgerecht der Mutter. Zugleich wird das Besuchsrecht des Vaters auf ein Minimum verkürzt.
In sechs Jahren hat Holdry seine Kinder viermal sehen können. Diese Treffen dauerten zusammen sechs Stunden. Dabei hat er festgestellt, dass sie kaum mehr Französisch sprechen. Unterhaltspflichtig ist und bleibt Holdry weiterhin. Mittlerweile bestehen Unterhaltsverpflichtungen von über 40.000,- DM. Bei einer Einreise nach Deutschland droht ihm die Festnahme.

(8) Catherine Laylle[1194]

Bei der Trennung hatten die Eltern eine notarielle Vereinbarung getroffen, wonach die Kinder bei der Mutter leben und die Ferien mit dem Vater in Deutschland verbringen sollten. Im August 1994 kehren die beiden Söhne nach einem Besuch beim Vater in Deutschland nicht zur Mutter zurück. Die Französin, die mittlerweile in Großbritannien lebt, erwirkt beim High Court in London die Anordnung der sofortigen Rückgabe ihrer vom Vater in Deutschland zurückgehaltenen Kinder. Wenige Monate später hingegen entscheidet das OLG Celle, dass die Kinder beim Vater bleiben. Der Mutter wird nur ein minimales Besuchsrecht eingeräumt. Begründet wird dies mit dem „Willen der Kinder“, die im Verfahren angehört wurden. Das deutsche Gericht vertritt die Ansicht, dass selbst das jüngere der beiden Kinder mit sieben Jahren in der Lage sei, sich zu entscheiden, ob es lieber „Fußball spiele oder Judo betreibe...“, dass es also entscheiden könne, wo es leben wolle - beim Vater oder bei der Mutter. Die Rückführungsentscheidung des High Court wurde somit nicht durchgesetzt, der Vater unterbindet fast jegliches Besuchsrecht der Mutter. In sechs Jahren hat Catherine Laylle ihre inzwischen 12 und 14 Jahre alten Söhne 24 Stunden lang gesehen.

[1193] Quelle: *Libération*, 1. April 1998, L'imbroglio des divorces franco-allemands.
[1194] Quelle: *Libération*, 1. April 1998, L'imbroglio des divorces franco-allemands; *Der Spiegel* Nr. 18/2000, Die gestohlenen Kinder.

(9) Antoine Blachier[1195]

Das Ehepaar Blanchier war in Frankreich einvernehmlich geschieden worden. Die Tochter sollte bei der deutschen Mutter bleiben, der französische Vater durfte sie jedes zweite Wochenende und während der Hälfte der Ferien sehen. Drei Tage nach der Scheidung ging seine frühere Frau mit der Tochter nach Deutschland. Auf ihr Betreiben hin untersagte das LG Bonn dem Vater jeglichen Umgang mit dem Kind, wobei es ausdrücklich offen ließ, ob der von der Mutter erhobene Vorwurf des sexuellen Missbrauchs der Tochter objektiv vorliege.

b. Fazit

Die dargestellten Fallbeispiele verdeutlichen, dass die Gewährung und Ausübung von Umgangs- und Besuchsrechten nach der Scheidung oder Trennung der Eltern häufig in einer emotional sehr gespannten Situation stattfinden soll bzw. muss. Die Formen der Umgangsrechtsbeeinträchtigung oder der gänzlichen Vereitelung sind vielfältig.[1196]

Dabei stellen sich Probleme, die ihre Ursachen nicht in erster Linie in der Tatsache haben, dass es sich um grenzüberschreitende Sachverhalte handelt. So ist die Verweigerung eines Elternteils, dem anderen die Ausübung seines ihm aufgrund einer Vereinbarung zwischen den Eltern oder aufgrund gerichtlicher Anordnung zustehenden Umgangsrechts, ein typisches Problem auch in rein innerstaatlichen Umgangsrechtsfällen. Festzuhalten ist jedoch, dass die räumliche Entfernung zwischen den Beteiligten es zum einen teilweise erleichtert, solche Boykottmaßnahmen durchzuführen. Aus der Sicht des Kindes, das seinen im Ausland lebenden Elternteil schon aus Zeit- und Kostengründen wahrscheinlich nicht so oft sehen kann, wie dies der Fall ist, wenn die Eltern beispielsweise in der gleichen Stadt leben, kommt der Faktor Zeit hinzu, der eine Entfremdung fördert. Bei der Suche nach Ansätzen für juristische Lösungen dürfen diese Gesichtspunkte, die ihre Ursachen in erster Linie im zwischenmenschlichen Verhalten haben, nicht gänzlich ignoriert werden.

(1) Rechtsprechung fördert boykottierenden Elternteil

Bei grenzüberschreitenden Sachverhalten ist ein juristischer Aspekt auszumachen, der die Blockademaßnahmen seitens eines Elternteils oftmals fördert und erleichtert. So ergibt sich nach der Rechtsprechung beispielsweise die beschriebene Situation, dass der Vater aufgrund eines französischen Urteils zwar ein Umgangsrecht besitzt, dieses jedoch faktisch dadurch abgeändert werden kann, dass die Mutter vor einem deutschen Gericht eine neue, ihr günstige Sorgerechtsentscheidung erlangt. Diese räumt dem Vater - weil die Mutter ihm ge-

---

[1195] Quelle: *Süddeutsche Zeitung*, 30. November 1998, Sorgerecht: Wenn Deutsche und Franzosen um gemeinsame Kinder streiten.

[1196] Dazu *Klenner* in FamRZ 1995, 1529 ff.

genüber den Vorwurf der Gewalttätigkeit oder des sexuellen Missbrauchs des Kindes erhebt - gleichzeitig kein Besuchsrecht mehr ein. In den Fallbeispielen haben deutsche Gerichte die Situation ferner dadurch verkompliziert, dass sie - gestützt auf 13 HKÜ - die sofortige Rückgabe des Kindes verweigert haben. In der Folge wurde vorangegangene französische Sorgerechtsentscheidung zu Gunsten des in Deutschland lebenden Elternteils abgeändert und dabei dem ursprünglichen Sorgerechtsinhaber nur noch ein minimales Umgangsrecht eingeräumt.

Eine fehlerhafte Anwendung bestehender Normen, insbesondere des Haager Kindesentführungsübereinkommens, durch die Gerichte ist festzustellen, wenn diese nicht die sofortige Rückkehr der Kinder anordnen, obwohl die Voraussetzungen dafür vorliegen. Dadurch werden erstens durch Zeitablauf Fakten geschaffen, so dass eine Rückführung der Kinder immer weniger in Betracht kommt. Hinzu kommt die weite Auslegung des Art. 13 HKÜ zu Gunsten des deutschen Elternteils, derzufolge in den genannten Fällen von der Prämisse ausgegangen wird, dass es grundsätzlich nicht dem Wohl des Kindes entspricht, zu dem ausländischen Elternteil zurückzukehren - auch wenn das Kind selbst beide Nationalitäten besitzt. Das HKÜ verlangt vor allem die sofortige Rückkehr. Wenn deutsche Gerichte aber erst anfangen zu überprüfen, ob es nicht gute Gründe geben könnte, aus denen ein Elternteil ein Kind entführt haben könnte, dann bleiben die Kinder durch das verlängerte Verfahren so lange in Deutschland, dass man sie kaum mehr zurückschicken kann, weil es sich im neuen Umfeld eingewöhnt hat. Das HKÜ aber wollte genau diesen Fall vermeiden: das HKÜ ist kein Sorgerechtsabkommen. Die Klärung des Sorgerechts bleibt einem separaten Verfahren vorbehalten. Ziel des HKÜ ist vielmehr, dass Eltern den Aufenthalt ihrer Kinder nicht nach dem Faustrecht bestimmen können.[1197]

Deutsche Gerichte legen die Vorbehaltsklausel des Art. 13 HKÜ weiter aus als Gerichte anderer Länder. Die französische Rechtsprechung verweigert die Rückkehr des Kindes nur, wenn es konkrete Gewaltandrohungen gegenüber dem Kind gibt, die deutschen Gerichte dagegen prüfen mögliche Vorwürfe, die von dem deutschen Elternteil erhoben werden. Dadurch verzögert sich das Verfahren.

Als problematisch zu beurteilen ist ferner die juristische Möglichkeit, gegen ein Urteil Berufung einzulegen, das eigentlich die Rückführung nach dem HKÜ anordnet. Dadurch wird der Zweck des Abkommens unterlaufen und wiederum werden durch Zeitablauf Fakten geschaffen. Dem Berufungsgericht ist es dann

---

[1197] *taz*, 16. Juni 2000, Entführungsparadies Deutschland?; zur insoweit bedenklichen Tendenz in der Rechtsprechung des EGMR, bei der Anwendung des HKÜ ebenfalls nicht mehr streng zwischen der Sorge- bzw. Umgangsrechtsentscheidung und der Rückführungsanordnung zu entscheiden vgl. *Schulz* in FamRZ 2001, 1420 zu EGMR, Fall Ignacollo-Zenide gegen Rumänien, v. 25.1.2000.

ein Leichtes, die Rückführung aus Kindeswohlgründen abzulehnen, da sich die Kinder durch Zeitablauf mittlerweile in ihrer neuen Umgebung eingelebt haben.

(2) Umstrittene Praxis der Anhörung des Kindes

Kritikwürdig ist auch die Praxis deutscher Gerichte, als Begründung für die Verweigerung der Rückgabe den Willen des Kindes vorzuschieben, ohne dabei eine eventuelle Manipulation durch den von der Rückführung belasteten Elternteil zu berücksichtigen. Diese Problematik hat jedoch ihren Grund nicht in der Besonderheit grenzüberschreitender Sachverhalte, sie findet sich auch in rein nationalen Umgangsrechtsstreitigkeiten.[1198] Sie kann aber in deutsch-französischen Umgangsfällen durch die weite räumliche Entfernung der Eltern verstärkt werden. Dies macht dem Kind die Entscheidung, bei wem es wohnen möchte und welchem Elternteil demzufolge nur ein Umgangsrecht eingeräumt werden soll, noch schwerer, dann es muss sich noch mehr für einen Elternteil als für den anderen entscheiden soll, als wenn beide Eltern in derselben Stadt leben. Bei weiteren Entfernungen sind regelmäßige Wochenendbesuche schon aus Kostengründen schwieriger zu organisieren.

(3) Fehlende Angaben zum momentanen Aufenthalt des Kindes

Rein praktischer Art und kein Spezifikum grenzüberschreitender Umgangsrechtsstreitigkeiten ist das Problem der Nichtdurchsetzbarkeit einer Umgangsrechtsentscheidung, wenn ein Elternteil mit dem Kind verschwindet, ohne eine Adresse zu hinterlassen.

(4) Koppelung von Versagung des Umgangsrechts mit ausbleibenden Unterhaltszahlungen

Aus dem Fallbeispielen wird deutlich, dass bei den Betroffenen häufig der Eindruck entsteht, fehlende Unterhaltszahlungen führten vermehrt zu einer Versagung des Umgangsrechts. Diese ist jedoch eine stark subjektiv geprägte Erfahrung der Betroffenen, die durch die ständige Rechtsprechung weder in Deutschland noch in Frankreich bestätigt wird. Ganz im Gegenteil werden Fragen der Unterhaltszahlung und des Umgangs streng getrennt. Nach einer früheren, zum Teil auch in der Rechtsprechung vertretenen Ansicht sollten zwar ausbleibende Unterhaltszahlungen gegen die Zuverlässigkeit des betroffenen Elternteils und damit gegen seine Eignung zur Ausübung des Umgangsrechts zu werten sein. Ganz anders argumentieren die Gerichte heute. Ein Ausschluss des Umgangsrechts ist in beiden Staaten stets nur unter außergewöhnlichen Umständen möglich. Insbesondere die französische Rechtsprechung geht in diesem Punkt sehr weit und gesteht auch dann dem Elternteil noch ein Umgangsrecht zu, wenn dieses zu seiner - nicht des Kindes (!) - Therapie erforderlich erscheint.

[1198] Dazu *Weisbrodt* in JAmt (DAVorm) 2001, 508.

Fast gewinnt man den Eindruck, dass im Ausnahmefall sogar das Kindeswohl zurückstehen muss. Aber auch die deutsche Rechtsprechung nimmt fehlende Unterhaltszahlungen nicht zum Anlass, das Umgangsrecht zu verweigern. Eine Versagung des Umgangs darf nur noch ultima ratio sein - allein finanzielle Gründe erfüllen diese Voraussetzung nicht.

(5) Vollstreckung nicht gegen den Willen der Beteiligten

Das eigentliche Vollstreckungsverfahren richtet sich nach dem VO-E als hoheitlicher Akt nach innerstaatlichem Recht. Hierzu sieht zum Beispiel § 33 FGG vor, dass eine gewaltsame Durchsetzung des Umgangsrechts gegenüber dem Kind nicht in Betracht kommt. Auch dies verdeutlicht eines der Hauptprobleme im Zusammenhang mit Umgangsrechtsentscheidungen: sie sind nicht erzwingbar, anders als eine unbestrittene Zahlungsforderung. Auch die nationalen Rechtsordnungen bieten an diesem Punkt keinen Ausweg. Verweigert sich insbesondere das Kind, können weder zivilrechtliche oder strafrechtliche Mittel zur Erzwingung des Umgangs eingesetzt werden.

3. „Europäischer Besuchstitel“ als mögliche Lösung?

Das aus den Fallbeispielen ersichtliche Fazit verdeutlicht, dass die Ursachen der heute in der Praxis drängenden Probleme im Rahmen von Umgangsrechtstreitigkeiten sowohl im juristischen als auch, wenn nicht überwiegend, im zwischenmenschlichen Bereich liegen. Dies liegt in erster Linie daran, dass die Durchsetzung von Umgangsrechtsegelungen die Besonderheit aufweist, dass ein Minimum an Mitwirkung der Beteiligten verlangt wird. Wird diese zwingende Mitwirkung verweigert, ist der Weg bis zum Umgangsboykott nicht mehr weit und häufig auch nicht schwierig. Ansatzweise können jedoch juristische Regelungen dazu beitragen, diesen Umgangsboykott zumindest nicht noch zu fördern. So sollte die Möglichkeit unterbunden werden, einander widersprechende Entscheidungen mitgliedstaatlicher Gerichte erlangen zu können. Die Lösung liegt hierbei in abschließenden verbindlichen Regelungen zur internationalen Zuständigkeit, die dazu zwingen, die Rechtshängigkeit eines Sorge- oder Umgangsrechtsverfahrens in einem anderen Mitgliedstaat zu beachten. Andere, auf persönlichen Befindlichkeiten beruhende Ursachen sind einer rechtlichen Regelung kaum zugänglich. Das hierzu vorgeschlagene Mediationsverfahren als Form der außergerichtlichen Streitbeilegung oder auch die Besetzung des Familiengerichts mit Laienrichtern sind in erster Linie personalintensiv und können schon aus diesem Grunde nur begleitende Maßnahmen sein.
Der VO-E zum „europäischen Besuchstitel“ sieht Regelungen vor, die geeignet sind, bestimmte Verhaltensweisen bei der Umgangsvereitelung durch einen Elternteil zumindest zu erschweren. Die Festlegung eines einheitlichen Gerichtsstandes sollte zukünftig einander widersprechende Entscheidungen verhindern. Die neue eingeschränkte Regelung im Kommissionsvorschlag vom 17. Mai

2002 stellt sicher, dass eine Kindeswohlprüfung stets erfolgen kann. Die Rückgabeverweigerung hat jedoch nur vorläufigen Charakter. Dies macht es dem Elternteil, der das Kind entführt oder widerrechtlich zurückbehalten hat, unmöglich, aus dieser mit Gewalt geschaffenen Situation Profit zu ziehen, denn es ist nicht mehr möglich, im Zufluchtsstaat eine abändernde Sorgerechtsentscheidung zu erreichen. Die Zuständigkeit für die Sorgerechtsentscheidung verbleibt bei den Gerichten des Herkunftslandes, auch wenn sich das Kind noch in einem andern Mitgliedstaat befindet.

a. Einheitliche internationale Zuständigkeitsregelung

Die Bestimmung der EheVO zu einer einheitlichen Regelung der internationalen Zuständigkeit, die durch den Kommissionsvorschlag vom 17. Mai 2002 auch auf Entscheidungen betreffend die elterliche Verantwortung ausgedehnt werden sollen, sehen als einzig international zuständiges Gericht das Gericht des letzten gemeinsamen ehelichen Wohnsitzes vor der Scheidung vor. Diese Regelung ist zu begrüßen. Sie entspricht denen des Kinderschutzübereinkommens von 1996. Damit werden einander widersprechende Entscheidungen in Deutschland und Frankreich verhindert, denn das später angerufene Gericht - sei es in Frankreich oder in Deutschland - muss sich zwingend für international unzuständig erklären. Zu parallel rechtshängigen Verfahren über das Umgangsrecht in verschiedenen Mitgliedstaaten sollte es aus diesem Grund nicht mehr kommen.

b. Nur vorläufige Rückgabeverweigerung der Gerichte

Das Verhältnis des in der heutigen Rechtsprechungspraxis in seiner Auslegung umstrittenen Art. 13 HKÜ zu den Vorschriften des VO-E regelte Art. 11 VO-E in seiner ursprünglichen Fassung wie folgt: die zuständigen Behörden des Aufenthaltstaates des Kindes hatten die sofortige Rückgabe des Kindes anzuordnen, ohne dass der Umgangsberechtigte dagegen Einspruch erheben konnte, indem er etwa geltend machte, dass eine Klage nach Art. 5 VO-E anhängig sei, in diesem Staat eine Sorgerechtsentscheidung zu seinen Gunsten bestehe oder dort anerkannt werden könnte, oder indem er sich auf Art. 13 HKÜ berufen konnte. Damit sollte verhindert werden, dass durch eine Geltendmachung der Ausnahmevorschrift des Art. 13 HKÜ das Verfahren in die Länge gezogen wird, da sämtliche, vom die Rückgabe des Kindes verhindern wollenden Elternteil vorgebrachten Vorwürfe vom Gericht geprüft werden müssen.
Mit der Regelung des Art. 11 VO-E sollte - ähnlich den Vorschriften zur internationalen Zuständigkeit - vermieden werden, dass dem das Umgangsrecht boykottierenden Elternteil auch noch ein juristisches Mittel in die Hand gegeben wird, die durch Faustrecht geschaffene Lage auf Dauer beizubehalten, was letztendlich zu Lasten des Umgangsberechtigten geht. Allerdings sah Art. 4 VO-E als Versagungsgrund der Vollstreckung einer Umgangsrechtsentscheidung das Vorliegen neuer Umstände vor, aufgrund derer die Ausübung des Umgangs-

rechts mit einer schwerwiegenden und unmittelbaren Gefahr für die körperliche und seelische Gesundheit des Kindes verbunden ist.
Der Kommissionsvorschlag vom 17. Mai 2002 geht nunmehr mit der Wiedereinführung einer dem Art. 13 Abs. 1 lit. b) HKÜ nachgebildeten Regelung einen anderen Weg. Die Gerichte des Staates, in dem das Kind am Ende der Besuchszeit widerrechtlich zurückgehalten wird, dürfen die Rückgabe nur vorläufig verweigern. Sie sind international nicht für die Entscheidung über die endgültige Versagung der Rückführung zuständig. Diese Entscheidungskompetenz verbleibt vielmehr bei der Gerichten des Herkunftsstaates, auch wenn sich das Kind noch im anderen Mitgliedstaat befindet. Sollte die Sorgerechtsentscheidung die Rückgabe des Kindes anordnen, wird das Kind zurückgegeben, ohne dass es im Mitgliedstaat, in den das Kind entführt wurde, eines besonderen Verfahrens zur Anerkennung oder Vollstreckung bedarf. Das Exequaturverfahren ist damit nur insoweit entbehrlich, als es um die Rückgabe des Kindes geht.
Damit könnte dem faktischen Missbrauch der Ausnahmeklausel des Art. 13 HKÜ ein Riegel vorgeschoben werden. Den Gerichten am Zufluchtsort steht zwar schon jetzt nach dem HKÜ ausdrücklich keine Abänderungszuständigkeit für die in einem anderen Mitgliedstaat ergangene Sorgerechts- und Umgangsrechtsentscheidung zu, in der Praxis wird dies jedoch ignoriert. Es wäre ein Verdienst des VO-E, wenn auf diesem Wege letztendlich den Regelungen des HKÜ Geltung verschafft würde.

c. Anhörung des Kindes

Der ursprüngliche VO-E sah keine weiteren Mechanismen zur Frage der Beurteilung einer Anhörung des Kindes im Verfahren vor. Zwar war eine solche im Sinn der Wahrung der Interessen des Kindes angezeigt. Die tatrichterliche Würdigung jedoch unterlag jeden Gericht entsprechend seiner lex fori. Im Kommissionsvorschlag vom 17. Mai 2002 ist die Anhörung des Kindes ebenfalls ausdrücklich vorgesehen (Art. 4). Jedes Kind hat demnach das Recht, in es betreffenden Fragen der elterlichen Verantwortung seinem Alter und seiner Reife nach entsprechend gehört zu werden. Die Anhörung muss - wenn dies aufgrund des Alters und der Reife des Kindes angemessen erscheint - gemäß Art. 46 und 47 des Kommissionsvorschlags vom 17. Mai 2002 zwingend durchgeführt worden sein bevor das erstentscheidende Gericht eine Bescheinigung über das Umgangsrecht oder die Rückführungsanordnung nach einer Entführung oder Zurückhaltung des Kindes ausstellt. Zur Durchführung der Anhörung des Kindes können die Kooperationsmechanismen der BeweisVO[1199] herangezogen werden. Diese regelt den direkten Geschäftsverkehr der Gerichte der Mitglied-

[1199] Verordnung (EG) Nr. 1206/2001 des Rates vom 28. Mai 2001 über die Zusammenarbeit zwischen den Gerichten der Mitgliedstaaten auf dem Gebiet der Beweisaufnahme in Zivil- und Handelssachen, ABl. EG vom 27. Juni 2001 L 174, S. 1 ff.

staaten untereinander. Das Ersuchen um eine Beweisaufnahme erfolgt nach dem Recht des ersuchten Mitgliedstaates.[1200] Damit wird auf das innerstaatliche Prozessrecht verwiesen. Eine Lösung für die mit der Anhörung von Kindern verbundenen tatsächlichen Schwierigkeiten wie die Bewertung ihrer Einsichtsfähigkeit und die Nichtbeeinflussung durch die Eltern bietet die BeweisVO ebenso wenig wie der VO-E. Sie stellt nur sicher, dass eine Beweisaufnahme auch durchgeführt werden kann, wenn sich das Kind (noch) in einem anderen Mitgliedstaat aufhält. Lösungsansätze und praktische Handhabung der Anhörung von Kindern müssen im nationalen Recht gefunden werden.

Die zwingend vorgeschriebene Anhörung des Kindes kann einerseits als nachteilig angesehen werden. Sie bedeutet für das Kind eine Belastung, zum Teil kann sie für das Gericht wenig ergiebig sein, gerade wenn es sich um kleinere Kinder handelt. Außerdem besteht die Gefahr, dass das Kind von einem Elternteil beeinflusst worden ist. Dies erschwert die Arbeit des Gerichtes, als es sich zunächst über die wahren Gründe und den wirklichen Gehalt der Aussage des Kindes klar werden muss. Die Beweismittel sind in dieser Hinsicht aus der Natur der Sache heraus beschränkt.

Auf der anderen Seite dient die Anhörung des Kindes sehr wohl der Sachaufklärung. Daneben stellt sie das rechtliche Gehör des Kindes sicher. Sie ist damit ein Stück Umsetzung der Kinderrechte. Sie ist ein wesentliches Erkenntnismittel, ohne dessen Einsatz eine Analyse der familiären Verhältnisse oft unvollständig bliebe. Dann ist es Aufgabe des Familienrichters, das Verfahrensmittel optimal auszuschöpfen und sich dabei auch der Schwächen bewusst zu sein.

d. Angaben zum Aufenthaltsort des Kindes

Der Kommissionsvorschlag vom 17. Mai 2002 sieht im Rahmen der behördlichen Zusammenarbeit konkrete Maßnahmen zur Ermittlung des Aufenthaltsorts des Kindes vor. U.a. sind die zentralen Behörden angehalten, alle erforderlichen Maßnahmen zu ergreifen, einschließlich der Einleitung eines auf die Rückgabe des Kindes gerichteten Verfahrens, um den Aufenthaltsort des Kindes ausfindig zu machen [Art. 57 lit. c)]. Die Träger der elterlichen Verantwortung können diesbezüglich einen Antrag auf Unterstützung bei der zentralen Behörde stellen (Art. 58). Diese erfolgt für den Antragsteller kostenfrei. Dies würde in vielen Fällen bedeuten, dass durch die Information über den Aufenthalt des Kindes ein Verfahren, dass auf die Rückkehr des entführten Kindes gerichtet ist, überhaupt erst in Gang gesetzt werden kann. Kann der betroffene Elternteil noch nicht einmal angeben, in welchem Land sich das Kind befindet, wird kein Gericht dieses Landes seine Zuständigkeit bejahen.

[1200] Vgl. Art. 10 Abs. 2 BeweisVO.

e. Vollstreckung nicht gegen den Willen der Beteiligten

Die Vollstreckung erfolgt stets nach nationalem Recht. Für Deutschland richtet sich die Vollstreckung von Umgangsentscheidungen nach dem FGG. Die Vollstreckung erfolgt auf Ersuchen des Familiengerichts, das ein Zwangsgeld androhen kann. Anders als bei der Vollstreckung wegen Geldforderungen kommt es bei der Durchsetzung von Umgangsentscheidungen maßgeblich auf die unmittelbare Zwangseinwirkung auf den Schuldner an. Bei der Vollstreckung von Umgangsentscheidungen spielt neben dem Familiengericht die Unterstützung durch das Jugendamt eine entscheidende Rolle.

Zu dieser Problematik verhält sich der VO-E nicht. Damit wird in Kauf genommen, dass es zu Abweichungen im Vollstreckungsverfahren kommen kann. Dieselbe Position vertritt das KSÜ. Bei dessen Ausarbeitung war man sich des Problems der Vollstreckung von Umgangsrechten gegen den Willen der Beteiligten bewusst. Die Vertragsstaaten waren sich jedoch darüber einig, dass in dieser Hinsicht die gleichen Schwierigkeiten zu bewältigen sind wie bei rein innerstaatlichen Sachverhalten. Die Entscheidung sollte damit den nationalen Gerichten verbunden mit dem ihnen dabei zustehenden Ermessen überlassen werden. Die gleichen Abstriche müssen beim VO-E gemacht werden. Eine gemeinschaftsweite einheitliche Lösung stößt hier an ihre Grenzen.

4. Weitere Lösungsansätze

Der VO-E in der Fassung des Kommissionsvorschlags vom 17. Mai 2002 enthält Ansatzpunkte, die geeignet erscheinen, die Blockadesituation zwischen den geschiedenen Eltern zumindest nicht noch zu verstärken. Dies wird erreicht durch die Festlegung eines einheitlichen Gerichtsstandes für Sorge- und Umgangsrechtsentscheidungen. Gegensätzliche Entscheidungen aus verschiedenen Mitgliedstaaten sollten nicht mehr ergehen können, weil die anderweitige Rechtshängigkeit eines Umgangsrechtsverfahrens vor dem Gericht eines anderen Mitgliedstaates zwingend zu beachten ist. Durch die nur vorläufige Verweigerung der Rückgabe des Kindes kann das Gericht am neuen Aufenthaltsort des Kindes die im anderen Mitgliedstaate ergangene Sorge- und Umgangsrechtsentscheidung nicht eigenmächtig abändern. Dies sind die Ansatzpunkte, durch die der VO-E Verbesserungen in deutsch-französischen Umgangsrechtsstreitigkeiten bringen könnte. Daneben bleiben jedoch Möglichkeiten der Behinderung des Umgangs und der Umgangsvereitelung bestehen, denen mit reinen Vollstreckungsregelungen kaum Rechnung getragen werden kann.

So wird als grundlegendes Problem immer wieder angeführt, dass die Eltern nicht mehr miteinander reden. Dies macht eine einvernehmliche Einigung ohne Intervention Dritter unmöglich. Die Eltern, die selbst häufig mit der Situation vor, während und nach einer Scheidung oder Trennung überfordert sind, bedenken nicht mehr, dass sie um ein Recht des Kindes, sein Recht auf Umgang mit beiden Elternteilen, streiten und nicht um ihr eigenes Recht. Das Kindeswohl bleibt dabei auf der Strecke. Das Kind auf der anderen nimmt den Streit zwischen den Eltern wahr, auch wenn die Eltern versuchen, es herauszuhalten. Das Dilemma, in dem sich das Kind befindet, tritt bei der vermeintlich den Interessen des Kindes dienenden gerichtlichen Anhörungen zutage. Sie stürzt das Kind in einer Vielzahl von Fällen erst recht in einen unlösbaren Konflikt, wenn es sich eigentlich gar nicht für einen und damit gegen den anderen Elternteil entscheiden will. Den Gerichten bereitet es zumeist erhebliche Schwierigkeiten, in dieser Situation den wahren Willen des Kindes zu erforschen. Denn dieser Wille ist beeinflussbar und kann vor Gericht aus Angst, einen Elternteil zurückzuweisen, nicht dem wirklichen Willen entsprechen. Dass das Kind mit dieser Entscheidung überfordert ist, muss nicht unbedingt eine Frage des Alters sein. Die Entscheidung, bei welchem Elternteil das Kind wohnen wird, wiegt in grenzüberschreitenden Sachverhalten um so schwerer, als die Besuchszeiten aufgrund der räumlichen Entfernungen meistens wenn nicht kürzer, so doch in weniger häufigen Abständen stattfinden als in den Fällen, in denen die geschiedenen Eltern noch in derselben Stadt leben. Hinzu treten bei weiten Entfernungen der Wohnorte der Eltern finanzielle Fragen.

a. Mediation

Die Justizminister Deutschlands und Frankreichs haben die Idee einer internationalen Schlichtung aufgegriffen und im März 1999 eine Deutsch-Französische Parlamentarische Mediatorengruppe bestehend aus jeweils drei deutschen und drei französischen Angeordneten eingesetzt. Die Mediatoren sollen das Augenmerk der zerstrittenen Eltern auf das Kindeswohl lenken und so die Eltern wieder an einen Tisch bringen.[1201] Die Eltern sollen zunächst einmal wieder miteinander reden. Im Interesse des Kindes sollen gerichtliche Entscheidungen überflüssig gemacht bzw. umgesetzt werden. Die Mediatorengruppe wird auf deutscher Seite seit dem 1. Oktober 2000 vom „Arbeitsstab zur Beilegung internationaler Konflikte in Kindschaftssachen" im Bundesministerium der Justiz unterstützt, auf französischer Seite vom „Secrétariat général de la Commission de médiation" im französischen Justizministerium.

Ein „europäischer Besuchstitel" würde zwar eine Verfahrensbeschleunigung bewirken, nicht aber Probleme beseitigen, die auf persönlichen Befindlichkeiten der Beteiligten beruhen und sich in der Phase der Vollstreckung der Umgangsrechtsentscheidung auswirken, wenn nämlich der Besuch beim Kind oder das Abholen des Kindes verweigert wird oder wenn das Kind selbst den Umgang ablehnt. Ursachen hierfür bestehen meist schon am Anfang eines gerichtlichen Verfahrens. Eine mögliche Konfliktlösung kann nicht in Maßnahmen bestehen,

---

[1201] So der *Zwischenbericht der deutschen Mitglieder* der Deutsch-Französischen Mediatorengruppe vom 8. März 2001, S. 2.

die erst im späteren Verfahrensstadium der Vollstreckung einer gerichtlichen Entscheidung einsetzen.
Ein Lösungsvorschlag könnte in der Mediation als Form der außergerichtlichen Streitbeilegung liegen, die im frühestmöglichen Verfahrenszeitpunkt einsetzen sollte.
Aufgabe der Mediatoren ist es, in deutsch-französischen Sorge- und Umgangsrechtsfällen von Fall zu Fall zu prüfen, welche Art von Engagement erfolgversprechend erscheint. Eine denkbare Form der Vermittlung kann in einem Gespräch mit den Eltern bestehen, in dem die Mediatoren mit den Eltern eine für beide Seiten akzeptable Lösung des Umgangsrechts erarbeiten. Die Mediatorengruppe benennt auf Wunsch der Eltern auch berufliche Mediatoren und hilft, erste Kontakte zwischen den Eltern wieder herzustellen. Die parlamentarische Mediatorengruppe ist selbst nicht entscheidungsbefugt, sondern kann nur Lösungsvorschläge auf der Basis eines Konsenses formulieren.[1202]
Eine Mediation ist nur möglich, wenn beide Elternteile einverstanden sind. Bei schon oder noch rechtshängigen Umgangsrechtsverfahren ist erforderlich, dass sich die Beteiligten mit dem Ruhen des gerichtlichen Verfahrens für die Dauer der Mediation einverstanden erklären. Der Stand der gerichtlichen Verfahren wird auf deutscher Seite durch die jeweiligen Justizministerien bzw. deren Arbeitsstäbe ermittelt.
Stimmen beide Elternteile der Durchführung eines Mediationsversuchs zu, erarbeiten je nach Sach- und Rechtslage der Arbeitsstab des Bundesjustizministeriums und/oder der französische Generalsekretär ein Dossier der tatsächlichen und rechtlichen Hintergründe des Konflikts für die Mediatorengruppe. Dieses Ergebnis wird in der Mediatorengruppe erörtert und die weitere Vorgehensweise beraten. Je ein französisches und ein deutsches Mitglied der Gruppe versuchen anschließend, im persönlichen Gespräch mit den Eltern das angestrebte Ziel der Einigung herauszufiltern.
Kann eine einvernehmliche Regelung herbeigeführt werden, werden die vereinbarten Maßnahmen wiederum mit Hilfe des Arbeitsstabes im Bundesjustizministerium oder des französischen Generalsekretärs umgesetzt.
Von den deutschen Teilnehmern der Mediatorengruppe wird der VO-E zum „europäischen Besuchstitel“ als eine von mehreren begrüßenswerten Maßnahmen zur Verbesserung der Konfliktbewältigung deutsch-französischer Umgangsrechtsstreitigkeiten angesehen. So kann zum Beispiel eine einheitliche Zuständigkeitsnorm einander widersprechende Entscheidungen in Deutschland und Frankreich verhindern, welche - wie oben dargestellt - durchaus dazu geeignet sind, den das Umgangsrecht verweigernden Elternteil in seinem Verhalten zu bestärken. Denn liegen erst einmal - womöglich auch noch entgegengesetzte -

---

[1202] *Astarg* in DEuFamR 2000, 263 (265).

gerichtliche Entscheidungen vor, fällt es den Beteiligten schwer, von der ihnen zuerkannten Rechtsposition zu Gunsten der anderen Partei abzuweichen.
Eine binationale Mediation soll und kann jedoch nur eine vorübergehende Maßnahme sein. Wesentliche Schwierigkeiten ergeben sich aus dem großen Finanz- und Zeitaufwand für die Parlamentarier. Es können nur einzelne Fälle bearbeitet werden. Langfristig soll die Zusammenarbeit der deutschen und französischen Parlamentarier zu einem besseren Verständnis des jeweiligen Rechtssystems beitragen und so eine Annäherung in den Sorge- und Umgangsrechtsverfahren in Deutschland und Frankreich herbeiführen.[1203] Zu einem späteren Zeitpunkt erscheint es wünschenswert, dass die Mediation von Experten des Familienrechts übernommen wird und eine rechtliche Grundlage für das Verfahren zur Verfügung gestellt wird. Jedoch ist darauf hinzuweisen, dass eine binationale Mediation nicht dazu führen darf, dass das Beschleunigungsgebot des HKÜ dadurch missachtet wird, dass die Rückführung des Kindes durch Mediationsverhandlungen verzögert wird.[1204]

b. Laienrichter am Familiengericht

Als weitere Maßnahme zur Beilegung grenzüberschreitender Kindschaftsstreitigkeiten könnte ein Vorschlag aus den Reihen des Bundestages gewertet werden, der die Einführung eines Laienrichtersystems bei den Familiengerichten vorsieht.[1205] Von diesem Gesetzesvorschlag versprechen sich die Initiatoren eine

---

[1203] *Astarg* in DEuFamR 2000, 263 (265).
[1204] *Astarg* in DEuFamR 2000, 263 (265).
[1205] Gesetzesinitiative der SPD-Bundestagsabgeordneten *Margot von Renesse*, Bochum, und der Rechtsanwältin *Dr. Kerstin Niethammer-Jürgens*, Berlin, im Hinblick auf die Verfahren auf Rückführung gemäß des Übereinkommens über die zivilrechtlichen Aspekte internationaler Kindesentführung (HKÜ) für die Bundesrepublik Deutschland, in Kraft getreten am 1. Dezember 1990, zu finden unter: http://www.pappa.com/kinder/US-BRD-Initiative.htm; dazu sollen die zentralen verfahrensrechtlichen Vorschriften zur Durchführung des HKÜ, die sich im SorgeRÜbkAG vom 13. April 1999 finden, geändert werden. § 6 SorgeRÜbkAG enthält allgemeine Verfahrensvorschriften und soll durch folgenden Abs. 2 ergänzt werden: „(2) Das Familiengericht entscheidet als Spruchkörper, bestehend aus dem Richter beim Familiengericht als Vorsitzendem und zwei Laienrichtern, wobei eine dieser Personen der Konsularabteilung in Deutschland des anderen Vertragsstaates und der zweite Richter einer internationalen, mit Kindesschutzrechten befassten Organisation angehören soll. Beide Richter müssen die deutsche Staatsangehörigkeit besitzen. Die Laienrichter üben während des Verfahrens das Richteramt in vollem Umfang und mit gleichem Stimmrecht wie die Richter beim Amtsgericht aus und nehmen auch an den im Laufe einer mündlichen Verhandlung zu erlassenden Entscheidungen teil. Die Zentrale Behörde stellt in jedem 4. Jahr eine Vorschlagliste für die Laienrichter auf. Die erforderliche Zahl der Laienrichter wird durch die Präsidenten der gem. § 5 zuständigen Amtsgerichte bestimmt."
§ 3 SorgeRÜbkAG soll wie folgt ergänzt werden: „(4) Die zentrale Behörde stellt in jedem 4. Jahr eine Vorschlagsliste für die Laienrichter gem. § 6 auf."

erhöhte Objektivität, ein besseres Verständnis des anderen Rechtssystems und eine Beschleunigung des Verfahrens.

(1) Vorschlag

Die zur Zeit allein tätigen Familienrichter benötigten Entscheidungshilfen und eine Teilung der Verantwortung, insbesondere im Hinblick auf die Auslegung und Anwendung von Art. 13 HKÜ.
Der Vorschlag basiert auf der Beteiligung von Personen, die einerseits ihr Heimatrecht als das Recht des Landes kennen, aus der die Entziehung bzw. Zurückhaltung erfolgt und dadurch andererseits die Stellungnahmen, eidesstattlichen Versicherungen und vorgelegte Bescheinigungen im Hinblick auf Art. 13 HKÜ besser einzuordnen wissen. Durch die gemeinsame Verantwortung von drei Richtern könnten aufwendige Gutachten und die Einschaltung des Jugendamtes vermieden werden - Instrumente, die dem Richter, der häufig mit den zumeist nicht rein rechtlichen Fragen überfordert ist, heute bei seiner Entscheidungsfindung unterstützen. Durch eine Besetzung mit Laienrichtern entstehe keine größere finanzielle Belastung, zumal sowohl die ausländischen Konsularabteilungen als auch die internationalen Organisationen, die Laienrichter vorschlagen können, nicht unbedingt aus der deutschen Staatskasse bezahlt werden müssen, so die Auffassung der Gesetzesinitiatoren.

(2) Kritik

Kritisch zu hinterfragen ist jedoch, ob mit diesem Vorschlag tatsächlich eine Verfahrensbeschleunigung erreicht werden kann. Dagegen spricht zum einen die Beteiligung einer größeren Anzahl von Richtern bzw. Laienrichtern. Der Familienrichter, der sich heute durch Sachverständigengutachten die für die Entscheidung erforderlichen Kenntnisse des ausländischen Rechts erst verschaffen muss, muss dies auch tun, wenn ihm die Kenntnisse von einem Laienrichter vermittelt werden müssen. Unbesehen übernehmen kann er eine Rechtsauskunft oder -ansicht in keinem Fall. Die Laienrichter können nicht an Stelle des Berufsrichters entscheiden. Damit wird auch hier eine erneute Prüfung erforderlich. Dies verdeutlicht, dass nur durch eigene, vorhandene Kenntnisse fremden Rechts, vorrangig durch Studienaufenthalte im Ausland, der zuständige Richter die notwendigen Einblicke in das fremde anzuwendende Recht erhalten kann. Jede andere Art der Vermittlung von Kenntnissen bedeutet einen großen Zeitaufwand.
Hinzu kommt ein hoher zeitlicher und personeller Aufwand für die Besetzung der Laienrichterstellen. Die Finanzierung ist bisher nicht geklärt. Zu denken ist insbesondere an die hohe Mobilität, die von den Laienrichtern erwartet werden dürfte, die daneben einer anderen Berufstätigkeit nachgehen. Gefordert wird zudem, dass die Laienrichter die deutsche Staatsangehörigkeit besitzen müssen. Dies bedeutet eine weitere Verengung der Zulassungsvoraussetzungen ge-

eigneter Personen. Zudem könnten Laienrichter, die zwar tätig werden sollen, gerade weil sie ihr eigenes Rechtsystem besser kennen, andererseits auch wieder dazu neigen, eben diese eigenen Wertvorstellungen die Stelle der des entscheidenden Richters zu setzen. Damit entstände das gleiche Risiko der Bevorzugung der eigenen Rechtsordnung und der ihr zugrunde liegenden Wertvorstellungen wie es bisher bei der Auslegung und Anwendung der umstrittenen Ausnahmeklausel des Art. 13 HKÜ festzustellen ist. Der Laienrichter wird sich mit dem Berufsrichter auseinandersetzen müssen. Hier werden verschiedene Wertvorstellungen und Rechtsansichten aufeinandertreffen.
Auch wenn der Vorschlag auf den ersten Blick verlockend erscheint, dürfte es in der Praxis an Durchsetzungsmöglichkeiten fehlen.

F. Schluss und Zusammenfassung

Die Untersuchung kommt zu dem Ergebnis, dass mit zunehmender Mobilität der Bürger der Europäischen Union und steigender Anzahl sowohl binationaler Eheschließungen als auch Ehescheidungen die Vielfalt der nationalen Rechtsordnungen zum Integrationshemmnis werden kann. Die bestehenden Umgangsrechtstreitigkeiten sind - wie das Beispiel deutsch-französischer Fälle zeigt - auch darauf zurückzuführen, dass die Rechtsordnungen, insbesondere die Prozessrechte der Mitgliedstaaten, stark voneinander abweichen.

Drastisch vor Augen geführt wird die fehlende Harmonisierung in den Fällen grenzüberschreitender Kindesentführungen und -zurückhaltungen, die in regelmäßigen Abständen auch in der Presse Widerhall finden. Bestehende internationale Abkommen konnten bisher nicht auf befriedigende Weise Abhilfe schaffen. Unter dem vorrangigen Aspekt des Kindeswohls stehen die Regelungen der EheVO, die ergänzt werden durch die geplante Verordnung zum „europäischen Besuchstitel“, einen Kommissionsvorschlag vom 6. September 2001 sowie einem weiteren Kommissionsvorschlag vom 17. Mai 2002. Durch die Vereinheitlichung von Verfahrensrecht, das keine materiell-rechtlichen Lösungen zum Umgangsrecht bieten kann, sondern die Anerkennung, die Vollstreckbarerklärung und die Vollstreckung von Umgangsrechtsentscheidungen regelt, soll eine Angleichung nur auf der Ebene der nationalen Prozessrechte erreicht werden. Eine weitgehende Angleichung oder gar Vereinheitlichung der nationalen materiellen Normen ist weder vorgesehen noch erreichbar. Über das Umgangsrecht soll wie bisher durch die nationalen Gerichte nach innerstaatlichem Recht entschieden werden. Erst auf der Ebene der Durchsetzung dieser gerichtlichen Entscheidungen streben die Verordnungen eine Vereinheitlichung an. Das Instrument der Verordnung als in den Mitgliedstaaten unmittelbar geltendes Recht wird dabei bewusst eingesetzt, um eine langfristige Umsetzung in nationales Recht zu vermeiden. Es stellt sich jedoch gerade im sensiblen Bereich von Umgangsrechtsregelungen, die naturgemäß immer erst im Streitfall zwischen den Eltern relevant werden, die Frage, ob eine rein verfahrensrechtliche Lösung ausreichend ist. Fallbeispiele aus der deutsch-französischen Praxis zeigen, dass zwischenmenschliche Ursachen im Spiel sind, die maßgeblich bei der Ausarbeitung juristischer Konfliktlösungen zu berücksichtigen sind.

Zusammenfassend lassen sich folgende Ergebnisse festhalten:

Rechtsgrundlage für die EheVO ist Art. 65 EGV, dessen Ziel es ist, einen europäischen Rechtsraum zu schaffen, der den Unionsbürgern greifbare Vorteile, wie den erleichterten Zugang zu Gericht und einen verbesserten Rechtsschutz, bietet. Die Voraussetzung der Regelung eines grenzüberschreitenden Sachverhalts erfüllt die EheVO insofern als sie ausschließlich Streitfälle zwischen Eltern und Kindern lösen will, die sich in verschiedenen Mitgliedstaaten auf-

halten. Der funktionale Zusammenhang der Regelungen der EheVO zum Binnenmarktziel ist in der verbesserten Freizügigkeit von Urteilen, mithin des freien Personenverkehrs innerhalb der Europäischen Union zu sehen.
Sonderregelungen gelten hinsichtlich des Anwendungsbereichs der EheVO für Großbritannien, Irland und Dänemark. Während Großbritannien und Irland - gestützt auf § 3 des Protokolls Nr. 4 zum Amsterdamer Vertrag - bereits ihre Beteiligung an der EheVO erklärt haben, bleibt Dänemark noch die Möglichkeit, von seinem Vorbehalt nach Art. 69 EG im Hinblick auf die EheVO keinen Gebrauch zu machen oder einen entsprechenden völkerrechtlichen Vertrag mit der Gemeinschaft abzuschließen.
In ihrer ursprünglichen Fassung vom 1. März 2001 beschränkte sich die EheVO für das Umgangsrecht auf Entscheidungen betreffend die elterliche Verantwortung, die „aus Anlass" einer Ehescheidung ergehen. Bereits mit dem Vorschlag der Kommission zur geplanten Verordnung des Rates über die Zuständigkeit und Vollstreckung von Entscheidungen über die elterliche Verantwortung vom 6. September 2001 sollte der Anwendungsbereich der EheVO jedoch auf alle Entscheidungen betreffend die elterliche Sorge erweitert werden, unabhängig davon, ob es sich um eheliche oder nichteheliche Kinder handelt. Bereits zuvor vertrat die herrschende Meinung ausgehend von Art. 21 EheVO die Ansicht, dass der Begriff der „Entscheidung betreffen die elterliche Verantwortung" weit auszulegen sei und jedenfalls auch Umgangsrechtsentscheidungen erfasse.
Die EheVO soll Lücken im Anwendungsbereich des EuGVÜ von 1968 schließen, das - historisch bedingt - keine Aussagen zu familienrechtlichen Sachverhalten enthält. Die EheVO schafft nach dem Vorbild des EuGVÜ einheitliche Vorschriften über die internationale Zuständigkeit. Im Gegensatz zum EuGVÜ wurde jedoch auf die Festlegung eines allgemeinen Gerichtsstandes verzichtet und stattdessen ein System objektiver, alternativer und ausschließlicher Zuständigkeiten geschaffen. Die EheVO steht in der Kontinuität der bei den Verhandlungen über das Brüssel II-Abkommen erzielten Ergebnisse.
Eine wesentliche Neuerung der EheVO ist der Wegfall des Anerkennungsmonopols der Mitgliedstaaten für in einem anderen Mitgliedstaat ergangene Ehescheidungen. Für Deutschland bedeutet dies, dass das besondere Anerkennungsverfahren des Art. 7 § 1 FamRÄndG für Ehescheidungen innerhalb der Europäischen Union - mit Ausnahme Dänemarks - bedeutungslos wird. Im Rahmen der EheVO beurteilen fortan die Gerichte und Behörden der Mitgliedstaaten selbständig die Anerkennungsfähigkeit ausländischer Entscheidungen in Ehesachen, soweit sich die Frage als Vorfrage zum Beispiel zu einer Umgangsrechtsregelung stellt. Schon früher fand Art. 7 § 1 FamRÄndG keine direkte Anwendung auf ausländische Umgangsrechtsentscheidungen. Das Anerkennungsmonopol der Landesjustizverwaltungen kam jedoch auch für auslän-

dische Umgangsrechtsentscheidungen insoweit zum Tragen, als grundsätzlich die vorherige Anerkennung der Scheidung der Eltern erforderlich war.
Mit der Regelung von Anerkennungsversagungsgründen geht die EheVO systematisch den Weg des EuGVÜ und der §§ 328 ZPO, 16 a FGG.
Die EheVO sieht ein - gegenüber dem nationalen deutschen und französischen Recht - vereinfachtes Vollstreckbarerklärungsverfahren vor. Die eigentliche Vollstreckung der Umgangsrechtsentscheidung richtet sich als Hoheitsakt jedoch nach der lex fori des Vollstreckungsstaates, so dass es in den Mitgliedstaaten zu unterschiedlichen Vollstreckungsmöglichkeiten kommen kann.
Außerhalb des Anwendungsbereichs der EheVO erfolgt die Anerkennung und Vollstreckung von Umgangsrechtsentscheidungen zumeist nach Art. 7 Satz 2 des Haager Minderjährigenschutzabkommens von 1961 (MSA), der zur Anwendung kommt, wenn Vollstreckungshandlungen - wie die Herausgabe des Kindes am Ende der Besuchszeit - erforderlich sind. Dies hat zur Folge, dass schon die Anerkennung nicht automatisch nach dem MSA erfolgt, sondern sich nach dem innerstaatlichen Recht richtet, was eine Verfahrensverzögerung bedeuten kann.
Das MSA hat sich in der Frage der unter dem Vorbehalt des Art. 3 MSA stehenden Zuständigkeit der Aufenthaltsbehörden nach Art. 1 MSA und insbesondere für die Phase der Anerkennung und Vollstreckung von Schutzmaßnahmen, zu denen auch Umgangsrechtsentscheidungen gehören, als reformbedürftig erwiesen. Diese Lücke des MSA betreffend die Regelungen zur Vollstreckung von Schutzmaßnahmen konnte vorher auch durch HKÜ und ESÜ nicht vollständig geschlossen werden. Eine vollständige Revision des MSA soll durch das Kinderschutzabkommen von 1996 (KSÜ) herbeigeführt werden.
In Art. 3 lit. b) KSÜ wird das Umgangsrecht ausdrücklich genannt und beinhaltet das Recht, das Kind für eine begrenzte Zeit an einen anderen Ort als den seines gewöhnlichen Aufenthalts zu bringen. Neu ist die Regelung des KSÜ, die bei einem Wechsel des Aufenthalts ausdrücklich von einem Wechsel der internationalen Zuständigkeit ausgeht. Das KSÜ gestaltet im Gegensatz zum MSA auch die Anerkennung und Vollstreckung von Schutzmaßnahmen im Ausland anders, indem es eine grundsätzliche Pflicht zur Anerkennung statuiert, die nur in schwerwiegenden Fällen verweigert werden darf. Die Vollstreckung findet grundsätzlich ohne Nachprüfung in der Sache statt. Sie wird nur versagt, wenn Anerkennungsversagungsgründe vorliegen. Zur Vereinfachung hat auch die Abschaffung der unklaren Regelung des Art. 3 MSA zur Zuständigkeit der Heimatbehörden und ihre Ersetzung durch eine detaillierte Regelung der Zusammenarbeit der zentralen Behörden beigetragen. Das Verfahren zur Durchsetzung und tatsächlichen Wahrnehmung des Umgangsrechts nach Art. 35 KSÜ trägt dem besonderen Wesen des Umgangsrechts besser Rechnung als die bisherige Regelung.
Sämtliche bisher auf staatsvertraglicher Ebene bestehende Regelungen zum Umgangsrecht (MSA, KSÜ, HKÜ und ESÜ) tragen mehr oder weniger schwer-

wiegende Ursachen in sich, die gegen eine schnelle Durchsetzung eines Besuchstitels und eine rasche tatsächliche Ausübung des Umgangsrechts sprechen - sei es durch die Möglichkeit, die Vollstreckung beim Fehlen von Anerkennungsvoraussetzungen zu verweigern, sei es durch den Verweis auf nationale Vollstreckungsverfahren, die erneut Vollstreckungshindernisse aufstellen. Eine weitgehend entformalisierte Vorgehensweise sieht bisher nur das HKÜ vor. Im Umgangsrechtsverfahren nach Art. 21 HKÜ findet über die Verweisung auf Art. 8 ff. HKÜ auch Art. 13 HKÜ analoge Anwendung. Ein Zurückbehalten des Kindes am Ende der Besuchszeit oder die Verweigerung des Besuchsrechts ist damit „widerrechtlich" in Sinn des Art. 3 lit. a) HKÜ und muss grundsätzlich zur sofortigen Rückgabe des Kindes führen. Den Rückführungsantrag nach Art. 8 HKÜ kann auch der Umgangsberechtigte stellen, der zugleich mitsorgeberechtigt ist. Die nationalen Gerichte tendieren jedoch dazu, die Ausnahmeklausel des Art. 13 HKÜ zu Gunsten der eigenen Staatsangehörigen zu weit auszulegen und damit eine Rückführung des Kindes zu vereiteln.
Im deutschen Recht ist das Umgangsrecht in Art. 6 Abs. 2 Satz 1 Grundgesetz als natürliches Elternrecht geschützt, das sich bei Vorliegen eines übergeordneten Kindeswohls in eine Elternpflicht wandelt. Auch die EMRK enthält in Art. 8 Abs. 1 die Garantie einer eigenständigen Umgangsbefugnis. Der Einfluss der EMRK auf die europäischen Rechtsordnungen entfaltet sich über Einzelfallentscheidungen der Konventionsorgane, denen allgemeine Wertungen und Grundsätze entnommen werden können, die gemeinsame Rechtsüberzeugungen innerhalb Europas widerspiegeln. Besondere Bedeutung kommt dabei den verfahrensrechtlichen Dimensionen des Art. 8 EMRK zu, wie dem rechtlichen Gehör des Kindes und der kindgerechten Verfahrensdauer. Explizit erwähnt ist das Umgangsrecht auch in Art. 24 der Grundrechte-Charta.
Das Umgangsrecht ist als höchstpersönliches Recht nicht übertragbar. Auch seine Ausübung kann niemanden, nicht einmal Verwandten, überlassen werden. Seitdem § 1684 Abs. 1 BGB eine Pflicht der Eltern zum Umgang enthält, ist auch ein Verzicht ausgeschlossen, nicht jedoch eine zeitliche oder räumliche Begrenzung.
Das Umgangsrecht ist weit zu verstehen und umfasst nach heutigem Verständnis alle Formen der verbalen und nonverbalen Kommunikation. Es soll dem berechtigten Elternteil die Möglichkeit geben, sich laufend von der Entwicklung und dem Wohlergehen des Kindes zu überzeugen und die zwischen ihnen bestehenden Bande zu pflegen, d.h. einer Entfremdung vorzubeugen und dem Liebesbedürfnis beider Teile Rechnung zu tragen. Es ist nicht darauf gerichtet, das Kind zu erziehen oder den anderen Elternteil zu überwachen. Umgangsrecht und Sorgerecht stehen sich als selbständige, aber auch als sich gegenseitig begrenzende Rechte gegenüber. Ausdruck dieser Abhängigkeit ist die Wohlverhaltensklausel des § 1684 Abs. 2 BGB.

Unter dem Blickwinkel des Kindes, in dessen Interesse die Umgangsbefugnis vornehmlich gewährleistet wird, soll die Ausübung des Umgangsrechts der Beziehungen des Kindes zu beiden Eltern - trotz deren Trennung voneinander - dienen. Das KindRG hat ein subjektives Recht, wenn auch kein eigenes Antragsrecht des Kindes (was für die Durchsetzung des Umgangsrechts gegen den Willen eines Elternteils faktische Probleme aufwirft) auf Umgang mit beiden Elternteilen geschaffen.
Mit dem KindRG ist auch hinsichtlich des Umgangsrechts die Unterscheidung zwischen ehelichen und nichtehelichen Kindern entfallen. Die gemeinsame Ausübung des Sorgerechts nach der Scheidung ist nunmehr gesetzlicher Regelfall. Für gerichtliche Umgangsrechtsentscheidungen gilt weiterhin der Antragsverbund, d.h. das Gericht trifft nicht zwingend eine Entscheidung zum Umgangsrecht, es sei denn, einer oder beide Elternteile stellen einen entsprechenden Antrag. Eine drohende Entführung ins Ausland kann einen berechtigten Ausschlussgrund für das Umgangsrecht darstellen.
Neben den Eltern kann auch Dritten, die eine enge Verbindung zu dem Kind nachweisen können, ein Umgangsrecht eingeräumt werden.
Das Umgangsrecht ist als relatives Recht gemäß § 280 Abs.1 BGB und als absolutes Recht i.S.d. §§ 823, 1004 BGB geschützt. Der strafrechtliche Schutz des Umgangsrechts erfolgt in Deutschland über § 235 StGB. Täter kann auch der nur umgangsberechtigte Elternteil sein.
§ 52 a FGG sieht ein vorgeschaltetes gerichtliches Vermittlungsverfahren vor. Die Vollstreckung der Umgangsrechtsentscheidung richtet sich als Entscheidung, die im Verfahren der Freiwilligen Gerichtsbarkeit ergangen ist, nach § 33 FGG. Das FGG enthält keine Regelungen zum Vollstreckbarerklärungsverfahren für ausländische Umgangsrechtsentscheidungen. Nach herrschender Ansicht erfolgt die Exequatur inzident im Rahmen des § 16 a FGG, so dass eine gesonderte Vollstreckungsklage nach § 722 ZPO nicht erforderlich ist.
Im deutschen internationalen Privatrecht ist mit Art. 21 EGBGB die frühere Ansicht, dass auf die Regelung des Umgangsrechts für die gemeinsamen Kinder am Ende der Ehe das Kindschaftsstatut Anwendung finde, Gesetz geworden. Art. 21 EGBGB unterscheidet nicht mehr zwischen ehelichen und nichtehelichen Kindern, sondern schafft - entsprechend dem Sachrecht - eine einheitliche Kollisionsnorm. Anwendbar ist damit das Recht des jeweiligen gewöhnlichen Aufenthalts des Kindes, der sich nach rein tatsächlichen objektiven Kriterien bestimmt.
Soweit ersichtlich gibt es keine aussagekräftige Rechtsprechung zur Unvereinbarkeit von ausländischen Umgangsrechtsentscheidungen mit dem deutschen ordre public im Sinn des Art. 6 EGBGB. Übertragen lassen sich jedoch Aussagen zu ausländischen Sorgerechtsentscheidungen. Demzufolge dürfte ein völliger Ausschluss des Umgangsrechts oder eine ungenügende Berücksichtigung

des Kindeswohls bei der Versagung eines Umgangsrechts mit der deutschen Vorbehaltsklausel unvereinbar sein.
Ebenso wie deutsche Gerichte müssen auch französische Gerichte im Fall des gemeinsamen Sorgerechts nach der Scheidung nicht zwingend über das Besuchs- und Beherbergungsrecht des mitsorgeberechtigten Elternteils entscheiden. Angesichts des gesetzgeberischen Schweigens hat die französische Rechtsprechung den pragmatischen Weg eingeschlagen und geht davon aus, dass überwiegende Gründe - auch bei Fehlen eines ausdrücklichen Antrags eines oder beider Elternteile - dafür sprechen, bei Feststellung eines entsprechenden Regelungsbedarfs, zumindest eine Rahmenregelung des Besuchs- und Beherbergungsrechts zu treffen. Eine solche Vorkehrung ist vor allem dann wünschenswert, wenn die Ausübung der gemeinsamen Sorge gegen den Willen eines Elternteils ausgesprochen wurde.
Im Fall der Übertragung der Alleinsorge auf einen Elternteil steht dem anderen Elternteil in Frankreich ein umfassendes Besuchs- und Beherbergungsrecht zu. Einzige gesetzliche Anhaltspunkte zu seiner Ausgestaltung ergeben sich im Umkehrschluss aus Art. 288 Abs. 2 Code civil, der schwerwiegende Gründe nennt, die zu einem gerichtlichen Ausschluss des Umgangsrechts führen können.
Zur Durchsetzung des Umgangsrechts sieht das französische Recht neben drastischen strafrechtlichen Sanktionen auch zivilrechtliche Zwangsmittel vor.
Wie im deutschen Recht soll auch nach der französischen gesetzlichen Regelung das Umgangsrecht sowohl bei gemeinsamer als auch bei alleiniger Sorge der Aufrechterhaltung der familiären Bindungen dienen, die nicht nur zwischen dem Kind und seinen Eltern, sondern auch zu den Großeltern, den Geschwistern oder anderen nahestehenden Personen bestehen können, denen ebenfalls ein umfassendes Umgangsrecht eingeräumt werden kann.
In Art. 371-2 Code civil wird neben dem Recht der elterlichen Sorge ausdrücklich die Pflicht zu dieser Sorge erwähnt. Das Gesetz spricht jedoch an keiner Stelle von einer Pflicht des Umgangsberechtigten, sein Recht auch auszuüben. Dennoch wird es in Frankreich als „droit-fonction", d.h. als Pflichtrecht, angesehen.
Bis heute gibt es im französischen Recht keine einheitliche Kollisionsregelung für eheliche und nichteheliche Kinder. Art. 311-14 Code civil sieht lediglich eine Regelung der Begründung der Abstammung („établissement de la filiation") vor. Nach herrschender Ansicht in Rechtsprechung und Lehre ist eine analoge Anwendung des Art. 311-14 Code civil auf die Wirkungen der Abstammung („effets de la filiation"), worunter die Regelung des Umgangsrechts fällt, abzulehnen. Deshalb bleibt es insoweit bei der bereits vor Einführung des Art. 311-14 Code civil herrschenden Ansicht, dass im Fall der Scheidung auf das Umgangsrecht das nach dem Personalstatut des Kindes zu bestimmende Recht Anwendung findet.

Zur Frage der Vereinbarkeit einer ausländischen Umgangsrechtsentscheidung betreffend eheliche Kinder mit dem französischen ordre public gibt es - soweit ersichtlich - kaum Rechtsprechung. Der Schwerpunkt der gerichtlichen Entscheidungen liegt in Frankreich beim Umgangsrecht für nichteheliche Kinder. Dass Umgangsrechte betreffend eheliche Kinder im Hinblick auf den ordre public in Frankreich weit weniger problematisch sind, dürfte nicht zuletzt daran liegen, dass mit den problemträchtigsten, insbesondere islamischen Staaten Staatsverträge bestehen.

Als Modell für den Schutz des Umgangsrechts im französischen internationalen Verfahrensrecht ist der französisch-algerische Staatsvertrag vom 21. Juni 1988 anzuführen. Dieser enthält Regelungen zum grenzüberschreitenden Umgangsrecht und Mechanismen seiner Durchsetzung, die den Verordnungsvorschlag der französischen Ratspräsidentschaft vom 26. Juni 2000 zur Schaffung eines „europäischen Besuchstitels“ inspiriert haben dürften.

Der französisch-algerische Staatsvertrag von 1988 geht von der Prämisse aus, die Durchsetzung des grenzüberschreitenden Umgangsrechts durch eine zwingende Koppelung an das Sorgerecht zu gewährleisten. Die Sorgerechtsentscheidung ihrerseits ist gegen eventuelle Abänderungen im Ausland immun und kann bei Überschreitung des Umgangsrechts im Wege eines vereinfachten Exequaturverfahrens durchgesetzt werden, wenn das ursprünglich zuständige Gericht auch über das grenzüberschreitende Besuchsrecht mitentschieden hat. Mit der Unabänderlichkeit der Sorgerechtsentscheidung durch ein ausländisches Gericht geht der französisch-algerische Staatsvertrag weiter als andere französische Staatsverträge, die für den Fall der Entführung des Kindes ins Ausland stets Änderungsvorbehalte hinsichtlich der Sorgerechtsentscheidungen enthalten.

Der französisch-algerische Staatsvertrag weist bedeutende Unterschiede zum nationalen französischen Recht auf. Im Anwendungsbereich des Abkommens sollen Sorge- und Umgangsrecht in der gerichtlichen Entscheidung stets untrennbar miteinander verbunden werden, was das französische Recht nicht zwingend vorsieht. So verlangt Art. 373-2 Code civil über die Verweisung auf Art. 288 Code civil grundsätzlich nur eine Entscheidung des Gerichts über das Umgangsrecht für den nichtsorgeberechtigten Elternteil. Im Fall der gemeinsamen Sorge sollen nach den Vorstellungen des französischen Gesetzgebers Fragen zur Ausübung des Besuchs- und Beherbergungsrechts einvernehmlich unter den Eltern gelöst werden. Im Anwendungsbereich des französisch-algerischen Staatsvertrags hingegen ist das Gericht verpflichtet, eine Regelung des Umgangsrechts auch dann zu treffen, wenn ein entsprechender Antrag gar nicht gestellt wird, wenn die Scheidung auf gemeinsamen Antrag erfolgt und wenn das Sorgerecht weiterhin gemeinsam ausgeübt werden soll. Der Grund für diesen Mechanismus liegt darin, dass die Regelungen des Abkommens den Sorgeberechtigten vor einer Kindesentziehung im Rahmen der Ausübung des Um-

gangsrechts schützen sollen. Dieses Sorgerecht wird jedoch auch durch eine Kindesentziehung durch den mitsorgeberechtigten Elternteil missachtet. Insoweit besteht für ihn ebenfalls ein Schutzbedürfnis.
Im Rahmen des französisch-algerischen Staatsvertrags muss das Gericht weiterhin nicht nur grundsätzlich über ein Umgangsrecht entscheiden, sondern darüber hinaus auch präzise Daten für Beginn und Ende der Besuchszeiten, sowie Zwangsmaßnahmen für den Fall der Nichtbeachtung festlegen, um die Vollstreckbarkeit der Sorgerechtsentscheidung zu gewährleisten. Der Umgangsrechtsinhaber kann zu einer gerichtlich bestimmten Zeit die Herausgabe des Kindes verlangen. Sonst droht dem Sorgeberechtigten strafrechtliche Verfolgung wegen „non-représentation d'enfant" gemäß Art. 227-5 Nouveau Code pénal. Der Sorgeberechtigte wird dadurch geschützt, dass die Rückkehr des Kindes zeitlich fixiert ist und bei Überschreiten dieser Frist das vereinfachte Vollstreckungsverfahren nach Art. 8 des Abkommens in Gang gesetzt werden kann.
Das französisch-algerische Abkommen von 1988 hat gezielt an den Streitpunkten angesetzt und auf den ersten Blick einen erstaunlichen Konsens zwischen zwei sehr verschiedenen Rechtssystemen gefunden. Der französischen Rechtsprechung, welche die Ausübung eines Besuchsrechts in Algerien, mit dem kein Rechtshilfeübereinkommen auf dem Gebiet des Kindesschutzes bestand, schlichtweg unterband, wurde mit den Vorschriften zum transnationalen Besuchsrecht und vor allem zum Schutz des Sorgerechts der Wind aus den Segeln genommen. Mehr Zugeständnisse dürfte jedoch die algerische Seite gemacht haben - hat sie doch Regelungen zur Verteilung von Sorge- und Umgangsrecht akzeptiert, die im religiös fundierten algerischen Familienrecht unbekannt sind.
Zu bedenken bleibt indessen, dass Dreh- und Angelpunkt des französisch-algerischen Abkommens immer noch der Begriff des „Kindeswohls" ist, wenn auch auf eine offene ordre public-Kontrolle bewusst verzichtet wurde. Eine Definition des „Kindeswohls" im Sinn des französisch-algerischen Abkommens gibt es nicht. Der Begriff ist damit ausfüllungsbedürftig und unterschiedlichen Verständnisweisen zugänglich. Es bleibt zu hoffen, dass sich an diesem Punkt nicht doch eine verdeckte ordre public-Kontrolle einschleicht, die den Mechanismus des Abkommens lahm legen könnte.
Außerhalb des Anwendungsbereichs staatsvertraglicher Normen verlangen ausländische Urteile grundsätzlich eine Exequatur durch ein französisches Gericht. Besonderheiten gelten für ausländische Statusurteile, die in Frankreich vorläufige Rechtskraft besitzen bis über ihre Gültigkeit ein Rechtsstreit anhängig ist und ein Gericht seine Kontrolle ausübt. Umgangsrechtentscheidungen sind Statusurteile, da sie mit dem Umgang als Element der elterlichen Sorge den Personenstand regeln. Demnach sind ausländische Umgangsrechtsurteile in Frankreich zunächst ohne weiteres Verfahren anerkannt. Wird jedoch eine Voll-

streckungshandlung in Frankreich erforderlich, ist auch die Durchführung eines Exequaturverfahrens zwingend.

Die Regelungen des VO-E zum „europäischen Besuchstitel" stellen in erster Linie eine Verfahrensbeschleunigung dar. Zu begrüßen ist die Ausdehnung des Anwendungsbereichs auf alle Entscheidungen betreffend die elterliche Sorge bereits durch den Kommissionsvorschlag vom 6. September 2001, der durch einen weiteren Vorschlag der Kommission vom 17. Mai 2002 ersetzt wurde. Damit werden Schwierigkeiten ausgeräumt, die der begrenzte Anwendungsbereich der EheVO im Hinblick auf Umgangsrechte Dritter, insbesondere Geschwistern, Großeltern und Pflegeeltern aus Sicht des deutschen, aber auch des französischen Rechts bereitet hatte.

Der VO-E geht von der gegenseitigen Anerkennung der Vollstreckbarkeit von Umgangsrechtsentscheidungen aus anderen Mitgliedstaaten aus. Dies bedeutet eine Erweiterung gegenüber den Regelungen der EheVO, die nur die automatische Anerkennung vorsieht, die Vollstreckbarerklärung jedoch einem - wenn auch - vereinfachten Verfahren unterwirft. Die Vollstreckung darf nach dem VO-E in einem anderen Mitgliedstaat nur aus den drei in Art. 4 und 5 VO-E aufgezählten Gründen verweigert werden.

Als Gegengewicht zur sofortigen Vollstreckbarkeit der Umgangsrechtsentscheidung sieht der VO-E Verfahrensgarantien für die Beteiligten vor. So entsteht durch den Wechsel des gewöhnlichen Aufenthalts des Kindes keine Zuständigkeit der Gerichte am neuen Aufenthaltsort zur Abänderung der ursprünglichen Sorgerechtsentscheidung. Ausdrücklich untersagt ist nach dem VO-E auch die Berufung auf Art. 13 HKÜ, der somit der sofortigen Rückgabe des Kindes nicht mehr im Wege stehen darf.

Vor dem Hintergrund der deutschen Rechtsprechung, die davon ausgeht, dass über Art. 13 HKÜ die Wahrung der Grundrechte des Kindes, mithin die Kontrolle der ausländischen Entscheidung am Maßstab des nationalen ordre public erfolgt, begegnet ein Wegfall dieser Kontrollmöglichkeit verfassungsrechtlichen Bedenken. Auf Drängen der deutschen Seite ist es zu einem weiteren Kommissionsvorschlag vom 17. Mai 2002 gekommen, der die Beibehaltung der Ausnahmeklausel des Art. 13 HKÜ in leicht modifizierter Form vorsieht. Danach kann die Rückgabe des Kindes nur vorläufig verweigert werden, wenn eine schwerwiegende Gefahr für das Kind besteht oder wenn sich das Kind der Rückgabe widersetzt. Im Unterschied zum bisherigen Verfahren nach dem HKÜ entscheidet das Gericht des Herkunftsstaates über das Sorgerecht, ohne dass das Kind jedoch zuvor in diesen Staat zurückgeführt worden sein muss. Damit wird ein Hin- und Herführen des Kindes ebenso wie widersprüchliche Sorgerechtsentscheidungen in parallelen Verfahren vermieden. Weitere Neuerung ist, dass in dem Fall, in dem die Gerichte des Herkunftsstaates eine Sorgerechtsentscheidung treffen, diese zugleich die einstweilige Verweigerung der Rückgabe des Kindes durch dir Gerichte des Aufenthaltsstaates zwingend aufhebt.

Diese Sorgerechtsentscheidung ist ohne weiteres Verfahren anzuerkennen und zu vollstrecken.
Der VO-E zum „europäischen Besuchstitel“ ist vor dem Hintergrund der mittelfristigen, stufenweisen Schaffung eines „europäischen Vollstreckungstitels“ zu sehen, der die generelle Beseitigung der Urteilsanerkennung einschließlich ihres ordre public-Vorbehalts herbeiführen soll. Nach dem Maßnahmenprogramm des Rates der Europäischen Union vom November 2000 sollte im Bereich des Familienrechts, gemeint sind damit die von der EheVO erfassten Entscheidungen, bereits auf der ersten Stufe das Exequaturverfahren für gerichtliche Umgangsrechtsentscheidungen abgeschafft werden. In einer zweiten und dritten Stufe erst sollte der Anwendungsbereich der EheVO ausgedehnt werden und auch hier das Exequaturverfahren abgeschafft werden. Von der geplanten Reihenfolge wurde insofern abgewichen, als die Ausdehnung des Anwendungsbereichs der EheVO bereits im Kommissionsvorschlag vom 6. September 2001 zur geplanten Verordnung des Rates über die Zuständigkeit und Vollstreckung von Entscheidungen über die elterliche Verantwortung bzw. im Kommissionsvorschlag vom 17. Mai 2003, erfolgte. Die zweite und dritte Stufe ist damit bereits abgeschlossen. Auf der ersten Stufe steht nur noch die Abschaffung des Exequaturverfahrens für Umgangsrechtsentscheidungen durch die VO zum „europäischen Besuchstitel“ auf dem Plan.
Die - so weit ersichtlich - wenig ergiebige sowohl deutsche als auch französische Rechtsprechung zur Anwendung des ordre public-Vorbehalts auf Umgangsrechtsentscheidungen verdeutlicht jedenfalls für eheliche Kinder nach einer Scheidung der Eltern, dass schon heute die ordre public-Kontrolle innerhalb der Mitgliedstaaten der Europäischen Union keine entscheidende Rolle mehr spielt. Die Problematik der Anwendung des ordre public-Vorbehalts konzentriert sich auf Umgangsrechtsstreitigkeiten, die nichteheliche Kinder betreffen. Nachdem allerdings der Anwendungsbereich der EheVO auf alle Entscheidungen betreffend die elterliche Sorge ausgeweitet werden soll und damit auch Entscheidungen zum Beispiel zum Umgangsrecht des nichtehelichen Vaters darunter fallen, könnten unterschiedliche familienrechtliche Anschauungen jedenfalls in den Mitgliedstaaten zutage treten, die weiterhin im nationalen Recht Unterscheidungen zwischen ehelicher und nichtehelicher Kindschaft vornehmen.
Der grundsätzliche Wegfall der ordre public-Kontrolle begegnet durchgreifenden Bedenken. Die Problematik wird im Bereich der Umgangsrechtsentscheidungen durch den Kommissionsvorschlag vom 17. Mai 2002 nur teilweise entschärft, denn neben den erwähnten Sorgerechtsentscheidungen zur Rückführung eines Kindes können auch Umgangsrechtsentscheidungen, für die eine Bescheinigung erteilt worden ist, ohne weiteres Verfahren vollstreckt werden. Die Bescheinigung wird durch das entscheidende Gericht bereits erteilt, wenn bestimmte verfahrensrechtliche Voraussetzungen vorliegen.

Flankierende Maßnahmen im Bereich des Verfahrensrechts sind damit zwingend erforderlich bevor auf eine ordre public-Kontrolle verzichtet werden könnte. Diese Maßnahmen sollen nach dem Maßnahmenprogramm des Rates der EU eine reibungslose Einführung des „europäischen Besuchstitels" sicherstellen. Denkbar ist, die Verfahrensgarantien des Art. 6 EMRK als gemeinsamen Nenner heranzuziehen, auf den die Verfahrensordnungen der Mitgliedstaaten aufbauen. Eine wenn auch nur in weiten Teilen zu erfolgende Anpassung oder inhaltliche Vereinheitlichung der Prozessordnungen der Mitgliedstaaten ist nicht zu erwarten und wird auch nicht angestrebt. Bei Umgangsrechtsentscheidungen müssen insbesondere die Rechte des Kindes gewahrt werden, wie sie in der Berücksichtigung des Kindeswohls und der Stellung des Kindes im Verfahren zum Ausdruck kommen. Zudem sollte eine Standardisierung von Prozesshandlungen oder eine formularmäßige Abwicklung gewährleistet sein, um verfahrensverzögernde und kostspielige Übersetzungen zu ersparen. Denkbar ist eine einheitliche Tenorierung von Umgangsrechtsentscheidungen oder die Möglichkeit, die Tenorierung von Umgangsrechtsentscheidungen an die tatsächlichen Gegebenheiten des Mitgliedstaates anzupassen, in dem das Besuchsrecht ausgeübt werden soll. Beispiele dazu finden sich bereits in Art. 15 Abs. 3 KSÜ, Art.11 Abs. 2 ESÜ und § 14 SorgeRÜbkAG n.F. Erste Ansätze zu einer formularmäßigen Abwicklung enthält auch das Verfahren nach Art. 32 f. EheVO, dessen Anwendungsbereich durch den Kommissionsvorschlag vom 17. Mai 2002 auch auf Umgangsrechtsentscheidungen ausgedehnt werden soll.
Dem VO-E zum „europäischen Besuchstitel" ist zuzugeben, dass er eine Beschleunigung von Umgangsrechtsverfahren bewirken kann, die in jedem Fall wünschenswert ist, nicht zuletzt im Hinblick auf die Problematik des kindlichen Zeitempfindens. Dieses erfordert eine rasche Entscheidung über das Umgangsrecht, denn je länger sich das Verfahren verzögert, desto mehr tritt, gerade bei jüngeren Kindern, eine Entfremdung gegenüber dem Elternteil ein, der nur ein Umgangsrecht ausüben wird. Diese Verfahrensverschleppung widerspricht dem Sinn und Zweck des Umgangsrechts, das nach der Scheidung der Eltern gerade eine solche Entfremdung zwischen Eltern und Kind vermeiden soll.
Fallbeispiele aus der Praxis zeigen jedoch, dass es sich bei Umgangsrechtsstreitigkeiten in erster Linie um Probleme handelt, die ihre Ursachen mehr im zwischenmenschlichen als im rein juristischen Bereich haben. Die Gewährung von Umgangs- und Besuchsrechten nach der Scheidung der Eltern soll bzw. muss häufig in einer emotional sehr gespannten Situation stattfinden. Die Formen der Umgangsrechtsbeeinträchtigung oder der gänzlichen Vereitelung sind vielfältig. Um so schwieriger ist ihre Lösung allein durch rechtliche Regelungen. Problematisch ist weiterhin, dass die eigentlichen Vollstreckungsmaßnahmen als hoheitliche Tätigkeit nach nationalem Recht erfolgen. Hier sieht § 33 FGG ausdrücklich vor, dass gegen das Kind keine Gewalt angewendet werden darf. Die zwangsweise Durchsetzung eines Umgangstitels widerspräche dem Sinn und

Zweck des Umgangsrechts, dessen Ausübung auf beiden Seiten auf einer freiwilligen Basis erfolgen muss. Dieses Ziel kann nicht erreicht werden, wenn sich das Kind gegen die Besuche des Elternteils sperrt. Genauso wenig Erfolg hätte die zwangsweise Durchsetzung eines Umgangsrechts gegen den Willen eines Elternteils, der - aus welchen Gründen auch immer - den Kontakt zu seinem Kind nicht mehr aufrechterhalten möchte. Dies sind zwar keine spezifischen Probleme grenzüberschreitender Sachverhalte. Sie können aber in Sachverhalten mit Auslandsbezug in verschärfter Form auftreten, wenn nämlich der Umgangsboykott eines Elternteils durch voneinander abweichende nationale Regelungen noch begünstigt wird.
Grundproblem der aus der Praxis bekannten Fälle ist, dass die Eltern ihrerseits so zerstritten sind, dass ein Austausch oder eine Abstimmung über die Wahrnehmung der Rechte beider Seiten gegenüber dem Kind nicht mehr möglich ist. Das in § 52 a FGG vorgesehene Vermittlungsverfahren betrifft nur Streitigkeiten, die sich aus einer bereits vorliegenden Umgangsrechtsentscheidung ergeben. Mediation als Form der Intervention Dritter als neutraler Streitschlichter muss aber bereits zu einem früheren Zeitpunkt einsetzen. Mediation kann jedoch - schon aufgrund der damit verbundenen Kosten - nur eine Möglichkeit neben den Vorgaben des Prozessrechts sein.
Eine weitere dahingehende Überlegung, psychologisch und im ausländischen Recht geschulte Laienrichter zusammen mit dem Familienrichter als Kammer entscheiden zu lassen, um ein Festfahren der Situation in einem frühen Stadium besser zu verhindern oder eine Deeskalierung herbeizuführen, ist mit hohem personellen und finanziellem Aufwand verbunden und kann allenfalls eine Maßnahme am Rande darstellen, an deren praktischer Durchführbarkeit jedoch erhebliche Zweifel bestehen.
Abschließend ist festzustellen, dass der Einführung des „europäischen Besuchstitels“ verbunden mit dem Wegfall des Exequaturverfahrens für alle Umgangsrechtsentscheidungen weiterhin Bedenken entgegenstehen.

STUDIEN ZUM VERGLEICHENDEN UND INTERNATIONALEN RECHT

Herausgeber: Bernd von Hoffmann, Erik Jayme und Heinz-Peter Mansel

Band 1 Ferdinand Henke: Die Datenschutzkonvention des Europarates. 1986.

Band 2 Peter Czermak: Der express trust im internationalen Privatrecht. 1986.

Band 3 Peter Kindler: Der Ausgleichsanspruch des Handelsvertreters im deutsch-italienischen Warenverkehr. Eine rechtsvergleichende und kollisionsrechtliche Untersuchung. 1987.

Band 4 Wilhelm Denzer: Stellung und Bedeutung des Engineers in den FIDIC-Bauvertragsbedingungen. 1988.

Band 5 Marijan-Maximilian Lederer: Die internationale Enteignung von Mitgliedschaftsrechten unter besonderer Berücksichtigung der französischen Enteignungen 1982. 1989.

Band 6 Rainer Esser: Klagen gegen ausländische Staaten. 1990.

Band 7 Chang Jae-Ok: Auf dem Weg zu einer Materialisierung des Immateriellen ? Personen-, Persönlichkeitsschutz und Geldersatz des immateriellen Schadens in rechtsvergleichender Hinsicht am Beispiel des koreanischen und japanischen Zivilrechts unter besonderer Berücksichtigung des deutschen Rechts. 1990.

Band 8 Paul-Frank Weise: Lex mercatoria. Materielles Recht vor der internationalen Handelsschiedsgerichtbarkeit.1990.

Band 9 Werner Born: Der Auftrittsvertrag für Musikgruppen im Bereich der Rock- und Popmusik. 1990.

Band 10 Ralf Erich Jürgens: IPR und Verfassung in Italien und in der Bundesrepublik Deutschland. 1990.

Band 11 Rainer Gildeggen: Internationale Schieds- und Schiedsverfahrensvereinbarungen in Allgemeinen Geschäftsbedingungen vor deutschen Gerichten. 1991.

Band 12 Klaus Grabinski: Die kollisionsrechtliche Behandlung des Durchgriffs bei rechtlich verselbständigten Unternehmen in privater oder öffentlicher Hand. 1991.

Band 13 Dieter Stummel: Konkurs und Integration. Konventionsrechtliche Wege zur Bewältigung grenzüberschreitender Insolvenzverfahren. 1991.

Band 14 Joachim Güntzer: Die Rechtsstellung des Geschäftsführers im spanischen Aktienrecht. Die Neuregelung des spanischen Aktienrechts nach dem Beitritt Spaniens zur EG. 1991.

Band 15 Sabine Isenburg-Epple: Die Berücksichtigung ausländischer Rechtshängigkeit nach dem Europäischen Gerichtsstands- und Vollstreckungsübereinkommen vom 27.9.1968. Untersuchungen zum Anwendungsbereich von Art. 21 EuGVÜ unter schwerpunktmäßiger Behandlung der Frage nach der Bestimmung eines europäischen Streitgegenstandsbegriffs. 1992.

Band 16 Ulrich Nickl: Die Qualifikation der culpa in contrahendo im Internationalen Privatrecht. 1992.

Band 17 Theo Rauh: Leistungserschwerungen im Schuldvertrag. Eine rechtsvergleichende Untersuchung des englischen, US-amerikanischen, französischen und deutschen Rechts unter besonderer Berücksichtigung der gerichtlichen Praxis. 1992.

Band 18 Bernadette Chaussade-Klein: Vorvertragliche "obligation de renseignements" im französichen Recht. 1992.

Band 19 Josef Sievers: Verbraucherschutz gegen unlautere Vertragsbedingungen im französischen Recht. Vom Code civil zum "Code de la consommation" – die Entstehung eines Sonderprivatrechts für Verbraucher. 1993.

Band 20 Achim Schäfer: Grenzüberschreitende Kreditsicherung an Grundstücken, unter besonderer Berücksichtigung des deutschen und italienischen Rechts. 1993.

Band 21 Eugenio Hernández-Breton: Internationale Gerichtsstandsklauseln in Allgemeinen Geschäftsbedingungen. Unter besonderer Berücksichtigung des deutsch-südamerikanischen Rechtsverkehrs (dargestellt am Beispiel Argentinien, Brasilien und Venezuela). 1993.

Band 22 Ingo Reng: Unterhaltsansprüche aufgrund nichtehelicher Lebensgemeinschaft – Internationales Privatrecht und ausländisches materielles Recht. 1994.

Band 23 Stefanie Roloff: Die Geltendmachung ausländischer öffentlicher Ansprüche im Inland. 1994.

Band 24 Katharina Ludwig: Der Vertragsschluß nach UN-Kaufrecht im Spannungsverhältnis von Common Law und Civil Law. Dargestellt auf der Grundlage der Rechtsordnungen Englands und Deutschlands. 1994.

Band 25 Malte Diesselhorst: Mehrparteienschiedsverfahren. Internationale Schiedsverfahren unter Beteiligung von mehr als zwei Parteien. 1994.

Band 26 Manfred Kost: Konsensprobleme im internationalen Schuldvertragsrecht. 1995.

Band 27 Wolff-Heinrich Fleischer: Das italienische Wettbewerbsrecht und die Probleme des selektiven Parfümvertriebs unter Berücksichtigung der Rechtslage in Frankreich und Deutschland. 1995.

Band 28 Angelika Fuchs: Lateinamerikanische Devisenkontrollen in der internationalen Schuldenkrise und Art. VIII Abschn. 2 b) IWF-Abkommen. 1995.

Band 29 Jacques Matthias Aull: Der Geltungsanspruch des EuGVÜ: "Binnensachverhalte" und Internationales Zivilverfahrensrecht in der Europäischen Union. Zur Auslegung von Art. 17 Abs. 1 S. 1 EuGVÜ. 1996.

Band 30 Hartmut Ost: EVÜ und fact doctrine. Konflikte zwischen europäischer IPR-Vereinheitlichung und der Stellung ausländischen Rechts im angelsächsischen Zivilprozeß. 1996.

Band 31 Stefan Wagner: Die Testierfähigkeit im Internationalen Privatrecht. 1996.

Band 32 Wolfgang Jakob Hau: Positive Kompetenzkonflikte im Internationalen Zivilprozeßrecht. Überlegungen zur Bewältigung von *multi-fora disputes*. 1996.

Band 33 Markus Schütz: UN-Kaufrecht und *Culpa in contrahendo*. 1996.

Band 34 Volker Geyrhalter: Das Lösungsrecht des gutgläubigen Erwerbers. Ein "vergessener" Kompromiß und die Auswirkungen auf das heutige deutsche Recht unter besonderer Berücksichtigung des internationalen Sachenrechts. 1996.

Band 35 Andreas Kramer: Abwicklungsstörungen bei Kaufverträgen. Die Lieferung vertragswidriger Sachen im deutschen und italienischen Recht. 1996.

Band 36 Petra Krings: Erfüllungsmodalitäten im internationalen Schuldvertragsrecht. 1997.

Band 37 Tonja Gaibler: Der rechtsgeschäftliche Irrtum im französischen Recht. 1997.

Band 38 Dirk Otto: Rechtsspaltung im indischen Erbrecht. Bedeutung und Auswirkungen auf deutsch-indische Nachlaßfälle. 1997.

Band 39 Gregor W. Decku: Zwischen Vertrag und Delikt. Grenzfälle vertraglicher und deliktischer Haftung dargestellt am Beispiel der Berufs- und Expertenhaftung zum Schutze des Vermögens Dritter im deutschen und englischen Recht. 1997.

Band 40 Ulrike Höpping: Auswirkungen der Warenverkehrsfreiheit auf das IPR unter besonderer Berücksichtigung des Internationalen Produkthaftungsrechts und des Internationalen Vertragsrechts. 1997.

Band 41 Andreas Bartosch: Die vermögensrechtlichen Beziehungen der Ehegatten bei bestehender Ehe im englischen Recht – Eigentum, Besitz, Schuldvertrag. 1997.

Band 42 Helene Boriths Müller: Die Umsetzung der europäischen Übereinkommen von Rom und Brüssel in das Recht der Mitgliedstaaten. Dargestellt am Beispiel Deutschlands und Dänemarks. 1997.

Band 43 Bernd von Hoffmann / Myong-Chang Hwang (eds.): The Public Concept of Land Ownership. Reports and Discussions of a German-Korean Symposium held in Seoul on October 7-9, 1996. 1997.

Band 44 Oliver Heeder: Fraus legis. Eine rechtsvergleichende Untersuchung über den Vorbehalt der Gesetzesumgehung in Deutschland, Österreich, der Schweiz, Frankreich und Belgien unter besonderer Berücksichtigung des Internationalen Privatrechts. 1998.

Band 45 Heinrich Schütt: Deliktstyp und Internationales Privatrecht. Dargestellt an grenzüberschreitenden Problemen der Arzthaftung. 1998.

Band 46 Axel Steiner: Die stillschweigende Rechtswahl im Prozeß im System der subjektiven Anknüpfungen im deutschen Internationalen Privatrecht. 1998.

Band 47 Martina Schulz: Der Eigentumsvorbehalt in europäischen Rechtsordnungen. Rechtsvergleichende Untersuchung des deutschen, englischen und französischen Rechts unter besonderer Berücksichtigung von Erweiterungen und Verlängerungen. 1998.

Band 48 Karin Dreher: Die Rechtswahl im internationalen Erbrecht. Unter besonderer Berücksichtigung des italienischen IPR-Reformgesetzes N. 218 vom 31. Mai 1995. 1999.

Band 49 Giuliano Gabrielli: Das Verhältnis zwischen der Anfechtung wegen Eigenschaftsirrtums und den Gewährleistungsansprüchen im deutschen, österreichischen und italienischen Recht. 1999.

Band 50 Bernd von Hoffmann / Myong-Chan Hwang (eds.): Developments in Land Law. Reports and Discussions of a German-Korean Symposium held in Berlin and Trier on July 21-24, 1997. 1999.

Band 51 Volker Heidbüchel: Das UNCITRAL-Übereinkommen über unabhängige Garantien und Standby Letters of Credit. Vergleiche mit den Richtlinien der Internationalen Handelskammer, dem deutschen, englischen und US-amerikanischen Recht. 1999.

Band 52 Jan Christoph Nordmeyer: Pflichtteilsansprüche und Wiedervereinigung. Eine systematische Analyse der Ausgleichsansprüche nach BGB-Pflichtteilsrecht unter besonderer Berücksichtigung der durch den Wiedervereinigungsprozeß eingetretenen Wertveränderungen. 1999.

Band 53 Bettina Linder: Vertragsabschluß beim grenzüberschreitenden Verbraucherleasing. 1999.

Band 54 Almontasser Fetih: Die zivilrechtliche Haftung bei Vertragsverhandlungen. Eine rechtsvergleichende Studie zum deutschen, französischen, ägyptischen und islamischen Recht. 2000.

Band 55 Sona Rajani: Die Geltung und Anwendung des Gemeinschaftsrechts im Vereinigten Königreich von Großbritannien und Nordirland. Der Grundsatz der Parlamentssouveränität im Wandel. 2000.

Band 56 Joachim Kayser: Gegenmaßnahmen im Außenwirtschaftsrecht und das System des europäischen Kollisionsrechts. Eine Analyse der EU-Abwehrverordnung gegen die Auswirkungen extraterritorialer Rechtserstreckung eines Drittlandes. 2001.

Band 57 Albrecht Conrad: Qualifikationsfragen des Trust im Europäischen Zivilprozeßrecht. 2001.

Band 58 Bernd Borgmann: Die Entsendung von Arbeitnehmern in der Europäischen Gemeinschaft. Wechselwirkungen zwischen Kollisionsrecht, Grundfreiheiten und Spezialgesetzen. 2001.

Band 59 Aleksandar Jaksic: Arbitration and Human Rights. 2002.

Band 60 Islamisches und arabisches Recht als Problem der Rechtsanwendung. Symposium zu Ehren von Professor Emeritus Dr. iur. Omaia Elwan. Veranstaltet vom Institut für ausländisches und internationales Privat- und Wirtschaftsrecht der Universität Heidelberg und der Gesellschaft für Arabisches und Islamisches Recht e.V. Herausgegeben von Herbert Kronke, Gert Reinhart und Nika Witteborg. 2001.

Band 61 Patrick Fiedler: Stabilisierungsklauseln und materielle Verweisung im internationalen Vertragsrecht. 2001.

Band 62 Werner Mangold: Die Abtretung im Europäischen Kollisionsrecht. Unter besonderer Berücksichtigung des spanischen Rechts. 2001.

Band 63 Eike Dirk Eschenfelder: Beweiserhebung im Ausland und ihre Verwertung im inländischen Zivilprozess. Zur Bedeutung des US-amerikanischen discovery-Verfahrens für das deutsche Erkenntnisverfahren. 2002.

Band 64 Bernd Ehle: Wege zu einer Kohärenz der Rechtsquellen im Europäischen Kollisionsrecht der Verbraucherverträge. 2002.

Band 65 Heiko Lehmkuhl: Das Nacherfüllungsrecht des Verkäufers im UN-Kaufrecht. 2002.

Band 66 Jochen Nikolaus Schlotter: Erbrechtliche Probleme in der Société Privée Européenne. IPR-Harmonisierung im einheitlichen Europäischen Rechtsraum. 2002.

Band 67 Konrad Ost: Doppelrelevante Tatsachen im Internationalen Zivilverfahrensrecht. Zur Prüfung der internationalen Zuständigkeit bei den Gerichtsständen des Erfüllungsortes und der unerlaubten Handlung. 2002.

Band 68 Tobias Bosch: Die Durchbrechungen des Gesamtstatuts im internationalen Ehegüterrecht. Unter besonderer Berücksichtigung deutsch-französischer Rechtsfälle. 2002.

Band 69 Ursula Philipp: Form im amerikanischen Erbrecht. Zwischen Formalismus und harmless error. 2002.

Band 70 Christian Stefan Wolf: Der Begriff der wesentlich engeren Verbindung im Internationalen Sachenrecht. 2002.

Band 71 André Fomferek: Der Schutz des Vermögens Minderjähriger. Ein Vergleich des deutschen und des englischen Rechts unter Berücksichtigung des schottischen und irischen Rechts. 2002.

Band 72 Nicolas Blanchard: Die prozessualen Schranken der Formfreiheit. Beweismittel und Beweiskraft im EG-Schuldvertragsübereinkommen in deutsch-französischen Vertragsfällen. 2002.

Band 73 Markus Dreißigacker: Sprachenfreiheit im Verbrauchervertragsrecht. Der Verbraucher im Spannungsfeld zwischen kultureller Identität und Privatautonomie. 2002.

Band 74 Vassiliki Myller-Igknay: Auskunftsansprüche im griechischen Zivilrecht. Auswirkungen im deutsch-griechischen Rechtsverkehr sowie im deutschen internationalen Privat- und Verfahrensrecht. 2003

Band 75 Stefan Bruinier: Der Einfluss der Grundfreiheiten auf das Internationale Privatrecht. 2003.

Band 76 Nika Witteborg: Das gemeinsame Sorgerecht nichtverheirateter Eltern. Eine Untersuchung im soziologischen, rechtsgeschichtlichen, verfassungsrechtlichen, rechtsvergleichenden und internationalen Kontext. 2003.

Band 77 Peter Stankewitsch: Entscheidungsnormen im IPR als Wirksamkeitsvoraussetzungen der Rechtswahl. 2003.

Band 78 Jan Wilhelm Ritter: Euro-Einführung und IPR unter besonderer Berücksichtigung nachehelicher Unterhaltsverträge. Eine Untersuchung mit Blick auf das deutsche, französische und schweizerische Recht. 2003.

Band 79 Wolf Richard Herkner: Die Grenzen der Rechtswahl im internationalen Deliktsrecht. 2003.

Band 80 Ira Ditandy: Internationale Zuständigkeit. Neuregelung durch die LOPJ 1985. Vergleich mit dem europäischen Vorbild und Auswirkungen auf das spanische internationale Zivilverfahrensrecht. 2003.

Band 81 Andrea Verena Schefold: Werbung im Internet und das deutsche Internationale Privatrecht. 2003

Band 82 Klaus Herkenrath: Die Umsetzung der Richtlinie 93/13/EWG über missbräuliche Klauseln in Verbraucherverträgen in Deutschland, dem Vereinigten Königreich, Frankreich und Italien. Auswirkungen nationaler Umsetzungstechniken auf dem Harmonisierungserfolg. 2003.

Band 83 Alexander Thünken: Das kollisionsrechtliche Herkunftslandprinzip. 2003.

Band 84 Barbara v. Daumiller: Die Rechtswahl im italienischen internationalen Erbrecht: und ihre Auswirkungen im deutsch-italienischen Rechtsverkehr. 2003.

Band 85 Robert Mödl: Macht, Verantwortlichkeit und Zurechnung im Konzern. Eine rechtsvergleichende Untersuchung auf der Grundlage des deutschen, spanischen und US-amerikanischen Rechts. 2003.

Band 86 Ursula Kerpen: Das Internationale Privatrecht der Persönlichkeitsrechtsverletzungen. Eine Untersuchung auf rechtsvergleichender Grundlage. 2003.

Band 87 Barbara Ploeckl: Umgangsrechtsstreitigkeiten im deutsch-französischen Rechtsverkehr. Bestehende internationale und nationale Regelungen und der geplante *europäische Besuchstitel.* 2003

Peter Lang · Europäischer Verlag der Wissenschaften

Bianca Kloeckner

Die Durchsetzung der Kindesherausgabe und des Umgangsrechts im Elternstreit

Die Anforderungen an ein kindgerechtes Verfahren unter Berücksichtigung empirischer und rechtsvergleichender Erkenntnisse

Frankfurt am Main, Berlin, Bern, Bruxelles, New York, Oxford, Wien, 2002.
XXXII, 264 S.
Europäische Hochschulschriften: Reihe 2, Rechtswissenschaft. Bd. 3497
ISBN 3-631-39784-4 · br. € 45.50*

Die Durchsetzung der Kindesherausgabe und des Umgangsrechts erlangt im Elternstreit besondere Bedeutung. In dieser Situation können die Eltern die Interessen ihres Kindes schwerlich wahrnehmen. Umso bedeutsamer ist daher die Ausgestaltung des gerichtlichen Verfahrens nach Maßstäben, die die Interessen des Kindes ausreichend berücksichtigen. Mit dieser Arbeit wird die veröffentlichte Rechtsprechung zu § 33 FGG und ein Ausschnitt der nicht veröffentlichten Rechtsprechung untersucht. Alternative Durchsetzungsmöglichkeiten im geltenden Recht werden dargestellt. Anhand der gewonnenen Untersuchungsergebnisse werden unter Einbeziehung eines Rechtsvergleichs mit dem kanadischen Recht Lösungsansätze formuliert.

Aus dem Inhalt: Untersuchung der veröffentlichten Rechtsprechung zu § 33 FGG · Zwangsgeld · Zwangshaft und unmittelbarer Zwang · Empirische Studie nicht veröffentlichter Rechtsprechung · Kindeswohldienlichkeit der Zwangsmittel nach § 33 FGG · Alternativen im geltenden Recht · Rechtsvergleich mit Kanada

Kolibri 360 GmbH
Ferdinand-Jühlke-Straße 7
99095 Erfurt, Deutschland
produktsicherheit@kolibri360.de

Druck:
CPI Druckdienstleistungen GmbH
im Auftrag der
Kolibri 360 GmbH
Ferdinand-Jühlke-Str. 7
99095 Erfurt